高等院校"十三五"规划教材

管 理 学

主 编　邓必敬　鲍润华　雷姝燕
副主编　付　伟　张　栋　常林林　陈美娜

东南大学出版社
·南京·

内容简介

本教材重点围绕管理活动的五大职能展开,较系统地介绍了管理学的基本知识和基本理论,适当摘录了现代管理理论较新的研究成果。全书分为十章,分别为管理概述、管理理论演变、管理道德与企业社会责任、决策、计划、组织、人力资源管理、领导、控制、创新等内容。并结合多年的教学实践,增加了可供学生操作练习的相关资料。

本教材可作为高等院校经济管理类专业教材,也可作为从事管理工作的人员的学习参考资料。

图书在版编目(CIP)数据

管理学 / 邓必敬,鲍润华,雷姝燕主编. —— 南京：东南大学出版社,2016.6
 ISBN 978-7-5641-6489-8

Ⅰ.①管⋯ Ⅱ.①邓⋯ ②鲍⋯ ③雷⋯ Ⅲ.管理学－高等学校－教材 Ⅳ.①C93

中国版本图书馆 CIP 数据核字(2016)第 098799 号

管理学

出版发行：	东南大学出版社
社　　址：	南京市四牌楼2号　邮编：210096
出版人：	江建中
责任编辑：	史建农　戴坚敏
网　　址：	http://www.seupress.com
电子邮箱：	press@seupress.com
经　　销：	全国各地新华书店
印　　刷：	兴化印刷有限责任公司
开　　本：	787mm×1092mm　1/16
印　　张：	15
字　　数：	372千字
版　　次：	2016年6月第1版
印　　次：	2016年6月第1次印刷
书　　号：	ISBN 978-7-5641-6489-8
印　　数：	1—3000册
定　　价：	37.50元

本社图书若有印装质量问题,请直接与营销部联系。电话：025 - 83791830

前 言

美国管理专家泰罗于1911年出版的《科学管理原理》一书,标志着管理学作为一门科学的诞生。此后短短的近百年间,科学技术的进步,尤其是计算机信息技术、生物生命科学技术、新能源新材料技术以及航空航天反唇相讥的迅猛发展,给世界带来了翻天覆地的变化。这一切,对管理实践和管理理论都提出了一系列的挑战,也带来了极大的发展机遇。

管理学是经济管理类专业的重要基础课程之一,是一门理论性和实践性都很强的课程。根据作者多年的教学经验,发现同学们尽管可以记住管理学的理论内容,但在学习、生活和日后工作中却难以灵活运用。其原因很多,有学生自身和教学质量的因素,也与教材的启发性、趣味性、针对性和实用性还不够强有很大关系。

鉴于此,我们根据多年来的教学经验,以培养应用型人才为目标,以建设"管理学"精品课程为核心,编写了《管理学》这本书,力求在讲清楚理论基础知识的同时,通过具有针对性、启发性、趣味性、实用性内容的安排,提高学生的学习兴趣和实践能力。

本书较为系统地介绍了管理学的基本知识和理论,并及时吸纳了现代管理理论的最新研究成果,围绕管理活动的五大职能(计划、组织、领导、控制、创新)而展开。全书共分十章,分别为管理概述、管理理论演变、管理道德与企业社会责任、决策、计划、组织、人力资源管理、领导、控制和创新等内容,同时特别注重管理理论与实践的紧密结合。

当前管理学教材很多,本书尽管在主体内容上类似于已有的经典管理学教材,但在内容组织、结构形式和配套资源上却另有特色。本书每一章先从导入案例入手,理论部分穿插小案例、小阅读、小资料;每章后附有互动话题、管理故事、管理案例分析。为便于学习,本书还配套建设了课程网站,为教师提供优质的教学资源和各种教学辅助资料,以方便教师备课,满足教师个性化授课的需要;也为学生提供丰富的学习资源,满足学生自主性、兴趣性学习的需要。

本书由邓必敬、鲍润华、雷姝燕担任主编,付伟、张栋、常林林、陈美娜担任副主编。具体分工为:邓必敬编写了第一章,常林林编写了第二章,雷姝燕编写了第六章、第七章,付伟编写了第四章、第八章,陈美娜编写了第五章、第九章,张栋编写了第三章、第十章,鲍润华搜集了相关资料和信息。本书由邓必敬、雷姝燕统稿。

本书在编写过程中,参考了国内外专家、学者的著作、文章与资料,在此对他们表示由衷的感谢与深深的敬意。

由于编写人员水平有限,书中缺点错误在所难免,敬请专家、读者提出批评和改进意见。

编 者

2016 年 4 月

目 录

第一章 管理概述 1
- 第一节 管理活动与组织 2
- 第二节 管理的性质与职能 3
- 第三节 管 理 者 7
- 第四节 管理的基本原理 14
- 第五节 管理的一般方法 16

第二章 管理理论演变 24
- 第一节 中外早期管理思想 25
- 第二节 古典管理理论 29
- 第三节 行为科学理论 37
- 第四节 现代管理理论及发展趋势 40
- 第五节 管理理论新发展 43

第三章 管理道德与企业社会责任 48
- 第一节 管理道德 48
- 第二节 企业社会责任 58

第四章 决策 72
- 第一节 决策概述 72
- 第二节 决策要素 77
- 第三节 决策的程序和方法 79
- 第四节 决策质量 85

第五章 计划 89
- 第一节 计划的概念与类型 90
- 第二节 计划工作原理与步骤 92
- 第三节 目标管理 95
- 第四节 战略管理 98

第六章 组织 … 113
第一节 组织概述 … 114
第二节 组织结构类型 … 117
第三节 组织文化与组织变革 … 123

第七章 人力资源管理 … 136
第一节 人力资源管理概述 … 138
第二节 人力资源规划 … 143
第三节 招聘与培育 … 147
第四节 绩效考核与薪酬 … 154

第八章 领导 … 163
第一节 领导的实质 … 164
第二节 领导理论 … 169
第三节 领导风格和领导艺术 … 180

第九章 控制 … 187
第一节 控制概述 … 188
第二节 控制的基本类型 … 190
第三节 控制过程 … 192
第四节 控制方法 … 196
第五节 如何有效实施控制 … 203

第十章 创新 … 210
第一节 创新概述 … 212
第二节 创新的类型 … 215
第三节 创新管理 … 221

参考文献 … 233

第一章 管理概述

【学习目标】

知识点：
- 了解人与组织的关系及组织与管理的关系
- 掌握管理概念及其职能的含义
- 认识到作为不同管理者的角色要求
- 理解管理的性质和管理的二重性
- 了解管理者素质与技能要求
- 了解管理的基本原理与一般方法

技能点：
- 有意识地培养学生作为管理者应具备的技能

【导入案例】

围猎野猪

在老家赣北丘陵，先民们世代以耕为主，闲时也打猎，作为生活之补。猎取野兔或山鸡，多为个人行为，而要猎取野猪等大型动物，就得多人围捕才能成功。因为野猪常祸害庄稼，所以，经常是全村的人集体行动来围捕它们。记得小时候也参与过几次围捕行动，印象很深。

野猪听觉很灵敏，行动很敏捷，力气也很大，人不能与之对面交锋。因此，每次组织围捕，都是由村中的长者来指挥大家，即先计划在哪一片区域围捕，然后分配给每一个人具体任务，即拿着猎枪，潜伏在规定的哨位。

等待猎狗发现野猪并惊动它，野猪就会按一定规律在这片山区逃跑，它们逃跑的路线就会经过我们扼守的一个个哨位。因为野猪奔跑速度很快，常常是野猪到了哨位，而守哨位的还没准备好，野猪就跑过去了，这时要牢记长者的交待，即在野猪未到哨位之前，千万别开枪，而野猪跑过去了，必须要开枪。野猪听到哨位的枪声，便会拼命向下一个哨位跑，所以要多安排几个哨位，这样，总会在某个哨位上将野猪打倒，然后大家都来分野猪肉，打倒野猪者，奖励野猪头。就这样，依靠许多人的共同合作，并且服从统一指挥，才能既保护了庄稼，又能不时吃到野猪肉。

第一节　管理活动与组织

一、人与组织

1. 人类的生存需要组织

自从在地球上出现人类后,人就与组织结下了不解之缘。因为,人们认识到,单个人在自然界是无法生存的。为了生存的需要,为了寻找食物,为了对付凶猛野兽,为了搬起重物,人与人之间,有了许多协作,这种协作,最简单的就是两个人的协作,如在平地抬起物体、搭草棚时上下递物、生殖需要男女两相结合,等等,两人的协作,就是组织的雏形。

人相对于大自然显得很渺小,两人的组合,仍难以保证生存,为了抗击更大的灾难,抗击外族的入侵,人们必须结成更大的集合体,组织的概念越来越明确。从最初的原始群体开始,一路走来,先后形成了原始部落、氏族、原始公社等组织形式。从奴隶社会起,进入到组织发展的特别时期,先后经历了奴隶社会、封建社会、近代社会和现代社会的新型组织形式。

在现代社会,组织类型丰富多彩,从小的方面说,有家庭、单位、公司、学校、社区等,从大的范围说,有国家、政府、经济组织、文化组织、事业组织、政治团体、各种协会等。组织与人的社会生活紧密相连,已经成为彼此不可分割的利益相关体。

2. 组织与管理

(1) 组织含义

所谓组织,是由一定数量的人(2人及以上)基于共同的目的、共同的文化所结成的集合体。

(2) 组织产生的原因

可以说,各种社会组织的产生,都是源于人类客观上对组织的需要,是应运而生的。如:经济组织是为了获得更多的经济利益而建立的;行政组织是为了维护正常的社会秩序而设立的;国家组织是一定地域的人为避免外来侵略而组建的。

总之,在人类社会的发展过程中,组织作为人类生存的社会结构形式,发挥着积极的、无可替代的作用。人与组织相互关联、相互依存,甚至可以认为,人与组织这两个词似乎是同位语关系,两者可以相互替代使用,由此形成一个类似公理的结论:人是生活在组织中的人,组织是由人构成的组织,组织的首要功能是将分散的人集中起来,让每个人按照组织结构、定位及分工的要求,充当一定的角色。

(3) 组织的运行产生管理活动

由于组织是由2个及2个以上的个人组成的,组织成员的多元性就会导致在组织运行中,个人的行为难以协作和一致。如何避免、解决这个问题,就只有借助管理的手段。因此,管理是组织运行的基础,也是组织目标得以实现的不可或缺的保障。可以说,有组织就有管理,组织依靠管理而存在和发展。管理是什么? 管理的本质就是协调,是对组织中资源的调动与配置。管理重点在"理",理就是安排、理顺关系和秩序;而"管"是干预和控制,维持秩序。由于组织资源中,人是特殊的资源,所以,管理的核心问题是人的问题,因为管理的本质是协调,是如何更好地将人组织起来,发挥人的集体智慧和力量,并在此基础上充分调动人的积极性和创造性,给人类和社会带来更大的福利。虽然管理的内容很多,管理的对象除人以外,还有其他方面,但关键是要管理人,人管理好了,其他问题也就迎刃而解了。管理的关键是人,管理也要依靠人来推动和承担。管什么?怎么管?管理的效果如何?在很大程度上是由充当管理者角色的人决定的。

二、管理的概念

对于管理,人们从不同的角度出发,有着不同的理解。从汉语词典来看,"管理"一词是"管辖""处理"的意思,但在管理活动中,管理的含义远不止这些,它在"管辖""处理"的基本含义的基础上衍生了更广泛的意义。尽管管理活动已有几千年甚至更长的历史,但管理至今尚无统一定义。下面援引有代表性的中外管理学教科书对管理所下的定义,再给出本书的定义。

玛丽·帕克·福莱特:管理是通过其他人来完成工作的艺术。

唐纳德与吉布森:管理是协调个人和集体的努力来达到群体目标的一个过程。

西蒙:管理就是决策。

孔茨:管理是在正式组织中,通过他人并同他人一起把事情办妥的艺术。

刘易斯:管理是指有效支配和协调资源,并努力实现组织目标的过程。

法约尔:管理就是实行计划、组织、指挥、协调和控制。

德鲁克:管理就是界定组织的使命,并激励和组织人力资源去实现这个使命。

徐国华:管理是通过计划、组织、控制、激励和领导等环节来协调人力、物力和财力资源,以期更好地达成组织目标的过程。

周三多:管理是指组织为了达到个人无法实现的目标,通过各项职能活动,以人为中心合理分配协调过程。

综合上述诸多定义,本书认为,管理的定义可表述为:管理是在社会组织中,管理者通过执行计划、组织、领导、控制和创新等职能,合理协调、配置相关资源,以实现组织预期目标的活动过程。包括以下几层含义:

(1) 管理的载体是组织,管理的主体是管理者。

(2) 管理的目的是为了实现既定的目标,而该目标仅凭单个人的力量是无法实现的。

(3) 管理的本质是协调。要实现目标,就必须使资源与职能活动协调,而执行管理职能的直接目标与结果就是使资源与活动协调。因此,所有的管理行为在本质上都是协调问题。

(4) 管理的对象是以人为中心的组织资源与职能活动。一方面,指出管理的对象是各种组织资源与实现组织功能目标的职能活动;另一方面,强调人是管理的核心要素,所有的资源与活动都要以人为中心,管理,最重要的是对人的管理。

(5) 管理的职能是计划、组织、领导、控制、创新。

(6) 管理的活动是一个过程,几项工作相互衔接,相互渗透,构成循环,一个循环结束,新的循环又开始。

第二节 管理的性质与职能

一、管理的性质

管理作为一种普遍的社会活动,起源于社会成员劳动的集体性,以及社会成员在劳动和社会生活过程中交往的必要性,是一种特殊的实践活动,具有自己的多种独特的性质。

1. 管理的二重性

管理的二重性,分别反映管理在社会生产中的一般性和特殊性。

(1) 管理的自然属性

管理的自然属性,与生产力相关,就是合理地组织社会生产力,以充分利用组织资源,更好地实现组织的预定目标。它反映的是社会变动过程的一般要求,是与生产力紧密相关的。因为管理是由许多人协作劳动而产生,只有通过管理才能实现将变动过程所必需的各种要求结合起来,使各种要素发挥各自的作用。

管理的自然属性也称管理的一般性,是因为管理也是生产力,任何社会的任何企业,其生产力是否发达,都要取决于它所拥有的各种经济资源、各种生产要素是否得到有效的利用,取决于从事社会劳动的人的积极性是否得到充分发挥,两者都依赖于管理,而管理具有自身的规律,必须遵循,讲求科学的态度。

管理的自然属性只与生产力相关,而与生产关系无关,不会因为不同的社会发展阶段和不同的社会制度而变化。

(2) 管理的社会属性

管理的社会属性,与生产关系相关,就是为统治者服务,维护统治者利益。管理作为一种社会活动,它只能在一定的社会历史条件下一定的社会关系中进行,而在不同的历史发展阶段的社会制度下,管理所体现的生产关系是不同的,管理体现的是统治者的意志,具有明显的政治倾向性,为统治者利益服务。

管理具有社会属性,在于人都生存在一定的生产关系下和一定的社会文化中,必然要受到生产关系的制约和社会文化的影响。不同的生产关系、不同的社会文化都会使管理思想、管理目的以及管理的方式方法呈现出一定的差别,从而使管理具有特殊性和个性,这就是管理的社会属性。它既是生产关系和社会文化的体现和反映,又反作用于生产关系和社会文化。例如,我国现在处于并将长期处于社会主义初级阶段,社会主义市场经济体制初步建立。社会主义市场经济体制的根本特点是市场经济与社会主义制度相结合,实行公有制为主体的现代企业制度和按劳分配为主,多种分配方式并存的分配制度。社会主义市场经济体制决定了我国的管理有如下特点:坚持公有制为主体,多种所有制经济共同发展的基本经济体制;不断完善市场体系,发挥市场在资源配置中的基础性作用;加强和改善宏观调控;健全法制,依法管理社会经济。

(3) 学习管理二重性的意义

二者的关系:管理的二重性相互联系、相互制约。

认识管理二重性的意义:洋为中用、古为今用、取其精华、去其糟粕、因地制宜、因时制宜、不能死搬硬套。

管理的自然属性为我们学习、借鉴发达国家先进的管理经验和方法提供了理论依据。它告诉我们:反映现代社会化生产规律的先进管理理论、手段和方法,是人类文明活动的共同成果,是无国界、无阶级性的,我们可以大胆地引进并吸收国外成熟经验,迅速提高我国的管理水平。

管理的社会属性是与生产关系相联系的,带有明显的政治倾向,它告诉我们:决不能全盘照搬国外做法,必须根据我们自己的国情,逐步建立有中国特色的管理模式。我国实行的社会主义市场经济不同于资本主义市场经济,应当建立与此相适应的中国特色的管理理论。

2. 管理的科学性和艺术性

【阅读小资料】

"知识分子太难管了!"

有一个实力较强的应用科学研究所,所长是一位有较大贡献的专家,他是在"让科技人员走上领导岗位"的背景下被委任为所长的,没有领导工作的经验。他上任后,在科研经费划分、职称评定、干部提升等问题上实行"论资排辈"政策;在成果及物质奖励等问题上则搞平均主义;科研项目及经费只等上级下拨。广大中青年科技人员由于收入低且无事可做纷纷到外面从事第二职业,利用所里的设备和技术捞私利,所里人心涣散。

上级部门了解情况后,聘任了一位成绩显著的家用电器厂厂长当所长,该厂长是一位转业军人,是当地号称整治落后单位的铁腕人物。新所长一上任,立即实施一系列新的规章制度,包括"坐班制",并把中青年科技人员集中起来进行"军训",以提高其纪律性;在提升干部、奖励等问题上,向"老实、听话、遵守规章制度"的人倾斜。这样一来,涣散的状况有所改变,但大家还是无事可做,在办公室看看报纸,谈谈天,要求调离的人不断增加,员工与所长之间也经常出现矛盾。一年后,该所长便辞职而去,并留下了"知识分子太难管了"的感叹。

上级部门进行仔细的分析和研究后,又派一位市科委副主任前来担任所长。该所长上任后,首先进行周密的调查,然后在上级的支持下,进行了一系列有针对性的改革,把一批有才能、思想好、有开拓精神的人提升到管理工作岗位,权利下放到科室、课题组;奖励、评职称实行按贡献大小排序的原则;提倡"求实、创新"的工作作风;在完成指定科研任务的同时,大搞横向联合,制定优惠政策,面向市场。从此,研究所的面貌焕然一新,原来的一些不正常现象自然消失,科研成果、经济效益成倍增长,成了远近闻名的科研先进单位。

问题:
同一个研究所,为什么不同的人来当所长会有大不相同的结果?

(1) 管理的科学性

管理的科学性是指管理作为一个活动过程,存在一系列的客观规律,因此人们可以认识和利用这些规律为人们办事。管理本身就是一门科学,是每日人们发现、探索、总结和遵循客观规律,在逻辑的基础上,建立起系统化的理论体系,并在管理实践中应用管理原理与原则,使管理成为在理论指导下的规范化的理性行为。如果不承认管理的科学性,不按规律办事,违反管理的原理和原则,随心所欲地进行管理,必然受到规律的惩罚,导致管理失败。

管理是一门科学,它以反映管理客观规律的管理理论和方法为指导,有一套分析问题和解决问题的科学的方法论。科学性是管理必不可少的基础,有了系统化、科学化的管理知识,管理者就有可能在严谨、量化、合乎逻辑的科学归纳基础上对组织中存在的管理问题提出可行的、正确的解决办法。

(2) 管理的艺术性

管理的艺术性是指管理依靠的是管理者在管理实践中的人格魅力、灵感与创新、灵活性与技巧性的总和。管理者在管理实践中,面对多样、多变的管理对象,因事、因人、因时、因地制宜,灵活多变、创造性地运用管理技术与方法解决实际问题,从而在实践与经验的基础上,创造了管理的艺术和技巧,也就是所谓的管理的艺术性。

(3) 管理的科学性与管理的艺术性二者的关系

管理的科学性与管理的艺术性,说明管理既是科学又是艺术,是二者的统一体。只讲科学不讲艺术,显得教条和呆板;只讲艺术,只谈经验,强调技巧而不讲科学,则违背了管理的内在规律,必然碰壁,难以达到组织目标。另一方面,管理的客体中,主要的对象是人,人是有思想、有意识的高级社会动物,虽然管理活动必须遵循客观规律,但管理者在应用管理理论指导管理实践时,不可能像自然科学应用其定理和公式去指导自然科学实践时那么"刻板"和"一丝不苟",而是要求管理者在管理实践中灵活多变地运用管理理论,具体问题具体分析。

所以说,管理是科学与艺术的结合。说它是科学,强调的是其客观规律性;说它是艺术,则强调的是其灵活性与创造性,而且,这种科学性与艺术性在管理实践中是不能截然分开的,而是相互作用,共同发挥管理功能,促进目标实现。

二、管理的职能

怎样才能保证做好对的事呢?管理理论认为,主要是通过做好一系列的基本工作,即运用管理职能。

1. 管理职能的涵义

管理的职能是指管理的职责和功能,是管理者在管理过程中的具体行为和作用,或者说是管理主体对管理客体施加影响和进行控制所发挥的作用或功能。管理的职能也就是管理活动内容的理论概括,这里的"职能"一词,指的是"活动""行为"的意思,一项职能就表示一类活动。

2. 管理的具体职能

针对管理的职能有诸多不同的观点,本书综合国内外专家学者的观点,认为管理的具体职能有五项,即计划、组织、领导、控制和创新五个基本方面。

(1) 计划职能。计划职能是指管理者对将要实现的目标和应采取的行动方案做出选择及具体安排的活动过程,简言之,就是预测未来并制定行动方案。其主要内容是涉及分析内外部环境、确定组织目标、制定组织发展战略、提出实现既定目标和战略的策略与作战计划、规定组织决策程序等。任何组织的管理活动都是由计划出发的,因此,计划职能是管理的首要职能。管理的组织、领导和控制等其他职能,都是在计划职能的指导下发挥作用的。

计划还可以弥补某些市场机制的盲目性,能将社会化大生产这样一个复杂的有机整体科学地组织起来,使国民经济各部门、各单位、各环节协调有序地运行,从而保证社会的人力、物力、财力得到合理有效的利用。

(2) 组织职能。组织职能是指管理者为实现组织目标而建立与协调组织机构的工作过程。即管理者根据既定目标,对组织中的各种要素及人们之间的相互关系进行合理安排的过程。其主要内容包括:设计组织结构、建立管理体制、分配权力、明确责任、配置资源、构建有效的信息沟通网络等。具体地说,组织工作决定组织要完成的任务是什么、谁去完成这些任务、这些任务怎么分类组合、谁向谁报告,以及各种决策应在哪一级制定等。

组织是管理过程的一个重要环节,是实现管理目标不可缺少的职能。计划是对未来工作做出安排,而组织则是去落实和实施计划。只有计划,没有组织,再好的计划也只能是空谈。正因为管理活动的组织职能,才使得计划得以实践并产生符合目的的成效。

(3) 领导职能。领导职能是指管理者为了实现组织既定目标,而对被管理者施加影响的过程,也是管理者指挥、激励下级,以有效实现组织目标的行为。每一个组织都是由人力资源和其他资源有机构成的,人是组织活动中唯一具有能动性的因素,管理的领导职能是指导和协调组织成员,包括管理者激励下属,指导他们的活动,选择有效的沟通渠道,解决组织成员之间的冲突等,从而使组织中全体成员以高昂的士气、饱满的热情投身到组织活动中去。即管理者在执行领导职能时,一方面要调动组织成员的潜能,使之在实现组织目标的过程中发挥作用;另一方面要促进组织成员之间的团结协作,使组织中的所有活动和努力都处于统一和谐状态。

(4) 控制职能。控制职能是指管理者为保证实际工作与目标一致进行的活动。在计划的执行过程中,由于环境的变化及其影响,可能导致人们的活动或行为与组织的要求或期望不一致,即计划实施的某阶段结果与计划的目标出现了偏差,为了保证组织工作能够按照既定的计划执行,管理者必须对组织绩效进行监控,并将实际工作绩效与预先设定的标准进行比较。如果出现超出一定限度的偏差,则需要及时采取纠正措施,以保证工作在正确的轨道上运行,确保组织目标的实现。管理者运用事先确定的标准,衡量实际工作绩效,寻找偏差,分析其产生偏差的原因,并及时采取有效措施予以纠正的过程,就是执行管理的控制职能的过程。

所以,控制就是保证组织的一切活动符合预先制定的计划。控制职能是计划职能的保证。

(5) 创新职能。创新职能是指组织把新的管理要素(如新的管理方法、新的管理手段、新的管理模式)或要素组合引入组织管理系统中,以更有效地实现组织目标的活动。所谓创新,就是使组织的作业工作和管理工作不断地革新,有所变化。

管理界对于创新职能的重视开始于20世纪60年代。因为当时的市场正面临急剧变化,竞争日益激烈,许多企业感到不创新就难以生存下去,因此有不少管理学家将创新看作管理的一项新职能。

创新与组织按照既定方向及轨迹持续运行,即"维持"常常是相互矛盾的。有效的管理工作,就是要在适度的维持与适度的创新之间求得平衡。

以上管理的职能中,前四项职能,即计划、组织、领导、控制这四项职能,是基本的管理职能,它们之间存在一定的逻辑关系,分别回答了一个组织要做什么、怎么做、靠什么、如何做得更好以及做得怎么样等基本问题;这几项管理职能在时间上通常按照一定先后顺序发生,即先计划,然后是组织、领导,最后是控制。但从不断持续进行的实际管理过程来看,在控制工作的同时,往往又需要制定新的计划或对原计划进行修改,并开始新一轮的管理活动。这说明各项管理职能不是截然分开的独立活动,它们相互渗透并融为一体,也意味着管理过程是一个各项职能活动周而复始的循环过程。

有关各项职能的具体内容和应用知识将在后续课程的相关章节分别介绍。

第三节 管 理 者

【阅读小资料】

管理者干什么?

蒋华是某新华书店邮购部经理。该邮购部每天要处理大量的邮购业务,在一般情况下,登记订单、按单备货、发送货物等都是由部门中的业务人员承担的。但在前一段时间里,接连发生了多起A要的书发给了B,B要的书却发给了A之类的事,引起了顾客极大的不满。今天又有一大批书要发送,蒋华不想让这种事情再次发生。

问题：

他应该亲自核对这批书，还是仍由业务员处理？

一、管理者的概念

管理者的定义：管理者是指履行管理职能，对实现组织目标有贡献责任的人。

任何组织都是由一群人组成的集合体，根据其在组织中的地位和作用不同，组织成员可以分为两类：作业人员或叫操作者，管理人员或叫管理者。作业人员是指在组织中直接从事具体业务，但不承担对他人工作监督职责的人；管理者是指在组织中从事管理活动，行使管理职能，指挥或协调他人完成具体任务的人，是管理活动的主体，是指挥别人开展活动的人，其主要职责是制定整个组织或分支机构的目标，并创造出良好的工作环境，通过协调他人活动从而实现组织的既定目标。管理者是组织的心脏，其工作绩效的好坏直接关系着组织的成败兴衰。

管理者有各式各样的头衔，如厂长、经理、主任、总裁等，可以是各种身材、各种年龄、各种肤色、不同性别的人，他们在各类组织中履行着自己的职责。管理者不仅可以经营大企业，也可以经营小企业，还可以管理政府机构、医院、学校等各种不同的社会组织。

二、管理者的类型

管理者是管理行为过程的主体，管理者一般由拥有相应权力和责任，具有一定的管理能力、从事现实管理活动的人或人群组成。他们或有不同的权力，或有不同的工作领域，所以可以按多种标志进行分类。

1. 按管理者在组织中所处的层次划分

按管理者在组织中所处的地位，组织中的管理者可以分为三个层次：

（1）高层管理者

高层管理者是组织最高层次的组成人员，对组织负全面的责任。高层管理者对外代表本组织，对内拥有最高的职位和职权，对组织目标负总责；他们的主要任务是制定组织的战略目标、长期发展规划和组织重大政策，把握组织发展的方向；他们有对组织中的人事、资金等资源的控制权；他们以决策为主要职能，所以也称之为决策层。高层管理者监控各部门中层管理的工作，对组织的成败负有最终责任。德鲁克曾将高层管理者的工作概括为以下五项：

① 制定目标。这是高层管理者的首要任务。

② 做好组织工作。

③ 激励员工并积极与员工沟通。

④ 确定衡量标准。高层管理者要为每一个人确定一种衡量标准，衡量标准不但要专注于组织的绩效，还要专注于个人的工作并帮助他做好，还要将衡量的结果告诉当事人。

⑤ 培养他人。高层管理者最重要的工作就是培养人。

（2）中层管理者

中层管理者介于高层管理者和基层管理者之间，在组织中处于承上启下的中间环节，主要职责是执行重大决策和管理意志、监督和协调基层管理人员的工作活动、进行具体工作规划和参谋。即他们是高层管理者决策的执行者，负责制定具体的计划、政策，行使高层授予的指挥权，并向高层汇报工作，向高层管理者提出改进建议。同时，他们还是基层管理者的领导者和监督者。

(3) 基层管理者

基层管理者是最直接的一线管理人员,负责组织决策的最后落实。主要职责是制定作业计划,进行现场指挥和监督。直接指挥和监督现场作业人员,保证完成上级下达的计划和指令,讲究的是:执行—操作—效率。基层管理者是保障组织顺利运行的螺丝钉,是组织整体运行的有机组成部分。

不同层次的管理者在管理职能上存在明显的差异。各个层次的管理者都要履行计划、组织、领导和控制职能,但他们在管理职能实践的重点、依据的信息、占用的时间、能分配的资源和对组织的影响等方面都存在差异。高层管理者重点是搞好决策、规划和控制,中层管理者主要负责组织和协调工作,基层管理者则重点进行对作业人员的指导、沟通和激励工作。即使是同一职能工作,不同层次的管理人员从事的管理工作也不完全一样,如就计划工作而言,高层管理者关注整个组织整体的长期战略计划,中层管理者偏重于中期计划,基层管理者侧重于短期业务和作业计划。

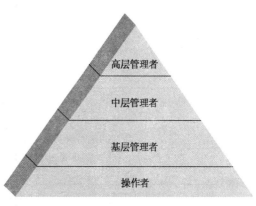

图 1-1　管理者层次图

2. 按管理者工作的性质与范围划分

(1) 综合管理者。综合管理者指负责整个组织或其所属单位的全面管理工作的管理人员。他们是一个组织或其所属部位的主管,对整个组织或该单位目标的实现负有全部责任;他们拥有管理这个组织或单位所必需的权力,有权指挥和支配该组织或该单位的全部资源与职能活动,而不是对单一资源或职能负责。例如,工厂的厂长、车间主任、工段长都是综合管理者。再如,学校的校长、系主任等也是综合管理者。

(2) 职能管理者。职能管理者也称为专业管理者,是指在组织中只负责某种职能的管理人员。这类管理者只对组织中某一职能或专业领域的工作目标负责,只在本职能或专业领域内行使职权、指导工作。职能管理者大多具有某种专业或技术专长。例如,一个工厂的总工程师、安全科长等。这些职能管理者,可以根据所管理的专业领域性质的不同分为以下类别:计划管理、研究开发管理、生产管理、质量管理、技术管理、市场营销管理、物资管理、设备管理、财务管理、行政管理、人力资源管理、后勤管理、安全管理等。

3. 按职权关系的性质划分

按职权关系的性质划分,管理者可分为如下两类:

(1) 直线管理人员。直线管理人员是指有权对下级组织成员进行直接指挥的管理者。他们与下级之间存在着领导隶属关系,是一种命令与服从的职权关系。直线管理人员主要的职能是决策和指挥,是组织等级链中的各级主管,即综合管理者。例如,企业中工厂的厂长、车间主任、工段长、班组长都是直线管理者。

(2) 参谋人员。参谋人员是指对上级提供咨询、建议,对下级进行专业指导的管理者。他们是上级领导的顾问,与上级领导是一种参谋、顾问的关系,与下级是一种非领导隶属的专业指导关系。他们的主要职能是咨询、建议和指导。参谋人员通常是指各级职能管理者。

组织中的直线管理人员与参谋人员,是依职权关系进行的区分,是相对于职权作用对象而言的,在实际管理中,一个管理者可能会有这两种角色。例如,财务处长,对上级和其他各部门是参谋人员,因为在财务领域,他对上级提供咨询和建议,对下级财务部门进行专业指导;然而,在财务处这个部门内,他又是直线管理者,因为他有权对其内部成员进行直接指挥。

三、管理者的角色

20世纪60年代末期,亨利·明茨伯格通过对5位总经理的工作进行仔细研究后,得出结论:管理者只扮演10种不同的,但却高度相关的角色,这10种角色可进一步组合成3个方面。参见表1-1。

表1-1 管理者的角色

角 色		描 述	活 动
人际关系方面	1. 代表者	象征性的首脑,必须履行法律性或社会性的例行义务	迎接来访者,签署法律文件
	2. 领导者	负责激励和动员下属,负责人员配备、培训和交往	实际上从事所有有下级参与的活动
	3. 联络者	维护自行发展起来的外部接触和联系网络,进行沟通和信息传递工作	发感谢信,出席外部委员会向人们提供信息,并参加有外部人员参加的活动
信息传递方面	4. 监听者	寻求和获得各种特定的信息,以便透彻地了解组织与环境,是组织内部和外部信息的神经中枢	阅读期刊的报告,保持私人联系
	5. 传播者	将从外部人员和下级那里获得的信息传递给组织的其他成员,包括事实信息、解释、综合观点、上级决策等	举行信息交流会,用打电话或网络工具传达信息
	6. 发言人	向外界发布有关组织的计划、政策、行动、结果等	举行董事会,向媒体发布信息
决策制定方面	7. 企业家	寻求组织和环境中的机会,制定改进方案以发起变革,监督某些方案的策划情况,开发新项目	制定战略,检查会议决议执行情况
	8. 混乱驾驭者	当组织面临重大的意外动乱时,负责采取补救措施	制定战略,检查陷入混乱和危机的时期
	9. 资源分配者	负责分配组织的各种资源,即批准所有重要的组织决策	询问、授权,从事涉及预算的各种活动并安排下级的工作
	10. 谈判者	在主要谈判中作为组织的代表	参与工会组织的合同谈判

1. 人际关系方面的角色

管理者扮演人际关系角色是指其代表组织与同行和外部组织开展有效联络与互动,对内开展领导工作,并激励组织成员为实现组织目标积极工作。具体包括代表者(或挂名首脑)角色、领导者角色、联络者角色三种。

(1) 代表者:这是管理者所扮演的最基本的角色。管理者在工作中需要履行许多法律性或社会性的例行义务,如迎接采访者、签署法律文件、参加剪彩仪式等。很多职责有时可能是日常事务,然而它们对组织能否顺利运转非常重要,不可忽视。

(2) 领导者:所有管理者都要扮演领导者的角色,如安排工作,激励和动员下属,负责人员配备、培训职责。在领导者角色里,能最清楚地看到管理者的影响力。

（3）联络者：管理者还要代表组织与同行组织或同级部门开展联络，维护自行发展起来的外部接触和联系网络，向人们提供信息。

2. 信息传递方面的角色

在信息传递角色中，管理者负责确保和其一道工作的人员具有足够的信息，从而能够顺利完成工作。管理者既是所在单位的信息传递中心，也是组织内部其他工作小组的信息传递渠道。整个组织的人依赖于管理机构和管理者以获取或传递必要信息，以便完成工作。信息角色包括监听者、传播者、发言人三种。

（1）监听者：作为监听者，管理者需要及时搜集组织内外部的各种信息，寻求和获取各种特定信息，包括市场需求动态、经济形势、新科学技术的发展等，以便透彻地了解组织与环境，有了这些信息，管理者可以识别组织的潜在机会和威胁，及时调整经营策略，有效配置资源，如阅读报告，保持私人接触。

（2）传播者：作为信息的传播者，管理者必须分享并分配信息，起到组织内部和外部信息的神经中枢作用，将从外部获得的信息传递给组织内部，把从下级获得的信息传递给组织的其他成员。

（3）发言人：作为发言人，管理者要代表组织，向外界介绍情况，发布有关组织的计划、政策、行动、结果等信息；向媒体发布信息。

3. 决策制定方面的角色

在决策制定角色中管理者处理信息并得出结论。决策制定角色具体包括企业家、混乱驾驭者、资源分配者、谈判者四种。

（1）企业家：作为企业家，管理者要密切关注组织内外部环境变化和事态发展，寻求组织和环境中的发展机会，利用机会进行投资，并运筹、策划、制定针对性的战略。

（2）混乱驾驭者（干扰对付者）：作为混乱驾驭者，当组织面临重大动乱时，管理者必须妥善处理冲突或解决问题，负责采取补救行动，如平息客户的怒气，同不合作的供应商进行谈判，或者对员工之间的争端、冲突进行调解等。

（3）资源分配者：资源的分配者要求组织的管理者分配、调度好组织的各种资源，使人尽其才，物尽其用，及时批准所有重要的组织决策，如调度、询问、授权。

（4）谈判者：谈判者角色是指管理人员作为组织的代表，参加各种类型的谈判活动，如与工会进行合同谈判、与项目合作者的合同谈判等。

无论何种类型的组织以及处于组织的哪个层面，管理者都扮演着相似上述管理者的角色，但管理者角色的重点随着组织层次的不同而变化，如代表者、传播者、谈判者、联络者和发言人角色更多地表现在组织的高层，而领导者角色在基层表现得更为明显。

四、管理者的技能

美国管理学家孔茨认为，有效的管理者取决于三种基本技能，即技术技能、人际技能、概念技能。

1. 技术技能

执行一项特定的任务所必需的能力，一般与管理者所从事的工作有关。管理技术中包括决策技术、计划技术、诊断技术、组织政绩技术、评价技术等。

2. 人际技能

指与人共事，激励或指导组织中的各类员工或群体的能力，如表达能力、协调能力、激励能力等。一个管理者的人际技能，不仅包括领导能力，还包括处理好与上级、下级、同级以及与组织内外其他相关人员的能力。

3. 概念技能

洞察既定环境复杂程度的能力和减少这种复杂性的能力。包括对复杂环境和管理问题的观察能力、分析能力，对全局性、战略性、长远性重大问题的处理与决断能力，对突发性紧急事件的应变能力等，其核心是观察力与思维判断力，是一种抽象能力，是高层管理者必须具备的技能。

不同层次的管理者对管理技能的需求具有差异性，上述三种技能，对任何管理者来说都应当具备，但不同层次的管理者，由于所处的位置、作用和职能的不同，对三种技能需要的程度明显不同。

高层管理者尤其需要概念技能，所处的层次越高，对这种概念技能的要求也越高，这种概念技能的高低，成为衡量一个高层管理者素质高低最重要的尺度。但高层管理者对技术技能的要求就相对低一些。

与之相反，基层管理者更重视的却是技术技能，由于他们的主要职能就是现场指挥和监督，所以若不熟悉技术，不掌握熟练的技术技能，也得不到一线操作人员的认可，就很难胜任管理工作。但对基层管理者来说，概念技能的要求就不需要多高。

人际技能对于所有管理者都很重要，无论是高层还是中层、基层。因为任何管理者所实施的管理都离不开他人的积极配合与协作，所以必须有处理好与上级、下级、同级以及与组织内外其他相关人员之间关系的能力。

不同层次的管理者，各自所需要的技能示意图如图1-2。

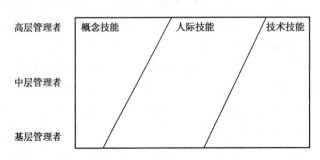

图1-2　管理者层次与技能的关系图

五、管理者的素质

人的素质，原指一个人先天具有的资质和生理特点，如思维、记忆、反映等能力。现在所说的素质，既包括先天具备的，也包括后天培养的，如一个人的气质、品德、学识、才能、情操等。管理者的素质，是指在先天资质的基础上，通过后天的学习、教育和实践而形成的，在工作中发挥作用的那些内在的要素。管理者素质的高低，关乎组织的兴衰成败，非常关键。

1. 品德素质

政治品德是管理者首要素质，主要包括：坚定正确的政治方向和爱国主义情怀，崇高的思想境界和高尚的道德情操,厚重的人文修养,执著的事业心,强烈的正义感,高度的责任感,严谨的工作态度和职业道德等。宋代政治家司马光对"德""才"的关系有着精辟的论述,他说:才者德之资也;德者才之帅也。现在选拔管理者,十分强调"德才兼备",以"德"为先。在国外,许多著名的跨国公司的总裁都把工作道德和正直作为管理者必备的素质。正如经营霍华德·休斯公司达32年的迪特里希所言:如果我领导下的管理人员不把他们经营的真实情况告诉我,我就无法工作。

2. 文化素质

毛泽东的著名论断:没有文化的军队是愚蠢的军队,而愚蠢的军队是不能战胜敌人的。当今社会发展日新月异,新生事物层出不穷,特别是科学技术突飞猛进,人类进入了知识大爆炸时代,文化知识素养更是管理者必须具备的素质,并且要做到既要拥有"广"的知识面,又要具备具体知识的"专"。

3. 能力素质

能力是一个管理者必备的基本素质,管理者必须具备一定的能力才能够胜任管理工作。管理者的能力不是单一的,而是多种能力的集合体,主要包括应变能力、学习能力、协调能力、创新能力。

(1) 应变能力。应变能力是管理者能力结构的重要组成部分,是主观思维的一种"快速反应能力",是管理者创造能力的集中表现,管理本身就是应变产物。现代组织处于变化多端的复杂环境中,环境变化导致许多非程序性问题产生,需要管理者具备很强的应变能力。

(2) 学习能力。学习能力是一个人智力结构中与学习密切相关的那部分能力。一般包括:理解能力、记忆力、分析问题和解决问题的能力、判断能力和评价能力。对管理者而言,学习能力就是高效率地接受新事物、掌握新技术与方法,并能合理快速地运用到管理工作中的能力。

(3) 协调能力。组织由个体成员和业务职能部门构成,由于成员之间、部门之间存在差异,因而对组织目标的认识理解也就不尽相同。分散型的个体需要与组织整体保持一致,从而形成合力以保证组织目标的实现。协调能力表现在管理者能够消除差异,使组织成为一个战斗集体,组织成员步调一致地向组织目标进发,从而高效率地完成工作任务。

(4) 创新能力。创新是管理的不竭动力,是管理者的首要能力,没有创新,成功就无从谈起。创新能力的灵魂是创新精神,没有创新精神就没有创新实践。创新精神主要体现在三个方面:①强烈的创新欲念。创新欲念即管理者出于事业心、责任感或兴趣、好奇心等产生出的巨大创新需要。②敢于创新的勇气。在追求的同时,创新必然伴随着风险。只有"敢"字当头,创新才可能实现。③不懈的创新意识。只有具备现代科学的创新观念、创新思想,才会有正确、有效的创新活动。

4. 身体心理素质

强健的体魄和充沛的精力是对管理者身体素质的要求。身体是工作的物质基础,失去了健康,再强的工作能力、再高的管理水平也是枉然。

心理素质,也称心理品质,是一个人的心理活动过程和个性方面表现出的持久稳定的基本特点。心理现象是每一个人都具有的一种精神活动,人们的行为是心理的外在表现形式。管理者心理承受能力的高低,对管理活动影响极大。在工作和生活中,成功的喜悦和失败的痛苦可能不期而至,管理者在成功顺利时应有"众人皆醉我独醒"的心态,在遭遇挫折失败时也不能灰心丧气,要拿得起、放得下、挺得住。各种错综复杂的社会因素,导致管理者的工作压力越来越大,良好的心理素质就显得尤为重要。

第四节 管理的基本原理

【导入案例】

如何进行管理?

在一个管理经验交流会上,有两个厂的厂长分别论述了他们各自对如何进行有效管理的看法。

A厂长认为,企业首要的资产是员工,只有员工都把企业当成自己的家,都把个人的命运与企业的命运紧密联系在一起,才能充分发挥他们的智慧和力量为企业服务。因此,管理者有什么问题,都应该与员工商量解决;平时要十分注重对员工需求的分析,有针对性地给员工提供学习、娱乐的机会和条件;每月的黑板报上应公布出当月过生日的员工的姓名,并祝他们生日快乐;如果哪位员工生儿育女了,厂里应派车接送,厂长应亲自送上贺礼。在A厂长厂里,员工都普遍地把企业当作自己的家,全心全意地为企业服务,工厂日益兴旺发达。

B厂长则认为,只有实行严格的管理才能保证实现企业目标所必须开展的各项活动的顺利进行。因此,企业要制定严格的规章制度和岗位责任制,建立严格的控制体系;注重上岗培训;实行计件工资制等。在B厂长厂里,员工都非常注意遵守规章制度,努力工作以完成任务,工厂发展迅速。

问题:
这两个厂长谁的观点正确,为什么?

基本原理——就是对事物的实质及其基本运动规律的表述。

管理的基本原理是在对管理工作的实质内容进行科学系统的分析研究基础上,总结出来的对管理实践具有指导意义的、规律性的原则。在实际管理工作中,管理的基本原理主要体现为管理原则,原理都十分简单,原则也并不深奥,却是管理者做好管理工作的行动规范。

本书主要介绍:人本原理、系统原理、效益原理、权变原理、责任原理。

一、人本原理

【南风法则】

"南风"法则也称为"温暖"法则,源于法国作家拉封丹写过的一则寓言:北风和南风比威力,看谁能把行人身上的大衣脱掉。北风首先来一个冷风凛冽寒冷刺骨,结果行人把大衣裹得紧紧的。南风则徐徐吹动,顿时风和日丽,行人因为觉得春意上身,始而解开纽扣,继而脱掉大衣,南风获得了胜利。

这则寓言形象地说明了一个道理:温暖胜于严寒。领导者在管理中运用"南风"法则,就是要尊重和关心下属,以下属为本,多点人情味,使下属真正感觉到领导者给予的温暖,从而丢掉包袱,激发工作的积极性。

人本原理——以人为中心的管理思想,是20世纪末管理理论发展的主要特点。

世界上一切科学技术的进步,一切物质财富的创造,一切社会生产力的发展,一切社会经济系统的运行,都离不开人的劳动。因此,人是社会系统中最重要的组成要素,人本原理就是以人为中心的管理思想。

人本原理的主要观点是:职工是企业的主体;员工参与管理;使人性得到最完美的发展是现代管理的核心;服务于人是管理的根本目的。

二、系统原理

任何组织都是由人、财物、信息等所组成的系统,任何管理都是对系统的管理,没有系统,就没有管理。系统原理不仅为认识管理本质和方法提供了新视角,而且它所提供的观点方法广泛渗透到组织管理之中。

系统,是指由相互联系、相互依存的要素构成的,在一定的环境中具有特定功能的有机整体。一般来说,系统具有以下几个特征:

(1) 集合性。这是系统最基础的特征。一个系统至少由两个以上的子系统构成。构成系统的子系统称为要素,也就是说,系统是由各个要素结合而成的,这就是系统的集合性。根据需要,可以把系统分解为子系统,子系统还可以再分解。如为了研究一个系统的构成,可以把系统分解为各个结构子系统;为了研究一个系统的功能,可以把系统分解为各个功能子系统。这样,对系统的研究就可以从研究子系统与子系统之间的关系入手。

(2) 层次性。系统的结构是有层次的,构成一个系统的子系统和子子系统,分别处于不同地位。由于系统层次的普遍性,因而系统概念本身也具有层次性,有系统、子系统、子子系统等等。系统和子系统是相对的,如工厂的车间,相对于工厂系统来说是子系统,而相对于班组子系统来说,车间又是一个系统。

(3) 相关性。系统内部各要素之间的相互依存、相互联系、相互制约的关系就是系统的相关性。它一方面表现为子系统同系统之间的关系,系统的存在和发展是子系统的存在和发展的前提,因而各子系统本身的发展受到大系统的制约;另一方面,表现为系统内部子系统或要素之间的关系,某要素的变化会影响另一些要素的变化,而各要素之间的关系的状态,对于整个系统的发展都可能产生截然不同的结果。

(4) 交换性。系统在一定的环境生存,与环境进行物质、能量和信息的交换。系统从环境输入资源,把资源转换为产出物,一部分产出物为系统自身所消耗,其余部分则输出到环境中。系统在投入—转换—产出的过程中不断进行自我调节,以获得自身的发展。

三、效益原理

效益原理的含义是指效益是管理的永恒主题,任何组织的管理都是为了获得某种效益,效益的高低直接影响组织的生存和发展。

【阅读小资料】

"木桶"法则

"木桶"法则的意思是:一只沿口不齐的木桶,它盛水的多少,不在于木桶上那块最长的木板,而在于木桶上最短的那块木板。要想使木桶多盛水——提高水桶的整体效应,不是去增加最长的那块木板长度,而是下工夫依次补齐木桶上最短的那块木板。

"木桶"法则告诉领导者:在管理过程中要下工夫狠抓单位的薄弱环节,否则,单位的整体工作就会受到影响,人们常说"取长补短",即取长的目的是为了补短,只取长而不补短,就很难提高工作的整体效应。此外,人能否做成事取决于最短的能力或资源。

四、权变原理

权变原理源于权变管理理论,权变管理理论是20世纪70年代在美国形成的一种管理理论,强调在管理中要根据所处环境内外部条件变化而随机应变,针对不同的具体条件寻求不同的最合适的管理模式、方案或方法。

总之,权变管理理论的最大特点是:①强调根据不同的具体条件,采用相应的组织结构、领导方式、管理机制;②把一个组织看作是社会系统中的分系统,要求组织各方面的活动都要适应外部环境的要求。

五、责任原理

责任的含义:①应尽的义务或分内应做的事;②应承担的过失。从管理的角度讲,就是管理者一要认清组织应承担的社会责任;二要明确组织内部各部门及成员应完成的工作任务(分内应做的事情)和应承担相应(过失)责任。这是组织生存发展的基础,也是组织运作效益的保证。

责任原理就是对组织运作过程中,各种责任的产生、发展、变动的一般规律性的反映。

【阅读小资料】

工作责任的特性(责任原理的运用)

A是某建筑公司安装部经理,B是安装部下属的管道安装队队长。上个月,A吩咐B带领一班人马去某工地安装一套管道系统。在工程验收时,发现这套管道存在严重的渗漏现象。公司经理认为A应该对此负责,哪怕管道安装时A正出差在外。同样,A认为B必须对此负责,哪怕B已不拿扳手干活。

问题:

A和B为什么要对这一失误负责?他们究竟该负什么责任?

第五节 管理的一般方法

管理方法是指为保证管理活动顺利进行,实现管理目标,在管理的过程中,管理主体对管理客体进行的有目的的运作方式、手段、办法、措施、途径的总和。具体包括行政方法、法律方法、经济方法、教育方法等。

一、行政方法

行政方法是指依靠行政组织的权威,运用命令、规定、指示、条例等行政手段,按照组织行政系统以权威和服从为前提,直接指挥下属工作的管理方法。

1. 行政方法的实质

行政方法的实质是通过行政机构中的职务和职位来进行管理。它特别强调职责、职权、职位,而非个人的能力或特权。任何组织或单位总是要建立起组织结构来进行管理。在组织结构中设立若干行政机构,这些机构都有严格的职责和权限范围,上级指挥下级,完全是由高一级的职位决定的,下级服从上级是对上级所拥有的管理权限的服从。

行政方法是任何组织最普遍、最基本的管理方法,是实施其他管理方法的保证条件。

2. 行政方法的特点

(1)权威性。行政方法所依托的基础是管理机构和管理者的权威。权威越高,所发出的指令接受率就越高。提高各级管理者的权威,是运用行政方法进行管理的前提,也是提高行政方法有效性的基础。管理者必须努力以自己优良的品质、卓越的才能去增强管理权威,而不能仅仅依靠职位带来的权力来强化权威。

(2)强制性。行政权力机构和管理者所发出的命令、指示、规定等,对管理对象具有程度不同的强制性。行政方法就是通过这种强制性来达到指挥与控制管理活动过程的目的。但是,行政强制与法律强制是有区别的,法律强制是通过国家机器(司法部门)来执行,只准许人们可以做什么和不可以做什么;而行政方法的强制是要求人们在行动的目标上服从统一意志,它在行动的原则上高度统一,但允许人们在方法上灵活多样。

(3)垂直性。行政方法是通过组织机构的行政系统、行政层次来实施管理活动的。因此,基本上属于纵向垂直管理。行政命令一般都是自上而下,通过纵向直线下达的。下级组织和管理者只接受一个上级的领导和指挥,对横向传来的指令基本不予理睬。所以行政管理只能通过纵向传递,切忌通过横向来传达指令。

(4)具体性。相对于其他方法来说,行政方法比较具体。不仅行政指令的内容和对象是具体的,而且在实施过程中的具体方法上也因对象、目的、时间的变化而变化。所以,任何行政指令往往是在某一特定的时间内对某一特定的对象起作用,具有明确的指向性和一定的时效性。

(5)无偿性。运用行政方法进行管理,上级对下级组织的人、财、物等的调用不讲等价交换原则,一切根据行政管理需要,不考虑价值补偿问题。

(6)稳定性。行政方法总是对特定组织行政系统范围内适用的管理方法。由于行政系统一般都有严密的组织机构、统一的目的、统一的行动以及强有力的调节控制,对于外部因素的干扰有较强的抵抗作用,所以,运用行政方法进行管理可以使组织具有较高的稳定性。

3. 行政方法的作用

行政方法的运用有利于组织内部统一目标,统一意志,统一行动,能够迅速有力地贯彻上级的方针政策,对全局活动实行有效控制,尤其对需要高度集中和适当保密的领域更具独特作用。

行政方法是实施其他各种管理方法的必要手段。在管理活动中,经济方法、法律方法、教育方法、技术方法等要发挥作用必须经由行政系统的中介才能具体贯彻实施。

行政方法可以强化管理作用,便于发挥管理职能,使全局、各部门和各单位密切配合,前后衔接,并不断调整它们之间的进度和相互关系。

行政方法便于处理特殊问题。行政方法时效性强,它能及时地针对具体问题发出命令或指示,可以快刀斩乱麻,较好地处理特殊问题和管理活动中出现的新情况。

二、经济方法

经济方法是指根据客观经济规律,运用各种经济手段,调节各种不同经济利益之间的关系,以提高组织的经济效益和社会效益的管理方法。

1. 经济方法的内容

经济方法的内容,即经济手段,包括价格、税收、信贷、薪酬、利润等。

(1) 价格。在市场经济条件下,价格仍是计量和评价劳动的社会标准,价格的高、低、涨、落会直接影响生产者和消费者的经济利益,从而影响他们的生产和消费行为。从国家管理来说,可以运用价格这一杠杆来调节生产与供求,调整部分国民的收入分配,从而促进企业加强管理;从企业内部来说,可以运用内部核算价格来计算各生产单位的劳动消耗和生产成果,调节内部单位的经济利益和职工的切身利益。

(2) 税收。税收是国家取得经济收入的重要来源,也是国家管理社会生活的重要手段之一。国家根据宏观控制的需要,合理制定不同的税种和税率来调节生产和流通,调节一部分企业的利润水平,控制消费基金过快增长,使社会经济的内部结构、发展趋势、活动规模趋于合理。

(3) 信贷。信贷是银行存款、贷款等信用活动的总称。信贷是最灵活、最有效的经济杠杆。银行活动以吸收存款和储蓄的形式集中社会闲散资金,同时按照社会经济发展需要,以贷款形式发给生产经营单位,满足其生产周转和扩大流通的需要,达到管理协调社会经济活动的目的。其具体手段有:贷与不贷、多贷与少贷、差别利率等。

(4) 薪酬。薪酬一般由两部分组成,即稳定部分(基本工资);浮动部分(奖金)。此外还有罚款。

① 基本工资。基本工资是指一个组织根据员工承担或完成的工作本身所具备的技能或者能力、资历而向员工支付的稳定性报酬。企业可以根据员工承担工作的重要性、难度或者对组织的价值等测度指标来确定员工的基本工资;也可以根据员工所拥有的完成工作的技能或能力的高低加以确定。一般来说,基本工资相对稳定,短期内变动很小,对于员工来说,基本工资就是稳定性和保障性。

② 奖金。奖金是根据员工对企业所作出的额外贡献(即超额完成绩效指标)的大小,用货币形式支付给员工的奖赏。奖金的名目和条件表达着企业领导对员工行为的期望,对员工的行为方向和努力目标具有引导作用。正确使用奖金,对于调动企业的经营活动和员工个人的劳动积极性有着重要作用。奖金应与企业的经济效益和员工的绩效挂钩,根据劳动分配原则,按照员工每个时期实际劳动的数量和质量,联系企业的经济效益来确定和发放奖金。奖金的名目不宜过多,以使激励目标集中和明显;奖金数额不宜过小,以提高奖金的效价。这样才能起到调动员工积极性的作用。

③ 罚款。罚款是对职工违反规章制度,给企业群体带来或造成危害的行为所进行的经济惩罚。它可以制约或收敛某些人的不轨行为,迫使人们努力完成劳动或工作定额。但罚款的种类和数量要适当,不可滥用。

管理的经济方法的实质是围绕物质利益,运用各种经济手段,处理国家、集体与劳动者个人三者之间的经济关系,最大限度地调动各方面的积极性、主动性、创造性和责任感,促进经济发展和社会进步。

2. 经济方法的特点

经济方法与其他方法相比,有如下一些特点:

(1) 利益性。经济方法是通过利益机制引导被管理者去追求某种利益,间接影响被管理者行为的一种管理方法。

(2) 关联性。经济方法的使用范围很广。不但各种经济手段之间的关联错综复杂,影响面宽,而且每一种经济手段的变化都会影响到社会多方面经济关系连锁反应。有时,它不仅会影响当前,甚至会波及长远,产生一些难以预料的后果。

(3) 灵活性。一方面,经济方法针对不同管理对象,如企业、职工个人可以采用不同手段。另一方面,对于同一管理对象,在不同的情况下,可以采用不同方法进行管理,以适应形式发展。例如,税收的增减可分别鼓励与限制某一产业的发展,增减幅度越大,作用越明显。

(4) 平等性。经济方法承认被管理者的组织或个人在获取自己的经济利益上是平等的。社会按照统一的价值尺度来计算和分配经济成果,各种经济手段的运用对于相同情况的被管理者起同样的效力,不允许有特殊。

3. 经济方法的运用

经济方法与其他方法一样,必须正确运用才能充分发挥其价值。

(1) 要注意将经济方法和教育等方法有机结合起来。人们除了物质需要以外,还有更多的精神和社会方面的需要。在现代生产力迅速发展条件下,物质利益的刺激作用将逐步相对缩小,人们更需要接受教育,以提高知识水平和思想修养。再者,如果单纯运用经济方法,易导致讨价还价、"一切向钱看"的不良倾向,易助长本位主义、个人主义思想。所以,应结合教育方法搞好精神文明建设。

(2) 要注意经济方法的综合运用和不断完善。既要发挥各种经济杠杆各自的作用,更要重视整体上的协调配合。如果忽视综合运用,孤立地运用单一杠杆,往往不能得到预期效果。例如,价格杠杆对生产和消费同时有方向相反的调节作用,价格高则促进生产但同时抑制了消费,价格低则刺激消费但抑制生产。因此,必须综合运用一组经济杠杆,完善各种经济手段,使之趋于合理,才能更有效。

三、法律方法

指通过法律、法令、条例和司法仲裁工作,调整社会经济总体活动和相应的各种关系,以保证和促进社会发展的管理方法。

【阅读小资料】

"热炉"法则

每个单位都有自己的"天条"及规章制度,单位中的任何人触犯了都要受到惩罚。"热炉"法则形象地阐述了惩处原则:(1)热炉火红,不用手去摸也知道炉子是热的,是会灼伤人的——警告性原则。领导者要经常对下属进行规章制度教育,以警告或劝诫不要触犯规章制度,否则会受到惩处。(2)每当你碰到热炉,肯定会被灼伤。也就是说只要触犯单位的规章制度,就一定会受到惩处。(3)当你碰到热炉时,立即就被灼伤——即时性原则。惩处必须在错误行为发生后立即进行,决不拖泥带水,决不能有时间差,以便达到及时改正错误行为的目的。(4)不管谁碰到热炉,都会被灼伤——公平性原则。

1. 法律方法的内容

法律,是由国家制定或认可的,体现统治阶级意志,以国家强制力保证实施的行为规则的总和,是国家根据广大人民群众的根本利益,通过法律、法令、条例和司法仲裁工作,调整社会经济总体活动和各企业、各单位在微观活动中所发生的各种关系,以保证和促进社会经济的发展。

管理的法律方法,既包括国家正式颁布的法律法规,也包括各级政府机构和各个管理系统、企业单位等所制定的具有法律效力的各种社会规范。

法律方法的内容,不仅包括建立和健全各种法规,而且包括相应的司法工作和仲裁工作。这两个环节是相辅相成、缺一不可的。只有法规而缺乏司法和仲裁,就会使法规流于形式,无法发挥效力;法规不健全,司法和仲裁无所依从,从而造成混乱。

法律方法的实质是实现全体人民的意志,并维护他们的根本利益,代表他们对社会实行强制性的、统一的管理。法律方法既要反映广大人民的利益,又要反映事物的客观规律,调动各个企业、单位和群众的积极性和创造性。

2. 法律方法的特点

(1) 严肃性。法律和法规的制定必须严格按照法律规定的程序和规定进行。一旦制定和颁布后,就具有相对的稳定性。法律法规不可因人而异、随意修改,必须保持它的严肃性。司法工作更是严肃的行为,它必须通过严格的执法活动来维护法律的尊严。

(2) 规范性。法律和法规是所有组织和个人行为的统一规则,对他们具有普遍的和同等的约束力。法律法规是用极严格的书面语言,准确阐明一定的含义,并且只允许对之做出唯一意义的解释。法律与法规之间不允许相互冲突,法规服从法律,法律就服从宪法。

(3) 强制性。法律、法规一经制定就要强制执行,各个组织以及每个公民都必须毫无例外的遵守,否则将受到国家强制力的制裁。

3. 法律方法的作用

(1) 保证必要的管理秩序。管理系统内外部存在着各种社会经济关系,只有通过法律方法才能公正、合理、有效地加以调整,及时排除各种不利因素的影响,保证社会经济秩序的正常运行,为管理活动提供良好的外部环境。

(2) 调节管理因素之间的关系。根据对象的不同特点和所分配任务的不同,规定不同管理因素在整个管理活动中各自应尽的义务和应起的作用。这是管理的法律方法的自动调节功能,目的是维持管理各因素之间的秩序与平衡关系。

(3) 使管理活动纳入规范化、制度化轨道。法律方法的运用,有助于将符合客观规律、行之有效的管理制度和管理方法用法律的方式加以规范化、条文化、固定化,使人们有法可依、有章可循。只有社会组织和成员严格遵循这些制度和方法,管理系统才能自动有效地运转,才能保证管理的高效率。

四、管理的教育方法

就是通过教育,向组织成员宣传组织认可的价值观念、行为准则等,促进组织成员的思想观念、行为方式向组织所期望的方向转化,从而有利于组织目标实现的管理方法。

1. 教育方法的任务

教育是按照一定的目的、要求对受教育者从德、智、体诸方面施加影响的一种有计划的活动。

管理的人本原理认为,管理活动中,人的因素第一,管理首要的任务是提高人的素质,充分调动人的积极性、创造性。而人的素质是在社会实践和教育中逐步发展、成熟的。通过教育,不断提高人的政治思想素质、文化知识素质、专业技能素质是管理工作的主要任务。现代社会科学技术迅猛发展,知识更新的速度也在加快。因此,全面提高人的素质,对组织成员不断进行培养教育,就成了管理者组织管理活动的一项重要内容。

2. 教育方法的主要内容

(1) 人生观与道德教育。要教育员工树立为中华民族的伟大复兴和社会进步奋斗献身的远大理想,培养大公无私、先人后已、全心全意为人民服务的精神,自觉抵制损公肥私、损人利己、金钱至上、以权谋私等腐朽没落思想的侵蚀;要教育员工遵纪守法,遵守社会公德及职业道德,精心钻研业务,忠于职守。

(2) 爱国主义和集体主义教育。进行爱国主义教育,是要引导人们正确认识我国的历史和现状,特别是近百年来中国人民为谋求民族解放而英勇斗争的历史,了解中华民族近百年来的苦难史和革命斗争史,从而更加热爱和珍惜社会主义的成果,更加努力为祖国繁荣昌盛而奋斗。进行集体主义教育,要求人们将集体利益置于个人利益之上,要着重引导干部群众正确处理国家、集体、个人之间的利益关系。在集体生活中,发扬团结友爱、互助精神,热爱集体,关心集体,自觉同损害集体利益的行为作斗争。

(3) 民主、法制、纪律教育。管理的人本原理告诉我们,必须全心全意依靠广大员工办好企业,不仅企业领导层在进行企业管理决策时要充分考虑到本企业员工的利益,而且应当通过各种方式吸引员工参与决策、参与管理。同时,还要对员工进行正确行使民主权利教育;民主体现在职工有权对企业的经营活动进行监督,有权维护自己的合法权益,有权对企业管理工作提出批评建议,也有权参与企业决策管理,但应当实事求是地承认,由于信息和能力的限制,员工直接参与企业决策和管理的程度、方式等,是有限度和条件的。

(4) 科学文化教育。科学技术是第一生产力,普及和提高科学文化知识,不仅是提高职工思想道德水平的重要条件,也是企业进行生产经营活动的重要条件。在当今的新技术革命浪潮中,科学技术与知识越来越成为推动企业发展、提高企业竞争能力的重要力量。

当前,我国企业员工的科学文化素质水平还不高,在掌握现代科学技术的生产设备操作方法方面还存在不少困难,这些对提高企业产品质量和劳动生产率会产生重大不利影响。应当从战略高度,有计划、有组织地开展科学文化教育,根据工作的需要对各类人员逐步进行系统培训和职业训练,尽快提高员工队伍的业务素质。

(5) 组织文化建设。组织文化是组织在较长时期的实践中逐步形成的信念、核心价值观、行为准则,以及具有组织自身特色的行为方式、物质表现等的总称。它是组织及成员内在的思想观念与外在的行为方式和物质表现的高度统一,组织要通过文化建设来创造促进员工素质和最佳精神的环境。

在组织文化建设的指导思想上,必须突出管理的人本原理,坚持以人为本的指导原则。组织文化的主体是组织的员工,他们是组织和社会物质财富与精神财富的创造者;坚持把人作为第一因素,就是要把尊重人、关心人、理解人、培养人、合理使用人、全方位提高组织员工的素质作为组织文化建设的主要内容,常抓不懈,一以贯之。

3. 教育培训的方式

根据教育的内容和培训对象不同,可以采取灵活多样的教育培训方式。当今社会,教育方式正在发生深刻的变化。人们普遍认识到,对于思想性质方面的问题,必须采取讨论、说理、批评和自我批评的方法进行疏导,而不应该依靠粗暴的训斥、压制和简单的惩罚来解决问题。对于传授知识和技能方面的教育,也不应全部采用以讲授为中心的教育方法,因为在讲授方式中,受教育者处于被动状态,接受知识的效率并不高,技能训练更不能靠传统讲授。所以应当减少讲授方式的教育,较多的采用有目的、有指导的小组讨论、现场学习和体验学习等方法,让受教育者按照自己的学习方法去学习,效果更好。

国外许多企业在这种新的教育思想指导下创造了多种行之有效的教育方法,诸如案例分析法、业务演练法、事件过程分析法、角色扮演法、拓展训练法等,都有较好的效果,可供各类组织选择采用。

思想教育方法要与上述三种方法结合使用。

【本章小结】

人类因为生存的需要而形成组织,组织需要管理。管理是一种社会现象,是管理者在一定的环境中通过执行计划、组织、领导、控制等职能来整合组织资源,从而实现组织既定目标的活动过程。管理活动具有二重性,它一方面与社会化大生产相联系,有目的地合理地组织生产力,具有自然属性;另一方面又与生产关系相联系,为统治者服务,具有社会属性。管理还是科学性与艺术性的有机统一。管理的主体是管理者,在管理活动中扮演着复杂的角色,处于不同层次的管理者需要具备相应的管理技能。在管理中,要对管理的内外部环境进行调查研究,并把握管理客体的属性,综合运用管理的原理、定律、方法,提高管理的效益。

【本章练习题】

一、单项选择题

1. 下列活动中,不属于管理活动的是(　　)。
   A. 班主任与学生谈话　　　　　　B. 省领导来校检查
   C. 企业的培训工作　　　　　　　D. 学生在做作业
2. 提出管理的中心问题是提高劳动生产率的论点的是(　　)。
   A. 组织管理理论　　　　　　　　B. 科学管理理论
   C. 行为管理理论　　　　　　　　D. 权变管理理论
3. 选人、用人、留人,反映了管理的(　　)职能。
   A. 计划　　　　B. 组织　　　　C. 领导　　　　D. 控制
4. 泰罗提出决策标准的是(　　)。
   A. 合理　　　　B. 最优　　　　C. 满意　　　　D. 公平
5. 德鲁克提出(　　)概念。
   A. 经济人　　　B. 社会人　　　C. 科学管理　　D. 目标管理

二、多项选择题

1. 下列活动中,属于管理活动的有(　　)。
   A. 班主任与学生谈话　　　　　　B. 省领导来校检查

C. 企业的培训工作　　　　　　　　D. 学生在做作业
2. 下列活动中,属于管理活动的有(　　　)。
A. 部队中的班长与战士谈心　　　　B. 企业的主审计师对财务部门进行检查
C. 钢琴家制定自己的练习计划　　　D. 医院的外科主任主持会诊
3. 下列属于管理者应扮演的人际角色的是(　　　)。
A. 代表人　　　B. 领导人　　　C. 企业家　　　D. 联络人

三、简答题

1. 为什么说管理工作既有科学性又有艺术性?
2. 为什么说管理理论普遍适用于任何类型的组织?
3. 不同层次的管理人员管理技能上有哪些异同?
4. 管理的职能有哪些?

四、案例分析题

案 例 一

某宾馆经理接到处分职工王大成的报告,他觉得问题不太清楚,就做了一番调查。事实是王大成的母亲患病住院,他的母亲想喝鸡汤。由于王白天上班,晚上去医院陪母亲,连去市场买鸡的时间都没有。在这种情景下,他在餐厅里偷了一只鸡,犯了错误。经理了解了情况以后,批准了餐厅对王记大过一次、扣发当月奖金,然后带着慰问品去医院看望王的母亲,并对他的母亲说:"王大成在工作中表现很好,在家里对你也很孝顺,他是你的好儿子。"患病的母亲含笑听着。次日,经理找王大成谈话,先肯定他工作好,接着又指出偷公家东西是十分错误的,并征求其对处分的想法。王大成对这种赏罚分明、合情合理的处理十分感动,并表示自己错了,愿意接受这种处分。这时,经理离开座位说:"你母亲生病半个多月,我们都不知道,没有给予关心,我们很对不起你。"说毕,经理毕恭毕敬地向王大成鞠了一个躬。

问题:

1. 从管理与道德的关系,分析王大成的行为。
2. 评价经理处理这件事的做法。

案 例 二

随着我国加入WTO,企业面临新的机遇和挑战。某国有大型企业为了适应来自国内外的竞争,以及企业长期健康发展,认识到要转变观念,加快建立现代企业制度的步伐,同时需要苦练内功提高自身管理水平,而培训是先导。过去,企业搞过不少培训,但基本上是临时聘请几个知名专家,采用所有员工参加、上大课的培训方式,在培训过程中疏于控制。培训过后,有的人认为在工作中有用;有的人认为没有什么用,想学的没有学到;也有人反映培训方式太单一,没有结合工作实际;等等。

问题:

如果你是公司负责人力资源管理工作的副总经理,你该如何管理公司的培训工作?

第二章 管理理论演变

【学习目标】

知识点：
- 了解中外早期的管理思想
- 掌握科学管理理论的中心思想和泰罗制
- 掌握古典组织管理理论
- 理解行为科学理论的主要内容
- 了解管理理论丛林及影响较大的流派
- 了解新的管理理论

技能点：
- 培养学生在学习、工作、生活中有意识地运用泰罗标准化思想

【导入案例】

搬 萝 卜

几只爱吃萝卜的小兔在草原上开垦了一块土地，种了许多萝卜。到了收获季节，它们的朋友小羊和小牛用它们尖尖的角帮小兔们把萝卜从地里刨了出来，然后小羊和小牛就忙自己的事情去了。几只小兔看着那一大堆红红的萝卜，心里乐开了花。眼看就要下雨了，几只小兔决定自己把萝卜搬回家。

小兔甲试了试自己一次可以抱两个萝卜，于是每次抱着两个萝卜往返于萝卜地与驻地之间，虽然有些吃力，但它还是越干越起劲。

小兔乙找来一根绳子，把五个萝卜捆在一起，然后背着向驻地走去，虽然背了五个萝卜，可它的速度一点也不比小兔甲慢。

小兔丙找来一根扁担，用绳子把萝卜捆好，前面五个，后面五个，走起来比小兔甲与小兔乙都快。

小兔丁和小兔戊找来一只筐，装了满满一筐萝卜，足有三四十个，然后它们抬着筐向驻地走去。

同样都在努力工作，可五只小兔的工作效率和工作成果却有显著的差别。因为工作方式的不同，有人虽然看起来忙忙碌碌，工作却难见成效；有人虽然显得悠闲，却成绩显著。

好的工作方法可以有效地提高工作效率，管理理论可以给人们有效的指导。

（资料来源：慧聪网，http://ba.hc360.com/HcTieBa/tbFinal-529I-25-2.html）

第一节　中外早期管理思想

一、中国早期管理思想

中华文明是人类历史上唯一没有中断过的古老文明,具有延续了几千年的社会管理的丰富经验。当我们回顾中国管理思想的发展史时,我们发现,我国古代及近代的某些管理思想早已蕴涵了被现代管理者公认的某些管理的原理、原则和观念,甚至可以挖掘出与现代管理相近的某些具体的管理方法。

1. 儒家管理思想

以孔子为代表的儒家管理哲学,其基本精神是以"人"为中心,讲"为政以德,正己正人",在管理的载体、手段、途径方面提出了独到的见解。

关于管理的载体,儒家管理哲学的中心概念是"仁"。儒家管理哲学是把人作为管理的载体(包括管理的主体和管理的客体,即管理者和被管理者),把人以及人际关系作为自己的理论出发点。在儒家那里,管理的本质是"治人",管理的前提是"人性"(善恶),管理的方式是"人治",管理的关键是"择人"("得人"),管理的组织原则是"人伦",管理的最终目标是"安人"……总之,一切都离不开"人"。

关于管理的手段,儒家强调"为政以德"。主张用道德教化为手段感化百姓,从而达到治理的目的。即使是在施行法律手段的同时,也应念念不忘道德手段的配合使用。

关于管理的途径,儒家讲"为政以德",同时也就包含着管理者自身的德行。"为政以德,譬如北辰,居其所而众星共之"。

2. 法家管理思想

以韩非子为代表的法家管理思想,以"法"为管理中心,讲"法、术、势"相结合,在管理的制度、技巧、权威方面提出了独特的见解。

关于管理的制度,就执法而言,法家主张"法治",反对"人治"。当然,就立法而言,法家以君主为中心,说到底也是"人治"。

关于管理的技巧,法家所谓"术"相当复杂,韩非子提出统治者所必须采用的"七术"有:"一曰众端参观,二曰必罚明威,三曰信赏尽能,四曰一听责下,五曰疑诏诡使,六曰挟知而问,七曰倒言反事。"(《韩非子·内储说上七术》)关于管理的权威,韩非子认为,帝王之所以为帝王,关键在于有"势"。他指出:"势者,胜众之资也。"韩非子更重视"人为之势",特别强调管理者充分发挥自己的主体能动作用,以保证管理措施的积极推行。

3. 兵家管理思想

兵家的活动领域主要在于军事,以孙子为代表的中国兵家思想十分丰富。军事管理也是人类社会管理的一个组成部分,它们的基本原则对于任何类型的社会组织和任何类型的社会管理活动都普遍适用。兵家思想以"谋略"为中心,讲"谋攻妙算",讲"因变制胜",讲"令文齐武",对于管理的战略、策略、方略均有一定的启发作用。

关于管理的战略,孙子强调,优秀的战争指挥员应该依靠计谋取胜,"故上兵伐谋,其次伐交,其次伐兵,其下攻城"。故曰:"知己知彼,百战不殆;不知彼而知己,一胜一负;不知彼,不知己,每战必殆。"(《孙子·谋攻篇》)关于管理的策略,孙子指出:"水因地而制流,兵因敌而制胜。

故兵无常势,水无常形,能因敌变化而取胜者,谓之神。"(《孙子·虚实篇》)

关于管理的方略,孙子提出了分组管理的原则,即:"治众如治寡,分数是也。"(《孙子·势篇》)要使管理多数人像管理少数人一样,就要依靠组织和编制的作用。孙子又提出"令文齐武"的原则,以形成富有战斗力的组织。就是要用思想教育的手段,对下属晓之以理,动之以情。同时要用制度控制的方法,严明纪律,严肃法度。这套方略,对于任何管理都是适用的。

【阅读小资料】

田忌赛马

齐国的大将田忌很喜欢赛马。有一回,他和齐威王约定,要进行一场比赛,他俩商量好,把各自的马分成上、中、下三等,比赛的时候,要上马对上马、中马对中马、下马对下马。由于齐威王每个等级的马都比田忌的马强得多,所以比赛了几次,田忌都失败了。

田忌觉得很扫兴,比赛还没有结束,就垂头丧气地离开赛马场。这时,田忌听到有人叫他,抬头一看,人群中有个人,原来是自己的好朋友孙膑。孙膑招呼田忌过来,拍着他的肩膀说:"我刚才看了赛马,威王的马比你的马快不了多少呀。"孙膑还没有说完,田忌瞪了他一眼:"想不到你也来挖苦我!"孙膑说:"我不是挖苦你,我是说你再同他赛一次,我有办法准能让你赢了他。"田忌疑惑地看着孙膑:"你是说另换一匹马来?"孙膑摇摇头说:"一匹马也不需要更换。"田忌毫无信心地说:"那还不是照样得输。"孙膑胸有成竹地说:"你就按照我的安排办吧。"齐威王屡战屡胜,正在得意洋洋地炫耀自己的马匹的时候,看见田忌陪着孙膑迎面走来,便站起来讥讽地说:"怎么,莫非你还不服气?"田忌说:"当然不服气,咱们再比赛一次。"说着,"哗啦"一声,把一大堆银钱倒在桌子上,作为他下的赌钱。齐威王一看,心里暗暗好笑,于是吩咐手下,把前几次赢得的银钱全部抬来,另外又加了一千两黄金,也放在桌子上。齐威王轻蔑地说:"那就开始吧。"一声锣响,比赛开始了,孙膑先以下等马对齐威王的上等马,第一局输了。齐威王站起来说:"想不到赫赫有名的孙膑先生,竟然想出这样拙劣的对策。"孙膑不去理他,接着进行第二场比赛,孙膑拿上等马对齐威王的中等马,获胜了一局,齐威王有点心慌意乱了。第三局比赛,孙膑拿中等马对齐威王的下等马,又战胜了一局。这下,齐威王目瞪口呆了。比赛的结果是三局两胜,当然是田忌赢了齐威王。

还是同样的马匹,由于调换了一下比赛的出场顺序,就得到转败为胜的结果,这就是中国早期管理思想的一种体现。

(资料来源:改编自《史记》卷六十五:《孙子吴起列传》)

二、外国早期管理思想

外国的管理实践和思想也有着悠久的历史。在奴隶社会,管理实践和思想主要体现在指挥军队作战、治国施政和管理教会等活动上。古巴比伦、古埃及以及古罗马人在这些方面都有过重要贡献。

在欧洲文艺复兴时期也出现过许多管理思想,如16世纪莫尔(Thomas More,1478—1535)的《乌托邦》和马基雅维利(Niccolo Machiaverlli,1469—1527)的《君主论》。然而,外国管理实践和思想的革命性发展是在工厂制度产生之后。

18世纪60年代开始的工业革命不仅在工业技术上而且在社会关系上都引起了巨大的变

化,加速了资本主义的发展。小手工业受到大机器生产的排挤,社会的基本生产组织形式迅速从以家庭为单位转向以工厂为单位。在新的社会生产组织形式下,效率与效益的问题、协作劳动的组织和配合的问题,在机器生产条件下人和机、机和机的协调运转问题,使传统的军队式、教会式的管理方式和手段遇到了前所未有的挑战。许多新的管理问题需要人们去回答、去解决。在这种情况下,随着资本主义工厂制度的建立和发展,不少对管理理论的建立和发展具有重大影响的管理实践和思想应运而生。

1. 亚当·斯密的劳动分工观点和经济人观点

亚当·斯密是英国古典政治经济学家,他对管理问题也有诸多见解。斯密对管理理论发展的一个贡献是他的分工观点。他认为分工是增进劳动生产力的重要因素,原因是:①分工可以使劳动者专门从事一种单纯的操作,从而提高熟练程度,增进技能;②分工可以减少劳动者的劳动转换,节约通常由一种工作转到另一种工作所损失的时间;③分工可以使劳动简化,使劳动者的注意力集中在一种特定的对象上,有利于发现比较方便的工作方法,促进工具的改良和机器的发明。

斯密的分工观点适应了当时社会对迅速扩大劳动分工以促进工业革命发展的要求,成为资本主义管理的一项基本原理。

【阅读小资料】

分 工 论

1776年3月,亚当·斯密的《国富论》中第一次提出了劳动分工的观点,并系统全面地阐述了劳动分工对提高劳动生产率和增进国民财富的巨大作用。

斯密说:一个劳动者,如果对于这职业(分工的结果,使扣针的制造成为一种专门职业)没有受过相当训练,又不知怎样使用这职业上的机械(使这种机械有发明的可能的,恐怕也是分工的结果),那么纵使竭力工作,也许一天也制造不出一枚扣针,要做二十枚,当然是决不可能了。但按照现在经营的方法,不但这种作业全部已经成为专门职业,而且这种职业分成若干部门,其中有大多数也同样成为专门职业。一个人抽铁线,一个人拉直,一个人切截,一个人削尖线的一端,一个人磨另一端,以便装上圆头。要做圆头,就需要有两三种不同的操作。装圆头,涂白色,乃至包装,都是专门的职业。这样,扣针的制造分为十八种操作。有些工厂,这十八种操作,分由十八个专门工人担任。固然,有时一人也兼任两三门。我见过一个这种小工厂,只雇用十个工人,因此在这一个工厂中,有几个工人担任两三种操作。像这样一个小工厂的工人,虽很穷困,他们的必要机械设备,虽很简陋,但他们如果勤勉努力,一日也能成针十二磅。从每磅中成针有四千枚计,这十个工人每日就可成针四万八千枚,即一人一日可成针四千八百枚。如果他们各自独立工作,不专习一种特殊业务,那么,他们不论是谁,绝对不能一日制造二十枚针,说不定一天连一枚针也制造不出来。他们不但不能制出今日由适当分工合作而制成的数量的二百四十分之一,就连这数量的四千八百分之一恐怕也制造不出来。

亚当·斯密最早提出了分工论,在当时起了很重要的作用,因为分工可以提高效率,所以到20世纪初亨利·福特就把生产一辆车分成了8 772个工时。分工论成为统治企业管理的主要模式。

劳动分工理论对于管理理论的发展起到了十分重要的作用,后来的专业分工、管理职能分工、社会分工等理论,都与斯密的这一学说有着"血缘关系"。

斯密有句名言："请给我以我所要的东西吧,同时,你也可以获得你所要的东西。"斯密认为:人们在经济活动中追求个人利益,正因为每个人都有利己主义,所以,每个人的利己主义又必然被其他人的利己主义所限制,这就迫使每个人必须顾及他人的正当利益,由此而产生了社会利益,社会利益正是以个人利益为立脚点的。这就是所谓"经济人"观点,后来成为整个资本主义管理的理论基础。"胡萝卜加大棒"的管理方式便是在这种理论基础上产生的。

2. 小瓦特和博尔顿的科学管理制度

小瓦特和博尔顿分别是蒸汽机发明者瓦特及其合作者马修·博尔顿的儿子。1800年,他们接管了一家铸造厂后,小瓦特就着手改革该厂的组织和管理,博尔顿则特别关注营销活动。他们采取了不少有效的管理方法,建立起许多管理制度,如:①在生产管理和销售方面,根据生产流程的要求配置机器设备,编制生产计划,制定生产作业标准,实行零部件生产标准化,研究市场动态,进行预测;②在成本管理方面,建立起详细的记录和先进的监督制度;③在人事管理方面,制定工人和管理人员的培训和发展规划;④进行工作研究,并按工作研究结果确定工资的支付方式;⑤实行由职工选举的委员会来管理医疗费制度等福利制度。

3. 马萨诸塞车祸与所有权和管理权的分离

1841年10月5日,在美国马萨诸塞至纽约的西部铁路上,两列火车迎头相撞,造成近20人伤亡。事故发生后,舆论哗然,对铁路公司老板低劣的管理工作进行了严厉的抨击。为了平息公众的怒气,在马萨诸塞州议会的推动下,这个铁路公司不得不进行管理改革。老板交出了企业的管理权,只拿红利,企业另聘具有管理才能的人员担任企业领导。这是历史上第一次在企业管理中实行所有权和管理权的分离。这种分离对管理有重要的意义:①独立的管理职能和专业的管理人员正式得到承认,管理不仅是一种活动,还成为一种职业;②随着所有权和管理权的分离,横向的管理分工开始出现,这不仅提高了管理效率,也为企业组织形式的进一步发展奠定了基础;③具有管理才能的雇佣人员掌握了管理权,直接为科学管理理论的产生创造了条件。

4. 欧文的人事管理

罗伯特·欧文是19世纪初英国著名的空想社会主义者,他曾在其经营的一家大纺织厂中做过实验。实验主要是针对当时在工厂制度下工人劳动条件和生活水平都相当的情况下进行的,实验主要包括改善工作条件、缩短工作日、提高工资、改善生活条件、发放抚恤金等,实验的目的是探索对工人和工厂所有者双方都有利的方法和制度。欧文开创了在企业中重视人的地位和作用的先河,有人因此称他为"人事管理之父"。

5. 巴贝奇的作业研究和报酬制度

查尔斯·巴贝奇是英国著名的数学家和机械学家,他对管理的贡献主要有以下两个方面:

(1) 对工作方法的研究。他认为,一个体质较弱的人如果他所使用的铲的现状、重量、大小等方面都比较适宜,那么他的工作效率可能胜过体质较强的人。因此,要提高工作效率,必须仔细研究工作方法。

(2) 对报酬制度的研究。他主张按照对生产率贡献的大小来确定工人的报酬。工人的收入应该由三部分组成:①按照工作性质所确定的固定工资;②按照对生产率所做出的贡献分得的利润;③为增进生产率提出建议而得的奖金。

6. 亨利·汤的收益分享制度

亨利·汤是当时美国耶鲁汤尼制造公司的总经理,他在1889年发表的题为"收益分享"一文中,提出采取收益分享制度才能克服由利率分享制度带来的不公平。收益分享,实质是按某一部门的业绩来支付该部门职工的报酬。他提出的具体办法是:①每个员工享有一种"保证工资";②每个部门按照科学方法制定工作标准,并确定生产成本,该部门超过定额时,由该部门职工和管理阶层各得一半;③定额应在3~5年内维持不变,以免降低工资。

7. 哈尔西的奖金方案

弗雷德里克·哈尔西对管理的贡献也体现在工资制度方面。1891年,他向美国机械工程学会提交一篇题为"劳动报酬的奖金方案"的论文。论文指出了美国当时普遍使用的三种报酬制度的弊端:计时制对员工积极性的发挥无激励作用;计件制常因雇主降低工资率而扼杀工人提高产量的积极性;利率分享导致部门间良莠不齐,有失公允。他认为,亨利·汤的收益分享虽有改进,但在同一部门中不公平问题依然存在。因而,他提出了自己的奖金方案。该方案是按每个工人来设计的:给予每个工人每天的"保证工资",以该工人过去的业绩为基准,超额者发给约为正常工资1/3的奖金。哈尔西认为他所提出的制度,与当时其他工资制度相比有许多优点,比如不管工人业绩如何,均可获得一定数额的计日工资,工人增加生产就可得到奖金,从而消除因刺激工资而引起的劳资纠纷。工人奖金仅为超出部分的1/3,即使工人增产1倍也不致太高,雇主从中获利2/3,因而就不会总想削减工资率。以工人过去的业绩为基准,旨在鼓励工人比过去进步。工人所要超越的是他本人过去的业绩,而不是根据动作和时间研究制定出来的标准。

第二节 古典管理理论

在人类历史上,自从有了有组织的活动,就有了管理活动。人类的很多活动离不开管理活动,在这个意义上,管理活动的历史可被视为同人类历史一样悠久。管理活动的出现促使一些人对这种活动加以研究和探索。经过长期的积累和总结,人们对管理活动有了初步的认识和见解,从而开始形成一些朴素、零散的管理思想。随着社会的发展,科学技术的进步,人们又对管理思想加以提炼和概括,找出其中带有规律性的东西,并将其作为假设,在管理活动中进行检验,继而对检验结果加以分析,从中找出属于管理活动普遍原理的东西。这些原理经过抽象和综合就形成了管理理论。这些理论又被应用于管理活动,指导管理活动的进行,同时对这些理论进行实践检验。这就是管理理论的形成过程。从中我们可以看出管理活动(或管理实践)、管理思想和管理理论这三者之间的关系:管理活动就是管理思想的根基,管理思想来自管理活动中的经验;管理思想是管理理论的基础,管理理论是管理思想的提炼、概括和升华,是较成熟、系统化程度较高的管理思想,但并非所有管理思想都是管理理论;管理理论对管理活动有指导意义的同时又要经受管理活动的检验。

中国早期管理思想虽然博大精深,但管理理论的系统形成却出现于西方。时至今日,中国仍未形成有特色的管理理论,这不得不发人深省。西方管理理论的产生和发展过程,按照出现的先后顺序,依次是古典管理理论、行为管理理论、数量管理理论、系统管理理论、权变管理理论和质量管理理论。

本节主要介绍形成于19世纪末和20世纪初欧美的古典管理理论,它主要分为科学管理理论和组织管理理论。

一、科学管理理论

科学管理理论着重研究如何提高单个工人的生产率。其代表人物主要有：泰罗（Frederick W. Taylor，1856—1915）、吉尔布雷斯夫妇（Frank B. Gilbreth，1868—1924；Lillian M. Gilbreth，1878—1972）以及甘特（Herry L. Gantt，1861—1919）等。

1. 泰罗的贡献

泰罗被称为"科学管理之父"。他出生于美国费城一个富有的律师家庭，中学毕业后考上哈佛大学管理系，但不幸因眼疾而被迫辍学。1875年，泰罗进入费城的一家机械厂当学徒，1878年转入费城的米德维尔钢铁公司当技工，1884年升任总工程师。1898—1901年，泰罗受雇于宾夕法尼亚的伯利恒钢铁公司。1901年以后，他把大部分时间用在写作和演讲上。1906年，泰罗担任美国机械工程师学会会长。

泰罗的科学管理理论主要包括以下几个方面：

(1) 工作定额。要制定出有科学依据的工人的"合理的工作量"，就必须进行时间和动作研究。方法是把工人的操作分解为基本动作，再对尽可能多的工人测定完成这些基本动作所需时间。同时选择最适用的工具、机器，确定最适当的操作程序，消除错误的和不必要的动作，将最后得出的最有效的操作方法作为标准。最后，将完成这些基本动作的时间汇总，加上必要的休息时间和其他延误时间，就可以得到完成这些操作的标准时间，据此制定一个工人的"合理的日工作量"，这就是所谓的工作定额原理。

泰罗在伯利恒钢铁公司进行了有名的搬运生铁块试验。该公司有75名工人负责把92磅重的生铁块搬运到30米远的铁路货车上，他们每人每天平均搬运12.5吨，日工资1.15美元。泰罗找了一名工人进行试验，试验搬运姿势、行走速度、持握位置以及休息时间的长短对其搬运量的影响。结果表明，存在一个合理的搬运生铁块的方法，在这种方法下，57%的时间用于休息。按照这种方法搬运，每个工人的日搬运量将达到47～48吨，工人的日工资将提升到1.85美元。

(2) 标准化。要使工人掌握标准化的操作方法，使用标准化的工具、机器和材料，并使工作环境标准化，这就是所谓的标准化原理。

泰罗在伯利恒钢铁公司做过有名的铁锹试验。当时公司的铲运工人拿着自家的铁锹上班，这些铁锹各式各样、大小不等。堆料场中的物料有铁矿石、煤粉、焦炭等，每个工人的日工作量为16吨。泰罗经过观察发现，由于物料的比重不一样，一铁锹的负载不大一样。如果是铁矿石，一铁锹有38磅；如果是煤粉，一铁锹只有3.5磅。那么，一铁锹负载多大才合适呢？经过试验，最后确定一铁锹21磅对于工人是最合适的。根据实验结果，泰罗针对不同的物料设计不同形状和规格的铁锹。以后工人上班时都不自带铁锹，而是根据物料的情况从公司领取特制的标准铁锹，工作效率大大提高。堆料场的工人从400～600名下降为140名，平均每人每天的操作量提高到59吨，工人的日工资从1.5美元提高到1.88美元。这就是工具标准化的典型事例。

(3) 能力与工作相适应。为了提高劳动生产率，必须为工作挑选第一流的工人。第一流的工人是指：能力最适合做这种工作而且也愿意去做这种工作的人。要根据人的能力把他们分配到相应的工作岗位上，鼓励他们努力工作，并进行培训，教会他们科学的工作方法，使他们成为第一流的工人。

(4) 差别计件工资。泰罗认为,工人磨洋工的一个重要原因是报酬制度的不合理。计时工资不能体现劳动的数量。计件工资虽能体现劳动的数量,但工人担心劳动效率提高后雇主会降低工作率,这样等同于劳动强度的加大。针对这些情况,泰罗提出了一种新的报酬制度——差别计件工资制,其内容包括:①通过时间和动作研究来制定有科学依据的工作定额。②实行差别计件工资制来鼓励工人完成或超额完成工作定额。所谓"差别计件工资制",是指计件工资率随完成定额的程度而上下浮动。如果工人完成或超额完成定额,则定额内的部分连同超额部分都按比正常单价高25%计酬;如果工人完不成定额,则按比正常单价低20%计酬。③工资支付的对象是工人而不是职位,即根据工人的实际工作表现而不是根据工作类别来支付工资。

(5) 计划职能与执行职能相分离。泰罗认为应该用科学的工作方法取代经验工作方法。经验工作方法是指每个工人采用什么操作方法、使用什么工具等,都根据个人经验来决定。科学工作方法是指每个工人采用什么操作方法、使用什么工具等,都根据试验和研究的结果来决定。为了采用科学的工作方法,泰罗主张把计划职能同执行职能分开,由专门的计划部门承担计划职能,由所有的工人和部分工长承担执行职能。计划部门的具体工作包括:①进行时间和动作研究;②制定科学的工作定额和标准化的操作方法,选用标准化工具;③拟定计划,发布指示和命令;④对照标准,对实际的执行情况进行控制等。

2. 其他人的贡献

与泰罗同时代的人,如吉尔布雷斯夫妇和甘特等,也为科学管理做出了贡献。

美国工程师弗兰克·吉尔布雷斯及其夫人莉莲·吉尔布雷斯在动作研究和工作简化方面做出了突出贡献。起初弗兰克·吉尔布雷斯在建筑行业中研究用哪种姿势砌砖省力、舒适、有效率,他们通过实验得出一套标准的砌砖方法,这套方法使砌砖的效率提高200%以上。后来吉尔布雷斯夫妇又在其他行业中进行动作研究,并把工人操作时手的动作分解为17种基本动作。他们的研究步骤是:①通过拍摄相片来记录工人的操作动作;②分析哪些动作是合理的、应该保留的,哪些动作是多余的、可以省掉的,哪些动作需要加快速度,哪些动作应该改变次序;③制定标准的操作程序。与泰罗相比,吉尔布雷斯夫妇的动作研究更加细致、广泛。

美国管理学家、机械工程师甘特是泰罗在米德维尔钢铁公司和伯利恒钢铁公司的重要合作者,他最重要的贡献是他创造的"甘特图",这是一种用线条表现的计划图。这种图现在常被用来编制进度计划。甘特的另一贡献是提出了"计件奖励工资制",即对超额完成定额的工人,除了支付给他日工资,超额部分还以计件方式发给他奖金;对于完不成定额的工人,工厂只支付给他日工资。这种制度优于泰罗的"差别计件工资制",因为这种工资制可使工人感到收入有保证,劳动积极性因而提高。这说明,工资收入有保证也是一种工作动力。

【阅读小资料】

泰罗认为,以往的管理方法是一种鼓励懒汉的方法,只会导致工人磨洋工。他详细论证了人们在体育竞赛中和工厂生产中的不同表现,指出:"英国和美国的人民是世界上最伟大的运动员,每当一个美国工人玩棒球或一个英国工人玩板球的时候,可以有把握地说,他总是全力以赴去为他的这一方争取胜局。他总要尽他最大的能力以得到最高的分。"而且他如果不尽力,他还会遭到群众的鄙视。但是,"当这同一个工人第二天去上工时,他并不尽力去干出最大限度的活计,而在大多数情况下,此人有意识地捉摸着尽可能少干活——比他所能干的要少得多——在许多场合只干一个正常工作日活计的三分之一到二分之一。事实上,如果他要尽量做足一个最高限度的活计的工作日,他就会遭到他的同伙们的辱骂,其程度甚至比他在运动场上充当'懦夫'还厉害。"对于这种司空见惯的"磨洋工"现象,泰罗进行了分析,认为导致"磨洋工"的原因主要有三点:第一,工人认为如果每个人或每台机器增加了物质产品,最终会导致大量工人失业;第二,工厂主采取的有缺陷的管理制度,使得每个工人为了保护他的最佳利益而"磨洋工";第三,各行各业一直沿用的单凭经验行事的低效办法,使工人浪费了他们的大部分劳动。

泰罗认为,上述三个理由都是站不住脚的。首先,各行各业发展的历史表明,增加生产,降低成本,必然会扩大市场,加大社会需求,最终会招收更多的工人,扩大就业机会;其次,有缺陷的管理制度,只能说明雇主的无知,而不能说明低效率的合理;再次,一旦在管理上采用科学方法取代了单凭经验的办法,就能大幅度减少劳动中的浪费,提高效率。在这一分析的基础上,泰罗重点展开以科学方法取代经验方法的研究,首先从工时研究入手来治理"磨洋工"。工时研究的目的在于合理确定工作定额。泰罗津津乐道的工时研究实例,就是在伯利恒进行的搬运生铁实验。泰罗之所以挑选这项工作,是"因为它是工人操作中最原始、最初步形式的劳动"。他挑选这一事例是为了表明,"在几乎所有的机械工艺上,构成每个工人动作基础的科学是这样的深广,即使是实际上最胜任这项工作的工人,也不可能(不论是由于缺乏教育或是由于智力上的低能)懂得这门科学。"当时,伯利恒有一个75人的生铁搬运小组,每人每天装货约12.5吨。泰罗通过工时研究,计算出每个生铁搬运工每天能够搬运的定额为47~48吨。要达到提高定额这一目的,而且要使工人不致因任务过重而罢工,做到管理人员不同工人发生任何争吵,使工人们在以新的47吨的速度干活时比过去以12.5吨的速度干活感到更为高兴和更为满足,这就是泰罗想要达到的目的。

泰罗的具体方法如下:首先,他安排一位聪明的、受过大学教育的管理人员来跟踪搬运生铁的具体过程,在一个"头等工人"以最快速度进行工作时,用秒表准确记录一天的工作过程。在准确测时的基础上,把工作分解成小的基本动作,研究这些动作最合理、最省力的具体做法,再把各个基本动作所耗费的时间联系起来,求出正常工作的速率,进而计算出标准定额。另外,还要估算出一天中休息时间应占的百分比,以及为意外情况或不可避免的迟延而留出相应的时间。然后,在工时研究的基础上,对工人的操作动作进行设计,用科学的方法合理安排工作程序、操作技巧以及进展速度,减少不必要的体力消耗,省略多余的动作,节约工人的劳动。再次,恰当地挑选实验对象。他挑选了一位人称"斯密特"的外籍移民工人,让他严格按照管理人员的指示进行工作,由一名拿着秒表的管理者掌握斯密特工作中的动作、程序和间隔休息时间。这样,斯密特在一天之内完成了47.5吨生铁的搬运工作,其工资也由过去的1.15美元增加到1.85美元。在这个实验里,秒表成了必不可少的工具,因而,泰罗也就有了"秒表骑士"的雅号。在搬运生铁实验中,泰罗发现了一个重要的现象,就是工人干活时的疲劳程度与他完成的工作量不成正比。人们一般会想当然地认为,干活越多,疲劳程度越高。但泰罗却在实地测量中发现,并不是干活越多就越累,有的工人可能只搬了10吨生铁就精疲力竭,而有的工人可能搬了20吨也若无其事。为了弄清其中的奥妙,泰罗的助手巴思把工作中的所有可能导致疲劳的影响因素都绘出曲线图,用数学方法寻找答案。最后的结论是:工人的疲劳程度与负载的间歇频率相关,而不是与负荷重量相关。由此,泰罗发现了一个合理安排工人负载的新思路,可以在不增加疲劳程度的前提下大大提高工作量。泰罗强调,工时研究和工作分析绝对不是让工人拼命,而是要找出一个工人"正常"工作时的标准定额。他告诉大家:"在这些实验中,我们并不想去探索一个人在一次短促突击或三两天中最多能干多少活,我们所研究的是在一个整劳动日里,一个头等工人活计的实际构成是什么;一个工人能年复一年地正常地完成一个劳动日的最佳工作量,下班后仍然精神旺盛。"泰罗在搬运生铁实验中的成功做法是,应当尽量避免使工人突击干活,必须按照工人的生理疲劳规律安排工作。他说:"如果施密特为想挣高工资而被允许去冲击那堆47吨生铁,但却未经懂得搬运生铁艺术或科学的人的指导,那么,兴许在一天中他只干到十一二点钟就累倒了。他不得不持续不断地干活,这使他的肌肉得不到适当的休息时间,而这明明是为复原所绝对必需的。这样,还没干到这一天的早半晌,他就会完全筋疲力尽了。但是如果有一个懂得这个规律的人每天监督和指导他干活,直到使他养成一种习惯,能利用适当的间隙休息,他就能在一整天中以平均的速度干活,而不至于使他自己感到过度劳累。"

泰罗的工时研究取得了成功,但他使用施密特的做法,遭到了社会上各种各样的批评。比如,一位名叫厄普顿·辛克莱的年轻人写信给《美国杂志》主编,对泰罗提出抗议,说:泰罗"把工资提高了61%,而工作量却增加了362%"。辛克莱认为,这就是剥削,解决问题的根本办法,在于使工人"占有生产工具和生产资料",这样才能使工人获得他们所做出的劳动的全部价值。泰罗在回答这一批评时,认为辛克莱的批评不是地方。他指出,在他的管理办法下,施密特挣到了更多的钱,但是力气花得并不比过去大。这里面的关键在于:施密特被教会了如何干活,这个方法提高了劳动生产率,使工人省去了无用的劳动。在这个方法下,施密特所增加的收入不是用更艰苦的劳动换来的,因此,这里面不存在剥削。工时研究为钢铁厂的管理提供了基本依据,它是科学确定定额必不可少的前提,也极大降低了生产成本。同时,这种用秒表研究工时和动作的方式,为工业生产实现标准化、对工人进行科学方法的培训创造了条件。后来的运筹学,追根溯源,就是从工时研究发展而来的。

职业培训和标准化,有了科学的定额,能否完成还需要其他因素。这些条件包括两个方面:一是掌握了科学方法的工人;二是能够实施科学方法的工作条件。泰罗认为,要使工人能够发挥出其最大能力,必须对工人进行恰当的选择,造就"第一流"的工人队伍。"第一流"工人也被称为"头等"工人,泰罗对这一概念说明道:每个工人只要他愿意努力工作,并选择出适合于他的工作领域,他就能够在其岗位上成为"头等"工人。

二、组织管理理论

组织管理理论着重研究管理职能和整个组织结构,其代表人物主要有:亨利·法约尔(Henri Fayol,1841—1925),马克斯·韦伯(Max Webber,1864—1920)和切斯特·Z.巴纳德(Chester Z. Barnard,1886—1961)等。

1. 法约尔的贡献

法约尔,法国人,1860年从圣艾帝安国立矿业学院毕业进入康门塔里福尔香堡采矿冶金公司,成为一名采矿工程师,不久他被提升为该公司的一个矿井的经理。1888年,他出任该公司总经理。1916年,法国矿业协会的年报公开发表了他的著作《工业管理与一般管理》。这本著作是他一生管理经验和管理思想的总结。他认为,他的管理理论虽以大企业为研究对象,但除了可应用于工商企业外,还可以应用于政府、教会、慈善机构和军事组织等。所以,法约尔被公认为是第一位概括和阐述一般管理理论的管理学家。他的理论贡献主要体现在他对管理职能的划分和管理原则的归纳上。

（1）企业的基本活动和管理的五种职能

法约尔指出，任何企业都存在着六种基本活动，管理活动是其中的一种。这六种基本活动是：①技术活动，指生产、制造和加工。②商业活动，指采购、销售和交换。③财务活动，指资金的筹措、运用和控制。④安全活动，指设备的维护和人员的保护。⑤会计活动，指货物盘点、成本统计和核算。⑥管理活动，指计划、组织、指挥、协调和控制。其中，计划是指预测未来并制定行动方案；组织是指建立企业结构和社会结构；指挥是指使企业人员发挥作用；协调是指让企业人员团结一致，使企业中的所有活动和努力统一和谐；控制是指保证企业中进行的一切活动符合制定的计划和所下达的命令。

法约尔对管理的上述定义明确了管理与经营的关系。法约尔写道："所谓经营，就是努力确保六种基本活动顺利运转，从而把组织拥有的资源变成最大的成果，从而促使组织目标的实现。"而管理只是六种活动中的一种。

（2）管理的14条原则

法约尔提出了一般管理的14条原则。

① 分工。在技术工作和管理工作中进行专业化分工可以提高效率。

② 权力与责任。权力是指"指挥他人的权以及促使他人服从的力"，在行使权力的同时，必须承担相应的责任，不能出现有权无责和有责无权的情况。更为重要的是法约尔区分了管理者的职位权力和个人权利，前者来自个人的职位高低，后者是由个人的品德、智慧和能力等个人特征形成的。一个优秀的领导人必须两者兼备。

③ 纪律。纪律是企业领导人同下属之间在服从、勤勉、积极、举止和尊敬等方面所达成的一种协议。组织内所有成员都要根据各方达成的协议对自己在组织内的行为进行控制。

④ 统一指挥。组织内每个人只能服从一个上级并接受他的命令。

⑤ 统一领导。凡目标相同的活动，只能有一个领导、一个计划。

⑥ 个人利益服从集体利益。集体的目标必须包含员工个人的目标，但个人和小集体的利益不能超越组织的利益。当两者矛盾时，领导人要以身作则，使其一致。

⑦ 报酬合理。报酬制度应当公平，对工作成绩和工作效率优良者给予奖励，但奖励应有一个限度。法约尔认为，任何优良的报酬制度都无法取代优良的管理。

⑧ 集权与分权。提高下属重要性的做法是分权，降低这种重要性的做法是集权。要根据企业的性质、条件和环境及人员的素质来恰当地决定集权和分权的程度。当企业的实际情况发生变化时，要适时改变集权和分权的程度。

⑨ 等级链与跳板。等级链是指"从最高的权威者到最低层管理人员的等级系列"，它表明权力等级的顺序和信息传递的途径。为了保证命令的统一，不能轻易违背等级链，请示要逐级进行，指令也要逐级下达。有时这样做会延误信息，鉴于此，法约尔设计了一种"跳板"，便于统计之间的横向沟通，但在横向沟通前要征求各自上级的同意，并且事后要立即向各自上级汇报，从而维护统一指挥的原则。

⑩ 秩序。秩序是指"有地方放置每件东西，且每件东西都放在该放置的地方；有职位安排每个人，且每个人都安排在应安排的职位上"。

⑪ 公平。在待人上，管理者必须做到"善意与公道结合"。

⑫ 人员稳定。培养一个人胜任目前的工作需要花费时间和金钱，所以人员，特别是管理

人员的经常变动对企业不利。

⑬ 首创精神。首创精神是创立和推行一项计划的动力。领导者不仅本人要有首创精神，还要鼓励全体成员发挥他们的首创精神。

⑭ 集体精神。在组织内部要形成团结、和谐和协作的气氛。

(3) 管理教育的必要性

法约尔探讨了管理教育的可行性、必要性和管理理论的普遍性，他认为人的管理能力是可以通过教育来传授、通过学习来获得的，是可以先在学校里学习管理方面的基本知识的。法约尔开创了提倡管理教育的先河。

2. 韦伯的贡献

韦伯是德国著名的社会学家，是现代社会学的奠基人，他对管理理论的主要贡献是提出了理想行政组织体系理论。

韦伯认为等级、权威和行政制是一切社会组织的基础。对于权威他认为有三种类型：个人崇拜式权威、传统式权威和理性合法的权威。其中个人崇拜式权威的基础，是"对个人的明确而特殊的尊严、英雄主义或典范的品格的信仰"；传统式权威的基础是先例和惯例理性合法的权威的基础，是"法律"或"处于掌权地位的那些人发布命令的权力"。韦伯认为，在三种权威中只有理性合法的权威才是理想组织形式的基础。

韦伯的理想的行政组织体系或理想组织形式具有以下一些特点：

(1) 存在明确的分工。把组织内的工作分解为职业专业化，对成员进行分工，明文规定每个成员的权利和责任。

(2) 按等级原则对各种公职或职位进行法定安排，形成一个自上而下的指挥量化等级体系。每个下级都处在一个上级的控制和监督下，每个管理者不仅要对自己的决定和行动负责，而且要对下级的决定和行动负责。

(3) 根据经过正式考试或教育培训而获得的技术资格来选拔员工，根据职务的要求来任用。

(4) 除个别需要通过选举产生的公职，例如选举产生的公共关系负责人或在某种情况下选举产生的整个单位负责人等以外，所有担任公职的人都是任命的。

(5) 行政管理人员是专职的管理人员，领取固定的薪金，有明文规定的升迁制度。

(6) 行政管理人员不是其管辖的企业的所有者，只是其中的工作人员。

(7) 行政管理人员必须严格遵守组织中的规则纪律和办事程序。

(8) 组织中成员之间的关系以理性准则为指导，不受个人情感的影响，组织与外界的关系也是这样。韦伯认为这种高度结构化的，真正使得非人格化的理想行政组织体系是强制控制的合理手段，是达到目标、提高效率的最有效形式。这种组织形式在精确性、稳定性、纪律性和可靠性方面都优于其他形式，适用于当时日益增多的各种大型组织，如教会国家机构军队、党政军经济组织或社会团体。韦伯的这一理论是对泰罗、法约尔理论的补充，对后来的管理学家特别是组织理论家产生很大影响。

3. 巴纳德的贡献

巴纳德长期担任美国新泽西州贝尔电话公司总经理一职，他对管理理论的贡献主要体现在《经理人员的智能》一书中。巴纳德认为组织是两人或更多人经过有意识的协调而形成的系统。他认为，在组织中，经理人员是最为重要的因素，经理人员的职能主要有：①建立并维护一个信息系统;②使组织中每个人都能作出贡献;③明确组织的目标。

巴纳德把组织分为正式组织和非正式组织。对正式组织来说,不论级别高低和规模大小,其存在和发展都必须具备三个条件:明确的目标、协作的意愿和良好的沟通。

三、古典管理理论的意义

(1) 古典管理理论确立了管理学是一门科学。通过科学研究的方法能发现管理学的普遍规律,古典管理理论建立的管理理论使得管理者开始摆脱凭传统的经验和感觉来进行管理的模式。

(2) 古典管理理论建立了一套有关管理理论的原理、原则、方法等理论,并且主张这些原则和职能是管理工作的基础,对企业管理有着很大的指导意义,也为总结管理思想史提供了极为重要的参考价值。

(3) 古典管理学同时也建立了有关的组织理论。韦伯提出的官僚组织理论是组织理论的基石,因此他被人们称为"组织理论之父"。

(4) 古典管理理论为后来的行为科学和现代管理学派奠定了管理学理论的基础,当代许多管理技术与管理方法皆来源于古典的管理理论。

四、古典管理理论存在的问题

古典管理理念是人类历史上首次用科学的方法来探讨管理问题而总结出的理论,实质上反映了当时社会的生产力发展到一定的阶段对管理上的要求。管理适应生产力的发展,反过来管理思想的发展、管理技术和方法的进步又促进了生产力的发展。古典管理理论存在的问题表现在以下几个方面:

(1) 古典管理理论是基于当时的社会环境,对人性的研究没有深入进行,对人性的探索仅仅停留在经济人的范畴之内。泰罗对工人的假设是磨洋工,而韦伯把职员比做机器上的一个齿牙。在古典管理理论中没有把人作为管理的中心,没有把对人的管理和对其他事物的管理完全区别开来。而在现代管理理论中人是管理研究的中心课题,正是因为对人性的深入探索才使得现代管理理论显得丰富多彩。

(2) 古典管理理论对组织的理解是静态的,没有认识到组织的本质。韦伯认为纯粹的官僚体制应当是精确的、稳定的、具有严格纪律的组织。当代的组织理论家们普遍认为韦伯所倡导的官僚组织体制只适用于以生产率为主要目标的常规的组织活动,而不适用于从事以创造和革新为重点的非常规的非常灵活的组织活动。

(3) 古典管理理论研究的重点是组织系统的内部,而对企业外部环境对组织系统产生的影响考虑得就非常少。然而任何组织系统都是在一定的环境下生存发展的,社会环境在不断变化,企业的生存发展是在不断地与环境变化进行相互作用下前进的,企业的经营管理必须要研究外部环境的因素和企业之间相互适应关系,使管理行为和手段都随着社会环境的变化而变化。这些都是古典管理理论没有进行研究的。由于古典管理理论对组织环境以及环境的变化考虑较少,因此对管理的动态性未予以充分的认识和关注。

在正式组织中还存在着一种因为工作上的联系而形成的有一定看法、习惯和准则的无形组织,即非正式组织。巴纳德的这一理论为后来的社会系统学派奠定了理论基础。

第三节 行为科学理论

行为科学是20世纪30年代开始形成的一门研究人类行为的新的综合性科学,并且发展成国外管理研究的主要学派之一。该科学综合了应用心理学、社会学、社会心理学、人类学、经济学、政治学、历史学、法律学、教育学、精神病学及管理理论和方法,研究人的行为的边缘学科。它研究人的行为产生、发展和互相转化的规律,以便预测人的行为和控制人的行为。行为科学的产生是生产力和社会矛盾发展到一定阶段的必然结果,也是管理思想发展的必然结果。

行为科学的研究,基本上可以分为两个时期:前期以人际关系学说(或人群关系学说)为主要内容,从20世纪30年代梅奥的霍桑实验开始,成熟于20世纪40年代的马斯洛学说,1949年在美国芝加哥讨论会上第一次提出行为科学的概念,在1953年美国福特基金会召开的各大学科学家参加的会议上正式定名为行为科学。

一、梅奥及其领导的霍桑实验

行为科学理论的主要代表是梅奥。梅奥原籍澳大利亚,后移居美国。作为一位心理学家和管理学家,他领导了1924—1932年在芝加哥西方电气公司霍桑工厂进行的一系列实验(即霍桑试验)中后期的重要工作。该实验分四个阶段:

第一阶段:工作场所照明实验(1924—1927)

研究人员选择一批工人并把他们分成两组:一组变换工作场所的照明程度,使工人在不同程度强度下工作;另一组是对照组,工人在照明强度保持不变的条件下工作。研究人员希望通过实验得出照明强度对生产力的影响,但是结果却发现照明强度的变化对生产力几乎没有影响。

这说明:①工作场所的照明只是影响工人生产率的微不足道的因素;②由于牵涉因素较多,难以控制,且其中任何一个因素都可能影响实验结果,所以照明对产量的影响无法准确衡量。

第二阶段:继电器装配式实验(1927—1928)

从这一阶段起,梅奥参加了实验。研究人员选择了五名装配工和一名画线工在单独的一间工作室里工作,一名观察员被指派加入这个小组观察室内发生的一切,以便对影响工作效果的因素进行控制。这些女工们在工作时间可以自由交谈,观察员对她们的态度也很和蔼。在实验中分期改善工作条件,如改善材料供应方式、增加工间休息、供应午餐和茶点、缩短工作时间、实行集体计件工资制等,这些条件的变化使女工们的产量上升。但过了一年半,在取消工间休息和供应的午餐和茶点并恢复每周工作六天后,她们的产量仍维持在高水平上。看来其他因素对产量无多大影响,监督和指导方式的改善能促进工人改善工作态度并增加产量。于是决定进一步研究工人的工作态度和可能影响工人工作的其他因素成为霍桑实验的一个转折点。

第三阶段:大规模访谈(1928—1931)

研究人员在上述试验的基础上进一步在全公司范围内进行访问和调查。参与此访问的调查的员工达2万多人次。结果发现影响生产力的最重要因素是工作中发展起来的人际关系,而不是待遇和工作环境。每个工人的工作效率不仅取决于他们自身的情况,还与其所在小组中的同事有关,任何一个人的工作效率都要受同事们的影响。

第四阶段:接线板接线工作室实验(1931—1932)

该工作室有九名接线员、三名焊接工和两名检查员,在这一阶段有许多重要发现:

(1) 大部分成员都自行限制产量,公司规定的工作定额为每人焊接 7 312 个接点,但工人只完成 6 000~6 600 个接点,原因是怕公司再提高工作定额,也怕因此造成一部分人失业。他们这样做保护了工作速度较慢的同事。

(2) 工人对不同级别的上级持不同态度,他们把小组长看作小组的成员,对于小组长以上的上级,级别越高工人对他越尊敬,但同时对他的顾忌心理也越强。

(3) 成员中存在小派系。工作室里存在派系,每个派系都有自己的行为规范,谁要加入这个派系就必须遵守这些规范,派系中的成员如果违反这些规范就要受到惩罚。

梅奥对其领导的霍桑实验进行了总结,写成了《工业文明中人的问题》一书。在书中,梅奥阐述了与古典管理理论不同的观点——人际关系学说,该学说主要有以下一些内容:

(1) 工人是社会人,而不是经济人。科学管理学派认为,金钱是刺激人们工作积极性的唯一动力,把人看作经济人。梅奥认为,工人是社会人,除了物质需求外,还有社会心理方面的需求,因此不能忽视社会和心理因素对工人工作的积极性的影响。

(2) 企业中存在着非正式组织,企业成员在共同工作的过程中,相互间必然产生共同的感情、态度和倾向,形成共同的准则和惯例,这就构成了一个体系,称为非正式组织,非正式组织以其独特的感情规范和倾向左右着其成员的行为。古典管理理论仅注重正式组织的作用,是有缺陷的,非正式组织不仅存在,而且与正式组织相互依存,对生产率有重大影响。

(3) 生产率主要取决于工人的工作态度及其和周围人的关系。梅奥认为提高生产率的主要途径是提高工人的满足度及工人对社会因素,特别是人际关系的满足程度。如果满足程度高,工作的积极性、主动性和协作精神就高,生产率就较高。

二、行为科学

1949 年在美国芝加哥大学召开了一次由哲学家、精神病学家、心理学家、生物学家和社会学家等参加的跨学科的科学会议,讨论了运用现代科学知识来研究人的行为的一般理论。会议给这门综合性的学科定名为行为科学。行为科学蓬勃发展产生了一大批影响力很大的行为科学家及其理论,主要有马斯洛及其需求层次理论,麦克利兰的成就需要理论。赫茨伯格的双因素理论,佛隆的期望理论等。

1. 马斯洛的需求层次理论

梅奥关于企业员工是"社会人"的观点同样启发了管理学家的思维,既然是社会人,企业员工不仅仅有经济需求,而且他们渴望获得安定、友谊和认同。马斯洛在此基础上于 1943 年出版了《人类动机的理论》(A Theory of Human Motivation Psychological Review)一书并在书中提出了需求层次论。马斯洛的需求层次理论把需求分成生理需求、安全需求、社会需求、尊重需求和自我实现需求五类,依次由较低层次到较高层次。

马斯洛的需求层次理论是西方广为流传的激励理论,其两个基本论点:一个观点认为人是有需求的动物,其需求取决于他得到了什么,尚缺少什么,只有尚未满足的需求能够影响行为;另一个观点认为人的需求有轻重层次,当低一层次的需求得到满足后,另一个需求才会出现。

有关马斯洛需求层次理论的详细内容将在激励理论中进一步阐述。

2. 赫茨伯格与双因素理论

赫茨伯格于1959年提出了著名的双因素理论。当年,赫茨伯格在广泛调查的基础上出版了他的代表作《工作与激励》一书。赫茨伯格在该书中提出了人们行为的两大因素——保健因素和激励因素对人体的影响。

保健因素与工作的外部因素有关,保健因素对员工的影响类似于保健对人体的影响。当保健因素达到一定的水平时,可以预防疾病,但不能治病;当保健因素低于一定水平时,员工会产生不满;当这类因素得到改善时,员工的不满就会消除。保健因素对员工起不到激励作用。

激励因素与工作内容和工作成果有关,这类因素的改善可以使员工获得满足感,产生强大而持久的激励作用,这类因素不具备时也不会造成员工的极大不满。

有关双因素理论的详细内容将在激励理论中进一步阐述。

3. 佛隆的期望值理论

美国企业管理学者佛隆认为职工工作积极性的大小取决于职工期望得到满足几率的大小。期望值与产生促使职工采取某种行为的激励力成正比。某种行为的激励力将变为实际工作的积极性并且取得成果,而取得的成果又使职工的期望得到满足,期望得到满足的程度又与职工的工作行为成正比。

4. 麦克利兰的成就需要理论

麦克利兰认为,具有强烈的成就需求的人渴望将事情做得更为完美,通过提高工作效率获得更大的成功。他们追求的是在争取成功的过程中克服困难解决难题、努力奋斗的乐趣以及成功之后个人的成就感,他们并不看重成功所带来的物质奖励。个体的成就需求与他们所处的经济文化社会环境以及政府的发展程度有关,社会风气也制约着人们的成就需求。

三、行为科学管理理论的主要特点

(1) 把人的因素作为管理的首要因素,强调以人为中心的管理,重视职工多种需要的满足。

(2) 综合利用多学科的成果,用定性和定量相结合的方法探讨人的行为之间的因果关系及改进的办法。

(3) 重视组织的整体性和整体发展,把管理者和被管理者作为一个整体来把握。

(4) 重视组织内部的信息流通和反馈,用沟通代替指挥监督,注重参与式管理和职工的自我管理。

(5) 重视内部管理,忽视市场需求、社会状况、科技发展、经济变化、工会组织等外部因素的影响。

(6) 强调人的感情和社会因素,忽视正式组织的职能及理性和经济因素在管理中的作用。

四、行为科学理论对管理思想的发展

1. 突出人的因素和对人的研究

行为科学反映了人类社会发展的进步要求。行为科学贯彻了以人为本的思想,以人力资源为首要资源,高度重视对人力资源的开发和利用,提倡以人道主义的态度对待工人,通过改善劳动条件,提高劳动者工作、生活的质量,培训劳动者的生产技能,调动人的积极性,进而提高劳动效率。这些思想有利于推动生产发展和社会进步。

2. 吸收和借鉴相关学科成果,形成了完善的学科体系

行为科学积极吸收了心理学、社会学、人类学等学科的科学知识,应用社会调查、观察测验、典型实验、案例研究等科学方法对人的行为,特别是职工在生产中的行为进行研究,提出了一些调动人的积极性的学说和方法,并在企业中实际应用,收获了相当的效果。

3. 提出了非正式组织的作用

这种非正式组织对工人起着两种作用:保护工人免受内部成员疏忽所造成的损失,如生产过多以致提高生产定额,或生产过少引起管理当局的不满,并加重同伴的负担;保护工人免受非正式组织以外的管理人员干涉所形成的损失,如降低工资或提高生产定额。因此,管理人员应该正视这种非正式组织的存在,利用非正式组织为正式组织的活动和目标服务。

4. 提出了一系列具体要求以提高管理水平

行为科学理论是管理思想发展的一个重要的里程碑。行为科学理论解决的关键问题是号召人们掌握一些综合的管理技能,这些技能对于处理人群问题至关重要。这些技能包括:①理解人类行为的诊断技能;②对工人进行咨询、激励、引导和信息交流的人际关系技能。梅奥等人创立的人际关系学说为行为科学的发展奠定了基础,他们提出的社会人、非正式组织等概念已为大多数行为科学家所接受,他们的成果使得管理者在对待下属问题上发生了巨大的变化,对管理思想的发展作出了巨大的贡献。

第四节 现代管理理论及发展趋势

现代管理理论是在第二次世界大战以来到20世纪80年代初的历史阶段中形成的西方管理理论,这一历史阶段的理论是资本主义社会在第二次世界大战以后的政治、经济格局的重新调整过程中形成的。现代管理理论是指20世纪60年代到现在的西方管理理论。

一、现代管理理论形成的条件

(1) 20世纪40年代,由于工业生产的机械化、自动化水平以及电子计算机进入工业领域,在工业生产集中化、大型化、标准化的基础上也出现了工业生产多样化、小型化、精密化的趋势。另一方面,工业生产的专业化、联合化不断发展,工业生产对连续性、均衡性的要求提高,市场竞争日趋激烈、变幻莫测,即社会化大生产要求管理改变孤立的、单因素的、片面的研究方式,而形成全过程、全因素、全方位、全员式的系统化管理。

(2) 第二次世界大战期间,交战双方提出了许多亟待解决的问题,如运输问题、机场和港口的调度问题、如何对大量的军火进行迅速检查的问题等,都涉及管理的方法。

(3) 资本主义生产关系出现了一些新变化。由于工人运动的爆发,赤裸裸的剥削方式逐渐被新的、更隐蔽、更巧妙的剥削方式所掩盖。新的剥削方式着重从人的心理需要、感情等方面入手,形成处理人际关系和人的行为问题的管理。

(4) 管理理论的发展越来越借助于多学科交叉作用。经济学、数学、统计学、社会学、人类学、心理学、法学、计算机科学等各学科的研究成果越来越多地应用于企业管理。

二、管理理论丛林

进入20世纪50年代,现代管理思想的发展异常活跃,众多学者从不同的角度、用不同的方法研究管理问题,各树一帜,建立了许多管理理论学派,形成了管理理论研究的分散化局面,管理理论最多时达一百多种,美国管理学者孔茨和奥唐奈将这种现象称为"热带的丛林"。管理理论丛林现象持续时间不长,到70—80年代,只有十余种理论产生较大影响,成为现代管理理论的几大流派。

三、现代管理理论的主要流派

1. 管理过程学派

管理过程学派是在法约尔管理思想的基础上发展起来的。该学派的代表人物有美国的哈罗德·孔茨和西里尔·奥唐奈,其代表作为他们两人合著的《管理学》。这一学派主要研究管理者的管理过程及其功能,并以管理职能作为其理论的概念结构。其主要观点为:①认为管理是一种普遍而实际的过程,尽管各类组织的性质不同,不同类型与层次管理者的实际有多大的差别,但他们所履行的基本管理职能是相同的,即都在履行计划、组织、人事、领导各控制职能;②他们深入分析每一项管理职能,如该职能的特点与目的、职能的基本结构、职能的过程与技术方法、实施的障碍及排除方法等,以总结出管理的原理、原则、方法技术,以便更好地指导管理实践;③该学派设计出一个按管理实际工作过程的管理职能来建立管理理论的思想构架,把一些新的管理原则与技术容纳在计划、组织、人事、领导及控制等职能框架之中,从而建立起更加实用的理论体系。

2. 经验主义学派

经验主义学派代表人物主要有:欧内斯特·戴尔,其代表作有《伟大的组织者》《管理:理论和实践》;彼德·德鲁克,其代表作有《有效的管理者》。

经验学派的特点:①最关注的是管理者的实际管理经验,认为管理学就是管理经验的成功组织,管理者的经验是值得借鉴的,远比那些纯理论更有价值。②他们主张通过对实际经验研究来概括管理理论。通过分析大量组织或管理者成功或失败的实例,研究在类似情况下,如何采用有效的策略和方法来达到管理的目标。在对实际经验研究基础上,寻找成功经验中具有共性的、规律性的东西,进行科学抽象,实现系统化、理论化,以建立一套完整的理论的技术体系。③在对实际经验研究的基础上,归纳出经理的管理职责包括:为企业确定目标;建立组织;选拔人员;鼓励人们做好工作;对企业成果与人员的工作进行评价;促进员工的成长与发展。④提出了目标管理等现代管理方法与技术。

3. 系统管理学派

系统管理理论是指运用系统论和控制论的理论和方法,考察组织结构和管理职能以系统解决管理问题的理论体系。代表人物为美国管理学者卡斯特、詹姆斯·E.罗森茨韦克和约翰逊。卡斯特的代表作为《系统理论和管理》。

系统管理学说的基础是普通系统论。系统论的主要思想是系统是由相互联系的要素构成的,系统内部之间是由相互关联的各要素联系在一起的。系统的整体性:整个系统之间是个完整的整体,不可分开来看待。系统的层次性:系统有相当分明的层次性。

按照系统论的观点,管理也是个系统,因此必须重视管理的整体性,重视管理系统各要素的有机联系,从而达到 1+1>2 的效果。

4. 社会系统学派

社会系统学派是从社会学观点研究管理。该理论把组织看成是一个社会系统,是一个群体之间相互关系的体系,它受社会环境各个方面所制约,是更大的社会系统的一部分。社会系统学派的代表人物是美国著名管理学家切斯特·巴纳德,其代表作是《经理人的职能》。他将社会学的概念引入了管理,在组织的性质和理论方面做出了杰出贡献。

其主要观点为:①组织是一个协作系统。他认为组织是由两个或两个以上的人有意识协调活动的系统,每个组成部分都以一定形式与其他部分相联系。②组织无论规模大小、层次高低,都存在共同的目标、协作意愿和信息沟通三个基本要素。③组织效力与组织效率是组织发展的两项重要原则。④管理者的权威来自下级的认可,即管理人员的权限取决于指挥下属的命令是否为下属所接受。⑤经理人职能。经理人员作为信息沟通系统中相互联系的中心,通过信息沟通来协调组织成员的协作活动,以保证组织的协调与目标的实现。

5. 决策理论学派

决策理论学派的代表人物是美国卡内基梅隆大学的教授赫伯特·西蒙,其代表作为《管理决策新科学》。西蒙由于在决策理论方面的贡献,曾荣获 1978 年的诺贝尔经济学奖。

该学派认为管理的关键在于决策,管理必须采用一套制定决策的科学方法及合理的决策程序。其观点是:①认为"管理就是决策",强调决策行为贯穿于整个管理过程之中,又是管理活动成败的关键;②对决策的程序、准则、类型及决策技术等做了科学的分析,提出在决策中应用"令人满意"的准则代替"最佳化"准则;③强调不仅要注意在决策中应用定量方法、计算技术等新的科学方法,而且要重视心理因素、人际关系等社会因素在决策中的作用。

西蒙认为,人是介于完全理性与非理性之间的有限理性的管理人。管理人的价值取向和目标往往是多元的,不仅受到多方面因素的制约,而且处于变动之中乃至彼此矛盾状态。管理人的知识、信息、经验和能力都是有限的,他不可能也不企望达到绝对的最优解,而只以找到满意解为满足。在实际决策中有限理性表现为,决策者无法寻找到全部备选方案也无法完全预测全部备选方案的后果,还不具有一套明确的、完全一致的偏好体系,因此管理人不可能在多种多样的决策环境中选择最优决策方案。

6. 交流中心学派

交流中心学派是运用信息与沟通理论解决管理问题而建立的管理理论。该学派认为管理人员是交流中心,并围绕这一观念建立起管理理论体系:认为管理人员的作用就是接收信息,储存和处理信息,传播信息,并将计算机运用于管理之中。

7. 权变理论学派

权变理论是于 20 世纪 70 年代开始形成、发展起来的,其代表人物是美国管理学家卢桑斯以及英国学者琼·伍德沃德等人。所谓权变就是具体情况具体分析、具体处理。权变理论的核心思想是认为不存在一成不变的、无条件适用于一切组织的最好的管理方法,强调在管理中要根据组织所处的内外环境的变化而变化,针对不同情况寻找不同的方案和方法。权变理论在提出以后的几十年内,其理论价值和应用价值日益为管理实践所证明,因而得到了越来越多人的支持,成为具有重大影响的管理学派之一。其主要观点如下:

(1) 环境变量与管理变量之间存在着函数关系,即权变关系。这里所说的环境变量,既包括组织的外部环境,也包括组织的内部环境。管理变量则指管理者在管理中所选择采用的管理观念及技术。

（2）在一般情况下环境是自变量，管理观念和技术是因变量。因此，如果环境条件一定，为了更快地达到目标，必须采用与之相应的管理原理、方法和技术。

（3）管理模式不是一成不变的，要根据不断变化的环境而有所变化，要根据组织的实际情况来选择最适宜的管理模式。

8. 管理科学学派

管理科学学派也叫数量学派或运筹学派，它产生于第二次世界大战之后。管理科学学派认为，管理就是制定和运用数学模型与程序的系统，就是用数学符号和公式来表示计划、组织、控制、决策等合乎逻辑的程序，求出最优的解答，以达到企业的目标。管理科学学派解决问题的七个步骤是：观察和分析、确定问题、建立一个代表所研究系统的模型、根据模型得出解决方案、进行验证、建立解决方案、把解决方案付诸实施。以上七个步骤相互联系，相互影响。

第五节　管理理论新发展

随着冷战时代的结束，计算机尤其是个人计算机的广泛普及，以及互联网的广泛运用，人类进入了信息化的新经济时代。信息化、网络化、知识化和全球化是新经济时代，尤其是20世纪90年代以来的显著特征。20世纪90年代以来，产生了一些体现时代特征的管理理论，主要有学习型组织、精益思想、业务流程再造和核心能力理论等。

一、学习型组织

所谓学习型组织是指具有持续不断学习、适应变革能力的组织。当今管理者所面临的最大挑战是变化，正如管理学大师彼得·德鲁克所言："当今世界，唯一不变的就是变化。"学习型组织与传统组织具有明显的不同，表现在以下几个方面：

（1）在对待变革的态度上，传统组织认为，只要还管用就不要改变它；而学习型组织认为，如果不变革那就不管用了。

（2）在对待新观点的态度上，传统组织认为，如果不是产生于此时刻就拒绝它；而学习型组织认为，如果是产生于此时此刻就拒绝它。

（3）在关于谁对创新负责的问题上，传统组织认为，创新是研发部门的事；而学习型组织认为，创新是组织中每位成员的事。

（4）传统组织的主要担心是发生错误；而学习型组织的主要担心是不学习不适应。

（5）传统组织认为产品和服务是组织的竞争优势；而学习型组织认为学习能力、知识和专门技术是组织的竞争优势。

（6）在管理者的职责上，传统组织认为，管理者的职责是控制别人；而学习型组织认为，管理者的职责是调动别人、授权别人。

彼德·圣吉（Peter M. Senge）在《第五项修炼：学习型组织的艺术与实务》中指出，企业应成为一个学习型组织，并提出了建立学习型组织的四条标准：①人们能不能不断检验自己的经验；②人们有没有生产知识；③大家能否分享组织中的知识；④组织中的学习是否和组织的目标息息相关。同时他提出了建立学习型组织的技能，即五项修炼：自我超越、改善心智模式、建立共同愿景、团体学习和系统思考。圣吉还提出，在学习型组织中，领导者是设计师、仆人和教师，他们负责建立一种组织，能够让其他人不断增进了解复杂性、愿景和改善共同心智模式的能力，也就是领导者要对组织成员的学习负责。

二、精益思想

1985年，麻省理工学院发起了"国际汽车计划"(IMW)。IMW组织了一支国际性的研究队伍，耗资500万美元，历时五年，访问了北美、西欧、日本以及韩国、墨西哥和中国台湾等国家和地区与汽车有关的公司和工厂，写出了大量研究报告，最后出版了一本名为《改变世界的机器》的著作，推出了一种以日本丰田生产方式为原型的"精益生产方式"。"精益生产"即企业把客户、销售代理商、供应商、协作单位纳入生产体系，同他们建立起利益共享的合作伙伴关系，进而组成一个企业的供应链。

消除无价值活动是精益生产方式的精髓。精益生产方式不同于大规模生产方式，沃麦克和琼斯在《精益思想》一书中指出，所谓精益思想，就是根据用户需求定义企业生产价值，按照价值流组织全部生产活动，使要保留下来的、创造价值的各个活动流动起来，让用户的需要拉动产品生产，而不是把产品硬推给用户，暴露出价值流中所隐藏的无价值活动，从而不断完善，达到尽善尽美。

三、业务流程再造

传统的组织结构建立在职能和等级职能的基础上。虽然这种模式过去曾经很好地服务于企业，但是面对知识经济时代竞争环境的要求，它的反应已经显得缓慢和笨拙。业务流程再造对许多传统组织结构原则提出了挑战，将流程推到管理日程表的前列。通过重新设计流程，可以在绩效的改善上取得飞跃，激发和增进企业的竞争力。迈克尔·哈默和詹姆斯·钱皮在1993年出版的《再造公司》一书中，主张采取上述方法对变化和为提高产品和经营的质量而付出的努力进行管理。他们把"再造"定义为"对经营流程彻底进行再思考和再设计，以便在业绩衡量标准（如成本、质量、服务和速度等）上取得重大突破"。采取再造方法的公司应迅速学会必须做什么，然后确定如何做。"'再造'不把任何事想当然，它对'是什么'有所忽视，而对'应该是什么'相当重视。"再造中最关键的部分是在公司的核心竞争力和经验的基础上确定它应该做什么，即确定它能做得最好的是什么。之后确定需要做的事最好是由本组织来做还是由其他组织来做。采取再造方法的结果是公司规模的缩小和外包业务的增多。

【阅读小资料】

在肯尼思·普瑞斯、罗杰·内格尔等美国学者于1991年最早提出"虚拟企业"概念仅仅7年后，美特斯邦威就运用"虚拟经营"之道，成功地打破了温州家族式民营企业通常发展至5亿左右年营业规模就徘徊不前的"温州宿命"。

2002年8月23日，一个专家组来到美特斯邦威集团，考察其电子商务的应用情况。在这里已经看不到一台缝纫机，初步具备了虚拟品牌运营商概念的美特斯邦威集团，竟然自行研究开发了包括ERP在内的全部信息系统！专家组认为，在目前的国内企业中，美特斯邦威在信息技术运用上已处于领先地位，真正把信息技术成功地运用到了生产、管理、流通、销售等各个环节。

四、核心能力理论

核心能力理论是由20世纪80年代的资源基础理论发展而来的。20世纪50年代,斯尔兹尼克提出"独立能力"概念,并且在20世纪60年代形成了企业战略管理的基本模式,即公司使命或战略建立在"独特能力"基础之上,其包括企业成长方式,有关企业实力与不足的平衡思考,以及明确企业的竞争优势和协同效应,从而开发新市场和新产品。到20世纪80年代,资源基础理论认为企业的战略应该建立在企业的核心资源上。所谓核心资源是指有价值的、稀缺的、不完全的模仿和不完全替代的资源,它是企业持续增长优势的源泉。1990年,普拉哈拉得和哈梅尔在《哈佛商业评论》上发表了一篇具有广泛影响的论文《公司的核心能力》,一下子把众多学者、实践家的目光吸引过去。从核心资源到核心能力,资源基础理论得到进一步发展。按普拉哈拉得和哈梅尔的定义,核心能力是组织内的集体知识和集体学习,尤其是协调不同生产技术和整合多种多样技术流的能力。一项能力可以鉴定为企业的核心能力,必须满足以下五个条件:①不是单一技术或能力,而是一簇相关的技术和技能的整合;②不是物理性资产;③必须能创造顾客看重的关键价值;④与对手相比,竞争上具有独特性;⑤超越特定的产品或部门范畴,从而为企业提供通向新市场的通道。

【本章小结】

随着生产力和生产关系的变化,管理理论也随之变化。本章从中外管理思想开始,由管理理论萌芽引入管理理论的形成和发展,重点介绍了古典管理理论、行为科学理论、现代管理理论及管理理论的新发展。管理理论的发展说明人类对管理的认识水平的不同,人类对管理的认识是一个不断深化和不断升华的过程。

【本章练习题】

一、单项选择题

1. 提出管理的中心问题是提高劳动生产率的论点的是(　　)。
   A. 组织管理理论　　B. 科学管理理论　　C. 行为管理理论　　D. 权变管理理论
2. 对待组织内的小团体,正确的做法是(　　)。
   A. 立即宣布这些小团体为非法,予以取缔
   B. 深入调查,找出小团体的领导人,向他们提出警告,不要再搞小团体
   C. 只要小团体的存在不影响公司的正常运行,可以对其不闻不问听之任之
   D. 正视小团体的客观存在性,允许乃至鼓励其存在,对其加以积极引导
3. 德鲁克提出了(　　)概念。
   A. 经济人　　　　B. 社会人　　　　C. 科学管理　　　D. 目标管理
4. 梅奥提出了(　　)概念。
   A. 经济人　　　　B. 社会人　　　　C. 科学管理　　　D. 目标管理
5. "得道多助,失道寡助"体现的是(　　)。
   A. 治国思想　　　B. 管理哲学思想　C. 用人思想　　　D. 治家思想
6. "以仁为核心,以礼为准则"是(　　)的管理思想。
   A. 法家　　　　　B. 道家　　　　　C. 儒家　　　　　D. 兵家

7. 泰罗被尊称为(   )。
   A. 科学管理之父   B. 组织管理之父   C. 一般管理之父   D. 现代管理之父
8. 法约尔被尊称为(   )。
   A. 科学管理之父   B. 组织管理之父   C. 一般管理之父   D. 现代管理之父

二、多项选择题

1. 古典管理理论包括(   )。
   A. 管理科学理论   B. 科学管理理论   C. 组织管理理论   D. 系统管理理论
   E. 权变管理理论
2. 韦伯认为人类社会存在三种为社会所接受的权力,即(   )。
   A. 外来权力   B. 超凡权力   C. 法定权力   D. 传统权力
   E. 个人权力
3. 属于泰罗制的是(   )。
   A. 标准化   B. 最优化   C. 工作定额   D. 差别计件工资
   E. 科学挑选工人
4. 古典组织理论较大贡献者有(   )。
   A. 泰罗   B. 法约尔   C. 巴纳德   D. 韦伯
   E. 欧文

三、简答题

1. 泰罗的科学管理理论的主要内容是什么?
2. 简述当代管理思想的发展趋势。
3. "经济人"和"社会人"的假设对管理实践有什么不同影响?
4. 简述梅奥的人际关系理论及对我国企业管理的启示。
5. 行为科学理论的基础是什么?
6. 现代管理理论的基本特征是什么?

四、案例分析题

案例一 亨利·福特的成功

在美国工业由手工作坊向工厂制造生产转换的过程中,亨利·福特首创了世界上第一条大规模流水作业生产线,为现代发达的工业生产奠定了基础。他发明的物美价廉的T型车,一举打开了新兴的汽车业市场,为美国迅速步入汽车时代做出了贡献。

T型汽车出现后,福特汽车公司的经理们很快发现他们的生产力不足以满足人们对这种汽车市场的需求。福特当时和其他汽车制造厂一样,依靠全能技工组装汽车。组装工都是多面手,当岗位上的汽车部件一旦要变为成品时,他们就得走向下一道程序。

福特意识到公司的生产方式亟待改革,于是,福特及其工程师们作出的第一步重大改革,是在新建的部件车间中反复修改组织各部门的工序。技术人员在车间的布局上抛弃了老一套做法,吸收了弗雷德里克·W.泰勒数年前在美国钢铁业提出的流水线生产理论,创造了新的汽车生产方式。福特的原则是:任何布局都必须能使工件尽可能不受阻碍的从一台机床"流"向另一台机床,尽量减少不必要的动作和碍手碍脚的隔机搬运。到了1910年,福特厂在流水线生产方面已走到本行业的最前列。

到1913年末,福特又进行了几次反复的技术革新,终于取得了重大突破,先是在部件生产中采用了传送带供应的方式,接着他们又将这种方式移植到车体组装中,将汽车组装工序从头到尾都置于"运动之中",这种方法将组装T型车的时耗缩短了50%,创造了汽车生产纪录。1914年1月,福特又进行了另一项重大革新,在高原公园厂安装了第一条全过程链式总装传送带,其效果如同施展魔法。3个月后,福特公司宣布了一项新的世界纪录:它能在93分钟内组装成一辆汽车。至此,福特的自动化流水作业线全部完成。这在工业史上写下了光辉的一篇,为此后汽车工业的技术发展规定了模式。

其后,福特继续致力于流水线的改进。在1920年,他实现了每分钟生产一辆汽车的愿望;1925年,他创造了每10秒钟生产一辆汽车的纪录,在全世界同行业中遥遥领先。

20世纪20年代,福特汽车公司成为当时世界上最大的汽车公司,每天能生产汽车9 000辆,年销售汽车90万辆。福特的名字也和他的T型车一起传遍全世界。

问题:

在福特汽车公司的发展过程中,体现了哪些古典管理理论?

案例二 为了一个人而买下一家公司

一次,福特汽车公司的一台马达坏了,公司所有的技术人员都束手无策,公司只好请来了在一家小公司就职的德国籍电机专家斯坦门茨。他经过分析和计算,用粉笔在电机上画了一条线,说:"打开电机,把画线处线圈减去16圈。"照此做后,电机恢复正常了。福特公司问要多少酬金?他要1万美元。人们惊呆了——画一条线竟要这么高的价!他坦然地说:"画一条线值1美元,知道在什么地方画线值9 999美元。"

亨利·福特对斯坦门茨赞赏有加,一定要请他到福特公司工作,但斯坦门茨说:"我所在的公司虽小,但是老板却对我非常好,是他给了我来美国的第一份工作,我不能见利忘义。"福特更加钦佩斯坦门茨的人品,于是花3 000万美元买下他所在的公司,终于得到了想要的人才。

问题:

这个案例说明了什么?请你用管理学的知识进行分析,写出一篇300字左右的短文。要求观点正确,层次分明,语言流畅。

第三章 管理道德与企业社会责任

【学习目标】

知识点：
- 掌握管理道德的内涵
- 了解企业社会责任的起源和发展现状
- 了解企业履行社会责任的重要意义

技能点：
- 培养学生的职业道德

第一节 管理道德

【阅读小资料】

道德起源

有五只猴子被关在一个笼子里，上头有一串香蕉。实验人员装了一个自动装置，一旦侦测到有猴子要去拿香蕉，马上就会有水喷向笼子，而这五只猴子都会一身湿。先有只猴子想去拿香蕉，当然，结果就是每只猴子都淋湿了。之后每只猴子在几次尝试后，结果都是如此，于是猴子们达成一个共识：不要去拿香蕉以避免被水喷到。

后来实验人员把其中一只猴子释放，换进去一只新猴子A，猴子A看到香蕉，马上想要去拿，结果被其他四只猴子海扁了一顿。

因为其他四只猴子认为猴子A会害它们被水淋到，所以制止它去拿香蕉。猴子A尝试了几次，虽被打得满头包，依然没有拿到香蕉，当然，这五只猴子就没有被水喷到。之后实验人员又把一只旧猴子释放，换上另外一只新猴子B。猴子B看到香蕉，也是迫不及待要去拿，当然，一如刚才所发生的情形，其他四只猴子海扁了猴子B一顿。

特别值得一提的是，那只猴子A打得特别用力，这叫老兵欺负新兵，或是媳妇熬成婆。猴子B试了几次总是被打得很惨，只好作罢。后来慢慢地一只一只的，所有的旧猴子都换成新猴子了。大家都不敢去动香蕉，但是它们都不知道为什么，只知道去动香蕉会被其他猴子海扁。这就是道德的起源。

一、道德概述

对道德的起源很难形成一个统一的看法，不同学科的学者分别从不同的角度对道德的起源进行研究,得出的结论也不完全相同。马克思认为道德是人类社会所特有的,道德作为一种社会现象,并不是从来就有的,社会劳动是道德起源的基础。

(1) 社会关系的形成是道德产生的客观条件。人的社会关系首先是一种劳动关系,是劳动活动推动了人的社会关系的形成和发展。是劳动把本来孤立的个体联系起来,形成相互依赖、相互协作的关系,这就是最初的社会关系,孤立的个人是不存在什么道德问题的。

(2) 人的自我意识的形成与发展是道德产生的主观条件。当个人意识到自己的存在和利益,而且也意识到他人和整体的存在和利益,道德才会产生。

(3) 劳动是道德产生所需要的主客观统一的社会条件。在劳动过程中,人们建立起了比较稳定的各种社会关系,并认识到人与自然的关系和人与人之间的关系,从而产生了包括道德意识在内的各种意识。

(4) 社会分工是道德从萌芽到生成的关键条件。随着生产和分工的发展,人们之间的社会关系及其相互交往复杂了,产生了每个人的个人利益和与之相交往的人们的共同利益之间的矛盾,从而产生了从道德意识上约束人的行为,调整各种利益矛盾,维系社会秩序,日久天长便形成了一些最简单的行为规范和准则,这就是最初的道德准则。

马克思的观点以为,人类最早的道德观念萌发于人类早期的劳动和简单交往,而道德则形成于社会分工的出现和发展。正如恩格斯所说:"我们断定,一切以往的道德论归根到底都是当时的社会经济状况的产物。"这就是对道德的起源做了最为精辟的概括。

1. 道德的概念

道德是道和德的合成词,道是方向、方法、技术的总称;德是素养、品性、品质。道德双修是人生的哲学。道德是一种社会意识形态,是人们共同生活及其行为的准则与规范。道德往往代表着社会的正面价值取向,起着判断行为正当与否的作用。道德是指以善恶为标准,通过社会舆论、内心信念和传统习惯来评价人的行为,调整人与人之间以及个人与社会之间相互关系的行动规范的总和。道德作用的发挥有待于道德功能的全面实施。道德具有调节、认识、教育、导向等功能,与政治、法律、艺术等意识形态有密切的关系。

2. 道德的类型

道德的类型一般分为社会公德、家庭美德、职业道德。

(1) 社会公德。社会公德简称"公德"。是指存在于社会群体中间的道德,是生活于社会中的人们为了群体的利益而约定俗成的我们应该做什么和不应该做什么的行为规范。在本质上是一个国家、一个民族或者一个群体,在历史长河中、在社会实践活动中积淀下来的道德准则、文化观念和思想传统,它对维系社会公共生活和调整人与人之间的关系具有重要作用。与"私德"相对,这里的"公德"是指与国家、组织、集体、民族、社会等有关的道德;而"私德"则指个人品德、作风、习惯以及个人私生活中的道德。

(2) 家庭美德。是指人们在家庭生活中调整家庭成员间关系、处理家庭问题时所遵循的高尚的道德规范。家庭美德的内容主要包括尊老爱幼、男女平等、夫妻和睦、勤俭持家、邻里团结等。

(3) 职业道德。职业道德,就是同人们的职业活动紧密联系的符合职业特点所要求的道德准则、道德情操与道德品质的总和,它既是对本职人员在职业活动中的行为标准和要求,同时又是职业对社会所负的道德责任与义务。

3. 道德的特点

马克思主义道德观认为,道德作为一种特殊的社会意识形态,是由社会经济关系所决定的,是社会经济的反映。因此,道德的内容、特征、发展和演变是由社会经济关系决定的。道德的特征表现在以下几个方面:

(1) 社会经济关系决定道德的产生与内容。人们生活在一定的社会关系中,必然要产生各种各样的矛盾,如何处理和解决这些矛盾,就必然要产生一定的道德观念。不同的社会有不同的社会经济关系,有什么样的社会经济关系,就会有什么样的道德体系。

(2) 在阶级社会中,道德具有阶级性。在阶级社会里,各个阶级在社会经济关系中所处的地位不同。奴隶社会,奴隶主阶级认为买卖奴隶甚至处死奴隶都是道德的;而奴隶阶级则把反对奴隶主虐待、争取做人的地位看成是道德的。封建社会,官僚地主把维护封建制度的"三纲五常"作为他们道德体系的核心。资本主义社会,资产阶级把剥削工人阶级的剩余价值看作是道德的。

(3) 道德具有历史继承性和相通性。社会不断进步和发展,作为意识形态的道德观念也存在着连续性、继承性和相通性。如社会公德,是社会各界人们共同遵守的行为准则。首先,同一个时代对社会各个阶层有相同的要求。因为,在同一个社会中,各个阶级都处于同一个社会统一体中,生活在同一个经济发展阶段,有着共同的历史背景,为解决必需的衣食住行问题,全社会成员都必须遵守某些共同的生活准则,这就决定了各个阶级的道德有某些共同之处。其次,同一历史背景下社会不同的发展阶段,道德有共通性。由于文化的传承性,人们接受共同的文化熏陶,在人们的意识形态中已经形成并渗透到骨子里的带有本国传统文化色彩的道德观念,如中华五千年文化积淀下来的"仁""善""和谐"等道德观念,在中国历代都是人们共同的道德规范。最后,在社会和谐中,不同的国家虽有不同的历史背景和文化积淀,但也会有相同的道德准则。国家的交往如同人与人之间的交往,只有遵守共同的准则,才能保证社会的和谐发展和人际交往的顺利进行。如"切勿盗窃""尊老爱幼"等就是社会中各个阶层、阶级都要遵守的道德规范。现代社会中,爱护自然环境、节约自然资源、保护生态平衡、讲究公共卫生等已经成为所有社会成员共同遵守的道德内容。所以,我们对待不同的文化以及文化遗产不能全盘否定,要随着社会的进步与发展,采取批判继承的态度,取其精华,去除糟粕。

(4) 道德具有相对稳定性。道德观念的变化往往落后于经济基础的变化。在我国,社会主义经济基础虽然已经建立起来了,但封建思想意识和资产阶级的旧道德意识并没有完全消除,甚至在一些人身上还有相当突出的表现,如封建迷信、特权等级思想、故步自封、个人享乐主义、拜金主义、小团体意识等等。

(5) 道德具有实践性。实践是道德的基础,也是道德的目的和归宿。道德是同人们的行为联系在一起的,道德规范转化为外在的效果,必然通过社会实践。

综上所述,可以将道德定义为:道德是人类社会生活中特有的,由经济关系决定的,依靠宣传教育、内心信念、传统习惯和社会舆论维系的,并以善恶标准作为评价的社会现象。

二、管理道德概述

1. 管理道德的概念

管理道德作为一种特殊的职业道德,是从事管理工作的管理者的行为准则与规范的总和,是特殊的职业道德规范,是对管理者提出的道德要求。对管理者自身而言,可以说是管理者的立身之本、行为之基、发展之源;对企业而言,是对企业进行管理价值导向,是企业健康、持续发展所需的一种重要资源,是企业提高经济效益、提升综合竞争力的源泉,可以说管理道德是管理者与企业的精神财富。

2. 管理道德的内容

(1) 组织管理目标的道德

任何管理都是组织的管理。但是,组织管理者的思想道德水平如何,又直接关系到管理水平的高低和管理目标的实现。因为组织者在制定管理目标时,不仅要考虑到管理目标的可行性,而且要考虑到管理目标的道德性,才能使管理目标成为有效的目标。组织管理者为了使其管理目标可行,或多或少地都要考虑它的目标的道德性。原始社会的氏族公共事务管理,其目标是为了获取必要的物质生活资料,其道德目标是为了维护氏族组织成员的生存。到了阶级社会,组织的管理目标被打上了阶级的烙印,不同阶级的组织管理,其管理目标也有不同的道德要求。奴隶主阶级和封建地主阶级在强化国家管理中的镇压职能时,其社会管理目标也考虑到要把阶级冲突保持在一定的"秩序"的范围内,用"礼"或"仁"规范人们的行为,使民众懂得如何安分守己,不要"犯上作乱"。他们还把有效实现对国家的管理看作是有效管理社会的目标,认为治理好国家也就是治理好社会,其道德目标就是保护国家利益,也就是维护剥削阶级的利益。正如古希腊思想家德谟克利特所说:"应当认定国家的利益高于一切,以便把国家治理好。决不能让争吵破坏公道,也不能让暴力损害公益。因为治理得好的国家是最可靠的保证,一切都系于国家。国家健全就是一切兴盛,国家腐败就一切完蛋。"中国封建社会时期著名的"贞观之治",就是与唐太宗李世民在制定和实施国家管理目标的过程中所采取的德政措施分不开的。所以,后来的许多封建统治者都效仿唐太宗,提倡德政,"以德治国"。

与以往剥削阶级强化国家管理目标不同,资本主义从其产生的那一天起就致力于生产力的发展。因此,资产阶级进行社会管理的最基本方面是进行生产管理。但是,资产阶级在制定其生产管理目标时,基于追求更多的剩余价值,往往很少考虑其目标的道德性,所以总是达不到其应该达到的有效管理。对此,马克思曾揭露过资产阶级这种管理目标的道德弱化的本质。他说:"如果说资本主义的管理就其内容来说是二重的——因为它所管理的生产过程本身具有二重性:一方面是制造产品的社会劳动过程;另一方面是资本的价值增值的过程。"在这种情况下,"管理、监督和调节的职能就成为资本的职能。这种管理的职能作为资本的特殊职能取得了特殊的性质"。在社会主义社会里,由于消灭了剥削制度和剥削阶级,实行了以公有制为主体的经济制度,劳动人民当家做主,因此,社会一切管理的本质和目标也就发生了根本的变化。社会主义生产的管理目标,是为了发展生产力,达到最佳的经济效益,与此相适应的道德目标是为了实现人民群众的共同富裕。这种管理目标与道德要求的一致性,只有在社会主义条件下才能真正实现。

(2) 实现组织管理目标的手段的道德

手段是为实现一定目的或目标而采取的一定的途径、方法、办法和策略的总和。任何组织管理目标的实现,都要通过一定的手段。至于采取什么样的手段,达到什么样的效果,则取决于组织管理者对手段的选择。而所选择的手段是否正当,即手段是否道德,会直接影响管理目标的实现。在阶级社会里,不同的阶级在实现其管理目标时采取的手段是各不相同的。奴隶主阶级民主派曾要求对奴隶采取一些怀柔的、宽容的政策,以利于稳定社会秩序。但奴隶主阶级贵族派却继续坚持严厉的压迫政策,激起了奴隶们的极大反抗。封建地主阶级在反对奴隶主阶级专制制度的革命斗争中,曾经采取过一些小恩小惠的政策,给农民一些好处,对吸引农民参加革命确实起了较好的作用。但封建地主阶级掌权之后,又采取更加严厉的手段剥削和压迫农民,结果导致农民起义连绵不断。资产阶级高举"自由、民主、博爱"的革命大旗,对封建专制制度采取了无情揭露和批判的斗争手段,这对于吸引广大工人阶级和劳动群众参加革命,也起到了积极的作用。但是,资产阶级掌权之后,由于仍然奉行极端利己主义的道德原则,因而在其实现生产管理的目标过程中,又采取了各种各样的不正当手段,如延长工时、增加劳动强度、招收童工、压低工资等等,残酷地压迫和剥削工人,以此来达到其追求高额剩余价值的目的。正如恩格斯所说,资产阶级总是"采取不道德的手段达到不道德的目的"。与资产阶级不同,无产阶级在掌握国家政权之后,要求一切组织管理者在为实现其管理目标而选择的所有手段,都必须是正当的,必须符合社会主义道德的要求。它坚决反对一些组织管理者为达到其私利而采取不正当手段的做法,它还要求人们对诸如偷工减料、偷税漏税、走私贩私、制假造劣、哄抬物价、进行虚假广告宣传等不正当行为必须给予严厉的打击和谴责。

（3）人际关系管理的道德

人际关系管理是社会管理的重要内容。一定社会的人际关系管理,除受社会性质决定之外,还受血缘、地缘、业缘等因素的影响,从而造成这种管理的复杂性和管理层次的多样性。中国长期流传的"清官难断家务事"的说法,虽是老话,却说明了人际关系管理的复杂性。特别是在社会主义市场经济条件下,有的人滥用等价交换原则,使人际交往中出现许多"关系网"现象,如"人情大于公章"的现象,以及"杀熟"现象,即在经济交往中既"吃里"又"扒外"的现象,使人们感到信用危机、世风日下、道德滑坡。在这种情况下,如何规范人们的交往关系,使人们的人际关系沿着平等、和睦、协调和有序的健康方向发展,就成为管理道德建设中的一项重要内容。

（4）人事管理的道德

任何组织管理都是通过人来执行其管理职能,通过人的活动来实施的。因此,如何管理好人,如何用人,不仅要考虑人的知识、经验和能力,而且要考虑人的思想道德素质。中国自古以来就流传着"人存政存,人亡政息"、"天下治乱,往往系于用人"的说法。这种说法虽然不是至理名言,但却包含着较为深刻的道理。事实上,中国历代许多国家管理的决策都重视用人的德才要求。从战国时代的客卿、养士到汉代的举贤士;从魏九品官人法门阀士族制到隋唐的科举制、明清的八股文取士等等取才用人制度,都要求入选者不仅要有才,而且要有德,即忠君爱国、举孝廉、不犯上。当代西方资产阶级在网罗人才的过程中,也很重视所用人才政治、宗教和道德的因素。社会主义社会的用人制度,更应该重视德的要求,必须坚持用人的德才兼备和知人善用的原则,反对"任人唯亲""以权谋私"的做法,使我们的人事管理科学化、规范化、道德化。

（5）财物管理的道德

物资钱财是实现组织管理目标的物质基础,没有物资钱财的组织根本不可能进行管理。但是,有了物资钱财的组织也不一定能实现有效的管理目标,因为物资钱财总是要交给组织机构的人员去掌握和运用的。这时,财物管理人员道德素质的高低与财物的道德风险就会成正比。如果管钱管物的人连"君子爱财,取之有道""非我之物勿用"等最起码的道德意识都没有,必然会利欲熏心、贪污挪用、化公为私,这就必然动摇或削弱组织管理的物质基础。近年来,我国连续出现了许多巨大的贪污案件,以及贪污人员的低龄化,足以说明我国财物管理制度的薄弱和财物管理人员道德意识的缺失。因此,如何规范财物管理人员的行为,加强财物管理方面的道德建设和道德教育,也是管理道德的一项非常重要的内容。

三、影响管理道德的因素

【阅读小资料】

科尔伯格的"道德发展阶段论"

科尔伯格(1927—1987),美国儿童发展心理学家,他继承并发展了皮亚杰的道德发展理论和研究路线。科尔伯格1958年在芝加哥大学拿到了博士学位,1959年去耶鲁大学任助教,1962—1968年任教于芝加哥大学;从1968起转任哈佛大学教授、哈佛大学道德发展与教育研究中心主任。他是认知结构主义学派代表人物,他提出:学校道德教育的目的是促进学生道德判断能力的发展。他根据儿童道德认知发展的阶段性提出了"道德两难法",在儿童思想道德教育中产生了很大影响。"道德两难法"即道德两难故事问答讨论法,就是在道德两难故事讨论中,启发儿童积极思考道德问题,从道德冲突中寻找正确答案,以有效地发展儿童的道德判断力。

科尔伯格代表性的道德两难故事是"海因茨偷药的故事"。这个故事的大意是:欧洲有一位妇女患了癌症,生命危在旦夕。医生告诉她的丈夫海因茨,只有本城一个药剂师最近发明的一种药可以救他的妻子。但该药价格十分昂贵,要卖到成本价的十倍。海因茨四处求人,尽全力也只借到了购药所需钱数的一半。万般无奈之下,海因茨只得请求药剂师便宜一点儿卖给他,或允许他赊账。但药剂师坚决不答应他的请求,并说他发明这种药就是为了赚钱。海因茨在走投无路的情况下,为了挽救妻子的生命,在夜间闯入药店偷了药,治好了妻子的病。但海因茨因此被警察抓了起来。

科尔伯格围绕这个故事提出了一系列问题,让测试者参加讨论。如:海因茨该不该偷药?为什么该?为什么不该?海因茨犯了法,从道义上看,这种行为好不好?为什么?

科尔伯格对儿童的道德判断问题进行了大量的追踪研究(每隔三年重复一次,追踪到22、23岁)和跨文化研究,扩展了皮亚杰的理论,对儿童道德判断的研究更加具体、精细和系统。科尔伯格于20世纪50年代末提出了"道德发展阶段论",更确切地说,是道德判断的发展理论。他发现道德判断的发展分为三个水平,每一个水平内包含两个阶段,六个阶段依照由低到高的层次发展,其层次不能紊乱或倒置。这三个发展水平分别是:

1. 前习俗水平

该水平的主要特点是:个体着眼于人物行为的具体结果及其与自身的利害关系,认为道德的价值不决定于人及准则,而是决定于外在的要求。包括两个阶段:

(1) 服从于惩罚的道德定向阶段

这一阶段儿童的道德价值来自对外力的屈从或逃避惩罚。他们衡量是非的标准是由成年人来决定的,对成人或准则采取服从的态度,缺乏是非善恶观念。

(2) 相对于功利的道德定向阶段

这一阶段儿童的道德价值来自对自己要求的满足,偶尔也来自对他人需要的满足。在进行道德评价时,开始从不同角度将行为与需要联系起来,但具有较强的自我中心性,认为符合自己需要的行为就是正确的。

2. 习俗水平

该水平的主要特点是：个体着眼于社会的希望和要求，能够从社会成员的角度去思考道德问题，开始意识到人的行为必须符合群体或社会的准则。能够了解、认识社会行为规范，并遵守、执行这些规范。包括两个阶段：

（1）好孩子的道德定向阶段

这一阶段儿童的价值是以人际关系的和谐为导向，顺从传统的要求，符合大众的意见，谋求大家的称赞。在进行道德评价时，总是考虑到社会对一个"好孩子"的期望和要求，并总是按照这种要求去展开思维。

（2）维护权威或秩序的道德定向阶段

这一阶段的道德价值是以服从权威为导向，包括服从社会规范，遵守公共秩序，尊重法律的权威，以法制观念判断是非、知法守法。

3. 后习俗水平

该水平的主要特点是：个体不止是自觉遵守某些行为规则，还认识到法律的人为性，并在考虑全人类的正义和个人尊严的基础上形成某些超越法律的普遍原则。包括两个阶段：

（1）社会契约道德的定向阶段

这一阶段仍以法制观念为导向，有强烈的责任心和义务感，但不再把社会公则和法律看成是死板的、一成不变的条文，而认识到了它们的人为性和灵活性，他们尊重法制但不拘于法律条文，认为法律是人制定的，不合时的条文可以修改。也就是说，他们认识到法律或习俗的道德规范仅仅是一种社会的契约，它是由大家商定的，是可以改变的，而不是固定僵死的。

（2）普遍原则的道德定向阶段

这一阶段是以价值观念为导向，有自己的人生哲学，对是非善恶的判断有独立的价值标准，思想超越了现实道德规范的约束，行为完全自律。由于认识到了社会秩序的重要性与维持这种共同秩序所带来的弊病，看到了社会公则与法律的界限性，所以在进行道德评价时，能超越以前的社会契约所规定的责任，而且是以正义、公平、平等、尊严等这些最高的原则为标准进行思考，以普遍的标准来判断人们的行为。

根据影响管理道德的因素来源，可以分为来自企业外部的影响因素和来自企业内部的影响因素。

1. 外部因素

（1）早期教育因素的影响。个人早期所受的教育、生活环境，尤其是在其幼年、童年时期所处环境的熏陶，所受教育的程度，对其今后的观念的形成起到至关重要的影响，通过这个时期感知、认知事物，其个人的道德观初步形成。

（2）企业的管理体制及制度因素的影响。企业的管理体制是否有利于企业发展，企业领导者是否为管理者创造一个工作、发展的平台，企业是否做到组织结构科学合理、规章制度是否健全完善、人才培训培养机制是否激励有效等，都对管理道德的形成起到较大影响。正如张瑞敏评价他在海尔充当的角色时，认为"第一是设计师，在企业发展中如何使组织结构适应企业发展；第二是牧师，不断地布道，使员工接受企业文化，把员工自身价值的体现和企业目标的实现结合起来"。

（3）企业文化因素的影响。一个企业有较强的、积极向上的企业文化就可以抵御外来风险,化解内部冲突。在走上市场经济之路以来,许多企业注重实施企业文化建设,形成具有企业自身特色的文化,如海尔文化,不仅使海尔的知名度进一步提升,而且使企业的凝聚力进一步增强,员工的亲和力进一步增强,从而形成了海尔人良好的职业道德、行为准则。

(4) 社会大环境因素的影响。一定时期社会上大多数人的世界观和价值观也会从外部影响、甚至改变个人的管理道德观,尤其是在社会转型期,多种因素综合导致了一些人的道德观危机,如社会不同层次的管理道德问题、职业圈子中的管理道德问题、企业内部日常管理中面临的管理道德问题等。

2. 内在因素

(1) 个人意志、能力和信念因素的影响。个人意志坚强、能力较强、信念坚定的管理者对事物判断比较准确,无论身处顺境还是逆境,无论外部诱惑如何,其大多数会在道德准则判断与道德行为之间保持较强的一致性,不会因一时之事、一念之差而作出不正确的选择;反之则会在道德准则判断与道德行为之间作出不正确的选择。

(2) 个人责任感因素的影响。责任感是每个人对工作、企业、社会等所作出行为的负责态度,有较强责任感的人,是一个能自觉承担社会责任、积极履行职责和正确行使职权的管理者,敢于、勇于对自己的行为负责,很少出现违背道德准则的情况;反之,缺乏责任感的人,对自己行为的后果不愿承担责任,甚至认为"事不关己",推卸责任,缺乏最基本的道德素质。

上述几种因素基本上决定了一个人管理道德观的形成,不同的道德观导致了相应的管理行为,造成各种各样的管理道德问题。

四、管理道德失衡的表现

在市场经济体制转轨过程中,激烈的市场竞争使得一些单纯以经济利益为导向的企业唯利是图。因此,在企业经营管理活动中,经常出现应该遵守的道德规范与实际上不讲道德经营的高度分裂,由此产生了企业管理的道德失衡。

1. 企业与顾客的关系方面

欺骗性的广告宣传,在营销和推广上夸大其词,生产不安全或有损健康的产品。有些经营者明知产品含有危害人体健康的成分,却故意向消费者隐瞒真相,而大力宣传其对消费者有利的方面,或信口开河,擅自夸大产品的功效。

2. 企业与竞争者的关系方面

假冒其他企业的商标,生产假冒伪劣产品,侵犯他人商业秘密,损害竞争对手商业声誉,不遵守市场游戏规则,挖墙脚等,特别是企业间不讲信誉、彼此拖欠和赖账、不履行合同。

3. 企业与员工的关系方面

有些企业盲目追求利润,不顾员工的生存和工作环境,侵犯员工的健康权利;有些企业在招聘、提升和报酬上采取性别、种族歧视,侵犯隐私;有些企业对员工的工作评价不公正,克扣薪水等。

4. 企业与政府的关系方面

财务欺诈、偷税漏税、官商勾结、权力腐败、商业贿赂、地方保护主义、国有企业改革中的"内部人"控制现象等。

5. 企业与自然环境的关系方面

企业为追求高利润,对治理污染采取消极态度。对排放"三废"等造成的污染不实施治理,而是继续偷偷地排出。特别是一些化工、印染、造纸等工厂对废水缺乏必要的处理,严重污染环境。

五、我国企业管理道德失衡的原因

(1) 经济体制不完善。在我国,由于市场经济体制还不完善,容易造成竞争无序,使企业管理道德缺乏约束,甚至出现经营活动缺乏公平竞争制度。在此局面中,由于国家政策控制的原因,造成地区、行业、单位的竞争起点不同,从源头上造成了竞争无序;加上市场体系不完善,未能形成众多统一开放的全国大市场,使得地方保护主义泛滥,一些官员从当地经济发展和自己政绩、利益需要出发,非但没有取缔无序竞争,反而搞地区封锁和部门分割,鼓励、纵容、包庇无序竞争和违法经营。

(2) 信息不对称。信息传递的滞后和扭曲,使企业管理失衡成为可能。经营活动中出现一些欺骗、失信现象最直接的原因就是信息不对称。在市场经济条件下,市场信息风云变幻,使得信息难以控制。拥有信息多的一方就可能欺骗另一方,加上媒体广告片面宣传的推波助澜,为不法企业欺诈行为开了方便之门。只要有利可图,或者欺诈带来的收益大于为进行欺诈所付出的成本投入,欺骗、失信就会继续下去,造成企业管理道德失衡。

(3) 企业价值取向的偏颇。建立社会主义市场经济的目的是为了满足人民群众日益增长的物质文化需要。社会主义市场经济的道德价值观,仍然是坚持集体主义原则,以全心全意为人民服务为核心。然而,在经济转型的特殊环境条件下,部分企业价值取向出现了偏颇,过分强调企业利润最大化,功利主义趋向严重,忽视甚至侵害他人利益。这些企业为了私利,不择手段,违法经营,使企业丧失道德,逃避责任,造成企业管理道德的失衡。

(4) 消费者自我保护意识差。相对于经营者而言,消费者处于弱势地位。为此国家颁布了一整套法律制度,目的是为了保护消费者的人身财产安全,维护公平交易和消费者的切身利益。然而,由于消费者法制观念落后,自我保护意识极其薄弱,许多消费者面对迅速形成的立法内容无从掌握和运用,越来越多的法律规定难以起到维护消费者权益的作用,而是成为一纸空文,这样,消费者的行为往往姑息迁就了企业不道德的经营行为。

六、改善管理道德的方法

当前社会上商业贿赂、环境污染、企业欺诈、产品假冒伪劣、对员工不负责任等现象层出不穷,企业道德到了一个非治理不可的时候了,也正是改善与建设企业道德的好时期。改善管理道德是一项长期的任务,不是一朝一夕可以完成的,要贯穿于企业发展的全过程和全体员工中,从而减少组织中不道德行为的发生。为此,高层管理者可以采取多种措施来提高员工的道德素质,这些措施包括:挑选高道德素质的员工、建立道德准则和决策规则、设定工作目标以及对员工进行道德训练等。在这些措施中,单个措施发挥的作用是极其有限的,一定要把它们中的多数或全部整合起来,才可能收到预期效果。具体改善道德的方法有:

(1) 挑选高道德素质的员工。每个人由于生活环境、所接受的教育等的不同,形成了不同的价值观念和道德准则,这些不同的观念和准则会带入到工作中去,因此会与企业的价值观念有相适应或冲突的地方。企业在招聘人才时,可以挑选那些认同本企业价值观的员工,把那些不认同本企业价值观的求职者淘汰掉。现在很多企业在录用人才时道德标准占了很大的比重,因为一个道德不良的人是很难改变其态度的,"江山易改,本性难移"就是说的这个道理。

(2) 建立道德准则。在一些企业里，员工对"什么是管理道德，如何去遵守管理道德"是不清楚的和模糊的，只靠内心的信念去工作是不足以维持高水平的道德的，所以要通过建立道德准则来解决这个问题。20世纪90年代中期，在《幸福》杂志排名前500家的企业中，有90%以上的企业通过成文的道德守则来规范员工的行为。美国约有60%的大企业设有专门的企业道德机构，负责有关企业道德工作，并约有30%～40%的企业对员工进行过某种形式的道德培训。日本有90%以上的企业设有专门的企业道德机构。在韩国，企业界的民间组织（全国经济人联合会）于1996年2月向政府和社会公布了《企业伦理宪章》。

(3) 高层领导重视。要使组织的管理道德准则得到员工的认同与有效的执行，组织的领导必须做好以下几件事情：①高层领导以身作则。这是因为高层领导者建立了道德准则的基调，在言行方面，他们是表率，是导向，是模范，员工的眼睛都在看着他们，因此作为组织的领导者要在道德方面起模范带头作用，要身体力行。如果高层管理人员把公司资源据为己有、虚报支出项目或优待好友，那么这无疑向员工暗示，这些行为都是可接受的，会导致上行下效。②高层领导可以通过奖惩机制来影响员工的道德行为。选择什么人和什么事作为提薪、晋升及奖罚的对象，会向员工传递强有力的信息。管理者对为公司作出了贡献的员工给予奖励，这种行为本身向所有员工表明它是道德的。管理人员在发现错误行为时，不仅要严惩当事人，而且要把事实公布于众，让组织中所有的人都认清后果。这就传递了这样的信息："做错事要付出代价，行为不道德不是你的利益所在"。

【阅读小资料】

晏子治政

《晏子春秋》中讲了这么一个故事：齐景公让晏子治理东阿，三年后，国内到处能听到诽谤他的话，齐景公就召回晏子准备罢免他。晏子请求说："请您再让我干三年，到时候我保准誉满全国。"齐景公相信晏子的能力，就同意了。三年后，果然全国称誉晏子的德行，齐景公十分高兴，再次召回晏子，准备奖励他。晏子婉言谢绝奖励。齐景公问："为什么？"晏子说："前三年我治理东阿时，修田筑路、严管门客，荒淫的人憎恨我；任贤节俭、严惩盗贼，懒惰的人憎恨我；惩贪罚恶、不避权贵，有钱有势的人憎恨我；对待权贵，不卑不亢，尊贵的人憎恨我。这样一来，谣言四起，毁谤遍地，全国上下都是毁谤我的声音。而后三年，我一改前贤，不修筑道路，放纵宽容；不提倡节约，不惩罚盗贼；亲近的人找我办事，有求必应；对权贵也一改常态，偏袒侍奉。这样一来，原来诽谤我的人都称赞我，因此誉满全国。过去我应受到奖励，您却要罢我的官；如今我应该得到惩罚，您却要给我奖赏。因此受之有愧。"齐景公听了大为愕然。

(4) 确立员工的工作目标。作为企业的员工，应该设立与企业目标相一致的明确而现实的目标。如果目标对员工的要求不实际，就会产生道德问题，如为了实现个人的目标而损害企业的利益或将外部不经济转嫁给社会。在不现实的目标的压力下，即使道德素质较高的员工也会感到迷惑，很难在道德和目标之间做出选择，有时为了达到目标而不得不牺牲道德。如企业营销人员为了提高他们的销售业绩而进行市场"窜货"，扰乱了市场秩序，违背了企业道德。而明确和现实的目标可以减少员工的迷惑，并能激励员工而不是惩罚他们。

(5) 有效的道德训练。现在越来越多的组织意识到对员工进行适当的道德训练是非常重要的，于是他们积极采取各种方式，如开设研修班、组织专题讨论会等来提高员工的道德素质。

道德训练使企业道德得以转化为员工的内在品质,是企业管理实践发生作用的重要环节。在日本企业界,员工的道德训练始终是与企业命运紧密结合在一起。许多企业悬挂着"道德进入企业,心灵进入工作场所","在企业中要有伦理,职业上要有心"的口号,他们以"明朗、爱和、喜劳"为中心内容普遍开展道德训练,启迪和内化员工的心灵。可以说,企业的发展取决于员工的业务素质,更取决于其道德素质。企业道德训练的内容包括企业价值观、责任观和良心观的教育。通过对员工在这方面的综合训练,使员工树立起积极进取的人生态度,把服务大众、服务社会作为人生价值的体现;陶冶员工的道德情操,营造以情待人的道德风尚,培养员工的同情心和仁爱心;增强员工的责任心,强化员工爱岗敬业的精神,使员工全心全意地为企业服务,促进企业的发展。

(6)绩效评估。如果只用经济成果来衡量和考核管理者的绩效,那么他们为了取得经济结果,往往会不择手段,从而有可能产生不道德行为。因此,在评价管理者的工作绩效时就必须把道德方面的要求包括进去,而且占一定的权重,这样才能全面具体地考核管理者,不至于有失偏颇;可以极大地调动员工履行道德义务的积极性,改善企业员工的道德行为,同时也在组织中树立了一种新的道德观念。

(7)进行独立的社会审计。根据组织的道德准则对管理者进行独立审计,可以发现组织的不道德行为;惧于社会审计的威慑力,可以降低不道德行为发生的可能性。这种措施抓住了人们害怕被抓住的心理,被抓住的可能性越大,产生不道德行为的可能性就越小。审计可以是例行的,如财务审计;也可以是随机抽查性质的,事先并不通知。为了保证审计的独立性、客观、公正,审计人员应该对公司的董事会负责,并把审计结果直接交给董事会。在领导者或管理者离任时也要进行离任审计或异地审计。

(8)正式的保护机制。正式的保护机制可以使那些面临道德困境的员工按照自己的判断做事而不必担心受到惩罚。一个组织可以建立正式的保护机构,设立专门的职位,如道德咨询员。当员工面临道德问题时,可以从道德咨询员那里得到指导。道德咨询员首先要成为那些遇到道德问题的人的诉说对象,倾听他们对道德问题、产生这一问题的原因以及自己的解决方法的陈述。在各种解决方法变得清晰之后,道德咨询员应该积极引导员工选择正确的方法。

第二节　企业社会责任

【阅读小资料】

中国平安的社会责任

中国平安保险(集团)股份有限公司于1988年诞生于深圳蛇口,是中国第一家股份制保险企业,至今已发展成为融保险、银行、投资三大主营业务为一体,核心金融与互联网金融业务并行发展的个人金融生活服务集团之一。公司为香港联合交易所主板及上海证券交易所两地上市公司,股票代码分别为2318和601318。

中国平安自成立以来,始终把"诚信"作为企业的核心价值理念,把对股东、客户、员工和社会负责,实现其价值最大化作为企业的崇高使命。平安从企业人格化的角度,结合平安的企业文化内涵和行业特征,构建起中国平安的"企业社会责任模型",即秉持厚德载物之理念,积极承担对股东的勤谨之德,对客户的诚信之德,对员工的涵养之德,对社会的感恩之德。

中国平安深刻地认识到:四大责任深刻地揭示了企业存在的理由、企业的使命与抱负、企业赖以生存的环境及环境主体之间的关系,使企业行为超越了单纯经营管理的范畴,同时关注各个利益相关方的评价并接受各方的检验。

对股东负责,即资产增值、稳定回报:平安珍惜善用每一分资本,保持持续稳健的经营发展,构建完善的公司治理结构,不断提升全面风险管理水平。建立专业创造价值的企业经营文化,使企业价值不断增长,使股东获得满意回报,获得股东和投资者的长期信赖与支持。截至2014年12月31日,集团总资产达4万亿元,归属母公司股东权益为2895.64亿元。

对客户负责,即服务至上、诚信保障:平安了解客户需求,运用新科技、新技术,推动金融服务业发展,提供丰富的惠及民生的金融产品,简单、便捷的金融服务体验以及各种增值服务等提升客户满意度。努力为客户提供全方位、专业化、个性化的产品及服务,是平安不懈的追求。

截至2014年12月31日,平安寿险客户服务综合满意度93.00%,产险客户满意度96%,养老险客户满意度4.59分(5分制);2014年,引入客户净推荐值(NPS)作为检视客户体验提升的核心指标,在集团层面成立"品牌与用户体验管理委员会",推动各专业公司用户数达540万户,小企业贷款规模达1.091亿元。

中国平安认为,对员工负责即生涯规划、安居乐业。平安为员工营造和谐、愉悦的工作氛围,提供合适的薪酬和福利,清晰的职业发展方向和广阔的职业发展空间,专业、高效的培训。在综合金融的大背景下,平安用专业人才管理应对混业经营挑战,实现员工个人价值增值,实现公司、客户、员工利益的共同增长。截至2014年12月31日,员工总数约23.6万人,支付员工薪酬总额为285.6亿元。2014年,平安推出了服务员工的"快乐平安"APP,为员工提供了最常用的薪酬福利、考勤、绩效、EAP等服务;建设"知鸟"移动学习平台,帮助员工随时随地进行高效主动学习,上线了317门移动课程,课件总播放量达1381万余次。

对社会负责,即回馈社会、建设国家。平安成立以来一直怀抱感恩之心反哺社会,以"专注为明天"为公益理念,在环境公益、教育公益、红十字公益、社群公益持续投入,总投入已累计超过3亿元。在环境公益方向,平安关注绿色明天,持续深入地将100条低碳举措贯穿到日常运营、业务开发及社会公益三大方面中,创建绿公司,推动绿金融,参与绿公益,稳健发展绿色综合金融。

截至2014年12月31日,平安通过18项科技化服务手段,全年减少碳排放6817.18吨,平安信托成功募集首期节能环保基金,募集金额达1.99亿元。平安携手中国青少年发展基金会发起的"万亩平安林"项目,共完成全国21个地区共计16500亩平安林的建设。

教育公益方向,平安通过对基础教育、高等教育方面的专注投入,扶持人才培养,为未来发展奠定基础,为国家进步和社会的可持续推动提供原动力。截至2014年12月31日,已在全国完成110所平安希望小学援建。2014年,平安借助互联网平台招募支教志愿者,共有770名志愿者参与到40所希望小学的支教工作中,志愿服务时间共计26950小时,累计为5058名大学生颁发逾1700万元的励志论文奖学金。

红十字公益方向,平安连续八年为造血干细胞捐献者无偿提供一年期重大疾病、意外伤害及住院安心保险保障计划,2014年,共为763名捐献者捐赠保险,保额高达4.4亿元,保费124.5万元。

一、企业社会责任概述

企业社会责任（Corporate Social Responsibility，简称CSR）目前正成为一个全球性的热门话题和方兴未艾的社会运动。如今越来越多的政府机构、国际组织、民间机构、跨国公司等组织开始关注企业社会责任。那么究竟什么是企业社会责任呢？

世界银行将其定义为：企业与关键利益相关者的关系、价值观、遵纪守法以及社区和环境有关的政策和实践的集合。它是企业为改善利益相关者的生活质量而贡献于可持续发展的一种承诺。欧盟将其定义为："公司在资源的基础上把社会和环境关切整合到它们的经营运作以及它们与其利益相关者的互动中。"美国的一些学者通常认为：企业社会责任是指企业决策者采取保护与促进社会福利行动的义务。

很明确的是，发展到今天，企业社会责任并没有一个清晰而全面的定义，它正在不断变化而且试图囊括更多的内容。但是无论不同利益群体的解释如何多样化，其核心内容是道德（由《联合国人权宣言》以及相关公约所确认的人类道德准则）、劳工标准（由国际劳工组织确定的八项核心劳工公约）、职业安全健康（由国际劳工组织、各国政府和行业组织所公认的准则）、环境影响（由联合国和各国政府所制定的环境保护标准）、社区关系（培养潜在消费者和减少社会与法律风险）。所以，企业社会责任可以定义为企业在谋求利润的同时，必须遵守的基本道德、劳动和环境标准，遵守在生产领域的国际公约和当地法律法规，并确保公司的整个价值链的经营行为都符合这些基本准则。

企业社会责任是指企业在创造利润、对股东承担法律责任的同时，还要承担对员工、消费者、社区和环境的责任，企业的社会责任要求企业必须超越把利润作为唯一目标的传统理念，强调要在生产过程中对人的价值的关注，强调对环境、消费者、社会的贡献。

"企业社会责任"概念最早由西方发达国家提出，近些年来这一思想广为流行，连《财富》和《福布斯》这样的商业杂志在企业排名评比时都加上了"社会责任"标准，可见西方社会对企业社会责任的重视。联合国也是推动企业发挥社会责任的重要机构。当前联合国的工作重点发生了较大的变化，即从国家主权的维护更多地转向了公民权利的维护。鉴于全球化的脆弱性和国际间越拉越大的差距，鉴于国家内部的差距也在拉大以及财富的分配不公和不平等，特别是鉴于某些企业不合理的发展对世界安全和生态环境带来巨大威胁，安南向国际商界领袖提出了挑战，那就是呼吁企业约束自己自私的牟利行为，并担负起更多的社会责任。

二、企业社会责任的内容

对于企业社会责任的界定在学术界存在不同的观点。有的观点认为企业不需要履行社会责任，该观点始于亚当·斯密的经济人思想，也称为古典社会责任观，他认为企业应当以实现自身利益为出发点。韩国著名学者李哲松认为企业是从事生产、流通、服务等经济活动，以生产或服务满足社会需要，实行自主经营、独立核算、依法设立的一种盈利性的经济组织。企业存在的目的是盈利，如果强调企业社会责任就违背了企业的本质，而且企业社会责任的内容本身具有模糊性，它的义务对象根本就不存在。著名美国经济学家、诺贝尔奖获得者米尔顿·弗里曼认为：企业有且只有在法律和规章制度许可的范围内，利用资源从事旨在增加利润的活动的社会责任。

还有的观点认为企业应当履行社会责任，霍华德·博文认为：企业社会责任是企业按照社会的目标价值,向有关政府靠拢,做出相应的决策、采取具体行动的义务。管理学者斯蒂芬·P. 罗宾斯认为:企业社会责任是指一种工商企业追求有利于企业长远目标的义务,而不是法律和经济所要求的义务。哈罗德·孔茨认为:公司的社会责任就是考虑公司的一举一动对社会的影响。目前对于企业社会责任的定义,国际上一般认为就是企业在创造利润、对股东利益负责的同时还要承担对员工、对消费者、对社区和环境的责任,包括遵守商业道德、保护环境、支持慈善事业、捐助社会公益、保护弱势群体等。

在众多研究企业社会责任的学者中,以卡罗尔(Archie B. Carroll)最为著名。卡罗尔认为企业社会责任乃社会寄希望于企业履行之义务,社会不仅要求企业实现其经济上的使命,而且期望其能够遵法度、重伦理、行公益,因此,完整的企业社会责任是企业的经济责任、法律责任、伦理责任和慈善责任之和。在卡罗尔看来,企业负有的上述四种责任尽管含义有别,但它们都是社会希望企业付诸履行的义务,因此皆为企业社会责任的组成部分。

根据卡罗尔的理论,企业社会责任包括四个层次,即经济层次、法律层次、伦理层次和慈善层次。企业是为社会成员提供产品与服务的基本经济的单元,满足消费者需求并盈利是发展企业的主要激励。因此,企业的经济责任要素包括股东盈利、经济效益、竞争能力、经营效率、效益持续性等方面的最大化。企业经济责任是企业其他责任的基础。社会认同企业的盈利宗旨,同时期待企业遵守政府的法律法规,在经济框架内追求经济目标。因此,企业的法律责任要素包括政府与法律期待、遵守法律法规、成为守法企业公民、履行法律义务、产品和服务符合满足最低法定要求。企业法律责任反映法典伦理,体现公平运营观念,与经济责任并存,构成自由企业制度的基本规则。伦理责任包括那些尚未纳入法典的、期待的或防止的活动与实践,反映了消费者、雇员、股东、社区等对于公平、公正和道德权利的关注。伦理价值与道德规范随时间而演化,反映有关公正、人权和功利等道德哲学原理,是法律法规的先导及驱动力。伦理责任一般体现比现有法律法规要求更高的绩效标准,多具有法律上的争议性。慈善责任是社会期待一个良好企业公民应采取的行动,包括企业为促进人类福祉或善意而在财务资源或人力资源等方面对艺术、教育和社区的贡献。慈善责任属于自主决定的,具有自愿性。

三、企业社会责任观的渊源和发展

1. 思想渊源

早在18世纪中后期英国完成第一次工业革命后,现代意义上的企业就有了充分的发展,但企业社会责任的观念还未出现,实践中的企业社会责任局限于业主个人的道德行为之内。企业社会责任思想的起点是亚当·斯密的"看不见的手"。古典经济学理论认为,一个社会通过市场能够最好地确定其需要,如果企业尽可能高效率地使用资源以提供社会需要的产品和服务,并以消费者愿意支付的价格销售它们,企业就尽到了自己的社会责任。

到了18世纪末期,西方企业的社会责任观开始发生了微妙的变化,表现为小企业的业主经常捐助学校、教堂和穷人。

进入19世纪以后,两次工业革命的成果带来了社会生产力的飞跃,企业在数量和规模上有了较大程度的发展。这个时期受"社会达尔文主义"思潮的影响,人们对企业的社会责任观是持消极态度的,许多企业不是主动承担社会责任,而是对与企业有密切关系的供应商和员工等极尽盘剥,以求尽快变成社会竞争的强者,这种理念随着工业的大力发展产生了许多负面影响。

与此同时,19世纪中后期企业制度逐渐完善,劳动阶层维护自身权益的要求不断高涨,加之美国政府接连出台《反托拉斯法》和《消费者保护法》以抑制企业不良行为,客观上对企业履行社会责任提出了新的要求,企业社会责任观念的出现成为历史必然。

2. 发展过程

现代企业社会责任的概念最早起源于美国。20世纪50—70年代,世界各国都迎来了经济发展的黄金时期。然而,与生产规模不断壮大、海外资本迅速扩张同步而来的是企业经营活动日益突出的负面影响。许多企业以攫取更多利润为目的,通过在境外直接投资,将劳动密集型和易造成污染的行业转移至发展中国家,利用发展中国家在立法、制度方面的缺陷,损害人权,污染环境。我们把现代企业责任发展过程分为以下三个阶段:

(1) 20世纪50—70年代,赢利至上

1970年9月13日,诺贝尔奖得奖人、经济学家米尔顿·弗里德曼在《纽约时报》刊登题为《商业的社会责任是增加利润》的文章,指出"极少趋势,比公司主管人员除了为股东尽量赚钱之外应承担社会责任,更能彻底破坏自由社会本身的基础""企业的一项,也是唯一的社会责任是在比赛规则范围内增加利润"。社会经济观认为,利润最大化是企业的第二目标,企业的第一目标是保证自己的生存。为了实现这一点,他们必须承担社会义务以及由此产生的社会成本。他们必须以不污染、不歧视、不从事欺骗性的广告宣传等方式来保护社会福利,他们必须融入自己所在的社区及资助慈善组织,从而在改善社会中扮演积极的角色。

1976年,经济合作与发展组织(OECD)制定了《跨国公司行为准则》,这是迄今为止唯一由政府签署并承诺执行的多边、综合性跨国公司行为准则。这些准则虽然对任何国家或公司没有约束力,但要求更加保护利害相关人士和股东的权利,提高透明度,并加强问责制。2000年,该准则重新修订,更加强调了签署国政府在促进和执行准则方面的责任。

(2) 20世纪80—90年代,关注环境

20世纪80年代,企业社会责任运动开始在欧美发达国家逐渐兴起,它包括环保、劳工和人权等方面的内容,由此导致消费者的关注点由单一关心产品质量,转向关心产品质量、环境、职业健康和劳动保障等多个方面。一些涉及绿色和平、环保、社会责任和人权等的非政府组织以及舆论也不断呼吁,要求社会责任与贸易挂钩。迫于日益增大的压力和自身的发展需要,很多欧美跨国公司纷纷制定对社会作出必要承诺的责任守则(包括社会责任),或通过环境、职业健康、社会责任认证应对不同利益团体的需要。

(3) 20世纪90年代至今,社会责任运动兴起

90年代初期,美国劳工及人权组织针对成衣业和制鞋业发动了"反血汗工厂运动"。因利用"血汗工厂"制度生产产品的美国服装制造商 Levi-Strauss 被新闻媒体曝光后,为挽救公众形象,制定了第一个公司生产守则。在劳工和人权组织等NGO和消费者的压力下,许多知名品牌公司也都相继建立了自己的生产守则,后演变为"企业生产守则运动",又称"企业行动规范运动"或"工厂守则运动",企业生产守则运动的直接目的是促使企业履行自己的社会责任。

但这种跨国公司自己制定的生产守则有着明显的商业目的,而且其实施状况也无法得到社会的监督。在劳工组织、人权组织等NGO组织的推动下,生产守则运动由跨国公司"自我约束"(self-regulation)的"内部生产守则"逐步转变为"社会约束"(social regulation)的"外部生产守则"。

从20世纪90年代开始,在全球范围内要求企业履行社会责任,做良好企业公民的呼声越

来越高,发布企业社会责任报告成为新潮流。初期,不少欧美企业社会责任报告的内容只围绕环境方面,而后才逐渐承载其他社会问题。它们或是在年度报告中增加有关环境方面的信息,或是将环境报告单独成文,内容和格式多种多样。

此时的政府、国际组织、媒体和学术界也不再局限于口头呼吁,而是通过制定相关文件以推动事态发展。国际化标准组织1996年发布了ISO 14000环境管理系列标准,内容包括为制定、实施、实现、评审和保持环境方针所需的组织结构、策划活动、职责、惯例、程序过程和资源;总部设在美国的社会责任国际组织1997年联合欧美跨国企业,制定了SA 8000社会责任标准,从保护劳工的角度对企业做出规范。1999年1月,联合国秘书长科菲·安南提出"全球契约"计划,号召各企业遵守人权、劳工标准以及环境方面等9项原则。其内容是:①企业应支持并尊重国际公认的各项人权;②绝不参与任何漠视和践踏人权的行为;③企业应支持结社自由,承认劳资双方就工资等问题谈判的权力;④消除各种形式的强制性劳动;⑤有效禁止童工;⑥杜绝任何在用工和行业方面的歧视行为;⑦企业应对环境挑战未雨绸缪;⑧主动增加对环保所承担的责任;⑨鼓励无害环境科技的发展与推广。

分析这9项原则,从企业内部看,就是要保障员工的尊严和福利待遇;从外部看,就是要发挥企业在社会环境中的良好作用。总起来说,企业的社会责任可分为经济责任、文化责任、教育责任、环境责任等方面。就经济责任来说,企业主要为社会创造财富,提供物质产品,改善人民的生活水平;就文化责任和教育责任等方面来说,企业要为员工提供符合人权的劳动环境,教育职工在行为上符合社会公德,在生产方式上符合环保要求。

到2000年,全球共有246个生产守则,其中除118个是由跨国公司自己制定的外,其余皆是由商贸协会或多边组织或国际机构制定的所谓"社会约束"的生产守则。这些生产守则主要分布于美国、英国、澳大利亚、加拿大、德国等国。

2000年7月,《全球契约》论坛第一次高级别会议召开,参加会议的50多家著名跨国公司代表承诺,在建立全球化市场的同时,要以《全球契约》为框架,改善工人工作环境,提高环保水平。《全球契约》行动计划已经有包括中国在内的30多个国家的代表、200多家著名大公司参与。

2001年2月,全球工人社会联盟公布了一份长达106页的由耐克公司资助完成的报告。报告的内容是关于印尼9家耐克合约工厂的劳工调查。这份报告的新意在于它是由耐克出钱完成并公布的,而耐克又不能拒绝公布。耐克对这些问题的反应将会为服装公司设立新的基准。

2002年2月,在纽约召开的世界经济峰会上,36位首席执行官呼吁公司履行其社会责任,其理论根据是,公司社会责任"并非多此一举",而是核心业务运作至关重要的一部分。

2002年,联合国正式推出《联合国全球协约》(UN Global Compact)。协约共有9条原则,联合国恳请公司对待其员工和供货商时都要尊重其规定的9条原则。

随着时代的发展,企业社会责任的影响已大大超出了企业涉及的范围,进而产生和形成了全球认知的"社会责任"这一普适性概念。国际标准化组织经过3年准备,组织99个成员国、42个国际组织、全球400多位专家共同参与开发,于2010年11月1日正式出台ISO 26000社会责任指南,明确其定义及适用范围。

【阅读小资料】

137名苹果手机中国供应商员工因环境污染中毒

苹果iPad、iPhone正在中国热卖,但137名苹果中国供应商员工,却因暴露在正己烷环境,健康遭受不利影响。苹果公司近日发布2010年的供应链管理报告,首次公开承认中国供应链致残员工。苹果供应商之一胜华科技苏州工厂(即联建科技)表示,正己烷已于2009年停止使用,但其未说明具体时间。同时,该公司相关负责人否认了施加压力迫使员工离职。苹果中国相关人士也表态称,现在除了2010年供应商责任进展报告之外,尚无可发表的评论。然而记者发现,早在2009年,有网友发帖表示,联建科技曾向卫生部门涉嫌隐瞒使用正己烷的实情。

2010年,有36家国内环保组织为促进IT产业解决污染问题,与29个IT品牌进行多轮沟通。其中,《IT行业重金属污染调研报告(第四期)苹果特刊》,对苹果的供应链职业安全、供应链环境保护、供应链员工权益和尊严提出质疑,敦促苹果公司公布供应链信息,对苏州联建科技公司和运恒五金公司员工的正己烷中毒做出回应。而此前,苹果公司一直采取回避策略。

2月15日,苹果公司公布了2010年供应商责任进展报告,首次做出回应。这份报告专门用一章对正己烷的使用进行说明:"2010年,我们了解到,在苹果公司供应商胜华科技苏州工厂,有137名工人因暴露于正己烷环境,健康遭受不利影响……我们要求胜华科技停止使用正己烷,并提供证据证明已经将该化学品从生产线上撤下,还要求他们修复通风系统。自采取上述措施以来,再无工人因化学品暴露受到损害。"

苹果公司还表示,已查实所有受到影响的员工均已成功得到治疗。"我们会继续检查工人们的病历,直到他们完全康复。胜华电子已按照中国法律的要求为患病工人和康复期的工人支付了医药费和伙食费,补发了工资。137名工人中的大部分已经返回该工厂工作。"

而记者了解到,137名工人中,部分员工正在遭受被迫离职的压力。受害员工贾景川说,2月11日上午11时,他接到公司专门负责联建中毒员工主管的电话,得知鉴定结果为职业病九级。但与此同时,该主管问他什么时间离职,因为"不离职得不到公司的赔偿"。

昨日,记者联系到被员工称为联建"大主管"的张立升(音)时,他表示正在开会,并称:"正己烷已于2009年停止使用。具体情况你可以问下负责公共卫生的戴先生。"记者打通戴先生电话,他说:"我们没有逼员工离职。"接受采访的受害者均有相同的想法,这就是职业病潜伏期长,一旦和企业失去关系,别说是十万元赔偿款,就是再多些也难以维持治疗。胡志勇说,住院期间,他一天的治疗费为七八百元,贾景川住院总共花去20多万元。

山东汉子贾景川2007年5月进入联建科技,2009年8月查出正己烷中毒入住苏州市五院治疗。出院至今,手脚出汗、麻木、晚上腿痛、抽筋等症状仍在出现。他没有告诉妻子和父母自己的身体状况,"所有的压力得我一个人扛"。

22岁的谷玉至今记得工作环境中正己烷的气味。"气味很大,整个屋子都是。"谷玉说,2009年8月16日她开始在经营部上班,短短两个月之后便发病住院。"我们希望苹果公司站出来,向我们正式道歉,并且和联建科技一起解决后续问题。"贾景川的心声代表了很多受害者共同的愿望。

记者注意到,2009年8月3日,联建科技被网名为烟雨江南桥畔的网友在百度上爆出公司"私自拿走个人体检报告"。帖子称:"公司出现一系列的事情让人感到恐慌,正己烷中毒事件接二连三。出于对自己身体考虑,我们个人(自费,记者注)去体检了,结果去拿体检单的时候竟被公司取走。"

8月5日22时,一名"热心网友"跟帖称:"自模五贴合站采用正己烷药剂作业以来,已经有5名员工发生正己烷中毒事件……7月20日,模五破天荒地把所有回风口、风淋门都打开了,还在短时间内收取了所有的正己烷,快速地藏入了不为人知的地方。正当员工诧异的时候传来了'卫生局和劳动局来检查了'的消息,这时员工才知道正己烷是有毒的。"

记者发现,贾景川的发病时间为2009年8月,而员工们因不堪忍受正己烷伤害而罢工,分别为2009年8月5日和2010年1月15日,因此基本可以判断,联建科技停止使用正己烷的时间最早在2009年下半年。

四、企业社会责任和经济利益的关系

在经济活动中,人们把实现利益最大化作为最重要的目标,但这个目标的实现并不一定符合伦理要求。实现利益最大化的经济学的理想典型是"经济人","经济人"是古典政治经济学的理论假设,它的准确含义是:在它的理想情形下,经济行为者具有完全的充分有序的偏好、完备的信息和无懈可击的计算能力。在经过深思熟虑之后,他会选择那些能够比其他行为能更好地满足自己的需要的行为。亚当·斯密认为,无数自私自利的"经济人"在一只无形的手的指挥下,从事着对整个社会有益的经济活动,每个人越是追求自己的利益,就越会促进社会利益的实现。问题的关键是,社会责任的履行属于企业的社会义务,由于企业有追求自身经济利益的权利,当社会责任的履行与其追求的经济利益相冲突时,企业很可能拒绝或不完全履行这一社会责任。例如一个纸制造的产品,有大量的污水需要排放,企业面对这一难题常常会为了降低投资成本,选择偷偷摸摸排放。

所以,能否将社会责任付诸实践,很大程度上依赖于外部控制力量即国家和政府的态度与行为。凯恩斯在《就业、利息和货币通论》中认为,在垄断的条件下,仅仅依靠市场来调节经济主体间的关系是不够的,政府要进行适当的干预。严重的地方保护主义是造成我国企业社会责任缺失的主要原因之一,要想改变现状,我国政府必须转变观念,应将企业社会责任的关键内容体现在立法条文中,同时应使执法程序明确具体,监督工作规范严格。法律是现代文明国度里保障国家和人民利益最有力的手段。一个让民间环保组织感到有希望的事实是,将要在实施的《环境信息公开办法》已经规定,环保部门必须向社会公布当地污染超标的企业名单,发生重大、特大环境污染事故或者事件的企业名单,以及拒不执行环境行政处罚决定的企业名单,而且不得以"商业秘密"为借口拒绝公布。

而社会责任目标是企业把道德规范作为衡量指标,其宗旨是确保供应商所供应的产品符合社会责任标准的要求,保护劳工基本权益。它强调企业在运营过程中对人的价值的真诚关注,对环境等方面必须承担的义务。福特汽车公司现任董事长兼首席执行官比尔·福特对企业的社会责任曾有一段著名的论述:"我相信一个好企业与一个伟大的企业是有区别的:一个好的企业能为顾客提供优秀的产品和服务,而一个伟大的企业不仅能为顾客提供产品和服务,还竭尽全力使这个世界变得更美好。"从经济学意义上讲,企业仅仅是一个以盈利为目的的生产经营单位,利益最大化是其关注的首要目标,它没有责任也没有义务去完成本应由政府或社会完成的工作。然而,随着经济的发展,企业盈利最大化的目标越来越受到挑战。从社会角度来讲,社会是一个有机整体,企业是构成这个有机整体的单元。社会的和谐离不开企业,企业的发展也离不开社会。任何一个企业,对于推进社会的有序发展都有着不可推卸的责任。因此企业的眼光不应该仅仅局限于本身眼前的利益,还应该考虑与社会、环境的和谐关系,这样才能获得自身长期的生存和发展。

在经济进程中,经济学家从原来的只注重生产观念到消费者导向观念再到社会导向观念的过程中,提出了企业社会责任目标,它是对传统企业利润最大化原则的补充和修正。社会责任目标是以社会为着眼点,认为企业的目标是二元的,即除了追求经济利益外,还应尽可能地维护和增进社会利益。根据这一观点,经济利润和社会利益两方面都是企业的重要目标。一方面,企业不能因为片面强调社会责任而忽视经济责任,这样会使企业难以维持基本的生产运作;但另一方面,企业也不能因为片面强调经济责任而忽视、逃避社会责任,这是导致目前我国社会经济生活中最主要的不和谐因素。在一些情况下经济目标与社会责任目标可能会发生冲突,这就涉及二者的协调问题。二者协调的途径是:以企业实现生存和再生产为社会责任的约束条件;以法律和最基本的道德底线为经济责任目标的约束条件;二者互为约束。

企业的生存是实现经济目标与社会责任目标的基础,然而再生产过程是一个经济学概念。如果从价值角度看,就是"投入货币,购买原料与劳动力,生产产品,再销售产品,得到货币"的资本循环过程。因为生产活动是按照上述程序,在价值上表现为一个又一个不间断的周转过程,所以叫再生产。为支持地方经济发展,例如,福建省南平市国税、地税系统曾在税收大幅增长的同时,依据有关政策,对各类企业办理减、免、抵、退税超过 2 亿元,有力地支持了企业再生产投入。法律是强制性的,可是道德的行为却是企业建立和保持与相关群体的信任和良好关系的基础,这种互相信任和良好关系支持公平公正的商业交换,从而使购买者从创造信任的伦理性行为中获益,也使销售者赖以生存和发展的商业交换关系成为可能;不道德的行为则会破坏信任,导致企业消费群体流失及企业形象和经营成果下降。同时,符合伦理的行为能提高企业的生产效率。因此,在企业经营中,商业战略和战术固然重要,但商业伦理必须也得到足够的重视,它是企业成功的必要条件。国内外著名企业的经营实践已经证明:遵守商业伦理规范与获取较高经济效益不仅不相互矛盾,而且是相辅相成的。

五、企业承担社会责任的体现

1. 企业对环境的责任

现代工业文明在给人类社会带来前所未有的繁荣的同时,也给我们赖以生存的自然环境造成了灾害性的影响。企业对自然环境的污染和消耗起了主要作用。近半个世纪以来的环境革命改变了企业对待环境的态度——从矢口否认对环境的破坏转为承担起不再危害环境的责任,进而希望对环境施加积极的影响。然而,环境日渐好转的情况仅仅发生在发达国家,整个人类并未走上可持续发展的道路。造成这种局面的根源,在于新兴国家人口和经济的飞速增长。虽然这些政治和社会问题超出了任何一个企业的管辖和能力范围,但是集资源、技术、全球影响以及可持续发展动机于一身的组织又只有企业,所以企业应当承担起建立可持续发展的全球经济这个重任,进而利用这个历史性转型实现自身的发展。企业对待环境的社会责任体现在:①应在环保方面发挥主导作用,特别是在推动环保技术的应用方面发挥示范作用;②企业要以"绿色产品"为研究和开发的主要对象;③企业要治理环境,实现可持续发展。

2. 企业对员工的责任

企业对员工的责任属于内部利益相关者问题。企业必须以相当大的注意力来考虑雇员的地位、待遇和满足感。具体体现在：①不歧视员工；②定期或不定期培训员工；③营造一个良好的工作环境；④善待员工的其他举措，比如良好的福利待遇。

3. 企业对消费者的责任

企业与消费者是一对矛盾统一体。企业利润的最大化最终要借助于消费者的购买行为来实现。作为通过为消费者提供产品和服务来获取利润的组织，提供物美价廉、安全、舒适、耐用的商品和服务，满足消费者的物质和精神需求，是企业的天职，也是企业对消费者的社会责任。对消费者的社会责任要求企业对提供的产品质量和服务质量承担责任，履行对消费者在产品质量和服务质量方面的承诺，不得欺诈消费者和谋取暴利，在产品质量和服务质量方面自觉接受政府和公众的监督。

4. 企业对竞争对手的责任

在市场经济下，竞争无处不在，无时不有。市场经济条件下的竞争是一种有序、符合生态规律的竞争。负责任的企业不会为了一时之利，逞一时之勇，通过不正当手段挤垮对手，争个"鱼死网破""两败俱伤"。企业在竞争中要处理好与竞争对手的关系，必须学会在竞争中合作，在合作中竞争。市场上没有永远的敌人，只有永远的利益。

5. 企业对股东的责任

现代社会股东队伍越来越庞大，遍及社会生活的各个领域，企业与股东的关系逐渐具有了企业与社会的关系的性质，企业对股东的责任也具有了社会性。首先，企业应严格遵守有关法律规定，对股东的资金安全和收益负责，力争给股东以丰厚的投资回报。其次，企业有责任向股东提供真实、可靠的经营和投资方面的信息，不得欺骗投资者。

6. 企业对所在社区的责任

企业是社会的组成部分，更是所在社区的组成部分，与所在社区建立和谐融洽的相互关系是企业的一项重要社会责任。企业对社区的责任就是回馈社区，比如为社区提供就业机会，为社区的公益事业提供慈善捐助，向社区公开企业经营的有关信息等等。有社会责任的企业意识到通过适当的方式把利润中的一部分回报给所在社区是其应尽的义务。世界著名的管理大师孔茨和韦里克认为，企业必须同其所在的社会环境进行联系，对社会环境的变化做出及时反应，成为社区活动的积极参加者。

【本章小结】

近些年我国一直在为构建和谐社会而不懈奋斗和努力，我们要构建的是一个既充满活力又有秩序的社会，这需要我们调动一切社会资源如劳动、知识、管理、资本和技术等力量来为这样一个目标而不断努力。相对来说，企业拥有的资源优势来自于国家所有企业组织的集合规模和优势。因此，在构建和谐社会的过程中，它们具有其他社会成员无法比拟的地位和作用。因此，企业承担内部对其员工和股东的责任，承担外部对消费者、社会以及环境的责任，也就是企业利用其优势资源为社会服务，为构建社会主义和谐社会服务，为可持续发展服务，为企业自身的长远健康发展服务。

【本章练习题】

一、单项选择题

1. 道德在本质上是(　　)。
 A. 个人的价值观　　B. 准则与规范　　C. 社会契约　　D. 不成文的法律
2. 道德发展分为前习俗水平、习俗水平和(　　)。
 A. 原则水平　　B. 法律水平　　C. 文化水平　　D. 后习俗水平
3. 管理道德属于(　　)道德类型。
 A. 社会道德　　B. 家庭道德　　C. 职业道德　　D. 伦理道德
4. 对企业的社会责任存在两种截然相反的观点,以下属于古典观的代表人物的是(　　)。
 A. 孔茨　　B. 亚当·斯密　　C. 卡罗尔　　D. 霍华德
5. 社会责任和经济目标之间的关系是(　　)。
 A. 互相抵触　　B. 相辅相成　　C. 没关系　　D. 不确定

二、多项选择题

1. 道德一般分为(　　)。
 A. 社会公德　　B. 家庭美德　　C. 职业道德　　D. 管理道德
 E. 个人道德
2. 以下影响管理道德的外部因素有(　　)。
 A. 企业管理制度　　B. 企业文化　　C. 教育因素　　D. 个人情感
 E. 社会环境
3. 企业社会责任的具体表现除企业对环境、企业对员工、企业对消费者的责任以外,还应包括(　　)承担的责任。
 A. 企业对监管机构　　　　　　B. 企业对竞争对手
 C. 企业对股东　　　　　　　　D. 企业对社会团体
 E. 企业对社区
4. 改善管理道德的方法有(　　)。
 A. 挑选高素质员工　　　　　　B. 高层领导的重视
 C. 道德训练　　　　　　　　　D. 帮助员工树立工作目标
 E. 绩效评估
5. 企业对员工的责任有(　　)。
 A. 不歧视员工　　　　　　　　B. 信任员工
 C. 定期或不定期培训员工　　　D. 营造良好的工作环境
 E. 善待员工

三、判断题

1. 管理道德是企业健康持续发展所需的一种重要资源,是企业提高经济效益、提升综合竞争力的源泉。(　　)
2. "企业社会责任"一词最早起源于美国。(　　)
3. 卡罗尔认为企业社会责任包括四个层次,即经济层次、法律层次、伦理层次和慈善层次。(　　)

4. 古典社会责任观认为企业要承担社会责任。　　　　　　　　　　　　　（　　）
5. 企业所承担的社会责任与其经济利益之间的关系是矛盾和抵触的。　　（　　）

四、简答题
1. 赞成企业承担社会责任的主要观点是什么？
2. 不赞成企业承担社会责任的理由是什么？
3. 企业社会责任如何体现？
4. 道德发展有哪些阶段？各自的内容是什么？

五、论述题
现代企业管理为什么要强调企业承担社会责任？

六、案例分析题

案例一　南京冠生园月饼事件

一、良心的"霉变"

通过央视2001年9月3日的节目,观众有幸看到以下画面:卖不出去的月饼拉回厂里,刮皮去馅、搅拌、炒制入库冷藏,来年重新出库解冻搅拌,再送上月饼生产线……

年年出炉新月饼,周而复始陈馅料。在月饼生产企业(特别是中小企业)中,这是个公开的秘密。从事质监工作的人员来说,对厂家的此等下作之事早就见怪不怪,央视的报道还能让人感受震惊,无非是此回的坑人者竟是南京冠生园。

冠生园是一家百年老字号,素以童叟无欺、货真价实作为经商理念。其原本所生产的各类食品、糕点不但享誉中华,而且在整个东南亚、日、韩等国都很有口碑。

南京广东路的一条小巷里,冠生园厂区已经人去楼空。小巷居民也是一声叹息:"效益好的时候,提货的车一辆接一辆。如今,说败也就这么败了……"

曝光之后,不只是月饼,其他产品如元宵、糕点等也销不动了。南京冠生园向法院提出破产申请的理由是"经营不善,管理混乱,资不抵债"。

使用陈年馅做月饼的隐情被揭露后,冠生园受到巨大的市场冲击。工商部门进厂调查,卫生防疫部门再三检测,"南冠"月饼在全国范围内被撤柜。南京分布最广的连锁商业零售企业——苏果超市的营销人员介绍说,虽然撤柜后商家又接到通知说"南冠"的月饼陈馅在菌群卫生指标方面均为合格,可以恢复面市,但当时顾客一听说是"南冠"的产品,避之唯恐不及。

二、"南京冠生园事件"对月饼市场的影响

"南京冠生园事件"影响了6成多消费者2001年购买月饼的意愿;有14%的消费者表示今年不会买月饼。这是中国社会调查事务所进行的一次问卷调查透露的信息。并有学者提出,要警惕短视的商业行为对中国传统节日文化的负面影响。

"应景调查"表明,31%的消费者表示,听说"南京冠生园事件"后十分气愤,他们认为相关月饼厂家实在是太可恶了,应当受到法律的严惩;40%的消费者认为政府应当规范月饼市场;25%的消费者表示,这种事时下太多了,对他们来说无所谓,大不了以后不买月饼就是了。

现在月饼在中国人心目中的地位已经发生了变化。调查表明,近5%的消费者不再认为"月饼是中秋节不可分割的一部分"。表示"今年不会买月饼"的人群中,有一半的人想找一些新的方式过节。任何对传统文化的破坏,恢复起来很艰难。

附:冠生园资料

冠生园品牌创始人是1918年到上海经商的广东人冼冠生,最早经营粤式茶食、蜜饯、糖果。1934年,其品牌月饼即聘影后胡蝶为形象代言人,打出广告词"唯中国有此明星,唯冠生园有此月饼",产品一时名倾大江南北。

1925年前后,上海冠生园在天津、汉口、杭州、南京、重庆、昆明、贵阳、成都开设分店,在武汉、重庆投资设厂。其南京分店即是现在"南京冠生园"的前身。

1956年,冠生园进行公私合营。冼氏控股的冠生园股份有限公司解体,上海总部"一分为三",各地分店企业都隶属地方,与上海冠生园再无关系。

目前,重庆、南京等近十家冠生园均有冼冠生的历史痕迹。在上海也有工业冠生园和商业冠生园之分,1996年在上海市经委支持下,上海工业冠生园与商业冠生园合并,实现上海冠生园字号的统一,成立冠生园(集团)有限公司。但在全国范围,仍有多家冠生园未统一字号。

合资之前,南京冠生园因大幅亏损面临倒闭。成立中外合资南京冠生园食品有限公司后第二年转亏为盈,利润连年递增,累计上缴利税1560万元,由小型企业发展为南京市政府核定的240家大中型企业之一。

2001年9月3日,中央电视台报道"南京冠生园大量使用霉变及退回馅料生产月饼"的消息,举国震惊。当年,各地冠以"冠生园"的企业更深受连累,减产量均在50%以上。其中,上海冠生园所受影响最大。

2002年春节刚过,南京冠生园食品有限公司向南京市中级法院申请破产。

问题:

1. 冠生园的经营行为是否符合现代企业管理道德的要求?如何看待管理道德在企业发展中的作用?
2. 如何理解企业不符合道德的行为可能造成的危害?

案例二 丰田召回实施双重标准漠视中国消费者的权益

2015年10月28日,据《青岛财经日报》报道,近日丰田汽车公司宣布将针对2005年1月至2006年8月及2008年8月至2010年12月生产的TOYOTA Corolla、RAV4、Vios、Yaris、Camry、Highlander等车型在日本、北美、欧洲各国、澳洲实施召回,对象车辆共计约650万台。

此次召回是由于驾驶席车门部电动车窗开关,由于润滑脂填充方法不恰当,部分零件的润滑脂涂抹量可能不足,在这种情况下,因端子滑动产生的粉末及水分而形成短路,可能导致端子发热,使开关及周边树脂零件熔损,极端情况下有可能导致起火。由于在上述对象生产期间丰田中国进口的RAV4及汉兰达,天津一汽丰田生产的卡罗拉、RAV4、威驰,广汽丰田生产的雅力士、凯美瑞、汉兰达的车辆已于2012年10月申报了召回,且对修理零件涂抹耐热性润滑脂,不存在相同问题,故不受本次召回影响。

随着丰田汽车新召回方案启动,人们发现这一次也是因为2012年就召回的车窗卡滞问题,再一次启动了超过650万辆的召回方案。其中,北美市场召回270万辆、欧洲市场召回60万辆,日本本土市场召回120万辆,就是没有中国市场的份,这难免不让人感觉到丰田汽车在召回"二进宫"的同时,也没忘了对中国市场和消费者使用双重标准,这确实可以用可恶至极来形容。

这一次,在国际上召回650万辆汽车的情况下,人们自然关注丰田对中国市场的态度,其结果,不仅又一次使用惯用的伎俩对中国市场说不,而且还炮制出站不住脚的理由,解释其为什么不召回的原因。在丰田中国看来,2012年那一次在中国召回1 395 796辆问题车,已经一劳永逸地解决了驾驶员车窗的问题。当时的记录显示，如果车窗玻璃存在卡滞现象，则需要更换主控开关的基板；而车窗未存在卡滞现象，则添加含氟润滑液。这样，由于当时已经处理过相应的问题，所以，这次召回没有中国市场的份！

可能丰田压根就没把中国消费者当回事，总之，他们忘了，当时对中国汽车市场的召回，欧洲、北美、日本本土市场同样也进行了召回，而且其召回的数量总计达743万辆。只不过这次同样的车窗问题又面临着召回，丰田才唯独说中国市场的产品不存在问题。试想，这些话，为什么不对欧美的消费者说！特别是在其他市场过了这么多年，问题会再次发生，而中国市场为什么不会发生？这样的做法，不是欺人太甚的双重标准又是什么?!

可以说，按照正常的想法来说，丰田这一次遇到的玻璃窗技术故障问题，由于存在着过去卡滞现象，那么在技术上就应该系统地了解与分析，然后再进一步提出解决办法。我们不清楚，丰田在欧美市场都已经对车型进行了召回，相比对故障问题已经再清楚不过，在这种情况下，还要信口对中国消费者说不，难免不让人感觉到丰田的用心有些叵测！换句话说，只是由于丰田看到了欧美对大众作弊事件敢下狠手，其中对大众柴油车的处罚已经达到180亿美元，而中国面对作弊事件颇有些事不关己，这就使丰田更有胆量对中国消费者使用双重标准了。如果这样的情况放在美国市场，很显然，美国政府不但会第一时间质询丰田为什么在故障二进宫的情况下，召回没有本国消费者的份，而且还会以明知故犯的态度，甚至是无视消费者权益的行为加以检控与重罚，这恐怕就是为什么丰田汽车要软的欺、硬的怕的主要原因。

其实，面对丰田此举，作为中国市场，既需要有礼、有利、有节地争取权益，又需要审慎地搜集证据，争取在与丰田汽车对簿公堂的时候，能够拿出无以辩驳的理由，让对方使用双重标准成为企业欺诈的典型……这样，既可以保障消费者的召回权益，也能通过处罚得到更多的利益，这才是真正维护中国市场以及保障消费者权益的一举两得的做法。

问题：

丰田公司实施召回双重标准，这种做法到底有没有承担其社会责任？请谈谈你对企业社会责任的理解。

第四章 决 策

【学习目标】

知识点：
- 掌握决策的类型
- 掌握决策的选择标准和程序
- 掌握决策的几种定性方法
- 理解决策的几种定量方法

技能点：
- 培养运用头脑风暴法进行决策的能力
- 培养应用盈亏平衡法分析决策问题的能力

【导入案例】

铱星的悲剧

　　2000年3月18日消息称，两年前曾耗资50多亿美元建造66颗低轨卫星系统的美国铱星公司，背负着40多亿美元的债务宣告破产。铱星所创造的科技童话及其在移动通信领域的里程碑意义，使我们在惜别铱星的时刻猛然警醒：电信产业的巨额投资往往使某种技术成为赌注，技术的前沿性固然非常重要，但决定赌注胜负的关键却是市场。

　　铱星的悲剧告诉我们，技术不能代替市场，决策失误导致铱星陨落。

（资料来源：刘燕．改编自2000年3月28日《中国经营报》）

　　在整个计划工作的程序中，关键的环节就是决策过程。决策在管理工作中无处不在、无时不在，它是管理者从事管理工作的基础。管理者在从事各项工作时，会遇到各种各样的问题，都需要解决，都需要管理者在若干个可行的解决方案中做出抉择，这个抉择的过程就是决策过程。在现实生活中，一个组织如果决策失误，可能会使组织遭受巨大的损失。美国管理学家、诺贝尔经济学奖获得者西蒙对管理的定义就是"管理就是决策，决策就是管理"，可见决策在管理中的重要作用。

第一节　决策概述

一、决策的含义

何谓决策？其定义众说纷纭。

"决策是管理者识别并解决问题以及利用机会的过程。"

"决策就是找出要求制定决策的条件,寻找、拟定和分析可供选择的行动方案,选择特定的行动方案。"

"理性的人对需要采取行动的局面给予恰当的反应。"

上述概念从不同角度对决策的含义做了说明,都有其合理性。我们认为决策是指管理者为了实现预定目标,从两个或两个以上的可行性方案中选一个相对最优的方案的过程。

对于这一定义,可作如下理解:

(1) 决策的主体是管理者。决策的主体既可以是单个的管理者,也可以是多个管理者组成的集体或小组。

(2) 决策的本质是一个过程,这一过程由多个步骤组成(具体步骤见决策的程序)。通常讲的领导拍板,指的就是决策。但绝不能把决策仅仅理解为一瞬间的拍板,它包括决策前的提出问题、搜集资料、预测未来、确定目标、拟订方案、分析估计和优选以及实施中的控制和反馈、必要的追踪等全过程。

(3) 决策是一种有目的的管理行为。决策是为实现特定的组织目标而进行的,方案的取舍依据主要以组织目标为依据。决策是为了实现特定目标的活动,没有目标就无从决策,或目标已经实现也就无需决策。

(4) 决策具有选择性。只有一个方案就无从优化,而不追求优化的决策是无价值的。

对一个组织来说,各个环节、各个层次都有决策问题。随着社会经济和科学技术的发展,决策已成为科学,掌握决策技术是管理人员必须具备的素质。

从管理科学的历史发展来看,决策既是计划职能的一个组成部分,也是领导职能的一部分。也有人认为决策是一项独立的管理职能。纵观各类组织的管理活动,无论是政府管理还是企业管理都包含计划、组织、人事、领导、控制与协调等主要职能,而各项管理职能的履行在本质上都是由决策活动支配的,无论是规划设计、组织实施,还是领导激励、管理控制,每一项管理活动都涉及决策,每一项职能的成功实现都取决于正确的决策。由于组织的内外部环境总是处于不断变化之中,新的问题、矛盾和冲突会不断涌现,这既给管理者带来一系列威胁,同时也带来一系列机会,应对这些机会和威胁,对这些新问题、新矛盾、新冲突进行分析、判断,并提出对策,使之得以缓解或解决,这便是组织的决策。组织决策的质量影响着组织的活力和组织的发展。

二、决策的重要性

管理实际上是由一连串的决策组成的,决策贯穿于管理工作过程的每一个环节,决策的好坏对于管理中各项职能工作的效率和效果都有着不可忽视的影响作用。可以说,对于任何组织来说,决策都是管理过程中至关重要的环节,具有十分重要的地位和作用,是管理的基础和关键。组织的领导者和管理者应当对决策在组织管理中的地位和作用有充分的认识。具体地说,决策在管理工作中的重要地位主要体现在以下几个方面:

(1) 正确的决策是管理的起点。组织管理是由一系列功能活动或者环节构成的系统过程,而决策则是整个管理过程的首要环节。人们在管理实践中遇到问题后,相关信息首先输入决策系统,即管理过程进入第一个阶段——决策阶段,决策系统做出决策,然后由执行系统予以执行。整个管理过程就是"决策—执行—再决策—再执行"的循环往复过程。决策较之于执行,是首要环节,是管理的起点。没有决策,就没有明确和有效的执行,也就没有卓有成效的管理。

（2）决策是管理的基础。组织管理的决策、计划、组织、指挥、控制和协调等职能相互联系、相互影响,是密不可分的有机整体。其中,决策是其他管理职能的基础,而其他管理职能以实现决策目标为活动目的。如计划职能,它是管理者为实现组织的决策目标而建立健全组织机构,选配相应工作人员,提供财力物力,制定规章制度等管理活动;控制职能是为了确保决策目标和计划得以实现而对组织内部的管理活动及其效果进行衡量和校正的活动等。总之,决策是管理的基础,其他管理职能能否有效发挥作用,关键在于管理决策。

（3）决策贯穿于管理活动的始终。组织的决策既是管理过程的一个环节或职能,又贯穿于整个管理过程的始终,存在于组织管理活动的每个环节、每个方面、每个层次之中。无论履行何种职能,无论哪一级管理者,都必须对当前或者长远的各种问题做出决策,否则便无法完成自身任务。如制定计划,就要对未来活动做出周密、详细的决策;计划制定后进行贯彻实施,就要组织力量、选配人员,对此也要进行决策;在决策执行方案中,一旦发生偏差,还要及时对决策进行纠正,等等。可以说,管理过程就是一个不断决策和实现决策的过程。

（4）在现代管理中决策具有更为突出的作用。

在不同的时代和社会环境中,决策在管理中的地位和作用是不同的。在古代社会,经济落后,社会发展缓慢,组织面临的问题相对简单,决策更新频率很低,故而决策在组织管理中的地位和作用还不是很突出。而在当今社会,科学技术突飞猛进,经济社会日新月异,组织间竞争激烈,任何一个国家、地区或者企业想要发展和前进,就必须在激烈的竞争中迅速做出正确的决策。优柔寡断,就会坐失良机;而仓促决定,则会造成严重损失。在现代社会,伴随着决策的日益复杂,决策更新的日益频繁,决策在管理中的地位和作用越来越突出。

【阅读小资料】

1960年,李·艾柯卡升为美国福特公司副总裁兼总经理,他观察到20世纪60年代一股以青年人为代表的社会革新力量正在形成,它将对美国社会、经济产生难以估量的影响。李·艾柯卡认为,设计新车型时,应该把青年人的需求放在第一位。而这一代人对汽车的要求与其父母大相径庭,他们想张扬自己的个性。在李·艾柯卡的精心组织下,经过多次改进,1962年年底新车最后定型。它看起来像一部运动车,鼻子长,尾部短,满足了青年人喜欢运动和刺激的心理。更重要的是,这种车的售价相当低,只有2 500美元左右,一般青年人都能买得起。最后,这种车还取了一个令青年人遐想的名字——"野马"(Mustang)。

李·艾柯卡将"野马"首次亮相的舞台选在了1964年4月的纽约世界博览会,在此之前,福特公司还为此大造了一番舆论,掀起了一股"野马"热。全球观众目睹了汽车革命的来临。福特的时间表把握得非常之巧,此时正值第二次世界大战后生育高峰期出生的一代刚刚进入购车的年龄。在头一年的销售活动中,顾客买走了41.9万辆"野马",创下全美汽车制造业的最高纪录。"野马"的问世和巨大成功显示了李·艾柯卡杰出的经营决策才能。

（资料来源:百度百科,http：//baike.baidu.com/view/1368981.htm）

三、决策的分类

组织决策具有丰富的内容和多种多样的形式,依据不同的标准可以把决策划分为多种不同的类型。了解各种决策类型的特点,有助于管理者做出合理的决策。下面将几种主要的决策类型予以介绍。

1. 根据决策目标的广度和深度分类

按照决策目标的广度和深度,可把决策分为战略决策、战术决策和业务决策。

(1) 战略决策。战略决策是指涉及组织长远发展和长远目标的决策,具有长远性和方向性,如组织目标、方针的确定,组织机构的调整,企业产品的更新换代、技术改造等。决策目标所要解决的问题带有全局性,影响重大。一般来说,战略决策常常属于高层决策。

组织的战略决策通常是指那些确定组织在一个较长时期内的管理活动方向、原则和目标的决策,它关系到组织的全局利益和长远利益,甚至关系到组织的生死存亡。战略决策所解决的问题往往比较复杂,在决策实施过程中往往会经历较大的环境变动。因此,战略决策要求抓住问题的本质和关键,而不是关注细枝末节和面面俱到。

(2) 战术决策。战术决策又称管理决策,是在组织内贯彻的决策,属于战略执行过程中的具体决策。带有局部性、短期性特征并为战略目标服务,就是战术决策。战术决策是在执行战略决策的过程中发生的决策,是战略决策的具体化,是为实现战略决策目标服务的。

战术决策主要运用在对组织资源的开发利用、组织活动的方式方法以及技术手段的选择上。比如部门机构的重组、人事调整、资金的筹措与使用等方面的决策都属于战术决策。战略决策和战术决策是相互补充、相互依存的。战略决策是战术决策的前提,没有战略决策,战术决策也就失去了目的和意义;而战术决策则是实现战略决策所必需的步骤和环节,没有战术决策,再好的战略决策也只能是空中楼阁。

(3) 业务决策。业务决策是日常生活中为提高生产效率、工作效率而做出的决策,只对组织产生局部影响。业务决策也称为作业决策,它是在一定的组织运行机制的基础上处理日常业务的决策,具有琐碎性、短期性和常规性的特点。例如,企业的生产作业计划、具体某一次的广告策划、某一次培训计划等等都属于业务计划范畴。业务计划虽然处理一些细节问题,但是要实现组织的战略决策和战术决策就必须要将它们具体化,最终转化成为一个个细节的决策问题。细节做得好坏,反映了一个组织管理基础的好坏,关系到整个组织的战略目标能否最终实现,如果许多业务计划都考虑欠周,处理不当,很难想象组织的战略决策能够顺利执行。所以对业务计划同样必须给予足够的重视。

决策的层次是与管理的层次相对应的:基层管理者主要从事业务决策,中层管理者主要从事战术决策,高层管理者则主要负责战略决策,但这并不意味着基层管理者对战略决策和战术决策就不闻不问。实践证明,基层管理者必须了解组织的战略决策和战术决策,这样才能将业务决策纳入更高的目标体系,才能清醒地做出符合大局的作业决策。中层管理者在做出管理决策时,为了使决策更为合理,就必须对战略决策有深入的理解;同时,他们也得指导和帮助基层管理者进行业务决策。而高层管理者除了制定战略决策以外,还应当通过战略决策来示范并引导战术决策和业务决策,从而促进战略决策的贯彻实施。

2. 根据决策问题的重复程度分类

根据决策要解决的问题的重复程度,可以将决策划分为程序化决策和非程序化决策。

(1) 程序化决策。程序化决策也称为结构化决策、定型化决策、常规决策等,是指可以被程序化到重复执行状态的决策。对于管理活动中重复出现的例行问题,组织往往需要制定一定的程序、处理方法和标准以实现程序化的解决。因此,程序化决策通常是有章可循、有程序可依的,而且它的实现也基本上是有把握的。在各类组织中,常规性的决策是大量的并需要及时做出的,管理者通过制定规则和方针来指导所有的程序性决策行为,是一种有效的管理方式。

(2) 非程序化决策。非程序化决策也称为非定型化决策、非常规性决策、一次性决策等,一般是指那些处理首次出现或者偶然发生的问题或关于重大事项的决策,它一般无先例可循,决策难度大,对决策者的要求也较高。在现实的组织管理中,非程序化决策是大量存在的。在面对不经常发生的或者异常的机会或威胁并需要做出反应时,由于情况是意料之外的,缺乏制定相应的决策规则的足够时间和信息,决策者就需要做出非程序化的决策。非程序化决策难以定量化,难以使用数学模式,也不能使用计算机,而要靠决策者的知识、经验、信念、才干去处理。一些专家认为,在决策中重要而又困难的是非程序化决策,它更需要决策艺术,更能体现决策者的作用。

决策的结构化与组织的管理层次之间有着很大的关系。低层管理者主要处理那些比较熟悉和重复发生的日常决策问题,因此他们主要依靠像标准化操作程序那样的结构化决策。而越是上层的管理者,他们所面临的问题越可能是结构不良的问题,高层管理者将例行性决策授予下级,以便使自己有更多的时间来处理更重大的棘手的决策问题。所以高层管理者主要制定那些新出现的和处理程序未定的非程序化决策。

从理论上说,采用程序化决策有助于提高组织效率,并可以降低管理成本,只要可能,管理决策都应当程序化。显然这对组织的高层管理不太现实,因为高层管理者所面临的许多问题不具有重复性。但对高层管理者来说,结构化决策可以大大降低人力资源成本,所以,这种经济动机促使他们制定指导其他管理者的标准作业程序、规则和政策。另一方面,对管理者而言,要做的非结构化决策越多,所进行的判断就越多,难度也越大。由于进行合理的判断技能不是人人都具备的,这时一些结构化决策的程序、规则、政策能够提供有效的帮助。

应当说,程序化决策和非程序化决策是密切相连的,程序化决策由非程序化决策转化而来,程序化决策也会因组织系统中各项条件的变化而变成非程序化决策。在实际决策程序中,一切决策都具有程序化和非程序化的双重特征,只是有的决策非程序性内容较多,有的决策程序性内容比较突出。

3. 根据决策问题的可控程度分类

这是依据组织决策所处的环境及状态的不同所做的一种类型划分。决策往往面临一些不由决策者所控制的环境和条件,叫自然状态。

(1) 确定型决策。确定型决策是指存在着一个确定的目标,面临一种确定的自然状态,每种行动方案都有确定性结果的决策。决策者只需要从备选方案中选择一种理想的方案。但是这里的所谓确定或者不确定条件都是相对的,或者说在针对某一时间段内环境是可估计的、相对稳定的、可知的,因此我们把这类决策叫做确定型决策。这是一种比较理想化的情况,而大多数决策则是非确定性的。

(2) 风险型决策。风险型决策是指存在一个确定的目标,面临多种自然状态,不同方案在不同自然状态下的结果不同,未来出现哪一种自然状态虽然不能确定,但却可以计算或者预测出其出现的概率,估计结果的概率的能力来自于个人经验或是对有关资料的分析。这类决策的结果受概率估计值的影响,因而方案的选择既有一个较确切的依据,而决策后果又带有一定风险性,故而将这类决策称为风险型决策。

风险型决策是管理活动中最常见的决策。例如,现代汽车工业在面对能源危机的环境下想要发展不用汽油的汽车,就需要投入较大的研究试验费用,如果能有很好的销路,那么就可以在投入市场几年之后收回投资并获得较大利润;但另一种可能的后果是,由于这种汽车造价太高或使用不便,没有市场需求而失败。对于这两种后果发生的概率分别是多少,怎样做出合理的选择,就属于风险型决策的问题。可见,风险型决策存在着两种或多种前途,决策不当就会带来巨大损失。当然,这种决策也不是完全盲目的,要运用预测技术估计各种后果发生的概率,进行反复的技术经济论证,尽量提高决策成功的概率。

(3) 不确定型决策。对于不确定型决策,一般是采取与风险型决策相比较的方法下定义的,即决策对象所处状态基本上与风险型决策相似,不同的只是未来究竟出现哪一种自然状态,其概率是不能计划或预测的,因而决策结果不确定。由于概率信息的缺乏,使得这类决策的科学性大大下降,这时的选择在很大程度上受决策者心理倾向和对风险的态度等因素的影响,决策时难度更大、风险更大。不确定型决策和风险型决策统称为非确定型决策。

在以上三种决策中,从确定型决策到不确定型决策,决策所处状态的不确定程度和决策的风险程度依次增高,决策的难度也是依次增加的。当然,在一定条件下,某些类型之间是可以相互转化的。

第二节 决策要素

决策是一项涉及自然科学、社会科学以及人类思维领域的复杂活动,为了做出科学、正确的决策,需要具有极其广泛的知识与经验。因此,分析决策的基本要素是一项重要任务。

决策作为管理活动的一个重要组成部分,其形式多种多样,但是不论哪一种决策,都有几项共同的基本构成要素。一般认为,决策应当由以下六个基本要素构成:

1. 决策主体

在决策过程中,决策的主体是决策者——人。决策者是决策系统主观能力的体现者,有时以个人形式出现,有时以群体形式出现。例如,我国的重大决策是由人民代表大会做出的,而全国人民代表大会这个决策群体中的每个人在行使决策的权利上是一律平等的,所以人民代表大会这个决策群体中的每一个人就都处于决策的位置。

需要说明的是,在某种情况下,决策者本身也是被决策的对象。从广义上讲,每一个决策都要与决策者自身发生必然的联系,这是决策活动一个最基本的事实。割断或取消了这种联系,决策活动就无法正常进行,就会使决策活动要么流于形式,发挥不了决策者的主观能动性,要么就会使决策变为随意的拍板。因此,决策者必须认识到这一点,以便充分发挥决策者的主观能动性。

总之,决策者是决策系统主观能力的体现者,它可以是个人,也可以是群体。前者为个人决策者,后者为群体决策者。

2. 决策目标

决策目标是决策行动所期望达到的成果和价值。决策目标作为组织决策中不可忽视的要素,它往往是与决策者的价值判断联系在一起的。组织决策中应该贯彻什么样的目标,有时很难有统一的标准。在这一时期或者这一部分人看来恰当的目标,可能在另一时期或者另一部分人看来就是不恰当的。例如,某企业管理者关于"A方案为最好"的选择,实际上就有可能包括两种前提假设:一是企业应当追求利润最大化(或者其他)的目标;二是方案 A 能实现利润最大化(或者其他)的目标。第一个假设涉及企业的最终目标是应当追求利润还是其他,"利"与"义"之间如何平衡、取舍,这些无疑都是不可一概而论的,只能以伦理道德和价值观为基准进行价值判断;至于 A 方案是否比 B 方案或者 C 方案更有助于导向最终目标,则是手段性质的事实判断问题,只要分析评价方法得当,就可以形成一个比较明确的肯定的结论。现实中的组织决策问题,一般都包括有价值判断和事实判断这两种因素,只是在不同决策情形下两者比例不同。由于决策中多多少少渗入了价值判断的成分,所以要求管理者需树立正确的伦理价值观,以指导其对决策目标的选择。

在前面已经介绍了,根据一项决策过程所选定的决策目标的多寡,可以将决策分为单目标决策与多目标决策。在单目标决策过程中,决策行动只力求实现一种目标,因而是相对比较简单的决策。多目标决策,顾名思义,就是决策行动需要力图实现多个目标的决策。例如,私人购买小汽车的决策,就要考虑购价、性能、舒适性、耐用性、操作便利性、维修情况等,这多重目标很难在某一品牌车型中完全实现,所以购买者在做出买车决策前,需要妥善处理多目标的冲突问题。给每一个目标规定相对重要的程度,即权重,然后进行加权平均,这是处理多目标决策的一种常用方法。例如,购买经济车与购买豪华车的人,前者肯定会给车的购价以更高的权重,而后者则会更注重车的舒适性等。不难看出,权重的确定实际上也体现了决策者的价值判断成分。

若根据决策是否围绕特定的目标来进行,决策是否力图实现某种预期的结果,可以将决策分为理性决策和非理性决策两大类。所谓理性决策,就是完全着眼于组织所要实现的目标而进行的决策。所谓非理性决策,就是随意的、无目的的决策,它不考虑这次决策会给组织带来什么样的影响,完全凭借决策者个人的爱好或者一时的喜怒哀乐来行事。这种决策行为,毫无疑问不符合组织生存的需要,因而不应该在实际中实施。但现实中有不少管理人员的决策行为就表现出这种非理性的特征。针对这种情况,必须强化组织目标对个人行为的约束力。

3. 决策准则

决策准则是指决策者选择方案所依据的原则和对待风险的态度或方针。在决策目标确定以后,决策者在评判某决策方案中既定目标要实现到何种程度时,就需要遵循某种预先确定的决策准则。

一般而言,决策方案的选择有最优化和满意化两种准则。采用最优化决策准则,意味着决策者在给定的约束条件下选出一个能产生最优后果(如利润最大化、成本最小化或其他目标最好)的行动方案,以求一次性地从根本上解决问题。但最优化是一种理想化的要求,它依赖于充分完整的决策信息和决策者的理性。但是,在现实中只有为数很少的情况才用得上这种最优化决策准则,大多数情况下只能采用满意化决策准则,也即只要求将既定目标实现到足够好的、令人满意的程度即可。以"较优"而不是"最优",以"满意"而不是"优化",作为评判某方案是否可取的准则,在客观上会使复杂问题的决策得到简化和时效化的处理。例如,一个工厂的经理正在寻找提高50%生产能力的办法。其中,一个方案是通过购买某个厂来扩大生产,但是经过评估后,买下这个厂只能增加35%的生产能力。很显然,这个方案未能完全符合要求。在这种情况下,一个选择是放弃这个方案,另一个选择是先买下这个厂,再设法解决余下的15%的生产能力的增加问题。其预定的目标是要增加50%的生产能力,但采用该决策方案实际只能提供35%的生产能力,因而并不是最优方案,但是如果按照满意准则进行决策,却可以成为合理的、可取的方案。

4. 决策对象

决策对象是人的行为可以对其施加影响的客体系统,是决策的行动指向。关于什么是决策对象这一问题,表面上看很容易回答,那么,是否世界上形形色色的事物都可以作为决策对象呢?全国人民代表大会的决策对象是整个国家,经理的决策对象是由他经营的企业,可以看出,国家、企业等都可作为决策对象。尽管这些决策对象涉及不同领域,但它们具有共性,即人的行为能够对其施加影响。因此,人的行为能够施加影响的事物,均可作为决策对象。反之,人的行为不能影响的事物就不能作为决策对象。例如,无论是宏观的还是微观的,人的行为不能对其直接产生影响的事物,都不能作为决策的对象。

各种各样的决策对象,它们还具有一个共同的特点,那就是它们均有明确的标记边界,即有明确的内涵与外延。

总之,决策对象是能对之施加影响且具有明显边界的事物。

5. 决策信息

信息是决策的依据,信息的数量和质量直接影响决策的水平。信息分为内部信息和外部信息,内部信息是决策系统运动、变化、发展的根据,外部信息则是决策系统运动、变化、发展的条件。这两种信息缺少任何一个,决策系统都不能正常工作。缺乏内部信息会使决策者不能知己,缺乏外部信息则会使决策者无法知彼。另外,信息的可靠性也是保证决策系统进行正常决策活动的重要条件。所以说,没有内部信息,决策者就要与决策对象分离,决策就只能是决策者的盲目拍板和主观臆断;没有外部信息,决策系统就失去了运动、变化、发展的条件,就不能进行决策活动。决策者只有把握可靠的内部信息与外部信息,才能知己知彼,做出正确的、科学的决策。

信息的重要性要求管理者在决策前和决策过程中要尽可能地通过多种渠道收集信息。但这并不是说管理者要不计成本地收集各方面的信息,信息量大固然有利于决策水平的提高,但是因为信息的收集是需要成本的,尤其是第一手信息的收集,这对决策而言可能不经济。

6. 决策方法

决策方法是决策活动的另一基本要素。信息的可靠与否是决策是否正确的前提。有了正确的前提不等于有了正确的结论。在决策活动中,如何从正确的前提出发得出正确的决策结论呢?这就要求应用决策的理论与方法对正确的前提进行科学的分析、综合、推理,而后得到科学的、正确的判断,即决策。

面对各种各样的决策问题,不但需要门类众多的科学知识、决策理论与决策方法,还要给出一切决策问题所必须遵循的共同规律。主要包括决策的方法论基础、决策的一般模式、科学预测的定量方法与技术、决策的常用定量方法与技术、决策的潜在问题分析、技术评估等等。只有用科学的决策方法与手段对前提条件进行科学的分析、综合、推理,才能得出正确的结论。

第三节 决策的程序和方法

决策是一个提出问题、分析问题、解决问题的完整的动态过程,必须遵循科学的决策程序,才能做出正确的决策。

一、决策的程序

1. 发现问题

决策是为了某一个问题或达到一定的目标,一切决策都从问题开始。所谓问题,就是认识主体与认识客体之间的矛盾。发现问题是决策过程的起点。在决策过程中,问题是指组织的期望目标与所面临的实际情况之间的差距,这种差距的大小及其根源才是组织诊断和进行相应决策的目的所在。一般来说,要实现有效的问题诊断,必须对以下问题进行深入分析:

(1) 目前实际状况与原来期望之间的差距在哪里?量值有多大?

(2) 造成此差距缺口的直接原因与间接原因是什么?

(3) 上一级组织或外部环境是否是造成该问题的根源?该问题对其他方面的影响程度如何?

在发现问题阶段,追查问题的根源以及正确界定所要解决的主要问题是以后各步骤科学有效的基础。在找出问题发生根源的同时,进一步考虑问题的出现对上级目标达成的影响也是十分重要的。

2. 确定目标

决策是为了解决问题,在所要解决的问题明确之后,还要进一步指出该问题应当解决到什么程度,这就是决策目标的确定。

合理的目标是科学决策的前提。决策目标的形成、目标的大小与决策者对目标的认识都会影响决策的顺利进行。提出目标是一切决策的起点,对诸多的决策问题进行分析、研究,归纳出它们共同的实质,就构成了决策目标。所以,决策目标是决策问题本质的概括与抽象。目标的确定,一是要力求准确,二是要具体,尽可能量化,否则会给抉择方案带来困难。在这一步骤中,决策目标往往不止一个,而且多个目标之间还会有矛盾,这就给决策带来了一定的困难。要处理好多目标的问题,就需要把所要解决的问题尽可能地集中起来,尽量减少目标的数量,把各个目标依重要程度的不同进行排序,把重要程度高的目标先行安排决策,减少目标间的矛盾,进行目标的协调,即以总目标为基准进行协调。另外需要强调的是,在目标确定过程中,要注意防止遗漏那些容易被忽略的目标,如无形目标、社会目标、长期目标、隐性目标等。

3. 拟定可行备选方案

在诊断出问题的根由及澄清解决此问题的真正目标之后,接下来就需要寻找解决问题的对策和方法。由于一个问题往往可以用一个以上的办法来解决,所以在选择方案之前,应把所有可能的备选方案及相关因素都罗列出来,并认真加以考察和评估。一般来说,方案的数量越多、质量越好,选择的余地就越大,决策的有效性就越高。

可行方案的提出需要决策者丰富的想象力、创造力和完善的技术知识。可广泛地运用智囊技术,如"头脑风暴法"等激发人的创造性,相互启发,集思广益。在这一过程中,决策分析人员还要应用现代科学理论与技术对各种方案进行详细的技术设计与定量的论证,拟定出各种条件下的最佳对策。必要时,还要利用模型进行模拟实验,以便增强决策方案的科学性。在决策方案中,还应附有价值分析、可行性分析、经济效益分析、潜在问题分析、应变措施、技术评估、风险度分析等文件提供给决策者。应当指出,所得到的决策方案是根据某些特定的约束条件得到的,必须连同相应的约束条件一起提供给决策者。

4. 分析评价备选方案

在拟订方案阶段得到的可行方案不止一个,也就是说,在目标确定之后达到目标的手段与方法都不是唯一的,一定存在多种方式。根据目标的价值准则衡量,必然存在一个较好的方案。在不同的方案中,绝对最优是很难寻觅的,在多数情况下,令人满意就是一条适用的标准。因此,方案选择的最终结果并不是最优方案,而是根据决策目标的价值准则选择出来的满意的可行方案。在比较各备选方案时,应根据所要解决问题的性质,采用定量分析和定性分析相结合,考虑决策的目标、组织的资源和方案的可行性,对各备选方案的优劣进行综合评价,并初步确定各方案优劣顺序的排列。

评价分析不仅工作量相当大,而且难度较大,它需要具有高度分析能力的分析人员经过长期辛勤的工作,才能分析、解决决策中各种各样的具体问题,有时常常要借助专门机构来完成,西方现代管理学家称这种机构为"智囊团"或决策者的"外脑"。

在管理问题决策中,方案评估的标准包括方案的作用、效果、利益、意义等应具有技术可能性和经济合理性,既要测算其预期效果,衡量其实现决策目标的程度,又要显示其可能产生的不良后果和潜在问题,否则是不全面的。同时,以"满意"标准代替"最优"标准。在复杂的决策问题中,评价所有的可行方案并不现实,因为决策者由于认识能力、信息资料等限制,也不可能做到对所有可行方案及其后果都无所不知。因此,方案选择中宜采取"有限合理原则"。

5. 方案选择

在完成了对备选方案的详细评价之后,接下来的一项任务就是对各个备选方案进行排队,并从中做出选择。这一步骤是从备选方案中选择一个最可能解决问题的方案,是决策者对方案进行拍板定案的工作。

管理者从备选方案中选择一个合理的方案,有三种基本方法:经验判断法、试验法、分析法。经验判断法是依靠决策者的经验进行判断、选择决策方案的一种方法。经验是一种实践性的知识,不管是成功的经验还是失败的教训,管理者若能够恰当地对待,都是有用的。特别是在进行某些常规的、例行的决策,经验能够起很大的作用。但是对于许多决策来说,仅凭过去的经验是不行的。因为,一方面,多数人难以从过去的经验中吸收其中的精华;另一方面,老经验不一定完全适用于新问题,新的问题具有新的特点,解决的方法也不一样。试验法是在决策中,特别是新方法的采用、新产品的试销、新工艺的试验等决策中常采用的一种选择决策方案的方法。但试验法也有其局限性:①往往要支付较昂贵的费用;②并非所有方案都能试验;③许多决策常常需要及时做出,没有时间进行试验;④从实验得出的可行方案未必能够适应未来环境。分析法是通过对问题进行分析,特别是借助运筹学、计算机等手段,对解决问题的方案进行模拟、假设变量、建立数学模型,应用定量和定性分析法对各种可行方案进行论证。

在选择最优方案时需要注意任何方案都不可能100%实现目标,都不可能没有成本,都不可能没有负面效果,这时就要求决策者权衡利弊。只要方案比较接近目标,只要其收益多于成本,正面效果大于负面效果,就可以做这个决策。

6. 实施选定的方案

方案的实施是决策过程中非常重要的一步。如果没有把决策的方案付诸实施,与没做出决策是一样的;如果不能有效地执行,再好的方案也无法达到预期的目标。在方案选定以后,决策者就可以根据实施中可能遇到的问题以及相关组织(如竞争对手)可能采取的措施等,制定相应的具体措施和对策,以保证决策顺利实施。

为了确保方案得到切实实施,高层管理者必须赋予中层管理者做出必要的后续决策的权力,给予足够的资源以支持其实现目标,建立激励和约束机制促使其履行自己的决策职责。

7. 评价决策效果与反馈

决策过程的最后一步就是评价决策的结果,看看问题是否得到了解决,所选定的方案及其实施结果是否收到了预期效果。决策评估的过程实际上是决策者从反馈中学习的过程。只有积极地从决策的成功和失败中进行学习,才能不断提高决策的水平和质量,如果通过决策评估发现问题仍然存在,那么,接下来决策者就需要仔细分析究竟是在哪个环节发生了错误,如问题是否被错误地定义了、在分析评价各备选方案时是否发生了偏差、是否是方案选择正确但实施得不好等。问题的答案也许要求管理者重新回到决策程序的某个步骤,甚至可能重新开始整个决策过程,以最终求得问题的解决。如果评价结果表明决策已经解决了原来的问题,达到了目标要求,那么整个决策过程就算是圆满结束了。

一般说来,组织的决策程序主要包括以上步骤。尽管在实施决策中并非所有问题的解决都要完全经历上述过程,但从周密性上讲,以上步骤是避免出现重大差错的程序保障,尤其是对组织中重大问题的决策更应该严格遵守上述决策程序。

二、决策的方法

现代组织决策是一个十分复杂的过程,为了保障决策的正确、可行和有效,除了决策者应具备的优良素质以外,还必须在决策过程中综合运用一些已被实践证明是行之有效的方法和技术。这些方法和技术既有以定性为主的"软"方法,也有运用计算机技术和数学模型进行定量分析的"硬"方法。只有将定性和定量方法有机结合,科学应用,才能收到良好的决策效果。

1. 定性决策方法

定性决策法是人们在决策活动中最早和最常使用的方法,是一种基于人们的经验而对决策方法进行分析、评价和判断的方法。当然,这里的经验不是指某一个人的经验,而是包括个人经验在内的大家的经验、群体的知识和智慧。定性分析方法的关键在于发扬民主,集思广益,科学地进行决策。一般常用的或有特色的定性决策方法主要有以下几种:

(1) 经验决策法

经验决策法就是管理者依据自己的经验进行判断和提出方案的决策方式。一个管理者在从事管理工作过程中,根据以往积累的经验和掌握的材料,经过权衡利弊得失,再三斟酌,做出决策,找到解决问题的办法,这就是经验决策。一个管理者从事管理工作的时间越长,他的经验就越丰富。在管理活动中,大量的决策是管理者凭借自己的经验做出的。有经验的管理者往往能从现象上判断情况是否正常,出了什么问题,就下决心提出解决问题的方案,这正如有经验的老中医一看病人的气色就能得知病因所在并开出处方一样。这种方法简便、迅速、行之有效,因而对于解决日常管理是有一定的效果的。

一般说来,经验决策法适用于以下几种情况:

① 在决策问题不十分复杂,方案又不多,能够较为明显地辨别出各方案的优劣时,可以运用这种方法做出方案优选。

② 备选方案很多,它们又都可行而且各有利弊,但综合起来又相差不大,不能明显地确定各方案的好坏,在这种情况下,也可以用这种方法最后决策采用某种方案。如果决策问题具有多目标要求,经过方案论证,各方案也都可行,但在达到各目标要求的程度上有所不同。在这

种情况下,同样可以用这种方法优选出达到主要目标要求的方案。

③ 有些决策的主要制约因素是社会因素和人的因素,这些都不能用数学方法去计算,有的也不能从经济方面去衡量。在这种情况下,也需要用经验的方法做出最优方案的选择。

④ 有些决策问题备选方案很多,也可用经验判断方法对各方案进行初选。按照一定的标准和要求,经过对比去掉一些明显差的方案,这就可以减少方案的数量,为方案的最后优选减少工作量。

在实际工作中,运用经验决策方法虽然取得一定的成效,但经验决策法有很大的局限性,当遇到经验之外的问题时,如果搬用传统办事的老一套方法,会妨碍进行创造性的决策。因此,既要重视经验决策,又不能完全依赖经验来决策。

(2) 探索决策方法

在决策过程中,常常要遇到一些前所未遇的问题,对于这些问题没有现成的方案可以参考。这就需要新的办法,即使是对于老问题,也应该有更新的办法。探索的方法就是运用创造性思维去探寻全新的解决方案。

探索决策方法有创造工程方法、头脑风暴法、德尔菲法、哥顿法、对演法和思路转换法等。

(3) 电子会议

电子会议(Electronic Meeting)是将传统群体决策与尖端的计算机技术相结合的一种新型群体决策方法。会议所需的技术一旦成熟,决策就简单了。多达50人围坐在一张马蹄形的桌子旁,这张桌子上除了一系列的计算机终端外别无他物。将问题显示给决策参与者,他们把自己的问题显示在计算机屏幕上,个人评论和票数统计都投影在会议室的屏幕上。

电子会议的主要优点是匿名、诚实和快速。决策参与者不能透露姓名地打出自己所要表达的任何信息,一敲键盘即显示在屏幕上,使所有人都看得到。它还使人们充分地表达他们的想法而不会受到惩罚,消除了闲聊与讨论偏题,而且不必担心打断别人说话。

由于结合了先进的计算机技术,专家们称电子会议比传统的面对面会议快一倍以上。但电子会议也有缺点,那些打字快的人使得那些口才好但打字慢的人相形见绌,也就是说与会者发表意见要受到打字速度的限制;再有,这一过程缺乏面对面的口头交流所传递的丰富信息。不过,由于此项技术尚处于起步阶段,可以预计,未来的群体决策很可能会广泛使用电子会议技术。

(4) "鱼缸法"

采用"鱼缸法"进行决策通常的做法是:将所有决策人员围坐成一个圆圈,在圈子的中间放上一把椅子作为主发言席(中心席)。这样,所有人的注意力都被迫集中在中间那个人的身上。坐在中间位置上的人可以提出自己对问题所持的观点,或者是附议已经提出来的某项建议,并且提出对该问题的解决方案。"鱼缸法"的具体方式可以有三种:①先请一位专家坐在圈子当中,由他阐述自己对给定问题的观点,同时解释如何处理这个问题,大家都可以向他提出问题,当其观点已经为与会者全面了解之后他就可以退场。然后找来第二个专家,重复以上过程。大家也可以利用从前面专家那里得到的信息来询问后来的专家,从而使观点趋向于某一行动方案。②先由一位主持人坐在中心席上解释规则和问题,甚至还可以提出一个解决方案,然后离开中心座位,返回圈边和大家坐在一起,接下去需要有第二个人登上中心席(这可能会有较长时间的冷场),提出一个方案,修改前方案,或附议前方案。依次登上中心席上的人不断地和大家交换意见,中心席发言的程序一直进行到没有人再去中心座位时为止。③采用可以控的集体讨论。

2. 定量决策方法

决策的"硬"技术主要是一些定量决策方法,它是根据已有的实际数据以及变量间的相互关系建立一定的数量模型,然后通过运算取得结果。该方法由于借助量化分析和精确的计算,可以大大提高决策的客观性和准确性。定性决策方法很多,下面介绍几种较为常用的方法。

(1) 确定型决策方法

对确定型决策问题,制定决策的关键环节是判断什么样的行动方案能最好地实现既定决策目标。由于确定型决策存在着两种或两种以上可供选择的方案,而且每种方案的最终结果是确定的,因此,决策者可以凭个人判断作出精确的决策。

盈亏平衡分析(又称为量本利分析)是确定型决策中最常见的方法。这一方法主要是通过对企业产销量、成本以及利润水平进行分析来对企业的销售价格、成本控制以及是否进行生产等问题进行决策。

(2) 风险型决策法

风险型决策方法主要用于人们对未来有一定程度认识但又不能肯定的情况。这时,实施方案在未来可能会遇到好几种不同的情况(自然状态)。每种自然状态均有出现的可能,人们目前无法确知,但是可以根据以前的资料来推断各种自然状态出现的概率。在这些条件下,人们计算各方案在未来的经济效果只能是考虑到各自然状态出现的概率的期望收益,与未来的实际收益不会完全相等。因此,据此制定的决策具有一定的风险。风险型决策法的最大特点是:每个方案的实施,都存在着非决策者所能控制的两个以上的自然状态,如对于企业而言,销售情况的畅销、一般和滞销,可测算出各种自然状态可能发生的概率。风险型决策的评价方法也很多,最常用的是决策树法。

决策树分析法是指将构成决策方案的有关因素,以树状图形的方式表现出来,并据以分析和选择决策方案的一种系统分析法。它是风险型决策最常用的方法之一,特别适用于分析比较复杂的问题。它以损益值为依据,比较不同方案的期望损益值,决定方案的取舍。其最大特点是能够形象地显示出整个决策问题在时间上和不同阶段上的决策过程,逻辑思维清晰,层次分明,非常直观。决策树根据问题的不同分为单级决策树和多级决策树。

(3) 不确定型决策方法

当决策者无法确定各种方案成功的可能性时,进行的就是不确定型的决策。由于不确定型决策需要决策的问题存在较大的风险,故决策方法在很大程度上取决于决策者对待风险的态度。根据决策者对风险的不同态度,即对外界环境及其他情况的判断是乐观还是悲观,可以把决策方法分为"小中取大法""大中取小法""大中取大法"三种。

① 极大极小损益值法。这种方法表现了决策者的一种悲观态度,其基本思想是:首先选择出某个方案在不同自然状态下的最小可能收益值,再从这些最小值收益值中选择一个最大值,找出其对应方案作为决策方案,所以也称为"小中取大法",即最大化其最小的可能收入。

② 极大极大损益值法。这种方法体现了决策者的一种乐观态度,其基本思想是:首先选择出每个方案在不同自然状态下的最大可能收益值,再从这些最大收益值中选择一个最大值,找出其对应的方案作为决策方案,所以也称为"大中取大法",即最大化其最大的可能收入。

③ 极小极大后悔值法。采取极小极大后悔值法的基本思想是:希望能最小化其最可能的后悔值。其原因在于作出决策后,并不意味着一定有利可图,还存在着因放弃其他方案而失去

赢得更多利润的可能性,这个可能性就是决策者的后悔值。极小极大后悔值法的具体做法是:首先找出每种自然状态下作出不同选择时的后悔值,然后求出不同方案中的最大后悔值,并选择所有最大后悔值中最小的一个对应方案作为决策方案,所以也被称为"大中取小法"。

第四节 决策质量

一、影响决策质量的因素

合理决策是管理者提高管理水平所必须行使的重要职能。但是,进行合理决策经常会受到诸多因素的影响。在决策过程中,影响决策的因素很多,但主要因素可以归纳为以下几类:

1. 环境因素

环境是决策方案产生的载体,也是决策方案得以实现的保障,对组织决策的影响作用是十分明显的。环境对决策的影响表现在两个方面:推动决策和制约决策。例如,组织在优势环境与劣势环境、硬件环境与软件环境、内部环境与外部环境等方面有不同的特点或起点,都对组织决策产生一定的制约或推动作用,关键是取决于管理者能否全面有效地把握和利用有关的环境信息,能否根据环境信息的各种不同情况做出相关的反应。所以,管理者在行使决策职能时,首先应该对组织的所有环境条件进行详尽的调查和分析,并合理确定组织在未来活动中的起点和预期目标,使组织决策保持良好的连续性和发展性。

2. 决策者的素质

决策者是影响决策过程的关键因素。决策者对决策的影响,主要是通过决策者的知识、心理、观念、能力等各种因素对决策产生作用。决策者是决策活动的主体,决策者的个人行为和群体成员相互影响所产生的群体行为对决策具有重要影响。影响决策过程的行为主要有:

(1) 个人对问题的感知方式。人们一方面通过感觉器官去感觉现象,另一方面通过大脑对感觉到的资料进行处理,这是借助于知识、经验来进行判断、分析、处理的一种连续过程。由于人们的知识和经验不同,对相同情况的感知会得出不同的认识。例如,一个企业由于管理不善而出现亏损,不同的管理者由于其知识和经验不同就可能产生不同的认识:一个市场营销专家可能更多地认识到营销方面问题,如产品的包装、广告、促销渠道、企业形象等方面问题;一个生产管理专家可能更多地认识到生产效率的问题,如产品的设计、生产设备的选择和布置、生产流程的合理性、生产效率等方面问题;一个财务专家可能更多地认识到资金的筹集和使用的合理性、成本控制等方面的问题。由于环境的复杂性及人们认识的局限性,不同的人由于其知识和经验的不同,常常从不同的角度去观察问题,形成不同的认识。特别是人们有选择性的感觉,甚至是偏见在起作用,他们可能自觉或不自觉地选择和调整其感觉,对问题的某一方面夸大了,而对另一方面忽视了,这就是个人对问题感知的方式不同所认识到的问题也不同。

感知者的知识和经验在决策过程的其他阶段中同样起着作用。如在拟定可选择的方案时,由于强调某一方面的重要性就会在这方面拟定可行方案,而忽视其他可行的方案。如果在拟订方案时,过早地认为某一方案比其他方案更为理想,其他可行方案很可能得不到充分发展,因而就会严重影响对问题的最后解答的质量。

(2) 决策者处理信息资料的能力。人们对所收集到的各种原始资料应进行加工处理,形成有用的信息。由于每个人的知识结构、经验以及思维方式的不同,在处理信息资料时会有很大的差别。某些人由于知识结构不完善,或个人经验较少,或思想比较保守,对于新的、不熟悉的资料无所适从,并尽量逃避,在拟订方案和评价方案的过程中就会有偏颇,甚至采取极端态度。一个人知识结构越完善、经验越丰富、思想越开放,就越乐于接受新的观点,越容易理解新的问题。处理信息资料的能力越强,搜集到有用的资料就越多,拟定的备选方案也越多。

(3) 决策者的个人价值系统。个人价值系统是一系列概念,而每一个概念都有一定程度的个人价值和意义。个人的价值观在认识问题、搜集信息、评价各备选方案和选择方案的决策过程中都具有重要影响。如果在一个群体内,个人价值观念比较一致,就比较容易产生一致的看法,也较易协调;如果个人价值观差异较大,就有可能引起许多冲突。

3. 组织文化

组织的决策会受到组织的影响和制约。组织对决策的影响,主要是通过组织的文化来制约组织及其成员的行为及行为方式,并通过组织文化来影响人们改变态度而发生作用的。可以说任何决策都是对过去在某种程度上的否定,任何决策的实施都会给组织带来某种程度的变化。组织成员对这种可能产生的变化会怀有抵御或欢迎两种截然不同的态度,这种不同的态度会直接影响组织的决策。如果在偏向保守、怀旧的组织中,人们总是根据过去的标准来判断现在的决策,总是担心在变化中会失去什么,从而对将要发生的变化产生怀疑抵御的心理与行为;而在具有开拓和创新气氛的组织中,人们总是以发展的眼光来分析决策的合理性,总是希望在可能产生的变化中得到什么,因此渴望变化、欢迎变化、支持变化。由此可见,欢迎变化的组织文化有利于新决策的实施,而抵御变化的组织文化则可能给新决策带来种种阻抗。为此,在制定及选择决策方案的过程中,必须考虑实施方案时可能遇到的组织文化方面的阻力,以及为克服这些阻力必须付出的代价。

4. 过去的决策

在实际管理工作中,程序化决策占有很大的比例,即使是非程序化决策、单项决策也常常很容易从过去找到类似的例子,再加上心理因素的影响,就使得决策者在决策时经常要考虑过去的决策,问一问以前是怎么做的,所以过去的决策总是或多或少地影响现在的决策。这种影响有利有弊,好处是有利于实现决策的连贯性和维持组织的稳定,并使现在的决策建立在较高的起点上;弊端在于不利于创新,不利于组织的跳跃式发展。

过去的决策对现在的决策的影响程度,主要受它们与决策者的关系的影响,关系越密切,这种影响就越大。如果现在的决策是过去的决策的延续,因为决策者要对过去的决策负责,他在进行现在的决策时,就必须要考虑过去的决策。如果决策者以前已经做出过类似的决策,他就容易形成一种思维定式,这种思维定式将影响他现在的决策。

5. 时间

时间本身就是决策的重要组成部分,同时又是限制决策的重要因素。

美国学者威廉·金和大卫·克力兰把决策分为时间敏感决策和知识敏感决策。所谓知识敏感决策,着重于未来,而不是现在;着重于机会的运用,而不是避开威胁。所以决策时,在时间上相对宽裕,并不一定要求在某一日期以前完成。而所谓时间敏感决策,是指那些必须迅速做出准确的决策,这种决策对速度的要求超过对质量的要求。相对知识敏感决策,时间敏感决策对时间的要求比较严格,这类决策的执行效果主要取决于速度,所以管理者应该充分认识时间对决策的影响作用,并充分利用有限的时间做出正确的决策。例如,当一辆汽车向你冲过来时关键是要迅速跑开,至于向哪个方向跑,相对于及时行动来说则显得不那么重要。相反,知识敏感决策对时间的要求就不太严格,这类决策的执行效果主要取决于决策者的知识和决策的质量,而非决策的速度。例如,战略决策多属于知识敏感决策。但在时间非常仓促,如外界环境突然发生变化,要求组织迅速做出反应的情况下,战略决策也可能是时间敏感决策。

二、如何保证和提高决策的质量

如前所述,决策是组织管理者必须面对的问题,而决策的质量又和组织发展息息相关。因此,保证组织决策的质量非常重要。提高组织决策质量主要从以下方面入手:

(1)发挥决策主体的智慧。调动决策主体的积极性和创造性是主要途径。决策主体是决策过程中的主导因素,也是决策系统中体现主观能动性的要素,无论是领导者个人决策,还是集体决策,决策者的价值观、知识水平、战略眼光、领导能力、民主作风都会直接影响决策的过程和结果。因此,要做出高质量的决策就必须集思广益,充分发挥决策主体的积极性和创造性。

(2)明确决策的目的、条件和标准。①要反复论证做出新的决策的必要性,有时,不做出任何新的决策可能正是最好的决策。②要想做出正确的决策,决策者必须弄清新的决策要解决什么问题,它在什么条件下成立,在什么条件下必须抛弃。③对决策方案的评价标准既要考虑定量因素,也要考虑定性因素。④决策的目标设定要合理,而不是强求绝对的最佳,那是不现实的。

(3)充分依靠情报资料和科学的决策程序与方法。在决策过程中,个人的经验、直觉和判断固然是十分重要的,但是,现代决策问题所涉及的知识领域十分广泛,再加上环境因素的复杂多变,光靠个人经验已经不能保证做出正确的决策,这就需要建立决策的信息系统,充分依靠信息情报,同时,还需要遵循科学的决策程序,确定有效的决策标准,采用科学的决策方法,建立有效的决策体系,做好决策的组织工作。

(4)加强决策的民主性,吸收下级参与决策。在决策过程中发扬民主,积极吸收下属参与决策,不仅能集思广益,更好地保证决策的正确性,提高决策的质量,而且能让领导者了解该项决策在实施过程中可能遇到的阻力和下级的态度,以便用足够的时间说服反对者,吸收其合理意见,在取得一致意见的基础上形成科学决策。

(5)注重决策的可行性。每一项决策都会有若干条件的制约,必须从实际出发,使决策方法切实可行,才能提高效率,获得更多收益,避免浪费和减少风险程度。应采用定性和定量相结合的方法,认真进行可行性研究和分析论证,量力而行,选取切实可行的满意方案,提高决策质量。

(6)及时反馈。组织的决策是为了实现未来的某一特定目标,而实现目标的条件,特别是外部环境,是随着时间不断变化的,有许多必须有应变措施。一旦环境发生变化,就要及时反馈有关信息,并采取相应措施,这样才能保证决策的科学性。

【本章小结】

著名管理学家西蒙曾说:"管理就是决策。"这说明决策在管理工作中的重要性。本章首先介绍了决策的基本含义、分类、决策的重要性等基本概念,然后给出了决策的外延即决策所涵盖的要素,接着围绕如何决策,阐述了决策的程序和定性决策、定量决策方法,最后就决策质量进行了提炼,即如何衡量决策的合理与好坏,并告知决策践行者们如何提高决策质量。

【本章练习题】

一、选择题（单选或多选）

1. 在确定、可控的条件下进行的决策属于（　　　）。
   A. 定性决策　　　B. 确定型决策　　　C. 风险型决策　　　D. 不确定型决策
2. 德尔菲法属于（　　　）方法。
   A. 确定型决策　　B. 定量决策　　　　C. 个人决策　　　　D. 集体决策
3. 决策树法属于（　　　）方法。
   A. 集体决策　　　B. 确定型决策　　　C. 风险型决策　　　D. 不确定型决策
4. 以满意作为决策标准和依据的提出者是（　　　）。
   A. 西蒙　　　　　B. 孔茨　　　　　　C. 泰罗　　　　　　D. 法约尔
5. 群体决策的优点是（　　　）。
   A. 能得到更多的认同　　　　　　　　B. 受个体能力影响很大
   C. 更好的沟通　　　　　　　　　　　D. 能拟订更多的备选方案
6. 下列属集体决策的是（　　　）。
   A. 头脑风暴法　　B. 量本利分析法　　C. 德尔菲法　　　　D. 边际分析法

二、论述题

1. 个人决策和集体决策各有什么优缺点？请举例说明。
2. 什么是决策？决策的标准有哪些？结合实际分析为什么要选择这样的标准。

三、案例分析题

以阿斯旺水坝为鉴

阿斯旺水坝位于埃及开罗以南 900 公里的尼罗河畔。水坝的建设自 1960 年开始，历时 10 年，耗资 9 亿美元。这座世界第二大人工湖吞下尼罗河的全年径流，实现多年河水调节，使埃及的粮食基本自给自足。

但是，阿斯旺水坝的建设却产生了一系列无法挽回的影响：

1. 严重威胁到岸边的历史文物，有不少古迹神殿沉入湖中。联合国教科文组织为此发动了一连串救援活动，虽然抢救回部分古迹，但仍有许多非常珍贵的文化遗产惨遭灭顶。
2. 由于水坝设计时对环境保护认识不足，水坝建成后在对埃及的经济起了推动作用的同时也对生态环境造成了破坏。
3. 水坝使下游丧失了大量富有养料的泥沙沃土。由于失去了泥沙沃土，尼罗河河谷和三角洲的土地开始盐碱化，肥力也丧失殆尽。现在，埃及是世界上最依赖化肥的国家。
4. 水坝严重扰乱了尼罗河的水文。原先富有营养的泥沙沃土沿着尼罗河被冲进地中海，养活了在尼罗河入海处产卵的沙丁鱼。而现在沙丁鱼已经绝迹了。
5. 建坝以后下游地区开始蔓延血吸虫病，变成了血吸虫病的高发区。

阿斯旺水坝已经成为世界上最失败的水利工程之一，这对此后一些国家和地区的大型水坝建设的决策起到了警示作用。

问题：

1. 用决策相关原理，分析是什么原因造成阿斯旺水坝的失败。
2. 阿斯旺水坝的失败对我国水利工程有什么借鉴意义？

第五章 计 划

【学习目标】

知识点：
- 掌握计划的含义，理解计划工作原理与步骤
- 掌握目标管理的内容和程序
- 理解目标管理的优缺点
- 掌握企业战略管理的要素分析和管理过程
- 掌握制定企业战略的方法

技能点：
- 能够编制计划书
- 能够运用多种分析工具分析企业环境并做出战略决策

【导入案例】

为何如此不同

曾经有人做过这样一个实验：组织三组人，让他们沿着公路步行，分别向10公里外的三个村子行进。

甲组不知道去的村庄叫什么名字，也不知道它有多远，只告诉他们跟着向导走就是了。这个组才走了两三公里就有人叫苦了，走到一半时，有些人几乎愤怒了，他们抱怨为什么要大家走这么远，何时才能走到。有的人甚至坐在路边，不愿再走了。越往后人的情绪越低，七零八落，溃不成军。

乙组知道去哪个村庄，也知道它有多远，但是路边没有里程碑，人们只能凭经验估计大致要走两个小时左右。这个组走到一半时才有人叫苦，大多数人想知道他们已经走了多远了，比较有经验的人说："大概刚走了一半的路程。"于是大家又簇拥着向前走。当走到3/4的路程时，大家又振作起来，加快了脚步。

丙组最幸运。大家不仅知道所去的是哪个村子，有多远，而且路边每公里有一块里程碑。人们一边走一边留心看里程碑。每看到一个里程碑，大家便有一阵小小的快乐。这个组的情绪一直很高涨。走了七八公里以后，大家确实都有些累了，但他们不仅不叫苦，反而开始大声唱歌、说笑，以消除疲劳。最后的两三公里，他们越走情绪越高，速度反而加快了。因为他们知道，要去的村子就在眼前了。

这个实验表明：要想带领大家共同完成某项工作，首先要让大家知道要做什么，即要有明确的目标（走向那个村庄）；其次是要指明行动的路线，这条路应该是最清楚、最快捷的（如路标），也就是说，要提出实现目标的可行路径，即计划方案。这些是有效开展工作的前提。确定

目标及计划行动方案是管理中计划职能的核心任务。

第一节　计划的概念与类型

"计划是管理的首要职能!"——彼得·德鲁克

《礼记·中庸》中说,"凡事预则立,不预则废。"预,即预先,指事先做好计划或准备。立,即成就。废,即败坏。意思是:"不论做什么事,事先有准备、有计划,就能得到成功,不然就会失败。"要制定一个行之有效的计划,首先必须明确计划的含义。

一、计划的概念

计划是一个确定目标和评估实现目标最佳方式的过程。计划是管理的首要职能,有广义和狭义之分。

狭义的计划是指制订计划,也就是根据实际情况,通过科学的预测,权衡客观的需要和主观的可能,提出在未来一段时期内要达到的具体目标及实现目标的途径。

广义的计划是一个更为宽泛的概念,包括编制计划、执行计划和检查计划三个紧密相连的工作过程。

二、计划的内容

计划的内容我们常用"5W1H"来表示。

(1) 做什么(what to do),即明确所要进行的活动内容及其要求。例如,某学校招哪些专业的学生,招多少,不同专业的数量和学生素质的要求是什么。

(2) 为什么做(why to do),即明确计划工作的原因和目的,并论证可行性。实际上就是要明确工作的意义,只有当员工了解工作的意义,才更能调动其工作积极性。把"要我做"变成"我要做",才能充分发挥下属的创造性和能动性,从而更好地实现预期目标。

(3) 何时做(when to do),即规划中各项工作开始和完成的时间,以便按照时间顺序实施有效的控制和对能力及资源进行平衡,在规定时间内完成计划任务。

(4) 何地做(where to do),即要了解计划实施的环境和条件限制,规定计划实施的地点和场所,以便合理安排计划实施的空间,使得计划工作有一个合理的空间组织和布局。

(5) 谁去做(who to do),即规定由哪些部门和人员负责实施计划。需要明确各个部门和人员的角色分工和工作职责。

(6) 怎么做(how to do),主要是制定实现计划的具体措施和办法。包括制定计划的实施措施以及相应的政策和规则,对资源进行合理分配和集中使用,对生产能力进行平衡,对各种派生计划进行综合平衡等。

实际上,一个完整的计划还应包括控制标准和考核指标的制定,也就是告诉实施计划的部门和人员,做成什么样、达到什么标准才算完成计划。

【阅读小资料】

美国汽车公司总裁莫瑞要求秘书给他的呈递文件放在各种颜色不同的公文夹中。红色的代表特急;绿色的要立即批阅;橘色的代表这是今天必须注意的文件;黄色的则表示必须在一周内批阅的文件;白色的表示周末须批阅;黑色的则表示是必须由他签名的文件。莫瑞为什么要这样做呢?

每个人的时间和精力都是稀缺资源,将工作分出轻重缓急,条理分明,你才能在有效的时间内创造出更大的机智,也会使你的工作游刃有余、事半功倍。

三、计划的类型

1. 按计划内容的表现形式分类

按照不同的表现形式,可将计划分为宗旨、目标、策略、政策、程序、规则、规划和预算等类型。

(1)宗旨。任何组织都有自己的目的和宗旨,这种目的或宗旨是社会对该组织的基本要求。明确的目的或宗旨是制定有意义的目标所必需的,它说明了组织是干什么的和应该干什么。如海尔集团的宗旨是"真诚到永远",长虹集团的宗旨是"员工满意、顾客满意、股东满意"。

(2)目标。目标是组织在一定时期内要达到的具体成果,它是为实现组织目的或宗旨而提出来的。目标不仅仅是计划工作的重点,而且也是组织工作、人员配备、指导与领导以及控制等活动所要达到的结果。

(3)战略。战略是为了达到组织总目标而采取的行动和利用资源的总计划,其目的是通过一系列的主要目标和政策去决定和传达一个组织期望自己成为什么样的组织。

(4)政策。政策是指在决策和处理问题时指导及沟通思想活动的一般规定。政策指明了组织活动的方向和范围,鼓励什么和限制什么,以保证行动同目标一致,并有助于目标的实现。在正常情况下,各级组织都有政策,从公司的重大政策、部门的主要政策,到适用于最小部门的小政策。制定政策有助于事先决定问题,不需要每次重复分析相同情况,从而使管理人员能够控制全局。政策必须保持一贯性和完整性。

(5)程序。程序规定了如何处理那些重复发生的问题的方法、步骤。通俗地讲,程序就是办事手续,是对所要进行的行动规定时间顺序。程序是行动的指南,因此制定程序时要详细列出必须完成某类活动的准确方式。例如,公司注册程序、房地产权属登记程序、人寿保险投保程序等。

(6)规则和规划。规则是对具体场合和具体情况下,允许或不允许采取某种特定行动的规定。规则也是一种计划,只不过是最简单的计划。规划是综合性的计划,它是为实现既定目标、政策、程序、规则、任务分配、执行步骤、使用资源以及其他要素的复合体。

(7)预算。预算作为一种计划,是一份数字表示预算结果的报表。预算又被称为"数字化"的规划。例如,财务收支预算。预算也是一种控制手段,它迫使人们制定详细的计划。

2. 按计划的内容分类

按计划的内容分类,可以将计划分为专项计划和综合计划。专项计划又称专题计划,是指为完成某一特定任务而拟订的计划,例如基建计划、产品开发计划等。综合计划是指对组织活动所做的整体安排。综合计划与专项计划之间是整体与局部的关系。专项计划是综合计划中某项重要项目的特殊安排,它必须以综合计划为指导,避免同综合计划相脱节。

3. 按计划的时期界限划分

按计划所涉及的时间分类,可以将计划分为长期计划、中期计划和短期计划。

现有的习惯做法是将1年及1年以内的计划自然保护区为短期计划;1~5年以内的计划

自然保护区为中期计划;5年以上的计划自然保护区为长期计划。但是对一些环境条件变化很快、本身节奏很快的组织活动,其计划分类也可能1年计划就是长期计划,季度计划就是中期计划,而月度计划就是短期计划。

【课堂讨论】

1. 分组由每个同学说出自己近期想做的事情,然后编写计划,由大家共同讨论。
2. 俗话说"计划赶不上变化",所以没有必要做计划,对吗?为什么?

第二节 计划工作原理与步骤

为了保证编制的计划合理,管理人员在计划编制过程中必须遵循一定的逻辑和步骤:
环境分析→确定目标→拟订各种可行性计划方案→评估拟订方案→拟订主要计划→制定派生计划→制定预算,用预算使计划数字化。

一、环境分析

组织环境因素对组织战略计划的制定起着关键性的影响作用。任何一个组织的高级管理人员,要想制定一个能引导自己的企业走向成功的计划,都必须全面地调查和分析组织环境因素,并要获取和分析与本公司和本行业有关的组织环境因素的信息情报。计划是否科学和切合实际,在很大程度上取决于信息的调查与掌握是否全面与准确。编制计划需要调查和掌握的信息很多,既有企业外部的信息,也有企业内部的信息。

1. 企业外部信息

(1) 政治信息。政治环境包括一个国家的社会制度,执政党的性质,政府的方针、政策、法令等。不同的国家有着不同的社会性质,不同的社会制度对组织活动有着不同的限制和要求。即使社会制度不变的同一国家,在不同时期,由于执政党不同,其政府的方针特点、政策倾向对组织活动的态度和影响也是不断变化的。

(2) 社会信息。社会文化环境包括一个国家或地区的居民教育程度和文化水平、宗教信仰、风俗习惯、价值观念、审美观点等。文化水平会影响居民的需求层次;宗教信仰和风俗习惯会禁止或抵制某些活动的进行;价值观念会影响居民对组织目标、组织活动以及组织存在本身的认可与否;审美观点则会影响人们对组织活动内容、活动方式以及活动成果的态度。

(3) 经济信息。经济环境主要包括宏观和微观两个方面的内容。宏观经济环境主要指一个国家的人口数量及其增长趋势、国民收入、国民生产总值及其变化情况以及通过这些指标能够反映的国民经济发展水平和发展速度。微观经济环境主要是指企业所在地区或所服务地区消费者的收入水平、消费偏好、储蓄情况、就业程度等因素。这些因素直接决定着企业目前及未来的市场大小。

(4) 技术信息。技术环境除了要考察与企业所处领域的活动直接相关的技术手段的发展变化外,还应及时了解:①国家对科技开发的投资和支持重点;②该领域技术发展动态和研究开发费用总额;③技术转移和技术商品化速度;④专利及其保护情况。

(5) 竞争信息。竞争对手的数量有多少?分布在什么地方?它们有哪些活动?各自的规模、资金、技术力量如何?其中哪些对自己的威胁特别大?基本情况研究的目的是要找到主要竞争对手。为了在众多的同种产品的生产厂家中找出主要竞争对手,必须对其竞争实力以及变化情况进行分析和判断。

(6) 资源供应信息。资源供应信息主要是指企业经营所处的地理位置及其气候条件和资源禀赋状况等自然因素,这些因素直接影响着企业目前及未来的发展状况。

2. 企业内部信息

(1) 产品信息。如每种产品的销售数量、利润大小和发展趋势,每种产品的成本及其降价潜力,产品的用途有无新的发现,产品的品种、数量和质量水平是否适当,企业资源在各种产品间的分配是否恰当,技术储备和新产品研制情况如何等。

(2) 资源信息。如本企业固定资产构成的特点,主要设备、厂房的利用率,流动资金的占用状况,原材料、在制品、外购件、成品的储备情况,资金周转情况,资金供应有无困难等。

(3) 人员信息。如领导班子的情况,工程技术人员和中层管理干部的状况,工人的技术水平、劳动热情、创造性,人员培训情况等。

(4) 管理信息。如企业组织是否合理、责任制是否健全、各项基础工作是否扎实、管理工作效率如何、各项技术经济指标的水平等。

二、确定目标

目标为组织整体、各部门和各成员指明了方向,并且作为标准可用来衡量实际的绩效。计划工作的主要任务是将决策所确立的目标进行分解,以便落实到各个部门、各个活动环节,并将长期目标分解为各个阶段的目标。而主要部门的目标又依次控制下属各部门的目标,以此类推,从而形成了组织的目标结构。计划目标是企业预定的、在计划期内生产经营活动的结果,它应在分析企业外部和内部情况的基础上确定。各种情况与计划目标的具体内容的关系是错综复杂的,往往某个情况对计划目标中的一个或几个具体内容有利,而对另一个或几个具体内容不利;也可能某个情况对某个具体内容适合,却受到另一个情况的限制。因此,对各种情况都要进行全面的分析和衡量,权衡利弊得失,避免顾此失彼,然后再确定计划目标。计划目标一般有以下四类:

(1) 贡献的目标。贡献目标,即对社会贡献的大小。工业企业之所以能够生存和发展,就是因为它能为社会做出贡献。每个企业都应根据自身的条件和客观需要,力争为社会做出更多的贡献。贡献的目标可用产品品种、质量、数量、上缴税金和利润等表示。

(2) 市场的目标。企业生产经营活动有无活力,要看它占有市场的深度和广度,即市场面和市场占有份额的大小。企业的市场目标应是通过扩大市场范围和提高市场占有率,增加销售额来体现的。

(3) 发展的目标。企业为了对社会做出更大的贡献,为企业和职工谋求更多的利益,必须不断发展自己。通过企业改造和更新设备,扩大再生产,也可以通过联合的办法来壮大自己。

(4) 利益的目标。利益目标是企业生产经营活动的内在动力,不仅关系到企业职工的利益,而且也关系到企业自身的发展。因此,企业应争取扩大经济效益,增加赢利,提高赢利水平。

三、拟订各种可行性计划方案

拟订可行性行动计划要求拟订尽可能多的计划。可供选择的行动计划数量越多,被选计划的相对满意程度就越高,行动就越有效。因此,在可行的行动计划拟订阶段,要发扬民主,广泛发动群众,充分利用组织内外的专家,通过他们献计献策,产生尽可能多的行动计划。企业应拟订各种实现计划目标的方案,以便寻求实现目标的最佳计划方案。拟订各种可行的计划方案,一方面要依赖过去的经验,已经成功的或失败的经验对于拟订可行的计划方案都有借鉴作用;另一方面也是更重要的方面,就是依赖于创新。因为企业内、外部情况的迅速发展变化,使昨天的方案不一定适应今天的要求,所以,计划方案还必须创新。

四、评估选择方案

根据企业的内、外部条件和对计划目标的研究,分析各个方案的优缺点,注意每个方案的制约因素和隐患,以便全局考虑。通过教学方法、经验、实验和研究分析进行比较,评价行动计划,要注意考虑以下几点:

(1) 认真考察每一个计划的制约因素和隐患。
(2) 要用总体的效益观点来衡量计划。
(3) 既要考虑到每一计划的许多有形的可以用数量表示出来的因素,又要考虑到许多无形的不能用数量表示出来的因素。
(4) 要动态地考察计划的效果,不仅要考虑计划执行所带来的利益,还要考虑计划执行所带来的损失,特别要注意那些潜在的、间接的损失。评价方法分为定性和定量两类。
(5) 按一定的原则选择出一个或几个较优计划。

五、拟订主要计划

完成了拟订和选择可行性行动计划后,拟订主要计划就是将所选择的计划用文字形式正式表达出来,作为一项管理文件。该计划要清楚地确定和描述"SWIH"的内容,保证目标能完成,如承包奖励、创名牌等。

六、制定派生计划

基本计划几乎肯定需要派生计划的支持。比如,一家公司年初制定了"当年销售额比上年增长15%"的销售计划,这一计划发出了许多信号,如生产计划、促销计划等。再如,当一家公司决定开拓一项新的业务时,这个决策要制定很多派生计划的信号,比如雇用和培训各种人员的计划、筹集资金计划、广告计划等等。

七、制定预算,用预算使计划数字化

在做出决策和确定计划后,赋予计划含义的最后一步就是把计划转变成预算,使计划数字化。编制预算,一方面使计划的指标体系更加明确,另一方面使企业更易于对计划执行进行控制。定性的计划,往往在可比性、可控性和进行奖惩方面比较困难,而定量的计划则具有较强的约束。

【研讨与测试】

1. 在制定计划时应该遵循怎样的程序？
2. 每组为自己的模拟公司制定一份计划，然后分享。

第三节 目标管理

【阅读小资料】

一家药品制造厂总裁发现公司一些管理部门只有一些模糊的目标，如"保持和客户的联系"与"定期检查绩效"等。目标的模糊导致工作开展不力，成效平平，于是总裁决定采取行动改变现状。

他的方案是：建立清晰的参与性的目标体系，让每一位员工自己确定10个以上的关键目标值，以督促自己的工作。如"在合同批准后的2周内提交项目预算"及"交付项目的总支出不得超出预算的3%"。不久，公司绩效得到明显改善。这位总裁采用的就是目标管理。

【导入案例】

王勇的目标管理

王勇曾经在一家著名的外商独资企业中担任过销售部经理，成绩显著，几年前，他离开了这家企业，自己开了一家建材贸易公司，由于有以前的底子，所以生意很不错。年初，他准备进一步扩大业务，在若干个城市设立经销处，同时，扩大经营范围，增加商品品种。

面对众多要处理的问题，王勇决定将部分权力授予下属的各部门经理。他逐一与经理们谈话，一一落实要达到的目标。其中他给采购部经理定下的目标是：保证每一个经销处所需货物的及时供应，采购到的货物的合格率需保持在98%以上，采购成本保持在采购额的5%以内。采购部经理当即提出异议，认为有的指标不合理。王勇回答说："可能吧，你尽力而为就是了。"

到年终考核时发现采购部达到了王勇给他们规定的前两个目标，但采购成本大大超出，约占当年采购额的8%。王勇问采购部经理怎么会这样时，采购部经理解释说："有的事情也只能如此，就目前而言，我认为，保证及时供应和货物质量比我们在采购时花掉多少钱更重要。"

问题：
你认为王勇在实施目标管理中有问题吗？他应如何改进？

一、什么是目标管理

目标管理（Management by Objectives，MBO）是美国著名管理学家彼得·德鲁克在他的《管理的实践》一书中提到的思想。这种管理方法提出后，逐步发展成为许多西方国家组织普遍采用的一种系统地制定目标，并据此进行管理的有效方法。

二、目标管理的特点

（1）重视人的因素。目标管理是一种参与的、民主的、自我控制的管理制度，也是一种把个人需求与组织目标结合起来的管理制度。在这一制度下,上级与下级的关系是平等、尊重、依赖、支持,下级在承诺目标和被授权之后是自觉、自主和自治的。

(2) 建立目标锁链与目标体系。目标管理通过专门设计的过程,将组织的整体目标逐级分解,转换为各单位、各员工的分目标。从组织目标到经营单位目标,再到部门目标,最后到个人目标。在目标分解过程中,权、责、利三者已经明确,而且相互对称。这些目标方向一致,环环相扣,相互配合,形成协调统一的目标体系。只有每个人完成了自己的分目标,整个企业的总目标才有完成的希望。

(3) 重视成果。目标管理以制定目标为起点,以目标完成情况的考核为终结。工作成果是评定目标完成程度的标准,也是人事考核和评奖的依据,成为评价管理工作绩效的唯一标志。至于完成目标的具体过程、途径和方法,上级并不过多干预。所以,在目标管理制度下,监督的成分少,而控制目标实现的能力却很强。

三、目标管理的原则

目标管理是现代企业管理模式中比较流行、比较实用的管理方式之一。搞好目标管理必须遵循以下四个原则:

1. 目标制定必须科学合理

目标管理能不能产生理想的效果、取得预期的成效,首先取决于目标的制定。科学合理的目标是目标管理的前提和基础。脱离了实际的工作目标,轻则影响工作进程和成效,重则使目标管理失去实际意义,影响企业发展大局。目标的制定一般应该注意以下方面:

(1) 难易适中的原则(要有难度,但不能让人产生畏难情绪)。

(2) 时间紧凑的原则。

(3) 大小统一的原则(年度目标与月度目标、整体目标与局部目标)。

(4) 方向一致的原则(使所有人都朝一个方向努力)。

2. 督促检查必须贯穿始终

目标管理,关键在管理。在目标管理过程中,丝毫的懈怠和放任自流都可能贻害巨大。作为管理者,必须随时跟踪每一个目标的进展,发现问题及时协商、及时处理、及时采取正确的补救措施,确保目标运行方向正确、进展顺利。

3. 成本控制必须严肃认真

目标管理以目标的达成为最终目的,考核评估也是重结果轻过程。这很容易让目标责任人重视目标的实现,轻视成本核算,特别是当目标运行遇到困难可能影响目标的适时实现时,责任人往往会采取一些应急的手段或方法,这必然导致实现目标的成本不断上升。作为管理者,在督促检查过程中,必须对运行成本作严格控制,既要保证目标的顺利实现,又要把成本控制在合理的范围内,因为任何目标的实现都不是不计成本的。

4. 考核评估必须执行到位

任何一个目标的达成、项目的完成,都必须有一个严格的考核评估。考核、评估、验收工作必须选择执行力很强的人员进行,必须严格按照目标管理方案或项目管理目标,逐项进行考核并做出结论,对目标完成度高、成效显著、成绩突出的团队或个人按章奖励,对失误多、成本高、影响整体工作的团队或个人按章处罚,真正达到表彰先进、鞭策落后的目的。

【阅读小资料】

善于给员工设定目标,意味着管理者要在了解员工的基础上,因人而异地设定目标。目标要有一定的难度,这样可使得员工完成任务后有一定的成就感,同时,目标又是经过努力可以实现的,不能太难。例如,摩托罗拉(中国)公司的高层管理人员每年开始都要给一般的中层管理人员制定目标。高层管理人员要根据公司发展的总体需要以及该部门的情况,给管理人员确定本年度需要达到的工作指标。这一目标有一定的难度,因此,高层管理者与本部门主管共同商量更具体的指标,并了解他们达到这一目标的困难和需要,然后提出一整套克服这些困难的办法和支持条件,如安排培训的机会等,整个过程是双向和交互式进行的。最后,中层管理人员对上级确定的目标真正认同,做出承诺。在摩托罗拉(中国)公司,这一活动被称为"个人承诺"计划。

四、目标管理的基本程序

目标管理的具体做法分三个阶段:①目标的设置;②实现目标过程的管理;③测定与评价所取得的成果。

1. 目标的设置

这是目标管理最重要的阶段,可以细分为以下四个步骤:

(1) 高层管理者预定目标。这是一个暂时的、可以改变的目标预案,既可以由上级提出,再同下级讨论,也可以由下级提出,上级批准。无论哪种方式,必须共同商量决定。领导必须根据企业的使命和长远战略,估计客观环境带来的机会和挑战,对本企业的优劣有清醒的认识,对组织应该和能够完成的目标心中有数。

(2) 重新审议组织结构和职责分工。目标管理要求每一个分目标都有确定的责任主体。因此预定目标之后,需要重新审查现有组织结构,根据新的目标分解要求进行调整,明确目标责任者和协调关系。

(3) 确立下级的目标。首先下级明确组织的规划和目标,然后商定下级的分目标。在讨论中,上级要尊重下级,平等待人,耐心倾听下级意见,帮助下级发展一致性和支持性目标。分目标要具体量化,便于考核;分清轻重缓急,以免顾此失彼;既要有挑战性,又要有实现的可能。每个员工和部门的分目标要和其他的分目标协调一致,支持本单位和组织目标的实现。

(4) 上级和下级达成协议。上级和下级就实现各项目标所需的条件以及实现目标后的奖惩事宜达成协议。分目标制定后,要授予下级相应的资源配置的权力,实现权、责、利的统一。由下级写成书面协议,编制目标记录卡片,整个组织汇总所有资料后绘制出目标图。

2. 实现目标过程的管理

目标管理重视结果,强调自主、自治和自觉,并不等于领导可以放手不管,相反,由于形成了目标体系,一环失误,就会牵动全局,因此领导在目标实施过程中的管理是不可缺少的。①进行定期检查,利用双方经常接触的机会和信息反馈渠道自然地进行;②要向下级通报进度,便于互相协调;③要帮助下级解决工作中出现的困难,当出现意外、不可测事件严重影响组织目标实现时,也可以通过一定的手续修改原定目标。

3. 测定与评价所取得的成果

达到预定期限后,下级首先进行自我评估,提交书面报告;然后上、下级一起考核目标完成情况,决定奖惩;同时讨论下一阶段目标,开始新循环。如果目标没有完成,应分析原因,总结教训,切忌相互指责,以保持相互信任的气氛。

第四节　战略管理

【导入案例】

海尔的成功与战略选择

　　海尔集团创立于 1984 年,前身是青岛电冰箱总厂。在首席执行官张瑞敏"名牌战略"思想的引领下,海尔经过 20 多年的艰苦奋斗,从一个濒临倒闭的集体小厂发展成为在国内外享有较高美誉的跨国企业。海尔目前已拥有包括白色家电、黑色家电、米色家电、家居集成在内的 86 大门类 13 000 多个规格品种的产品群。在全球,很多家庭都是海尔产品的用户。

　　美国《家电》杂志统计显示,海尔是全球增长最快的家电企业,并对美国企业发出了"海尔击败通用电气"的警告;英国《金融时报》在 2002 年发布的全球最受尊敬企业名单,海尔雄居中国最受尊敬企业第一名。2003 年 8 月,美国《财富》杂志选出"美国以外全球最具影响力的 25 名商界领袖",其中张瑞敏排在第 19 位。近年来,海尔已经有十几个成功案例进入哈佛大学、洛桑国际管理学院等著名高等学府的案例库,进入全球商学院的通用教材。

　　海尔高速发展的重要原因之一就是每个时期它都有个明确而有效的战略在起着主导作用。海尔的发展战略可以分为三个阶段:

　　1. 名牌战略阶段——1984—1991 年,海尔决心只抓质量,7 年只做一个冰箱产品。海尔产品依靠高质量和个性化设计赢得了越来越多的消费者。海尔的无形资产从无到有。2002 年,海尔品牌价值评估为 489 亿元,跃居中国第一品牌。

　　2. 多元化战略阶段——1992—1998 年,海尔走低成本扩张之路,建海尔园,以无形资产盘活有形资产,成功地实现了规模的扩张。

　　3. 国际化战略阶段——1998 年至今,海尔坚持先难后易、"出口创牌"的战略,搭建起国际化企业的框架,产品已进入欧洲 15 家大型连锁店的 12 家,美国 10 家大型连锁店的 9 家。

　　海尔成为中国家电业出口创汇最多的企业之一,并且在美国、欧洲初步实现了设计、制造、营销三位一体的本土化布局。

　　没有战略,你将会走到一个你不想去的地方。

——彼得·德鲁克(美)

一、战略与战略管理的内涵、特征

　　战略问题源于古代人类社会频繁的战事,没有战争就没有军事学意义上的战略。战略的英语源自希腊文,其含义是"将军",即将军指挥军队的艺术和科学。一般认为,战略是指军事统帅指挥战争全局的韬略。在《辞海》中把"战略"解释为:泛指对全局性、高层次的重大问题的筹划与指导。

　　本书对战略的定义为:战略是为了实现组织的目标,在分析外部环境的机会与威胁、内部条件的优势与劣势的基础上,制定的涉及市场范围、发展方向、竞争优势、达成目标的途径和手段等内容的总体行动计划。

对一个企业来说,战略是为了实现企业的总目标,对所要采取的行动方针和资源方向进行一种总体规划。

管理科学有三个层次:管理基础,职能管理,战略管理。显然,战略管理是现代企业管理的最高层次与首要任务,在企业的经营过程中起着指针的作用。尤其在当今市场环境变幻莫测、竞争日益激烈的情况下,如何制定正确的战略并有效地实施和控制,以便获得持续的竞争优势,是摆在每一个企业面前的严峻问题。战略管理作为组织最高层次的管理,具有以下几个特征:

(1) 战略管理着眼于全局,涉及的范围很大。

(2) 战略管理面向未来,对组织的长期发展方向起着至关重要的影响作用。

(3) 战略管理可能涉及组织的重大变革——战略转型。

(4) 战略管理是一个不断反复、创新的过程。

1. 企业战略的特征

企业战略属宏观管理范畴,具有以下六大特征:

(1) 全局性。企业战略是企业发展的蓝图,是以企业的全局为对象,根据企业总体发展需要而制定的,它的着眼点是企业未来经营方向和目标。它对企业经营管理的所有方面都具有普遍的、全面的、权威的指导意义。

(2) 适应性。企业战略要解决企业与其所处环境的适应性问题。外界环境是企业自身不能控制的力量,但却是决定企业盛衰的关键因素。为了适应环境变化,企业往往需要采取重大关键性战略行动。企业战略还需要解决企业的经营活动与其所拥有的资源和能力的适应性问题。通常在一个企业面前存在许多有利的机会,但企业必须根据自己的资源和能力排出先后顺序,然后逐步实施企业战略。

(3) 指导性。企业战略是针对未来的。战略的内容尽管大多是原则性的、概括性的规定,但具有行动纲领的意义,对企业的一切行动都具有指导性作用。

(4) 长远性。企业战略考虑的是企业在未来相当长一段时期内的长期发展,关注的是企业的长远利益,其实施一定会造成长远影响。没有战略方向、战略能力的企业只能得过且过,消磨日月。

(5) 复杂性。企业战略是对未来发展的规划,然而,未来是不确定的,变化莫测的。战略需要对组织或企业用一个整体的观点来经营管理,而任何一个部门的专家、经理和决策人员都不能独立完成,具有不同背景、利益、责任和观点的管理人员必须达成一致。战略还往往包含组织结构的变化,这无疑是一项最为困难的工作。以上因素决定了战略的复杂性是一般管理工作所不能比拟的。

(6) 竞争性。战略谋求的是在未来竞争中与对手的比较优势,因而要保证能充分发挥自己的优势,扬长避短,不断扩大自身实力,推动企业长远、健康地发展。

2. 企业战略层次

完整的企业战略可以包括三个层次,即公司总部最高层的企业总体战略、事业部层的业务战略(或称为竞争战略)以及各职能层的功能战略(或称为职能战略)。

(1) 总体战略(公司层战略)。如果一个公司拥有一种以上的事业,那么该公司将需要制定公司层的总体战略,以作为指导公司中长期整体发展的主要依据。公司层战略主要解决这样的问题:我们应当拥有什么样的公司层事业结构,尤其是主业结构?每一种主业在公司发展中的地位如何?事业或主业结构调整的依据是什么?

例如,日本的三家大型电子企业的经营领域各不相同。索尼公司在全球市场上经营电视机、收录机、随身听,以及与娱乐游戏等有关的消费类电子产品;先锋电子公司只经营视听的电子产品(如音响等);松下公司则在所有的电子类产品中全面出击。经营领域的不同,反映了各公司对自身优势与劣势,以及对世界政治与经济环境所带来的机会与威胁有不同的评判。

(2) 事业层战略。事业层战略主要解决这样的问题:在每一项事业领域里,应当如何进行竞争?事业层战略规定从事某一事业的经营单位提供的产品或服务类型以及目标市场在哪里?当一个企业从事多种不同的事业时,建立战略事业单位更便于计划和控制。战略事业单位代表一种单一事业或相关事业的组合,这种组合主要考虑经营或竞争战略的相似性。每一个战略事业单位应当有自己独特的使命和竞争对手,因此,每一个战略事业单位也就应该制定有自己独特的业务战略。经营层次的战略一般有三大类型:差异化战略、成本领先战略、集中化战略。

(3) 职能层战略。职能层战略要解决这样的问题:我们以何种策略来支撑事业层战略?职能部门如研究开发、制造、市场营销、人力资源和财务部门等的工作目标和行动策略,应当与事业层战略保持一致。职能层次的战略一般有几大类型:市场营销战略、生产运作战略、财务会计战略、人力资源战略、研究开发战略等。

【研讨与测试】

1. 公司层战略、事业层战略和职能层战略各自的侧重点是什么?
2. 列举你所了解的企业在经营过程中所运用的三种层次战略的案例。

3. 企业总体战略

企业总体战略就是有关一个组织全局性的战略,它主要说明组织经营的主要方向。因此,企业总体战略的基本内容是经营范围、资源部署以及有关全局性的方针和原则。

按照组织偏离起点的程度,可以划分为成长战略、稳定战略、紧缩战略。成长战略也叫发展战略,是指在现有基础水平上向更高一级方向发展的战略;稳定战略也称为防御战略,是指只能保持现有战略基础水平的战略;紧缩战略是指从现有战略基础起点往后倒退的战略。这里重点探讨组织成长战略。

成长战略有三种,即密集性成长战略、一体化成长战略和多元化成长战略。

(1) 密集性成长战略

密集性成长战略又叫专业化成长战略,是指企业选用在原有生产领域内充分利用产品和市场方面的优势和潜力谋求成长和发展的战略。它有三种形式,即市场渗透战略、市场开发战略和产品开发战略。

① **市场渗透战略**,指企业在老市场和老产品上通过更大的营销努力,提高现有产品或服务的市场占有率,增加企业现有产品和服务的销售额和利润额的一种战略。它是在市场对本企业的产品或服务的需求日益增大时最常用,也是最易成功的一种成长战略。例如,某些零售或饮食企业在本市范围内增设连锁店,为顾客提供更方便的服务,有利于增加产品或服务销售量。

② **市场开发战略**,指利用现有产品进一步开辟新市场的战略。当老产品在原有市场范围

内已无进一步渗透余地时,就要设法开辟新市场,以求得企业进一步成长。例如,某产品由某一地区推向全国,甚至推销到其他国家和地区。

③ 产品开发战略,指以开发新产品的办法扩大企业产品在老市场上的销售量。产品开发要根据消费者需要的变化,充分满足消费者的需要。

(2) 一体化成长战略

一体化成长战略是指以企业当前活动为核心,通过合并或兼并其他企业,取得规模经济增长的一种战略。它有水平一体化和垂直一体化两种基本形式。

① 水平一体化战略,通过把性质相同或生产同类产品的其他企业合并起来,扩大企业经营规模的战略。水平一体化可以是购买竞争对手的股票或其他资产,也可以通过两个或两个以上的集团共同经营来扩大企业的实力。

② 垂直一体化战略,强调企业向两个方向扩张,当朝着最终用户方向扩张时称为前向一体化,当朝着最初的资源供应厂家方向扩张时称为后向一体化。前向一体化有利于促进产品的销售,增加企业的市场渗透能力。后向一体化有利于减少企业对投入资源,尤其是关键资源的依赖性。

(3) 多元化成长战略

多元化成长战略是指企业生产更多种类的产品甚至几个行业的产品,又称为多角化或多元化战略。例如,一家公司既从事生物保健品的生产和销售,又从事房地产的开发和销售。多元化成长战略的优点是:能为企业提供原来所在行业不能提供的成长机会,可以向更具有经济优势的行业转移以提高整体获利能力;有利于企业发挥规模经济的优势,充分利用机会实现跳跃式的发展,提高企业的整体竞争力;能够分散风险,应变能力强,通过多行业经营,可以避免当某一行业经济不景气时可能使企业产生的严重经济危机。

多元化成长战略虽然受到很多企业的青睐,但是它也有一定的缺点:会使企业规模膨胀,大大增加管理上的难度,容易失控;由于要跨几个行业,有可能出现外行领导内行的情况,甚至出现决策失误、不利于发挥自己的优势等。

4. 竞争战略

根据波特的理论,企业在市场竞争中获得竞争优势的途径虽然很多,但最基本的有三种,即成本领先战略、差异化战略和重点集中战略。波特将其称为关于竞争的一般性战略。

(1) 成本领先战略。也称为低成本战略,是企业努力开发和挖掘所有的资源优势,特别强调生产规模并出售标准化的产品,在行业内保持整体成本领先地位,从而以行业最低价格为其产品定价的竞争战略。成本领先战略要求企业是低成本的生产者,而且必须是成本的领导者,而且,它提供的产品和服务必须是能与竞争者同类产品相竞争,或至少是顾客愿意接受的。企业通过大规模、高效率的运作、技术创新、廉价劳动力或优惠地取得原材料来获得成本领先优势。

(2) 差异化战略。是指企业向顾客提供的产品和服务在行业范围内独具特色,这种特色可以给产品带来额外的加价。如果一个企业产品或服务的溢出价格超过因其独特性所增加的成本,那么,拥有这种差异化的企业将取得竞争优势。这种战略强调高质量、非凡的服务、创新的设计和不同凡响的商标形象,以实现与众不同的特色。特色的选择必须有别于竞争对手,并且增加的收益足以超过追求别具一格的成本。

(3) 重点集中战略。前两种战略是在广泛的市场中寻求竞争优势,而重点集中战略则是集中在狭窄的细分市场中寻求低成本优势或差异化优势。也就是说,管理者选择产业中的一个或一组细分市场(如产品品种、最终顾客类型、分销渠道或地理位置),制定专门的战略向此细分市场提供与众不同的服务,而目标是独占这个市场。当然,重点集中战略是否可行取决于细分市场的规模,以及该细分市场能否弥补重点集中战略的附加成本。

不管采取以上三种基本战略中的哪一种,要获得长期成功还必须保持持续的竞争优势,这就要求管理者持续地做出努力,使自己始终领先竞争对手一步。

二、战略管理过程

战略管理是对组织战略活动实行的总体性管理,是组织制定、实施、控制和评价战略的一系列管理决策与行动,使组织自身条件与环境变化相适应,求得组织的生存与发展。战略管理具有全局性、长远性、竞争性、适应性的特点。

在整个战略管理过程中,所涉及的大致有六项基本活动:①确立宗旨、设计远景和目标;②外部机遇和威胁分析;③内部优势和劣势分析;④SWOT 分析和战略形成;⑤战略实施;⑥战略控制。

1. 战略分析

战略分析是指对企业的战略环境进行分析、评价并预测这些环境未来发展变化的趋势,以及这些趋势可能对企业造成的影响。一般来说,战略分析包括:明确组织的宗旨、远景和目标,企业外部环境的机会与威胁分析,以及企业内部条件优劣分析。

(1) 确立组织的宗旨、远景和使命

这是战略分析的第一步。宗旨是组织基本价值取向,它是组织存在的原因。从战略管理所要完成的任务来看,关键是阐明企业存在的理由,说明企业下一步"拟做"什么,同时特别注意保持战略的动态、灵活和整体性。在这里,拟做什么作为战略,实际上是对企业内外部环境中可做(机会)、该做(约束)、能做(实力)、想做(偏好)、敢做(魄力)的一种综合权衡选择的结果。当然,需要说明,在界定可做、该做、能做、想做、敢做时,有时常常遇到要弄清什么不可做、不该做、不能做、不想做、不敢做的困惑。

战略远景是在宗旨之外,描述公司前进方向和公司最终的目标。尽管宗旨和远景这两个词汇经常可以互换,但远景更为形象地表述了企业的长期方向和战略意图。

在确立宗旨、远景和目标时,应当回答9个问题:

① 顾客:顾客是谁?
② 产品或服务:主要产品或服务是什么?
③ 市场:竞争领域与范围在哪里?
④ 技术:技术特征是什么? 是否领先?
⑤ 盈利:如何增长和获利?
⑥ 哲学:基本信念、价值观、道德准则是什么?
⑦ 自我认知:核心能力或竞争优势是什么?
⑧ 公众形象:是否对社会、社区、环境负责?
⑨ 员工:是否视员工为关键资源?

(2) 外部环境的机会与威胁分析

企业外部环境分析一般包括三个层次:宏观环境分析、行业环境分析和竞争者分析。

宏观环境分析主要包括经济、政治、技术、自然条件与资源、社会文化环境和生活形态结构等方面。

行业环境分析主要包括行业政策及其变动趋势、行业构成、行业生命周期、行业市场容量、行业成长空间和盈利空间、行业演变趋势、行业成功的关键因素、行业进入和退出的障碍等。迈克尔·波特教授开发的五种行业竞争模型对于把握一个行业的多种竞争力量十分有用。

竞争者分析包括行业内现有竞争者的竞争结构分析和主要竞争对手分析。现有竞争者的竞争结构可以根据前三大企业的市场占有率将其分为稳定的竞争结构(前三大企业市场占有率＞75％)、趋于稳定的竞争结构(前三大企业市场占有率50％～75％)、不稳定的竞争结构(前三大企业市场占有率25％～50％)和分散的竞争结构(前三大企业市场占有率＜25％),不同的竞争结构下竞争的策略选择不同。

竞争对手分析主要分析竞争对手的战略目标、市场定位、主要竞争优势和劣势、市场基础和竞争反应模式等。

企业外部环境分析可以表明组织的利益相关者对组织施加影响的途径。利益相关者是那些对组织的宗旨、远景和目标施加影响并受其影响的个人或团体,包括购买者、供应商、竞争者、政府、管理机构、工会和员工群体、金融机构、所有者和股东以及贸易协作者等。

对外部环境研究和分析是为了识别外界环境在变化过程中,可能对企业的生存和发展造成什么样的威胁或提供什么样的发展机会,从而趋利避害地制定战略。

（3）内部条件的优劣势分析

企业内部环境即企业本身所具备的条件,也就是企业所具备的素质,包括生产经营活动的各个方面,如生产、技术、市场营销、财务、研究与开发、员工情况、管理能力以及企业文化等。企业内部条件分析的目的是为了发现企业所具备的优势或弱点,做到"知己",以便在制定和实施战略时能扬长避短、发挥优势,有效地利用企业自身的各种资源。

内部条件的优劣势分析一般可以从企业的各项职能入手。例如,从管理、营销、财务、生产、研究与开发、信息系统等方面着手,分析本企业现有的具体优势与劣势。组织系统现状分析实际上就是对现状的检查与诊断。

2. 战略选择及评价

战略选择及评价过程实质上就是战略决策过程,即对战略进行匹配、评价及选择。通常,对于一个跨行业经营的企业来说,它的战略选择应当解决两个基本的战略问题:一是企业的经营范围或战略经营领域,即规定企业从事生产经营活动的行业,明确企业的性质和所从事的产业,确定企业以什么样的产品或服务来满足哪一类顾客的需求;二是企业在某一特定经营领域的竞争优势,即要确定企业提供的产品或服务要在什么基础上取得超过竞争对手的优势。

一个企业可能会制定出实现战略目标的多种战略方案,这就需要对每种方案进行鉴别和评价,以选择出适合企业自身的适宜方案。目前对战略的评价已有多种方法或工具,如波士顿咨询集团的市场增长率——相对市场占有率矩阵、SWOT分析矩阵等。这些方法已广泛地在西方跨行业经营的企业中得到应用。

3. 战略实施及控制

一个企业的战略方案确定后,必须通过具体化的实际行动才能实现战略及其目标。一般来说,可在几个方面推进一个战略的实施:设定战略计划系统、优化资源配置、调整组织结构、实现企业文化与战略的匹配、发挥领导者在战略实施中的作用等。

在战略的具体化和实施过程中,为了使实施中的战略达到预期目的,实现既定的战略目标,必须对战略的实施进行控制。这就是说,将经过信息反馈的实际成效与预定的战略目标进行比较,如两者有显著的偏差,就应当采取有效的措施进行纠正。当由于原战略方案分析不周、判断有误,或是环境发生了预想不到的变化而引起偏差时,甚至可能需要企业重新审视环境,制定新的战略方案,即寻求战略变革,也就是进行新一轮的战略管理过程。

三、战略制定方法

1. 公司层战略的制定

制定公司层战略的方法之一是"BCG矩阵"。这种方法是美国波士顿咨询公司于1960年为一家造纸公司提供咨询服务时提出的一种投资组合分析方法,所以此法也称为波士顿矩阵。这种方法把企业生产经营的全部产品或业务的组合作为一个整体进行分析。这些业务扩展、维持还是收缩,应该立足于全局加以确定,以便使各项经营业务都能在现金需要和来源方面形成相互补充、相互促进的良性循环局面。

波士顿矩阵的分析前提是认为企业的相对竞争地位(以相对市场份额指标表示)和业务增长率(以市场增长率指标表示)决定了企业业务组合中的特定业务应当采取的战略。企业的相对竞争地位越强,其获利率越高,该项业务能够为企业产生的现金流越大。而市场增长率越高,则表明企业获取更多市场份额的机会越大,企业获取利润机会和现金投入的需求越大。企业经营单位分类组合图如图5-1所示。

图 5-1　企业经营单位分类组合

在图5-1中,矩阵的横轴表示企业在行业中的相对市场份额地位,是指企业某项业务的市场份额与这个市场中最大的竞争对手的市场份额之比;纵轴表示行业市场增长比率,即企业所在行业某项业务前后两年市场销售增长的百分比。这一增长率表示每项经营业务所在市场的相对吸引力。

根据有关业务或产品的行业市场增长率和企业相对市场份额标准,"BCG矩阵"可以把企业全部经营业务定位在四个象限之中。

(1) "问号"业务。这类产品或业务的市场增长率较高,但企业目前拥有的市场占有率相对较低,其原因很可能是企业刚进入该相当有前途的经营领域。市场机会大,前景好,经营业务的高速增大需要有大量资金投入,但是较低的市场占有率又只能带来很少的现金回笼。因此,企业应做出的选择是投入必要的资金以提高市场份额,扩大销售量,从而使"问号"业务尽快转变成"明星"业务。如果决策者认为某些刚开发的领域不可能转变成"明星",则应及时采取放弃策略。

(2) "明星"业务。这个区域的产品或业务处于快速增长的市场上,并且拥有占据支配地位的市场份额。"明星"业务是诱人的,在增长和获得方面均有着极好的长期机会,但它们是企业资源的主要消费者,需要大量投资。一般而言,为了保护或扩展"明星"业务,使其在增长的市场上占据主导地位,企业应在短期内优先提供它们所需的资源,支持其继续发展。可采用的发展战略是:积极扩大经济规模和寻找市场机会,以长远利益为目标,提高市场占有率,加强竞争地位。

(3) "现金牛"业务。这类产品或业务处于成熟的低速增长市场上,市场地位有利,赢利率高。由于这类产品不再需要大量投资于广告宣传和生产扩张,因此公司可以获得丰厚的现金流量,并用于支持其他业务的发展。组织的战略应当集中在维持市场的优势地位,延缓其进入成熟期的时间。因此可采用收获战略,即所投入资源以达到短期收益最大化为限。①把设备投资和其他投资尽量压缩;②采用榨油式方法,争取在短时间内获取更多利润,为其他产品提供资金。

(4)"瘦狗"业务。这类业务处于趋于饱和的市场上,竞争激烈或获利性很低,经营绩效不佳,只能为企业带来少量利润。一般来说,如果这种业务还能自我维持,应缩小经营范围,加强内部管理;如果已彻底失败,没有扭转的可能性,企业应及早采取措施,清理业务或退出经营。因此,对这类产品采用撤退战略。

"BCG矩阵"分析的目的是帮助企业确定自己的总体战略。在总体战略选择上,"BCG矩阵"有两点重要贡献:①该矩阵有助于直观地分析每项经营业务在竞争中的地位,使企业了解它的作用或任务,从而有选择地集中运用企业有限的资金;②有助于企业确定所经营业务的投资组合,并为帮助人们理解性质各异的业务及确定战略资源分配的优先次序提供了一种分析框架。比较理想的投资组合是企业有较多的"明星"业务和"现金牛"业务,少数的"问号"业务和极少数的"瘦狗"业务。

"BCG矩阵"研究表明:牺牲短期利润以获取市场份额的企业,往往能够产生最高的长期利润。因此,管理当局应当从"现金牛"身上挤出尽可能多的"奶"来,把"现金牛"业务的新投资限制在必要的水平上,而利用"现金牛"产生的大量现金投资于"明星"业务。对于"瘦狗"业务,不存在战略问题,这些业务一般应当出让或者寻找机会清理变现,不值得保留或追加投资。出售"瘦狗"业务获得的现金可以用来收购或资助"问号"业务。最难做出的战略决策是"问号"业务,决策层应当限制投机性业务的数量。

但是,实践中"BCG矩阵"也有一定的局限性:①企业确定各业务的市场增长率和相对市场份额是比较困难的;②将企业业务划分为四种类型,相对来说有些过于简单化;③"BCG矩阵"中市场地位与获利之间的关系也会因行业和细分市场的不同而发生变化;④经营业务的战略评价仅仅依靠市场增长率和相对市场份额是不够的,还需要考虑行业技术水平等其他指标。

2. 事业层战略的制定

这个层次的战略关心的是如何进行竞争。制定事业层战略的两种基本模式,一是波特竞争战略理论,二是产品生命周期理论。这里主要介绍波特竞争战略理论。

波特认为任何企业都可能取得成功,关键是能否找到正确的战略,获得竞争优势。他认为,任何产业都存在着五种基本竞争力量(分别为现有企业之间的竞争、进入障碍、替代威胁、购买者的议价能力、供应商的议价能力),这五种基本竞争力量的状况及综合强度,引发产业内在经济结构变化,从而决定着产业内部竞争的激烈程度,决定着产业中市场活动获得利润的最终潜力,即潜在的赢利性。没有一家企业能够成功地通过为所有的人做所有的事来达到超出平均水平的绩效。决策层应当避免不得不与产业中的所有竞争者拼杀的局面,从而将自己置于竞争对手所不具备的强有力地位。

波特将增加竞争优势的两种基本形式——低成本和差异化,与企业经营范围进行组合,推导出三种竞争战略:成本领先战略、差异化战略和集中化战略。究竟选择哪一种战略,取决于组织的优势和竞争对手的劣势。

(1) 成本领先战略

成本领先战略也称低成本战略,是指企业通过加强内部成本控制,在研发、生产、销售、服务和广告等领域把成本降到最低限度,成为产业中的成本领先者。成本领先战略要求企业必须建立高效的生产设施,在经验的基础上全力以赴地降低成本,加大对成本及管理费用的控制,并尽可能地节约在研发、服务、促销、广告等方面的费用支出。为了达到上述目标,企业管理层必须对成本管理给予足够的重视。尽管产品质量、服务等因素也是企业参与竞争的重要手段,但贯穿本战略的核心是确保总成本低于竞争对手,这意味着当别的企业在竞争中失去利润时本企业依然可以获利。

典型的低成本生产厂商销售最适用的或实惠的产品,并且要在强调从一切来源中获得规模经济的成本优势或绝对成本优势上大做文章。

微波炉行业市场占有率第一的格兰仕便是采用这一竞争战略的典型企业之一。赢得总成本最低的有利地位通常要求企业具备较高的相对市场份额或其他优势。例如,企业与原材料供应商建立了牢靠的关系,产品的设计必须便于制造、生产;企业保持相对较宽的产品线,从而分散固定成本,大批量生产、供货(服务于大量顾客群);等等。总成本领先将使企业获得很强的竞争力。一旦企业赢得了总成本领先的地位,其所获得的较高的边际利润又可以使其重新对企业的设备、设施进行投资,以进一步巩固自己在成本上的领先优势。这种再投资往往也是保持低成本状态的先决条件。

(2) 差异化战略

差异化战略是指企业通过提供与众不同的产品和服务,满足目标顾客的特殊需求,从而形成竞争优势。差异化战略是中小型企业打造核心竞争力,在激烈的市场竞争中制胜的法宝。差异化战略就是创造差异性,即有目的地选择一整套不同的运营活动以创造一种独特的价值组合。实现差异化战略可以有多种方式,如拥有高超的质量、非凡的服务(如海尔的五星级服务)、新颖的设计、技术性专长,或者具有不同凡响的品牌形象等(如保时捷公司坚持"911"型跑车的手工制作就是一大特色)。实施这一战略的关键是特色的选择必须有别于竞争对手,并且足以使溢价收益超过追求别具一格的成本。

(3) 集中化战略

如果说前两种战略是在广泛的产业细分市场上寻求竞争优势,那么集中化战略则是在狭窄的细分市场上寻求成本领先优势或差别化优势。集中化战略要求企业主攻某个特定的顾客群、某条产品线的一小段或某一区域性市场。采用这一战略的前提是:公司业务的专一化能以较高的效率、更好的效果为某一狭窄的战略对象(细分市场)服务,从而获得为众多顾客服务的竞争者所不具备的优势。例如,劳斯莱斯是专门定位于"贵族"阶层的轿车品牌,该企业以超豪华的设计、精湛的工艺、独特的享受为一个极其狭窄的"缝隙市场"提供产品和服务,是采用集中化战略的一个典型。

波特认为,采用集中化战略的结果是:公司要么可以通过满足特定群体的需求而实现差异化,要么可以在为特定群体提供服务时降低成本,或者可以二者兼得。这样,企业的赢利潜力会超过行业的平均赢利水平,企业也可以此抵御各种竞争力量的威胁。研究表明,集中化战略对小企业是最有效的战略,这是因为小企业一般不具有规模经济性或内部资源,从而难以成功地实行其他两种类型的战略。

随着技术的变革、顾客需求的变化,尤其是某些竞争优势可能被竞争对手模仿,使得保持竞争优势并非易事。决定竞争胜负的关键因素往往不是竞争双方各自拥有的力量或资源,而是他们各自运用力量或资源的方式,即采取何种竞争战略。因此,决策者不能因为一时的成功而自鸣得意,必须持续地做出努力,使自己的企业始终领先于竞争对手一步。

3. 职能层战略的制定

职能层战略是公司主要职能部门支持事业层战略的行动计划。公司主要职能部门包括研究与开发、制造、市场营销、人力资源和财务部门。这些部门的经理人员制定与事业层战略相一致的战略以实现组织的总目标。

市场营销战略关注的是企业的产品及服务的分销和销售,它涉及产品组合、广告宣传、促销策划、定价、分销等内容。

生产运作战略考虑的是如何把企业的产品及服务生产出来,以及具体在哪里生产,它涉及资源获取、设施选址、设施布置、生产技术的选择、生产能力的确定等多方面的决策。

财务与会计战略涉及企业的资本结构、投资政策、借贷政策、流动资金管理、财务风险管理、纳税等多方面的决策。

人力资源战略涉及的决策有:怎样招募、培训、使用和评价管理人才和技术人才,如何进行业绩评价,薪酬政策的制定以及劳动关系的管理等。

【研讨与测试】

1. 列举你所了解的企业运用成本领先战略、差异化战略和集中化战略的案例。
2. 分析"小米手机"运用的是哪种经营战略。

【案例分析】

案例一 "菁菁校园"的未来

"菁菁校园"是一所新型的私立学校,专门为大学生、高中生提供暑期另类课程,如登山、探险、航海等集体项目的专业培训,以及为在职人员提供团队合作课程培训。该校的创办人刘岩是个成功的企业家,他酷爱登山,并坚信这是一项锻炼个人品质,同时学习集体协作精神的完美运动。(优势1:定位)

在刘岩看来,这个学校是个非营利性的企业,但是无论如何得自己维持自己的运转。因为如果没有充裕的资金,学校就不可能发展。学校开办以来,学生的数目逐年增多。(优势2:有成长的市场,学生认可)

学校的课程主要分两类:一类是普通课程;一类是特殊课程。普通课程是学校的起家项目,针对大、中学生的集体训练开设。每年暑假,总是有大批学生报名参加登山、探险等充满新鲜感的项目。虽然这部分的收入占了整个学校全部营业收入的70%,但是这些项目并不营利(劣势1:无利润,反映经营管理问题)。特殊课程是应一些大公司的要求,专门为这些公司开办的短期团队合作培训(与普通课程具有关联性)。这部分课程是最近才设立的,深受各大公司经理们的欢迎,在非正式的反馈中,他们都认为在这些课程里获益很多,他们所属的公司也愿意继续扩大与"菁菁校园"的合作。同时,这类课程为学校带来丰厚的利润(机会1:说明特殊课程市场有需求,并能获利)。但是,在实施特殊课程时,刘岩和他的好友们也有疑虑:这种课程的商业化倾向非常重,如果过分扩张,可能会破坏"菁菁校园"的形象。另外,特殊课程的学员多是中、高级经理,他们的时间非常紧,如果课程一旦设立下来就不能改动,因此总是会遇到与普通课程的冲突。

在学校成立初期,刘岩并没有特别关注管理问题,他觉得很简单:每年暑假开始,学校就招生开课,到暑假结束就关门。但是随着知名度的提高和注册学生的不断增多,学校变得日益庞大复杂,管理问题和财政状况开始受到关注。最明显的是学校暑期过于繁忙,设施不足,而淡季则设备、人员闲置。他还发现无法找到足够技术熟练、经验丰富的从事短期工作的指导老师,但是要常年聘请他们花销实在太大(劣势2:资源不足、管理问题)。与此同时,在社会上出现了相似的竞争者(威胁1:出现替代品),学校面临内、外两方面的评估和战略方向的重新确定。

在这种情况下,你认为"菁菁校园"的未来在哪里?

问题:

1. 你认为"菁菁校园"的未来应如何定位?
2. "菁菁校园"的项目组合如何发展?
3. 你认为"菁菁校园"的运营管理应如何改进?

案例二 "老牌"企业的竞争

海清啤酒成功地在中国西部一个拥有300万人口的C市收购了一家啤酒厂,不仅在该市取得了95%以上市场占有率的绝对垄断,而且在全省的市场占有率也达到了60%以上,成了该省啤酒业界名副其实的龙头老大。

C市100公里内有一金杯啤酒公司,三年前也是该省啤酒业的老大。然而,最近金杯啤酒因经营不善全资卖给了一家境外公司。

金杯啤酒在被收购后,立刻花近亿元资金搞技改,还请了世界第四大啤酒厂的专家坐镇狠抓质量。但是新老板清楚得很,金杯啤酒公司最短的那块板就是营销。为一举获得C市市场,金杯不惜代价从外企挖了三个营销精英,高薪招聘二十多名大学生,花大力气进行培训。

省内啤酒市场的特点是季节性强,主要在春末和夏季及初秋的半年多时间。一年的大战在4、5、6三个月基本决定胜负。作为快速消费品,啤酒的分销网络相对稳定,主要被大的一级批发商控制。金杯啤酒没有选择正面强攻,主要依靠直销作为市场导入的铺货手段,由销售队伍去遍布C市的数以万计的零售终端虎口夺食。

金杯啤酒的攻势在春节前的元月份开始了,并且成功地推出了1月18号C市要下雪的悬念广告,还有礼品赠送。覆盖率和重复购买率都大大超出预期目标。但是,金杯在取得第一轮胜利的同时,也遇到了内部的管理问题。该公司过度强调销售,以致把结算流程、财务制度和监控机制都甩在一边。销售团队产生了骄傲轻敌的浮躁,甚至上行下效不捞白不捞。公司让部分城区经理自任经销商,白用公司的运货车,赊公司的货,又做生意赚钱,又当经理拿工资。库房出现了无头账,查无所查,连货去哪里了都不知道。

面对竞争,海清啤酒在检讨失利的同时,依然对前景充满信心。他们认为对手在淡季争得的市场份额,如果没有充足的产量作保障,肯定要跌下来;而且海清的分销渠道并没有受到冲击,金杯公司强入零售网点不过是地面阵地的穿插。

如今,啤酒销售的旺季,也就是决胜的时候快到了,您认为海清啤酒应该怎样把对手击退,巩固自己的市场领导地位呢?

问题:

1. 运用SWOT分析法,分析海清啤酒面临的环境。

2. 如何评价金杯啤酒的竞争战略?
3. 海清啤酒应采用什么样的战略?

案例三　民营企业发展转型期的战略与变革

经过12年的艰苦创业,李先生的恒达集团已具备了坚实的竞争实力和根基,并考虑更高层次的发展。目前公司总资产2亿元,年销售收入3亿元,年净利润1 000万元(优势1:实力强),并且销售收入和利润正以年平均15%的速度递增(优势2:市场增长率快,为金牛企业)。

制药业和轻工业是集团的两大支柱产业。制药公司设备先进并拥有数个基本类药物,但目前缺乏新、特药品种,利润稳定。轻工方面市场需求增长很快,产品严重供不应求,但该行业市场进入壁垒较低,生产厂商众多,竞争激烈(多元化经营,但发展不平衡)。

公司目前的困难直接体现在:融资困难,公司有非常具有市场前景的项目以及厚实的企业基础,但作为民营企业,融资渠道缺乏,资金问题已成为企业发展的瓶颈;人员问题,公司中随同李先生创业的元老们忠诚有余但不具备现代企业管理能力和素质,但要更换他们也很为难,且公司的人才引进、培训、激励机制尚未建立,使得人才的匮乏问题一时难以突破(劣势:融资困难,人员问题)。

李先生意识到企业今后竞争的残酷性和紧迫性,他必须在短期内完成企业向现代企业的转型,完成对老企业的改造,确立更明确的战略发展思路,迅速壮大企业规模,为此他希望在以下方面着手进行企业变革,使企业在更高的层次能有进一步的发展……

请你对下面三个问题提出你的看法。
1. 公司战略的制定:方法和框架。
2. 公司高层的平稳顺利调整和人力资源系统的构建。
3. 符合公司实情的资本运作思路。

案例四　"御味园"的发展战略

"御味园"是一家大规模的中餐连锁店,常胜是其中一家的经理。该店位于S市。常经理发现S市有很多上了年纪的老人愿意到他的店里来吃早餐,而且似乎专门要那种10元钱,带免费茶水的套餐。这些老人不是一般的常客,而是几乎每天早上八点钟就来了,然后要一份套餐,坐上三四个小时,和朋友边喝茶边聊天。常经理店里的员工和这些熟客都非常友好,总是叫他们"张老""王老",而这些顾客也对员工很亲切,用名字称呼员工。他们之间的这种亲密关系也恰恰符合了连锁店与顾客保持朋友关系的原则。常经理也很喜欢这种氛围,觉得每个人都像一个大家庭的一分子。(优势1:有忠诚的顾客群)

这些顾客几乎不点别的食物,但是他们非常有礼貌,对每一个进来的新顾客都热情招呼,无论是否认识;他们之间也很熟悉;而且在他们临走的时候,都会把桌面收拾得干干净净。他们通常在早饭期间聚集,规模在一百人以上。餐厅暂时没有拥挤的问题,但是如果人数持续增长下去,恐怕就会略显狭窄。常经理发现这些老年顾客通常在中午午饭就餐人多之前的中午11点至12点之间陆续离去。

常经理现在面临两难选择,一方面他的餐厅在外面渐渐有了"夕阳红"餐厅的名声(优势2:有一定的品牌),一些想进行比较丰富消费的青年顾客不愿意光顾他的餐厅(劣势:丧失了部分市场),这是他所不愿意看到的,而且他的压力很大,非常希望餐厅能有比较高的流动率以实现增长,而这些老顾客坐的时间似乎太久了。但是他又觉得这些和蔼可亲的老顾客是非常宝贵的资源,而且他和他们都相处得非常愉快。他知道这些老人很喜欢听戏,他考虑是否增加这个项目,同时适当地增加费用,比如说每个人加收 2 元钱的节目费,这个活动他猜想老人们应该乐意接受。

问题:
常经理应该如何选择餐厅未来的发展战略呢?

【本章小结】

本章通过对计划概念的描述,理解计划在整个管理过程中的重要性,重点介绍计划的内容 5W1H、计划分类方法、编制计划的步骤、目标管理、战略管理等。目标管理要以目标为中心,强调系统管理,重视人的因素;战略管理是现代企业管理的最高层次和首要任务,在企业经营过程中起着指针的作用。

【本章练习题】

一、单项选择题

1. 关于计划,下述正确的说法是(　　)。
   A. 战略计划就是长期计划
   B. 计划是预测、构想
   C. 计划就是完成某项活动的准确的方式和时空安排
   D. 计划的宗旨与目标是一个概念

2. 在某些情况下,计划工作甚至是唯一的管理活动。因为通过计划工作,可能得出这样一个结论:不需要再采取进一步的行动了,于是后续的组织领导或控制也大可不必了。这说明(　　)。
   A. 计划工作要先行
   B. 计划首当其冲
   C. 计划工作在整个管理工作中处于纲领性的地位
   D. 计划作为控制的标准会使组织运行提高效率

3. 计划工作的步骤有:①确定目标;②估量机会;③编预算;④派生计划拟定;⑤方案选择。正确排序的是(　　)。
   A. ①②③④⑤　　　B. ②①③④⑤　　　C. ②①⑤④③　　　D. ⑤④③②①

4. "它是主管人员决策的指南,它使各级主管人员在决策时有一个明确的思考范围,它允许主管人员有斟酌裁夺的自由,它是一种鼓励自由处置问题和进取精神的手段。"在下列几种计划的具体形式中,最符合上述描述的是(　　)。
   A. 目标　　　B. 政策　　　C. 规则　　　D. 战略

5. "战略计划是计划管理的核心和首要环节,有助于使组织内部各项管理工作之间相互协调,相互一致。"这说明(　　)。
   A. 战术计划是对战略计划的进一步细化、完善、落实
   B. 战略计划只强调对未来环境的正确估计
   C. 战略计划以战术计划为依据
   D. 战略计划是长期计划

6. 某星期天,某人在上午 9 时以后开始做家务,要求 11:30 前结束,以便准时参加一个约定在 11:40 的聚会。家务活动中,洗衣 1 小时,烧饭 30 分钟,吃饭 20 分钟,搞卫生 1 小时,车行赴会时间 10 分钟。你认为下述(　　)符合一个有效管理者的安排。

A. 全部时间累计要 2 小时 50 分钟完成家务,离家前只有 2 小时 30 分钟,不能按时赴会

B. 其实烧饭和洗衣可以并行作业,这样 2 小时 20 分钟就可完成,是最好的办法

C. 洗衣、烧饭、搞卫生完全可以三者同步作业,只要约 1 小时 30 分钟就可以了,比 B 选项花时少

D. 很难界定,随机制宜

7. 据报道,阿波罗登月飞行,在全部过程中有 13 次可调节校正的机会。这意味着允许出现 13 次故障,每次故障都有相应的应变对策和方案。对阿波罗登月的这种计划安排是采用了(　　)方法。

A. 滚动计划法　　B. 网络计划法　　C. 目标管理法　　D. 权变计划法

8. 目标管理的基本精神是(　　)。

A. 以自我管理为中心　　　　　　B. 以监督控制为中心

C. 以岗位设置为中心　　　　　　D. 以人员编制为中心

9. 关于长期计划和短期计划的目的和后果,下列说法中不正确的是(　　)。

A. 长期计划的目的在于组织活动的再生和扩大

B. 长期计划的执行结果主要影响组织活动的效率及由此决定的生存能力

C. 短期计划的目的在于充分利用已经形成的组织活动能力

D. 以上 A、B、C 选项都不正确

10. BCG 分析是一种公司组合投资决策分析,它关注公司在各行业中的业务表现的两个变量:市场的增长率和(　　)。

A. 所需要的资源　　B. 相对市场份额　　C. 盈亏均衡点　　D. 资产回报

二、简答题

1. 如何看待"计划在一定意义上可以降低组织活动的风险"?

2. 《孙子兵法》中说:"多算胜,少算不胜。"从企业管理者角度看,这里的"算"主要应包括哪些内容?

三、案例分析题

案例一　北斗公司的目标管理

北斗公司刘总经理在一次职业培训中学习到很多目标管理的内容,他对于这种理论逻辑上的简单清晰及其预期的收益印象非常深刻。因此,他决定在公司内部实施这种管理方法。首先他需要为公司的各部门制定工作目标。刘总认为:由于各部门的目标决定了整个公司的业绩,因此应该由他本人为他们确定较高目标。确定了目标之后,他就把目标下发给各个部门的负责人,要求他们如期完成,并口头说明在计划完成后要按照目标的要求进行考核和奖惩。但是他没有想到的是中层经理在收到任务书的第二天,就集体上书表示无法接受这些目标,致使目标管理方案无法顺利实施。刘总感到很困惑。

问题:

根据目标管理的基本思想和目标管理实施的过程,分析刘总的做法存在哪些问题,他应该如何更好地实施目标管理。

案例二 专员的目标管理

"在这里,目标管理根本谈不上是什么新鲜事物。"城市政策部专员李实说,"我们部里每个人一直都有努力奋斗的重要目标。我们的工作就是严格而公正地维护法律和秩序,保护人民的生命和财产,并成为把我们的城市当作自己家园的数百万人民普遍幸福的良心和精神支柱。本部所有官员都理解这些目标,并且知道要为此而工作。如果不这样,他们就要被撤换。我明白,在制造业,你们可以用利润、销售收入、成本和产量来衡量目标,而我们当然不能这样做,因为我们是服务性组织。但是这并不是说我们没有进行目标管理。关于这一点可以去问我们部里任何人!"

问题:

读了上面的实用范例,你认为李实专员是在进行目标管理吗?他的话中少了哪些有关目标管理的内容?

第六章 组　织

【学习目标】

知识点：
- 掌握组织及组织设计的基本内涵
- 了解组织变革中常见问题
- 掌握组织工作各种形式的特点及优缺点
- 掌握组织冲突的管理
- 掌握组织的功能与组织设计的原则
- 理解正式组织和非正式组织的关系
- 理解组织文化建设的制约因素

技能点：
- 培养学生企业组织结构设计的相关能力

【导入案例】

兴科公司的辞职现象

兴科公司是一家中等规模的广告公司，员工总数60人左右，下设总经办、业务部、设计部、工程部等部门。由于部门经理负责制，并且也没有单设人力资源管理部门，公司普通员工的招聘、录用和解聘手续基本上都是由部门经理一手操办，总经理王刚一般只需要在最终决议上签一个名就行了，他对基层员工的个人情况也不甚了解，有的甚至连名字都叫不出。一贯以来王刚都奉行"充分放权"的原则，对各部门的内部管理基本上很少过问，与普通员工之间也很少进行单独谈话。

两年前，王刚任命原总经理助理李绍为业务部经理，从那以后，他发觉这个部门的人员流动性比原来大了许多，很多业务员做了半年不到就换了，并且一些元老级的主管也相继离开了公司。虽然两年来公司开辟了不少新的市场和经营领域，整体盈利情况也还过得去，但细心的王刚同时也发现一些熟悉的老主顾的名字也渐渐从订单上消失了，对此王刚一直有点纳闷，但碍于制度他又不好多问。

两个月前，在一次招标会上他偶然遇到了不久前刚从公司业务部辞职的一位项目主管小樊，现在小樊已经是另一家大型广告公司的部门经理。在闲谈中小樊告诉王刚，李绍作为总经理助理曾经确实干得很出色，但是要他来主持部门的工作却并不合适，他不善于处理与下级的关系。部门工作气氛也比较沉闷，除了工作汇报和传达，无其他活动交流。还有一点，就是对于业务员费尽千辛万苦争取来的客户，李绍总要想办法据为己有，对犯错的下属也过于苛刻，许多员工都忍受不了这样的上级而最终选择跳槽。

问题:

1. 为什么总经理王刚是在人员辞职后才发现问题?
2. 公司中有存在非正式组织的必要吗?非正式组织的作用有哪些?
3. 要改善这种现象,公司应该怎么做?

案例评析: 兴科公司原本是一家蒸蒸日上发展的企业,但因部门内部只强调员工间的工作关系,而忽略了非正式组织的存在,导致人员涣散,离心力强。当然,造成公司如此尴尬局面的还有沟通不畅、上级无法了解下级、上级的无耻做法等。

第一节　组织概述

组织是一个较普遍的社会现象。工厂、学校、医院、党政机关和各社会团体等单位都是一个严密的组织。我们的每项社会活动几乎都与这样或那样的组织打着交道,组织集中了各项资源,人们利用这些资源来进行政治、经济、文化等社会活动。

一、组织的基本概念

1. 组织的定义

"组织"一词源于希腊语"organon",意指工具或手段。作为名词,组织是指两个或者两个以上的个体为了实现共同目标而结合起来协调行动的社会团体;作为动词,组织是管理功能之一,是指通过分配任务、协调组织成员与资源、建立组织结构来完成共同的目标。

美国管理学家切斯特·巴纳德认为,组织是一个有意识地对人的活动或力量进行协调的关系,是两个以上的人自觉协作的活动或力量所组成的一个体系。穆尼认为:"组织就是为了达到一个共同目标的人们联合的形式。"现代管理学家哈罗德·孔茨认为:"'组织'一词指有意识形成的职务或职位结构。"

综合以上观点,我们可以这样来概括组织的定义,组织是为了完成共同目标而设置的人的职务及其关系的结构,通过管理活动实施各项职能的集体。我们可以这样来理解组织的含义:

(1) 具有共同目标。这是构成组织的前提要素。任何组织都是为实现其特定目标而存在的,有些目标较明确,有些目标则较隐含。目标是组织存在的前提和基础。

(2) 有一个组织结构。这是构成组织的载体要素。组织结构界定了各个管理层级,使得组织中权力界限鲜明,职能清晰。组织结构规定了不同层次的权力和责任制度,组织中进行任务分工之后,就要分别赋予各个部门及每个人相应的权力。权力和责任是达成组织目标的必要保证。

(3) 具有管理功能。管理是构成组织的维持要素。组织中管理要素包括计划、组织、指挥、协调和控制等职能,各个职能在组织活动中都起着非常重要的作用。

2. 组织的要素

组织作为一个系统,一般包含三个重要因素:

(1) 特定目标。这是设置组织的前提和必要。人们的行动都是有目的的,设置组织是为了完成既定的目标任务。任何组织都是为目标而存在的,目标是组织存在和发展的前提。没有目标,组织也就没有存在的必要。组织通过连续更新目标或宗旨保持其延续性。

【阅读小资料】

求 道

有一个年轻人经过千山万水跋涉来到森林中的寺院,请求寺院里德高望重的住持收他为徒。住持郑重地告诉他:"如果你真要拜我为师追求真道,你必须履行一些义务与责任。""我必须履行哪些义务和责任呢?"年轻人急切地问。"你必须每天从事扫地、煮饭、劈柴、打水、扛东西、洗菜……的工作。""我拜你为师是为了习艺正道,而不是来做琐碎的杂工、无聊的粗活的。"年轻人一脸不悦地丢下这句话,就悻悻然离开了寺院。

管理启示:材料中年轻人是为求道远途跋涉到寺院,住持没有给年轻人设定一个特定目标,让年轻人觉得无聊的杂事无法帮助他实现此次前来的目的,因而选择离开,也就错过了他初始的目的——求道。组织在发展过程中,需要给员工规划组织目标,让员工有方向、有目的地工作。

(2) 人员与职务。这是实现组织目标的基本保证。职务表示人在组织中的地位、权力和专业特长。人既是组织中的管理人员,又是组织中的被管理人员,建立良好的人际关系,是建立组织系统的基本条件和要求。每个职位都要求匹配适当的人员,以便最大限度地发挥该职位的效用,明确每个人在系统中所处的位置以及相应的职务,便可形成一定的职务结构。

(3) 管理活动。当建立了一定的组织结构后,便需要实施组织的管理功能,通过管理活动中的各项职能,让组织结构中各个层级能彼此联系起来,组织活动也得到有效开展。

管理能使组织活动有序进行,比如说组织结构的设置使得层级之间职责分明。职责是指某项职位应该完成某项任务的责任,它反映了工作中的一种上下级关系。作为上级,他具有对下级工作进行指导的职责;而下级则具有向上级汇报工作进展的情况及成绩和失误的职责。权力是指经由一定正式程序所赋予某项职位的一种职权,它不是某个人的权力,而是一种职位的权力,在其位者,可以行使指挥、监督、控制、决策等职权。所以,管理使得组织活动有条不紊,从而有效实现组织目标。

二、组织的基本功能

1. 有利于集合优势资源

随着社会需求的日益复杂化、多样化,单纯依靠个体的力量无法满足这些需求,因此人们组成各类组织,在组织中统筹安排各种资源,以尽可能少的资源消耗取得最大的收益。而资源众多,如何选择优势资源,这也是组织的一个重要职能。

2. 有利于约束组织成员行为

要创建一个有效的组织,不能只是集合一些人,分给他们职务是不够的,应该找到必要的人并把他们放在最能发挥作用的位置上。当组织一旦形成,就会有相应的规章制度和行动纲领,这些对组织成员具有约束作用,组织成员的行为需控制在制度及纲领允许的范围内。

当然,由于组织是人的集合体,其作用大小差异较大,但无论如何,组织的存在与发展为人类社会利用集体力量实现个人无法实现的目标创造了条件。

3. 有利于协调人际关系

企业实现有效领导的前提是领导与职工的信息交流、情感交流。信息交流可使每个职工明确个人的权利与责任。借助于组织内部在合理分工基础上形成的权责分配关系,使组织成员有一个正式的信息联系渠道,可以了解生产中出现的问题,及时进行信息传递,保证问题的及时有效解决,避免矛盾与误解。

三、组织的类型

1. 正式组织与非正式组织

正式组织是为了有效地实现组织目标而规定组织成员之间职责范围和相互关系的一种结构;非正式组织是人们在共同工作或活动中,由于抱有共同的社会感情和爱好,以共同的利益和需要为基础而自发形成的团体。我们可以借用两位美国管理学家所描绘的示意图来帮助理解,如图6-1所示。

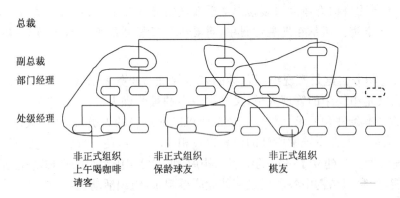

图6-1 非正式组织

正式组织与非正式组织有区别。

2. 实体组织与虚拟组织

组织的最初形态就是实体组织,当社会发展到一定程度,特别是数字化网络等形式出现后,就出现了虚拟组织。虚拟组织的特征主要有:①组织结构的虚拟性。虚拟组织一般不具有法人资格,它的典型特征是网络型,管理幅度将更大限度地加大,而且富有弹性。②构成人员的虚拟性。虚拟组织人员虚拟性的优点在于人力资源成本较小,能够迅速网进或网出各种人才,流动性较好;缺点在于人员不稳定,真正高层次的人员或能够给企业带来重大收益的人员很难尽全力为企业服务,人员短期行为严重等。③办公场所的虚拟性。虚拟组织一般没有固定的办公场所,依据员工的自身要求而定。④核心能力的虚拟性。由于网络核心能力的弹性网络特性,就使得网络核心能力具有相对于实体核心能力的易重组、高速度、低成本等特性。

3. 机械式组织与有机式组织

机械式组织,也称官僚行政组织,是综合使用传统设计的产物;有机式组织,也称适应性组织,它则是综合使用现代设计原则的产物。机械式组织与有机式组织是组织设计的两种一般模式。机械式组织与传统意义上的金字塔形实体组织具有较大的一致性,即高度复杂化、高度正规化和高度集权化。有机式组织则具有低复杂化、低正规化、分权化等特性。

第二节 组织结构类型

一、组织设计概述

1. 组织设计的定义

组织结构是描述组织的框架体系,即基本架构,是对完成组织目标的人员、工作、技术和信息所做的制度性安排,形成横向的部门联系以及纵向的层次体系。

组织设计,也就是指组织结构设计,是通过对组织资源(如人力资源)的整合和优化,确立企业某一阶段最合理的管控模式,实现组织资源价值最大化和组织绩效最大化。

组织设计能明晰权责,使组织中的每个人了解自己在组织结构设计中应有的地位和他们之间的相互关系,只有这样才能有效地发挥他们在组织中的作用,保证组织目标的顺利进行。

2. 组织设计原则

(1) 统一指挥原则

统一指挥原则就是要求每位下属应该有一个并且仅有一个上级,要求在上下级之间形成一条清晰的指挥链。

如果有多个上级,下属就会因为上级存有彼此不同甚至相互冲突的命令而无所适从。虽然有时在例外场合必须打破统一指挥原则,但是,为了避免多头领导和多头指挥,组织的各项活动应该有明确的区分,并且应该明确上下级的职权、职责以及沟通联系的具体方式。

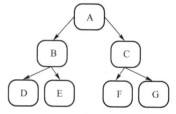

图 6-2 统一指挥被破坏的情况

统一指挥的原则,在组织实践中时常遇到来自多方面的破坏,最常见的有两种情况,如图 6-2 所示。

第一种情况,D 和 E 只接受 B 的领导,F 和 G 只服从 C 的指挥,B 和 C 都不应介入对方的指挥范围。但是,如果 B 也向 F 下达指令,要求 F 在一定时间限度内完成某项任务,而 F 也因其具有与自己的直系上级 B 相同层次的职务而服从这个命令,则出现了双头领导现象。这种在理论上不应出现的现象,在实际中却常会发生。

第二种情况,A 只能对 B 和 C 直接下达命令,但如果处于效率或速度的考虑,为了纠正某个错误,或及时停止某项作业,A 不通过 B 或 C,而直接向 D、E 或 F、G 下达命令,在通常情况下会积极执行的。这种行为经常发生,也会出现双头或多头领导。一般来说,超级指挥现象给组织运作带来的危害是极大的,它不仅破坏了统一指挥的原则,而且会引发越级请示行为的经常性发生。如此演变下去,会导致中层管理者在工作中的犹豫不决和增强他们的依赖性,抑制他们的工作积极性和主动创造性。所以,为了防止上述现象的发生,在组织设计中就要根据一个下属只能接受一个上级指挥的原则。需要指出的是,当严格遵照统一指挥原则时,有可能会造成某种程度的不适应性而妨碍组织绩效的提高。

所以说,统一指挥原则对于保证组织目标的实现和绩效的提高有很大的作用。只有在组织设计过程中关注这条原则,才有可能最大限度地防止相互推诿、遇事逃避责任的情况,才能保证有效地统一和协调各方面的力量、各部门的活动。

(2) 责权一致原则

权责是指职权和职责。责权一致原则是指在组织结构设计中,职位的职权和职责越是对等一致,组织结构就越是有效。按古典理论的观点,职权可分为直线职权和参谋职权。直线职权是指给予一位管理者指挥其直接下属工作的权力。正是这种上级—下级职权关系从组织的最高层贯穿到组织的最底层,进而形成一条指挥链。与直线职权对应的是参谋职权,是指为直线职权服务的顾问性质的职权。一般来说,在没有得到授权的情况下,拥有参谋职权的人是不能直接发布指令的。但在实际操作中,参谋人员有时可能有意或无意变参谋职权为直线职权而对下属甚至不是下属的人员行使直接指挥权,这样就会导致组织管理混乱和缺乏效率。

权责一致的原则就是指一定的职权应当与一定的职责相一致,职权大于职责会导致滥用职权或很少考虑职权运作绩效;职权小于职责会导致指挥失灵而难以发挥作用。作为主管人员,在组织中占据一定的职位,从而拥有一定职务、一定职权,必然要负一定责任,即职务、职责和职权三者是相等的。随着组织层次的增高,若要建立职务、职权和职责关系及责任范围便愈益困难;由于活动日趋广泛和复杂,事情因果距离就越远,权与责更难明确。为坚持权责对等,法约尔认为,避免滥用职权和克服领导人弱点的最佳方法在于提高个人素质,尤其是具备高度的道德素质。

(3) 管理宽度原则

管理宽度原则是指组织中主管人员监督管辖其直接下属的人数越是适当,就越是能够保证组织的有效运行。影响管理宽度的因素很多,主管人员应根据自己的实际情况确定自己的理想宽度。在管理组织中,每个职能部门都有一个以上的下级部门,各个下级部门之间又有职能上的相互联系和相互依赖关系。决策层有若干个管理层的部门,管理层每个部门又有若干个操作层的班组。对于一个管理组织来说,每个层次设置何种职能、多少个部门是根据管理的目标而定的。一般来说,管理层级与管理幅度呈反比例关系,即幅度宽对应层级少,幅度窄对应层级多。理论上管理幅度的大小与组织有关,但更主要的是与管理者个性偏好有关,所谓"韩信将兵,刘邦将将"就是这个道理。

随着计算机技术的日益成熟和广泛应用,有关组织结构管理幅度与管理层级的理论也发生着革命性的变化,最突出的体现就是组织中的中层功能正逐渐由计算机来处理完成,使得管理幅度变宽和管理层级变少,组织也日益由高耸型走向扁平化。

【阅读小资料】

将兵与将将

刘邦和韩信谈论武将的本领,刘邦问韩信,像他自己那样的人能带兵多少,韩信直截了当地回答说,刘邦不过能领兵十万。刘邦又接着问韩信能带兵多少呢？韩信回答说他带兵越多越好。刘邦听后哈哈大笑,不禁问道:"既然你带兵越多越好,怎么会被我捉住呢?"韩信镇定自若地解释说:"您虽然不能将兵,但善于用将。这就是我之所以被您捉住的原因。"后来,人们用"多多益善"表示愈多愈好。

管理启示:管理活动通常是通过人来进行的,人是活动的主体,因此把执行管理任务的人统称为"管理者"。管理幅度的宽窄因管理者而异,与管理者的才能、性格、兴趣等因素有关。刘邦和韩信一个善于将将,一个善于将兵,就是因为各自的才能不同,所以作用就不同,管理幅度也不同。

(4) 集权与分权相结合的原则

集权与分权相结合,是指组织结构中职权的集权与分权的关系,它们之间关系处理得越是恰当就越有利于组织的有效运行。集权管理是社会化大生产保持统一性与协调性的内在需要。社会生产力的发展和先进技术的采用,使协作劳动更加紧密,分工更加细致,协调更加重要,对集中统一指挥与管理的需要就更为迫切。另一方面,技术的发展,环境的变化,要求组织具有更大的灵活性和适应性,要求组织的权力适当分散,以增加组织的应变能力。究竟是集权还是分权各有利弊。集权有其致命的弱点:弹性差,适应性弱,特别是在社会化大生产的复杂性和多样性面前,无弹性的集权甚至可以造成组织的窒息。因此,必须实行局部管理权力的分散。

(5) 稳定性与适应性相结合的原则

稳定性与适应性相结合原则是指越是能在组织结构的稳定性与适应性之间取得平衡,就越能保证组织的正常运行。环境条件的变化必定影响组织的目标以及组织人员的态度和士气,为此,必须针对这些变化作适应性调整。实践表明,相对稳定的环境有利于人们形成一个稳定的预期,安心地工作;而变动的环境则容易产生不确定的预期,人们没有安全感,工作的积极性会因此受到影响。所以,组织结构的设计必须考虑在稳定与变化之间寻求一种平衡,既保证组织结构的适应性,又有利于组织目标的实现。

二、组织结构的形式

1. 管理层次与管理幅度的关系

管理幅度也称管理宽度,是指主管人员有效地监督、管理其直接下属的人数。对于管理幅度的研究源远流长。确定管理幅度最有效的方法是随机制宜,即依据所处的条件而定。

管理层次是指一个组织设立的行政等级数目。一个组织集中着众多的员工,作为组织主管,不可能面对每一个员工直接进行指挥和管理,这就需要设置管理层次,逐级地进行指挥和管理。

一个组织中,其管理层次的多少,一般是根据组织工作量的大小和组织规模的大小来确定的。工作量较大且规模较大的组织,其管理层次可多些;反之,管理层次就比较少。一般来说,管理层次可分为上层、中层和下层三个层次。上层的主要职能是从整体利益出发,对组织实行统一指挥和综合管理,制定组织目标、大政方针和实施目标的计划。中层的主要职能是为达到组织总的目标,制定并实施各部门具体的管理目标,拟定和选择计划的实施方案、步骤和程序,按部门分配资源,协调各部门之间的关系,评价生产经营成果和制定纠正偏离目标的措施等。下层的主要职能是按照规定的计划和程序,协调基层组织的各项工作和实施生产作业。

一般来说,当组织规模一定时,管理幅度与管理层次成反比关系。管理幅度越宽,层次越少,其管理组织结构的形式呈扁平形。相反,管理幅度越窄,管理层次就越多,其管理组织结构的形式呈高层形。

2. 影响管理幅度的因素

影响管理幅度的因素有很多方面,除了与企业的规模、产品生产过程本身的复杂性及特点有关外,还包括下列一些因素:

(1) 人的因素。管理人员的知识面越广,能力越强,相应管理幅度可以增加。如管理者的综合表达能力、迅速把握问题的能力、指导建议能力、指挥控制能力等各方面的能力越强,管理的幅度就越大。同时,下属的工作能力的强弱对上级的管理幅度也有着直接的影响。下属的工作能力强,能够很快明白上级的指令与要求,从而提高效率。所以,扩大管理幅度,不仅要提高管理者自己的管理能力,同样还应提高下级的管理能力。

(2) 管理技术的应用。传统的沟通方式及岗位地理分散造成管理幅度不能太大,当应用了管理技术,如信息技术(IT)后,通过改变信息传递的方式从而促使管理幅度的改变。特别是电子计算机和信息网络等先进的管理工具在管理中的运用,使得管理幅度有很大的提高。

(3) 工作的内容与性质。组织是否有明确的目标、职责计划及相应的运作程序对管理幅度也会产生影响。一般来说,管理者工作的性质越复杂,涉及面越广,对管理者的时间、精力的占用就越多,其管理的幅度就不会太大。当内部有一个良好运作的管理体系时,员工按所要求的明确的规则完成工作从而减少管理人员,提高管理幅度。

【阅读小资料】

当一只大雁展翅拍打起飞时,其他大雁会立即跟进,呈"人"字队形的雁群就开始了远行。整个雁群的飞行比每只大雁单飞时,至少增加了71%的飞升能力。也就是说,单个大雁飞行1英里的时间,"人"字形雁群可以飞行至少1.7英里。

当一只大雁脱离队伍飞行时,它会立刻感到独自飞行的迟缓、拖拉与吃力,所以不能不立刻回到队形中,继续利用前面大雁所形成的浮力飞行。

雁群飞行过程中,头雁最辛苦,因为它没有任何力量可以借助。一旦头雁疲倦了,就会主动退回队伍中,另外一只大雁将取而代之,飞在队形的最前端开始领航,如此交替和轮流着,雁群不断前行。

雁群飞行时不是领头的大雁而是飞行在后面的大雁,会不断发出欢呼和鼓励的声音,为前面更加辛苦的同伴加油助威,以保持整体的飞行速度。

当有大雁生病或受伤时,必有另外的两只大雁从队伍中退出,协助并保护生病或者受伤的大雁,始终伴随左右,直到大雁康复或死亡,然后它们继续组成自己的队伍飞行,直到赶上雁群。

管理启示:大雁南飞或是北移,总是次序分明、井井有条,雁群时而呈"一"字形,时而呈"人"字形,而最强壮的大雁往往处于队伍的首和尾。雁群文化代表的是企业中的团队精神。随着组织规模的扩大和活动的复杂化、高级化,组织中所包含的不同性质的活动种类越来越多,所涉及的领域越来越广,各种工作量也越来越大。为了提高工作效率,就必须对整个组织的全部工作进入细致地分析,按照一定的原则对各类工作进行处理,建立起组织的部门结构、职权结构和规章制度,即进行组织设计。在此基础上根据组织内外环境的变化对业已形成的组织结构等方面进行适当变革,增强组织的适应性。

3. 组织结构的形式

组织的形式,需要根据组织的实际情况来选择。各个组织都有其自身的特点,不可能用统一的固定模式。组织作为职权体系,一般有以下几种形式:

(1) 直线组织制。直线制是职权体系中较为简单和原始的一种形式,表现为直线式职权,它有权进行指挥和发布命令。凡是主管人员对其部属都拥有直线职权。它的特点是管理层次少,设有专门的参谋职能部门,命令系统单一,直线传递,管理权力高度集中,生产与管理较为简单。优点是:操作迅速,指挥灵活,效率高。缺点是:缺少专业分工,权力过于集中,容易形成集权领导。直线制组织形式如图 6-3 所示。

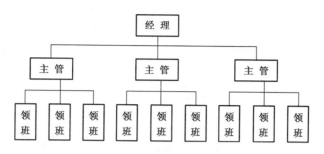

图 6-3　直线制组织形式

（2）职能组织制。这种组织形式是在管理的同时，又授予各个职能部门在自己的业务范围内对下面各部门的指挥和命令权。职能制的特点是：这些职能部门在自己的职权范围内，都有权行使职能，发布命令和指示。这种组织形式适用于任务较复杂的社会管理组织，各项管理工作需要具有专门知识的企业管理组织。其优点是：加强了对各部门的业务监督和专业性指导，能减轻各级领导的工作负担。缺点是：常常出现多头指挥而使执行部门无所适从，容易造成管理上的混乱。职能制组织形式如图 6-4 所示。

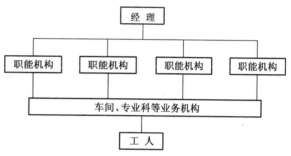

图 6-4　职能制组织形式

（3）直线职能组织制。直线职能制，又称直线参谋制，是职能制的一种改进形式，它综合了直线制和职能制两种形式的特点，取消了各职能机构对执行机构的直接指挥权，强调了直线指挥和统一指挥，将职能部门的功能运作纳入直线指挥管理。它的优点是：既发挥了职能机构专业管理的作用，又方便了领导者统一指挥，避免了多头领导。缺点是：信息传递路线较长，适应环境变化差。直线职能制组织形式如图 6-5 所示。

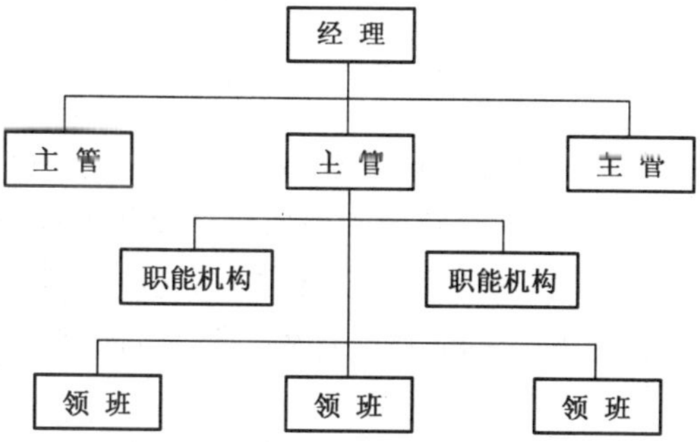

图 6-5　直线职能制组织形式

（4）分部组织制。分部制是指大型公司按产品类型、地区、经营部门或顾客类型等特征设立的单位或事业部，它体现了"集中政策，分散经营"的基本指导思想。其分部门一般以自治形式出现,部门经理拥有充分的战略和运营决策的权力,公司总部对各事业部提供财务、人事和法律等方面的支援服务。其优点在于它权责明确,真正使各分部经理对一种产品或服务负完全的责任,强调绩效,总公司更注重各分部所做出的成绩,有利于培养高层职业经理人。缺点是活动和资源的重复配置,导致了组织总成本的上升和效率的下降。分部制组织形式如图6-6所示。

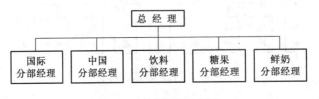

图6-6 分部制组织形式

(5) 矩阵组织制。矩阵制是由纵横交叉的两套管理体系所组成的组织结构,其中纵向系统是按照职能划分的指挥系统,横向系统一般是按产品、工程项目或服务划分的管理系统,也即为职能部门化和产品部门化的融合。矩阵制最大的特点就是突破了统一指挥的框框,创造了双重指挥链。它的优点在于这种组织结构加强了各职能部门之间的配合,组织在对专业人员的使用方面也富有弹性,有利于发挥专业人员的综合优势。其缺点在于由于组织成员必须接受双层领导,因而易导致组织管理方面的混乱。矩阵制组织形式如图6-7所示。

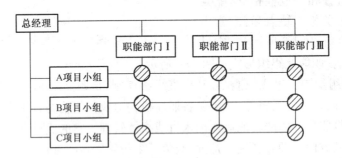

图6-7 矩阵制组织形式

三、影响组织设计的因素

1. 战略因素

战略是指决定和影响组织活动性质及根本方向的重大发展决策、目标、规模、规划,对企业而言,就是企业的经营战略。关于企业战略与组织结构之间的关系,许多学者都有这方面的研究,美国的企业学家艾尔佛雷德·钱德勒在对美国100家大公司进行了深入的考察、追踪长达50年的发展历史之后,得出结论:公司的战略变化先于公司的组织结构的变化,由此形成了战略决定结构的理论。

实际中,战略目标与组织结构之间,战略目标决定组织结构或战略目标追随组织结构,都存在一定合理性但又都不完全不确。当组织结构与战略目标不相适应时,一般的做法是变革组织结构,但在这之前,应该先弄清楚企业制定的战略目标是否正确和合理。企业战略目标正确与否的判定,在战略目标未完全实现以前是很难下定论的。

所以,战略目标不是一个单纯的制定及实施过程,而是由此将引申出一系列相关事件。所有这一切,都应放在一个开放系统中加以综合考察。

2. 规模因素

规模指组织的人数。组织的规模越大,组织结构就会趋于复杂和规范化,因为大型组织较小型组织具有更高程度的专业化以及横向和纵向的分化,信息的传输、收集及整理等也都是简单结构所不能承担的。

企业发展的实践也证明,在小规模的企业,容易形成有机式组织结构,而随着组织规模的扩大,企业就会逐步形成机械式的组织。例如,一个拥有3 000名左右员工的组织,已经是相当机械式了,再增加300名员工也不会对它产生多大影响。相比之下,一个只有300名成员的组织,如果增加300名员工,就很可能使其结构变得更加机械式了。

3. 技术因素

组织的活动需要一定的技术手段来完成。任何组织的生存与发展都离不开一定的技术,因为组织总是需要将某些投入转变为产出。

技术对组织结构的影响,最明显的可能是作为经济组织的企业。现代企业的一个最基本的特点是在生产过程中广泛使用了先进的技术和机器设备。英国管理学家琼·伍德沃德专门研究了制造业中的生产技术与组织结构的关系,认为制造业可分为三类:单件生产型、大量生产型、连续生产型。研究过程中,她发现技术类型与公司的结构之间存在着密切的联系,有高度的相关性;此外,技术还与组织的绩效有一定的关系,这种关系如表6-1所示。

表6-1 技术、结构与组织绩效关系

项 目	单件生产	大量生产	连续生产
结构特征	低度纵向化	中度纵向化	高度纵向化
	低度横向化	高度横向化	低度横向化
	低度正规化	高度正规化	低度正规化
有效结构	有机式	机械式	有机式

摘自[美]罗宾斯:《管理学》,中国人民大学出版社,中译本,第7版,第276页。

她发现,制造企业的组织并不存在一种最好的方式。单件生产和连续生产企业,采用有机式结构最为有效;而大量生产企业与机械式结构相匹配,则是最为有效的。

4. 环境因素

这里的环境主要指社会环境。一个组织结构必须与它的环境相适应,特别是应当与其所在地的文化价值观相适应。

在我国,文化对组织结构设计的影响也是比较明显的。中国的传统文化特别讲究人和,不希望组织内部存在明显的冲突,内部的竞争一般也是不受欢迎,至少不是公开受到激励的。当然,除此之外,还受国家的有关政策与法规的影响等。

第三节 组织文化与组织变革

一个成功的组织背后都拥有一个非常丰富的、持续多年的价值、信念和道德标准。要使一个组织团结成一个整体,组织文化的灌输是必不可少的。组织的精神、文化不可能在职工中自然而然地形成,需要对他们进行组织信仰、组织文化观念的灌输,这也是组织管理的一个根本任务。

一、组织文化概述

1. 组织文化的含义

就像每个人都有自己个体的特征一样,一个组织也有其自身的特征,即组织文化。

关于组织文化的含义,众说纷纭。较为全面、较为适中的一种说法是:组织文化是指组织在长期的生存和发展中所形成的,为本组织所有的,并且是组织多数成员共同遵循的最高目标、价值标准、基本信念和行为准则等的总和及其在组织活动中的反映。

组织文化等属于亚文化层次的系统,作为子系统的组织文化有哪些特征呢?大体表现为无形性、独特性、软约束性、连续性、实践性、可塑性六个方面。

2. 组织文化的功能

(1) 组织文化的导向功能。组织文化的导向功能,是指组织文化对组织整体及组织员工个人的价值取向、行为取向起引导作用,使之符合组织所确定的目标。

(2) 组织文化的规范功能。组织文化是用一种无形的思想上的约束力量,对每个组织成员的思想、心理和行为具有约束和规范的作用,形成一种软约束,以此来弥补硬性措施的不足。

(3) 组织文化的凝聚功能。组织文化具有凝聚功能,当一种价值观被该组织员工共同认可之后,它就会成为一种黏合剂,把各个方面、各个层次的人都团结在本组织文化的周围,对组织产生一种凝聚力及向心力。

(4) 组织文化的激励功能。组织文化的激励功能,是指组织文化具有使组织成员从内心产生一种高昂情绪和进取精神的效应。

(5) 组织文化的创新功能。建立具有鲜明特色的组织文化,是组织创新的重要方面,是激发员工创新精神的源泉和动力。日本本田公司董事长本田忠一郎本身就是一位100多项专利的发明家,他在组织中一贯鼓励员工进行创新,鼓励他们犯"合理错误",因而本田公司创造出了人人创新、事事创新的良好氛围。

(6) 组织文化的辐射功能。组织文化的辐射功能,包括两个方面的影响:一是内部影响,它可以激发组织员工对组织的自豪感、责任感和崇尚心理;二是外部影响,它能够更深刻地反映出该组织文化的特点及内涵。组织文化的建立及模式的确立,除对本组织产生很大影响外,还会对社会公众、对本地区乃至国内外组织产生一定的影响,在提高组织知名度的同时,构成社会文化的一部分,因此组织文化具有巨大的辐射作用。

3. 组织文化的结构与内容

(1) 组织文化的结构

组织文化结构大致可分为三个层次,即物质层、制度层和精神层。

物质层是凝聚着本组织精神文化的生产经营过程和产品的总和,还包括实体性的文化设施。

制度层是具有本组织文化特色的各种规章制度、道德规范和职工行为准则的总和。

精神层是指组织的领导和员工共同信守的基本信念、价值标准、职业道德及精神风貌。

物质层、制度层和精神层由外到内的分布就形成了组织文化的结构,它们是紧密不可分的,相互影响,相互作用。

(2) 组织文化的内容

① 组织文化的显性内容。所谓显性就是指那些以精神的物化产品和精神行为为表现形式的,人通过视听器官能感受到的又符合组织文化实质的内容。它主要是通过组织标志、企业环境、规章制度、组织目标四个方面来体现的。

② 组织文化的隐性内容。组织文化的隐性内容是组织文化的根本,是最重要的部分,它直接表现为精神活动。组织文化的隐性内容包括组织经营哲学、价值观念、组织精神、组织风气、组织道德等方面。

4. 组织文化的类型

美国著名企业文化学者特伦斯·迪尔和阿伦·肯尼迪在对数万家企业进行调查后,根据企业经营活动的风险程度和企业及其雇员工作绩效和反馈速度这两项因素,归纳出四种文化类型:

(1) 硬汉型文化。硬汉型文化适合于处在高风险快反馈环境中的企业,如建筑业、风险投资业和娱乐业。这种文化的特性是孤注一掷,"寻找山峰并征服它"是这种文化的理念,追求最优、最大、最好的价值是这类企业的口号。这种文化的英雄们是那些敢想敢干的硬汉,他们态度强硬,个性坚强,保持强烈的进取心,能够承受孤注一掷的风险。这种文化的弱点是:争当明星的激烈竞争会使人将公司的精神置之脑后;培养了错误学习的倾向;行为暴躁、目光短浅和迷信的个人主义受到奖励,通过长期工作并卓有绩效的人因此而受到伤害;很难建立一个坚强紧密的文化体。

(2) 拼命干、尽情玩型文化。拼命干、尽情玩型文化适合于处在低风险快反馈环境中的企业,如房地产经纪公司、计算机公司、汽车批发商、上门推销的销售公司等销售行业。这种文化的主要价值是在顾客及其需要方面。"发现需要并满足它"是这种文化的信念,高质量地为顾客服务的思想是这类组织成功的秘诀。这种文化的英雄们是那些极其优秀的推销员,他们态度友善,善于交际,喜欢痛饮狂欢,具有三寸不烂之舌,能使人着魔。这种文化是集体主义的世界,鼓励依靠集体的力量去获得成功。这种文化重视工作之余的娱乐活动。它的弱点是:重数量而轻质量;缺乏思考与敏感;注重短期前景;当销售人员的幻想破灭时,他们会变得玩世不恭,并使企业因此蒙受灾难;需要年轻人所特有的精力;人员流动率高。

(3) 攻坚型文化。攻坚型文化适合于处在高风险、慢反馈环境中的企业,如石油公司、飞机制造公司、国家航天局、采掘和冶金公司、投资银行、海军和陆军等。这种文化的价值在于未来和为未来而投资的重要性。这种文化的信仰者集中于一个思想,那就是应该给美好的想法一个合适的成功机会。这种文化的英雄们是那些具有足够的个性和信心能帮助自己度过等待期的打赌者。他们的行动是经过仔细权衡和深思熟虑的,特别尊重权威。这种文化的主要仪式是企业的例行会议。攻坚型文化导致高质量的发明和重大的科学突破,它推动国民经济向前发展。它的弱点是企业在短期内产生波动,容易遇到资金周转的问题。

(4) 过程型文化。过程型文化适合于处在低风险、慢反馈环境中的企业,如银行、保险公司、金融服务组织、大多数政府部门、公共事业等。这种文化的核心价值是完善的技术,即用科学的方法解决所意识到的风险。换句话说,就是做到过程和具体细节绝对正确。这种文化的英雄们是那些谨慎者,他们处理事务谨小慎微、守时遵纪、循规蹈矩。这种文化的仪式主要是工作方式和程序,以及对此进行的大量的讨论,注重官衔和政策的晋升手续。这种文化将预先计划好的工作安排得井井有条。弱点是办事繁琐拖拉,效率低。

二、组织文化建设

1. 组织文化建设的制约因素

(1) 经济体制状况。经济体制状况是指经济制度的安排会直接影响到组织文化的状况,影响组织文化的经济制度主要是财产制度与资源配置方式。

(2) 政治体制状况。政治体制状况是指政治体制的安排会直接影响到组织文化,任何组织文化中都体现着一定的政治性,绝对超然的组织文化是不存在的。

(3) 民族文化状况。民族文化是影响组织文化的重要因素之一,不同的民族有不同的文化。国外文化的流入,不论对我国社会还是对组织,都有两方面的影响,既有积极的影响,也有消极的影响。

(4) 科学技术与生产力发展水平状况。科学技术与生产力发展水平是影响组织文化的重要因素。这两种因素推动着社会文化的进步,改变着人们的生活方式、交往方式和生产经营方式。

(5) 国际化状况。国际化状况是指一个国家的国际化程度直接会影响到组织文化的状况,一个国家对外开放的程度越高,企业的组织文化所受的影响也就越大。

2. 组织文化建设的程序

(1) 研究设立阶段。这个阶段要求对组织作出全面的了解,清楚其历史及发展现状,然后根据组织的特点提出建设组织文化的可行性建议,经有关部门批准同意后,在全体员工之间进行宣传和征询对初步构想完善的意见,尽可能地在广大员工之间争取更多的支持,并动员广大员工都参与到组织文化的建设活动中来。

(2) 实施强化阶段。组织文化建设正式设立后就需要付诸实施,各个部门应根据本部门工作的性质及业务受理的不同范围,有意识地培养和鼓励本部门的员工形成特有的精神风貌和行为规范,并让其逐渐形成本部门所特有的组织文化。在组织中长期形成的这种无形的"规矩",对组织员工的行为有很好的约束和规范作用。

(3) 跟踪反馈阶段。随着组织经营环境的变化,组织文化的内容也要适应这种变化。然而,现有的组织文化是否能及时地迎合环境变化,不应该依靠组织管理者的主观判断,而要依靠来源于基层实际情况的反应。因而,在经历过实施这个阶段后,有意安排跟踪反馈,调查基层组织的真实反应,从而做出相应的调整。

(4) 分析评价阶段。这个阶段的主要任务是依据跟踪反馈的信息,将整个组织文化建设工作开展以来的工作成绩和存在问题进行分析研讨,剖析出更深层次的原因。比如对开展活动中的成功与失误进行分析,主要是看组织文化建设的目标和内容是否适合本组织的实际需要,各基层机构的风气、精神面貌是否体现了组织文化建设的宗旨。

(5) 确立巩固阶段。这个阶段主要是在分析评价的基础上,对于组织文化建设在开展过程中出现的成功与失误做适当的摒弃或弘扬的工作。在组织活动中,对于实施较好并取得了一些成绩的组织文化应当给予鼓励和支持,使其继续开展下去;而对于一些有违组织目标实现的组织文化则应当坚决摒弃。

3. 组织文化建设的方法

(1) 榜样法。榜样法是指通过总结宣传先进人物事迹,发挥党员、干部的模范带头作用,对好人好事进行直接表扬,通过树立先进模范,能够为广大员工提供直观学习的榜样。

(2) 激励法。激励法分两种,精神的和物质的,可以通过开展竞赛活动、攻业务技术难关活动、提口号、提目标、评先进等。另外,还要给予适当的物质奖励。

(3) 引导法。引导的方式主要是通过谈心活动、演讲比赛、达标活动、征文活动等,让员工明白自己与其他人之间的差距,并通过自我学习来缩短这个差距。

(4) 教育法。教育的方式是通过定期举办讲课、报告会、总结研讨会等形式进行,会议主要以批评与自我批评为形式。参会的员工在郑重而热烈的讨论中,会认识到自身的优点和缺点,并通过聆听别人的讨论,认清自身的不足,从而加以完善。

三、组织变革

1. 概述

变化与发展是永恒的主题,世界上没有哪一种事物是永恒不变的,组织也概莫能外。不管是由于组织内在矛盾的冲突还是外在的客观环境的变化,当组织目前的状况不能适应组织进一步发展的要求时,都要求组织必须进行变革,认识组织自身发展的规律,同时敏锐地洞察外界环境的变化,扬长避短,不断自我完善。

(1) 组织变革的概念

哈默和钱皮曾在《公司再造》一书中把三"C"力量,即顾客(Customers)、竞争(Competition)和变革(Change)看成是影响市场竞争最重要的三种力量,并认为三种力量中尤以变革最为重要,"变革不仅无所不在,而且还持续不断,这已成了常态"。

组织变革是指组织为了适应外部环境和内部条件的变化,以改善和提高组织效能为目的,对组织结构、组织关系、职权层次、指挥和信息系统所进行的调整和改变。

(2) 组织变革的类型

① 技术变革。技术变革是指组织生产过程的变革,包括其保证差异化竞争的知识库、技能库等的变革。这些变革的目的是提高生产效率,增加产量。技术变革涉及产品或服务的制造技术,包括工作方法、设备、工作过程。

② 结构变革。一个组织有六个维度:工作专门化、部门化、指挥链、管理跨度、集权与分权、正规化。管理者可以对这些结构要素的一个或者多个进行变革。比如,精简某些层次、拓宽管理跨度、减少官僚机构、使组织扁平化等。

③ 人的变革。通过改变员工的态度、期望、认知和行为而改革人员。现代企业组织强调:尊重人的人格,重视人的需求,给予信任和支持,开放,参与。组织发展就是侧重于改变人员以及人际间工作关系来进行变革。

④ 产品与服务变革。产品与服务变革是指一个组织输出的产品或服务。新产品包括对现有产品的小调整或全新的产品线。开发新产品的目标通常是提高市场份额或开发新市场、新顾客。

⑤ 文化变革。文化变革是指价值、态度、期望、信念、能力、员工行为的改变。文化变革涉及员工思考方式的改变,它更是一种头脑中的变革,而不是技术、结构或产品的改变。

【阅读小资料】

体　制

有七个人住在一起,每天共喝一桶粥,显然粥每天都不够。一开始,他们抓阄决定谁来分粥,每天轮一个。于是乎每周下来,他们只有一天是饱的,就是自己分粥的那一天。后来他们开始推选出一个道德高尚的人出来分粥。强权就会产生腐败,大家开始挖空心思去讨好他,贿赂他,搞得整个小团体乌烟瘴气。然后大家开始组成三人的分粥委员会及四人的评选委员会,互相攻击扯皮下来,粥吃到嘴里全是凉的。最后想出来一个方法:轮流分粥,但分粥的人要等其他人都挑完后拿剩下的最后一碗。为了不让自己吃到最少的,每人都尽量分得平均,就算不平,也只能认了。大家快快乐乐,和和气气,日子越过越好。

管理启示:当组织中的一种体制无法满足所有员工的需要时就应该进行变革。材料中,七个人分粥喝,通过多种方法,都无法达到一个令所有人都满意的结果,所以不断地进行变革重组,直到最后找到一种最佳方案。这也告诉我们,组织不仅需要变革,而且组织变革是动态持续的,直到产生最佳方案,符合所有人的利益。

2. 组织变革中出现的常见问题

(1) 组织变革的动因

组织必然要进行变革,因为组织是一个不断与外界环境发生作用的开放系统。具体而言,推动组织进行变革的因素可以分为外部环境因素和内部环境因素。

① 外部环境因素。国民经济增长速度变化、产业结构的调整、政府经济政策的调整、科学技术的发展引起产品和工艺的变革等。企业组织结构是实现企业战略目标的手段,企业外部环境的变化必然要求企业组织结构做出适应性的调整。

② 内部环境因素。企业内部环境的变化主要包括:a. 技术条件的变化,如企业实行技术改造,引进新的设备要求技术服务部门的加强以及技术、生产、营销等部门的调整。b. 人员条件的变化,如人员结构和人员素质的提高等。c. 管理条件的变化,如实行计算机辅助管理、实行优化组合等。

③ 企业自身成长的要求。企业处于不同的生命周期时对组织结构的要求也各不相同,如小企业成长为中型或大型企业、单一品种企业成长为多品种企业、单厂企业成为企业集团等。

(2) 组织机构设置中常出现的问题

① 组织机构的设置与组织目标不一致。比如一家以销售为主业的公司,总共设置了十几个平行的部门,但以销售为主业的只有两个部门,却有近十个非主营业务的管理部门,非主营业务部门所占管理人数近80%。实际上没有突出自己的核心主营业务,相互攀比等毛病由此而生。

② 组织机构设置时盲目追求大而全。有些企业总是在盲目模仿别人,看见同类企业有什么部门或者岗位,自己也设置什么样的部门或者岗位,公司只有十几个人也设立一个人力资源部,公司只有两三个业务员,上面也放一个销售总监,完全不考虑公司有没有这个需要。

另外,部门的职能是靠各部门内部的管理模块来实现的,具体来讲是通过管理岗位这个载体来实现的,但在设置岗位时往往因人设岗,或者因事设岗,没有考虑到这个部门真正的职能。比如一家以服务为产品的企业,在自己的业务主导部门中看不到一个关于服务方面的岗位,倒是设置什么销售计划、销售结算等等岗位,这就不符合企业的经营宗旨。

③ 组织机构设置时没有规划出不同管理层次不同的管理使命。没有规划出不同管理层次不同的管理使命是组织结构设计者最大的败笔,组织结构设置时应充分划分出不同管理层次不同的管理使命,只有权责明确,企业各管理层才能各司其职,企业才能健康、有序、良性发展。

④ 组织结构设置时过分注重管理专业化。企业如果过于强调部门的管理专业化，容易造成纵向管理层次设置过长，横向部门之间又相对独立，且容易出现横向沟通不畅。试想，一个企业只有上下关系，没有左右联系，这样的企业会是一个什么样的企业。

(3) 组织结构设置不当时的表现特征

① 企业经营业绩下滑。如市场占有率下降、产品质量下降、消耗和浪费严重、企业资金周转不灵等。

② 企业生产经营缺乏创新。企业的经营理念陈旧，不能适应市场变化，缺乏新的产品和技术更新，没有新的管理办法或新的管理办法推行起来困难等。

③ 组织机构管理本身诟病。如决策迟缓、指挥不灵、信息交流不畅、机构臃肿、职责重叠、管理幅度过大、扯皮增多、人事纠纷增多、管理效率下降等。

④ 企业员工士气低落。假如一个企业内部充满了不满的情绪，管理人员离职率增加，员工旷工率及病、事假率增加等。

以上均为企业组织结构出现问题的表现特征，出现以上特征时，企业应及时对组织结构进行修正，如果这种特征越来越严重则应进行适时的变革，不能让这种现象变得更为严重而影响企业的正常运转。

3. 组织变革的方法

组织变革是一个系统工程，涉及方方面面的关系，因此必须讲究方法。

组织变革的方法策略主要包括：

(1) 改良式的变革。这种变革方式主要是在原有的组织结构基础上修修补补，变动较小。它的优点是阻力较小，易于实施；缺点是缺乏总体规划，头痛医头，脚痛医脚，带有权宜之计的性质。

(2) 爆破式的变革。这种变革方式往往涉及公司组织结构重大的以致根本性质的改变，且变革期限较短。一般来说，爆破式的变革适用于比较极端的情况，除非是非常时期，如公司经营状况严重恶化，一定要慎用这种变革方式，因为爆破式的变革会给公司带来非常大的冲击。

(3) 计划式的变革。这种变革方式是通过对企业组织结构的系统研究，制定出理想的改革方案，然后结合各个时期的工作重点，有步骤、有计划地加以实施。这种方式的优点是：有战略规划，适合公司组织长期发展的要求；组织结构的变革可以同人员培训、管理方法的改进同步进行；员工有较长时间的思想准备，阻力较小。为了有计划地进行组织变革，应该做到以下几点：专家诊断，制定长期规划，员工参加。

四、组织冲突

组织要求变革，最大的一个原因就是组织冲突的存在，并且这种存在向着更加恶化的方向发展，这就使得管理者必须重视组织冲突现象。

1. 组织冲突的概念

任何一个组织都不同程度地存在各种各样的冲突。所谓冲突是指组织内部成员之间，不同部门之间，个人与组织之间，由于在工作方式、利益、性格、文化价值观等方面的不一致性所导致的彼此相抵触、争执甚至攻击等行为。组织中的冲突是常见的，特别是在变革中是不可避免的，对此不能一概排斥和反对，重要的是要研究导致这种冲突的原因，区分冲突的性质，并有效地加以管理。

2. 组织冲突的影响

组织冲突会伴随着公司的发展而存在,组织冲突的原因有很多,其中竞争是导致冲突的主要原因之一。竞争的结果一种是胜利,一种是失败。胜利多半会激励员工继续努力前进,组织更加团结;而失败则有可能导致组织朝两个方向发展,一种是团体解散,另一种则是组织团结更为紧密。

(1) 竞争胜利对组织的影响

① 有利于增强组织内部的团结性。竞争胜利能使组织内部更加团结,成员对组织更加忠诚,更加有利于加强和保持团体的凝聚力。

② 有利于增强组织内部轻松的氛围。组织内部的气氛更加轻松,紧张的情绪有所消除。当然,同时也容易失去继续奋斗的意志,容易产生骄傲和得意忘形的情绪。

③ 有利于增强组织内部的协作。竞争胜利会强化组织内部的协作,组织更为关心成员的心理需求,但对于完成工作及任务的关心则会减少。

④ 有利于增强组织成员的成就感。竞争胜利容易使组织成员得到满足,忽略自身的不足,不愿对自身的不足重作评估和反思。

(2) 竞争失败对组织的影响

① 当胜败的界限不是很分明时,组织成员容易以各种借口和理由来掩饰自己的过失,团体之间也容易产生偏见,每个团体总是看到对方的弱处,而非长处。

② 当失败已成事实时,一般会产生两种情况:一种是团体内部互相抱怨、相互攻击,最终可能导致团体解散;另一种是团体较之前更为团结,寻找失败的原因,相互包容,相互鼓励,更加努力,勤奋工作,所谓知耻而后勇。

③ 更关心工作任务及其完成而忽略员工的心理需求。竞争失败后,团体往往不大关心成员的心理需求,而只集中于自己的本职工作,组织中的组织性和纪律性明显增强,组织有集权化的倾向。

3. 组织冲突的类型

每一种环境都可以对应一种冲突类型,常见的组织冲突来源于组织目标的不相容,资源的相对稀缺,层级结构关系的差异,以及信息沟通上的失真等等。需要注意的是,我们探讨冲突管理是为寻求解决冲突的途径,冲突不会无缘无故地产生,也不会依据人的主观意志而随意形成。根据冲突的主体差异和客体内容不同可把冲突划分为以下类型:

(1) 目标型冲突。目标型冲突是生活中最常见的冲突类型,它是指冲突双方或多方因所希望达到的结果和目标互不相容、不可调和时所发生的冲突。目标冲突往往涉及冲突双方或多方的利益问题,因此,处理目标型冲突需要较为谨慎,处理起来也是比较困难的。

(2) 情感型冲突。是指冲突双方或多方因在情感或情绪上无法达到一致、不可调和时所发生的冲突。情感型冲突主要在人际交往过程中,由于认知错误、沟通不及时或是第三者的错误信息产生误解,直至信任失效。彼此之间相互猜疑,必然会产生情感抵触,导致情感冲突。

(3) 强势型冲突。是指冲突双方中的一方凭借着自己的绝对优势对另一方进行强行压制而发生的冲突。强势型冲突在管理过程中极易引起员工的反抗,影响工作效率。

(4) 背景差异型冲突。是指冲突双方或多方由于个性、立场、价值观、教育程度等方面的差异而导致的冲突。这种冲突在日常生活中也是较常见的,这需要管理者多和员工进行有效沟通,因为冲突的起因很有可能是因为双方的观念不一致,价值观不同而导致的。

4. 组织变革阻力的主要来源

组织变革作为战略发展的重要途径,总是伴随着不确定性和风险,并且会遇到各种阻力。管理心理学研究发现,常见的组织变革阻力可以分为三类:

(1) 来源于个体。作为组织成员,人们往往会由于担心组织变革的后果而抵制变革。一是职业认同与安全感。在组织变革中,人们需要从熟悉、稳定和具有安全感的工作任务,转向不确定性较高的变革过程,其"职业认同"受到影响,产生对组织变革的抵制。二是地位与经济上的考虑。人们会感到变革影响他们在企业组织中的地位,或者担心变革会影响自己的收入。或者,由于个性特征、职业保障、信任关系、职业习惯等方面的原因,产生对于组织变革的抵制。

(2) 来源于群体。组织变革的阻力还会来自群体方面。研究表明,对组织变革形成阻力的群体因素主要有群体规范和群体内聚力等。群体规范具有层次性,边缘规范比较容易改变,而核心规范由于包含着群体的认同,难以变化。同样,内聚力很高的群体也往往不容易接受组织变革。Lewin的研究表明,当推动群体变革的力和抑制群体变革的力之间的平衡被打破时,也就形成了组织变革。不平衡状况"解冻"了原有模式,群体在新的、与以前不同的平衡水平上重新"冻结"。

(3) 来源于组织。在组织变革中,组织惰性是形成变革阻力主要的因素。这是指组织在面临变革形势时表现得比较刻板,缺乏灵活性,难以适应环境的要求或者内部的变革需求。造成组织惰性的因素较多,例如,组织内部体制不顺、决策程序不良、职能焦点狭窄、层峰结构和陈旧文化等,都会使组织产生惰性。此外,组织文化和奖励制度等组织因素以及变革的时机也会影响组织变革的进程。

5. 组织冲突的管理

冲突对组织的影响表现为有益和有害的,对于有益的冲突,管理者要鼓励。因为过于融洽、和平、合作的组织容易对变革和革新的需要表现为静止和迟钝。冲突水平太低的组织没有创新精神,容易丧失发展和壮大的机会。而冲突水平太高时又很容易造成企业内部人员和企业的不稳定。因此企业领导者要加强冲突管理,在企业内部维持适度的冲突。

对于冲突的处理,可以经过诊断后知道对冲突进行处理是否有必要以及需要哪种类型的处理方式。在处理过程中要坚持权变原则和公平原则。权变就是随时间和随环境而变。冲突的主体在变,冲突所处的环境在变,冲突的程度和性质在变,因此面对冲突要具体问题具体分析,随机制宜的实行冲突管理。在解决冲突的过程中必须做到公平、公正,一方面,可以使成员减少不公平感,降低冲突,另一方面,可以防止冲突的进一步恶化。

(1) 管理者要勇于面对各种冲突。管理者不要见到冲突就害怕,就认为是消极破坏性质的,要树立新的冲突管理思想,不再单纯地凭借经验和依据惯例处理冲突,应以积极的态度对待冲突。冲突不再只是双方关系不融洽或利益等对立的具体表现,冲突所暴露出的冲突双方之间的不协调,为双方的发展与自我完善提供机会。

(2) 组织结构的建立要富于弹性。根据需要建立什么样的组织结构,这样既可以提高信息传递的速度,又可以提高领导决策的效率,还可以促进上下级之间的沟通。高度一致的团队目标与团队内信息流动的开放性,可以极大地避免组织内部的破坏性冲突。跨职能的工作团队不仅可以消除冲突的破坏作用,也能为发挥冲突的建设性作用创造条件。

(3) 沟通渠道的创建要确保畅通无阻。现在许多企业内部产生冲突就是因为缺乏有效的沟通而产生的。要使整个组织成为一个全方位信息传递交流的关系渠道,每个成员都应成为该渠道中的一个结点,同时减少信息传递的间接层次,弱化等级观念,增强沟通双方的心理接受程度,这样冲突管理就具备了一个良好的环境,冲突数量将大大减少,冲突管理的效率也将得到极大的提高。当冲突发生时,冲突双方之间的沟通可以避免对对方能力特点等的错误认识,是一种有效的管理冲突的方法。

(4)冲突管理要制度化。把冲突管理工作明确地列入工作日程,建立企业组织冲突评估制度,组建专门的临时性任务小组,定期和不定期地对企业内外冲突进行考查、研究并做出评估,为管理部门提出冲突管理对策。并且可以通过塑造企业文化培育组织内的共同价值观,强化信息交流,增加共同的行为判断准则,突破以自我为中心和局部小团体的狭隘意识,树立起全体成员一体的形象感,以健康的强有力的企业文化规范和引导企业成员的行为形成一种企业组织群体合力,从而极大地减少破坏性组织冲突的产生,有力地提高企业组织冲突管理的效率。

冲突的应对与管理既是一门艺术又是一门科学。冲突的制造者是人,调节者也是人,冲突的应对与管理归根到底是对人的认识与管理。掌握了这一原则,管理者才会未雨绸缪,早做准备,使冲突消失于无形之中,使积极的冲突始终处于有序和可控状态。正如管理学家彼得·德鲁克所说的:"解决组织冲突,尤其是组织中的人事冲突,是最为费时也最为核心的。"作为一位卓有成效的管理者,不会害怕组织冲突的存在,恰恰相反,通过对组织冲突的分析与诊断,能有效地找到工作切入点,从而使组织内部管理工作得到调整和改进。

【本章小结】

组织作为名词,是指两个或者两个以上的个体为了实现共同目标而结合起来协调行动的社会团体;作为动词,组织是管理功能之一,是指通过分配任务、协调组织成员与资源、建立组织结构来完成共同的目标。本章主要介绍:组织的含义,组织结构的设计及类型,组织文化与组织变革重点是组织分工和协作、权力和责任制度。

【本章练习题】

一、单项选择题

1. 下列不属于按非正式组织的成因划分的是( )。
   A. 感情型　　　　B. 积极型　　　　C. 识趣型　　　　D. 利益型
2. 下列不属于影响管理幅度的因素的是( )。
   A. 人的因素　　　　　　　　　B. 管理技术的应用
   C. 工作的内容与性质　　　　　D. 信息不畅的因素
3. 它的特点是管理层次少,设有专门的参谋职能部门,命令系统单一,直线传递,管理权力高度集中,生产与管理较为简单的组织。以下( )组织形式符合上述特点。
   A. 直线组织制　　B. 职能组织制　　C. 直线职能组织制　　D. 分部组织制
4. 以下体现了"集中政策,分散经营"的基本指导思想的组织形式是( )。
   A. 矩阵组织制　　B. 职能组织制　　C. 直线职能组织制　　D. 分部组织制
5. "重数量而轻质量;缺乏思考与敏感;注重短期前景;当销售人员的幻想破灭时,他们会变得玩世不恭,并使企业因此蒙受灾难;需要年轻人所特有的精力;人员流动率高。"符合这一特点的企业文化类型的是（　　）。
A. 硬汉型文化　　　　　　　　　B. 拼命干、尽情玩型文化
C. 攻坚型文化　　　　　　　　　D. 过程型文化
6. 指冲突双方或多方由于个性、立场、价值观、教育程度等方面的差异而导致的冲突，这种冲突是（　　）。
A. 目标型冲突　　B. 情感型冲突　　C. 强势型冲突　　D. 背景差异型冲突
7. "解决组织冲突，尤其是组织中的人事冲突是最为费时也最为核心的。"是（　　）说的。
A. 泰罗　　　　　B. 法约尔　　　　C. 彼得·德鲁克　　D. 马斯洛
8. 下列不属于有机型组织特性的是（　　）。
A. 低复杂化　　　B. 高正规化　　　C. 低度复杂化　　D. 分权化
9. 对非正式组织的研究起源于"霍桑实验"，而非正式组织理论则是由（　　）首次提出并创立的。
A. 泰罗　　　　　B. 科特勒　　　　C. 巴纳德　　　　D. 德鲁克

二、多项选择题

1. 组织的要素包括（　　）。
A. 特定目标　　　B. 人员与职务　　C. 领导与职务　　D. 管理活动
2. 组织的基本功能有（　　）。
A. 有利于消除内部矛盾　　　　　B. 有利于集合优势资源
C. 有利于约束组织成员行为　　　D. 有利于协调人际关系
3. 非正式组织有利于正式组织的管理具体表现在（　　）。
A. 有利于稳定正式组织群体关系　B. 有利于营造平等自由的群体气氛
C. 有利于信息的快速传递　　　　D. 有利于成员的更快提升
4. 对待非正式组织的一般原则有（　　）。
A. 鼓励积极型　　B. 转化中性型　　C. 限制消极型　　D. 瓦解破坏型
5. 影响组织设计的因素有（　　）。
A. 战略因素　　　B. 规模因素　　　C. 技术因素　　　D. 环境因素
6. 组织文化的结构包括（　　）。
A. 物质层　　　　B. 制度层　　　　C. 精神层　　　　D. 知识层
7. 虚拟组织的特征包括（　　）。
A. 组织结构的虚拟性　　　　　　B. 构成人员的虚拟性
C. 办公场所的虚拟性　　　　　　D. 核心能力的虚拟性

三、简答题

1. 组织的功能有哪些？
2. 简述正式组织与非正式组织的关系。
3. 如何正确对待非正式组织？
4. 组织工作的特点是什么？其内容又包括哪些？
5. 组织的形式有哪些？各自的优缺点是什么？
6. 简析组织文化建设的制约因素。
7. 组织变革中常出现的问题有哪些？

8. 组织冲突的类型有哪些？组织冲突对组织会产生什么样的影响？
9. 如何对组织冲突进行有效管理？
10. 有人认为组织活动越复杂，协调也就越困难，请你说说导致这种复杂性的要素。

四、案例分析题

王强的烦恼

王强是南京某高校生物专业的高材生，博士专业师从著名科学家沈教授，他感到无比欣慰、自豪。

导师沈教授学术造诣深，在国内外颇有影响，经常为学术研究、讲学、野外考察奔波在外。刚开学不久，沈教授又要赴外讲学，随后进行野外考察。启程前，他将王强找来，对他说："本中心实验室受校重点项目资助，上半年从国外购进了一套大型精密仪器。这台仪器在运转了数月后，其中某一元件发生了故障。我们已与国外公司交涉，他们同意无偿更换一个新的，现在新元件已运达市海关。由于旧元件尚未退回，海关报关行要求暂缴纳押金7.8万元，待旧元件通过国际航运公司办妥退货手续，7.8万元押金即可索回。由于押金数额大，我已将情况向校重点项目基金办公室作了汇报，负责人黄主任同意垫付这笔押金。但现在要等国外公司寄来的返修协议和该元件报价，海关方准提货。因中心实验室副主任田教授明天要出差，所以等国外公司的文字资料一到，请你赶紧办理提货事宜。"

王强满怀信心地回答："沈教授，您放心吧！"沈教授又将可能涉及的有关事宜作了交代。临行时，特别嘱咐下月初有外籍专家来访，到时新元件不到位，专家访华研究计划就会受阻。

由沈教授负责的中心实验室是部属重点实验室，虽挂靠生物学院，但经费主要来源于国家重点项目基金，是相对独立的科研实体。

一周后，王强收到国外公司的有关资料，马上去找生物学院付院长和分管科研的李副院长办理7.8万元押金借款事宜。来到付院长办公室，王强说明来意后，付院长看上去似乎有些恼火，毫不客气地说："这么大的事沈教授怎么事前没有跟我说，李副院长知道吗？"王强因为不清楚具体细节，只好说："我不清楚。"付院长随即拨通了李副院长的电话，了解到他也不知道此事时更加生气了。付院长进一步提高嗓门说："出了这么大的事，沈教授不解决好，就离开学校赴外讲学、考察，而且中心实验室副主任和分管仪器的马老师均出差不在校，这工作还怎么做！小王，你马上给沈教授打电话，让他火速返校。"

王强望着一脸怒气的付院长，连忙解释道："沈教授临走之前告诉我，该大型仪器是校重点项目基金资助购买的，现元件出现故障，办理返修和更换手续所需预先垫付费用，应该从校重点项目专项基金中预支。他走之前已与校重点项目办公室协商安排好了此事。刚才我去校重点项目办公室找黄主任办理，他让我找您签个字即可办理借款事宜。"

付院长的脸色变得更加难看，心里嘀咕着："如果不签字，7.8万元借不出来，新元件在海关多滞留一天，需缴纳200元保管费。可一旦签字，万一旧元件退货时出现什么问题，海关不退押金，自己担当的责任就大了。况且，你沈教授直接找校重点项目办公室解决，这岂不是凌驾于学院之上嘛！现在要押金，又要我院长签字。"付院长越想越憋气，但为了尽可能减少损失，同时也为了使仪器能尽快投入运转，他还是不情愿地签了字。但同时他一再坚持要王强尽快与沈教授取得联系，让他快速返回，解决这一重大问题。他还要求王强把联系的情况告诉他。

王强手持付院长同意借款的签字后，来不及与沈教授联系，一口气跑到校重点项目办公室、财务处办理借款手续,又与在车库等候多时的设备科余科长一同前往市海关办理提货手续。遗憾的是市海关报关行网络版本升级,由国外公司出具的中国进出口公司资格证书、海关注册资料等在网上搜索不到,报关行要求出具国外公司上述资料的传真件。王强和余科长不得不打道回府。

王强赶紧给仍在外地的沈教授打电话,可电话那头始终没人接。无奈,王强只好打电话给沈教授的夫人,可得到的回答是:"沈教授昨天刚去野外考察,恐怕一时难以联系上。"他又马上给国外公司去电话,不巧,负责此事的部门经理不在。真倒霉,今天正值周五,看来只有等到下周一才能联系上。可海关那边就要多支付2天的保管费了。

夜深了,王强拖着疲惫不堪的身体回到宿舍。他感到十分沮丧,沈教授第一次交代的事,竟然如此大费周折,结果又如此不尽如人意。沈教授一时联系不上,付院长又坚持让他火速返校,王强辗转反侧,难以入眠,他思忖着明天将如何向付院长汇报……

问题:

1. 付院长生气的主要原因是什么?你认为沈教授越权行事了吗?请说出理由。
2. 王强办事过程中工作不畅的原因是什么?组织结构中哪个环节受阻?
3. 根据案例中的情况,结合案例中出现的部门及机构,请你为该校设计一个合理的组织结构图。

第七章 人力资源管理

【学习目标】

知识点：
- 掌握人力资源管理、人力资源规划的基本涵义
- 了解人力资源规划的程序
- 掌握员工招聘、绩效考核的原则和方法
- 理解招聘过程中的注意事项以及绩效考核的作用

技能点：
- 培养学生具备一般人力资源管理的能力
- 培养学生绩效考核的基本方法和能力

【导入案例】

余佳文和他的超级课程表

材料一：

近几日，作为手机APP"超级课程表"的创始人，余佳文的名字成了热搜关键词。这位14岁开始做生意、高二赚得人生第一个100万的90后CEO，在《青年中国说》上的演讲一石激起千层浪，有人夸他是"霸气总裁"，有人贬他"吹牛太过"，许多"揭露真相""内部爆料"的文章在网络上流传。11月28日晚间，余佳文发布长微博，做出回应。

以下文字转自余佳文的微博：

网上有人"内部爆料"，说"有能力的人都走掉了""余佳文要赶紧卖掉公司套现""员工待遇很不好"这些漏洞百出的话。

熟悉我余佳文的人都知道，我什么都敢说，是因为我有一支能够把梦想变现实的团队，而且他们都是平凡人。

超表团队平均年龄才20来岁，基本上都是从普通大学出来，大都有过求职时被大企业无情拒绝的经历，把他们拦在大企业外的只是一张文凭。

我替他们很不服气，因为我相信他们也会有出息！这就是当初我把公司建起来的唯一初衷——我要让那些没有一流文凭的小伙伴们有饭吃！

幸亏我们够野够拼，公司被一群社会都看不起的孩子们做到现在这个样子。他们的福利待遇是什么？是有能力的人可以直接找我开口要工资，不管他有多少工作经验，能证明自己的价值，我就买这个单。

十分自负的说一句，像超级课程表这样从草根迅速走向成熟的战斗团队，靠"同行60%"的一般待遇能够留住他们吗？如果超表团队没有超强的凝聚力，能够做出现在这样的成绩吗？

超表是个"兄弟盟"般的团队，员工流失率远低于同行业，这是因为我们不会开掉任何一个踏实做事的人，更因为每一个人都是从零成长的普通年轻人！这个品牌是我们白手起家、赤手空拳建立起来的，任何一个内部员工不可能、更不忍心说出"卖掉公司变现"这种违反常理的话！

（资料转载自：创业邦 http://www.cyzone.cn/a/20141128/266405.html）

材料二：

一位投资人的评论：

曾经近距离接触过余佳文，因为在去年，我们曾经考虑过是否投资这个领域，细节这里就不多说了，只说一下这个团队存在的问题：

1. 太草根了。我本人没有学历歧视，但太草根的团队做大学市场是存在先天缺陷的，这个团队有非常多不是正规大学毕业的学生（自考、成教或者什么），我们也问过这个团队一些问题，比如怎么做北京、上海的高校市场，结论是没有的，另外他们对北京、上海高校市场的理解存在很多想当然的成分，也包括对自己在上海高校的使用率的夸大（复旦、交大、同济）。

2. 缺乏创意。90后创业者对我们最大的吸引力应该来自于他们对同龄人的理解，以及脑子里不断丢出的新花样、奇怪点子。超课这个团队恰恰相反，他们最信奉的是成功学、关系学。在校园推广中更强调上层关系的作用，以及有志者事竟成的决心。在几次交谈中，每每遇到挑战时，余会脱口而出周鸿祎（注：周是超级课程表的投资人）或者雷军的语录、成功经历、生活小"智慧"来回应我们。

3. 传销式结构。超课也好，金山也好，课程格子也好，还是更早的校内，5Q，都有校园大使的存在，但大使更多还是一种义务或者参与感的需要，虽然后来多蜕变成一种兼职身份，也有通过计算人头来算业绩的，但这么强调积累下线，并让下线再去发展下线的组织结构我是第一次见到，所以前面有回答说超课做假数据，我不确定，但确实不排除在这个体制下会出现一种放卫星式的增长，这也是导致我们无法信任其数据的主要原因。

一位创业者的评论：

理性的分析，明年拿出一个亿分给员工，这很多吗？

假设超级课程表团队明年扩张到200人的规模，按照现在广州互联网圈年薪20万元计算，日常工资开支一年就要花费4 000万元，假如员工扩张到300人，固定工资就是6 000万元。算上核心员工的期权呢？再加上骨干员工的额外奖励呢？算上社保＋公积金投入呢？合计算起来，离一个亿很远吗？（有人说到余佳文说的是用利润来分，我想，这不重要。口误或有意为之，年轻人没PR经验，再正常不过了，如果你一定要揪着这不放，那我没话可说）

我们暂且不说明年超级课程表能实现多少盈利，即使明年超级课程表营收和开支持平，如果余佳文说的获得阿里巴巴"数千万美元"级别投资属实，那么按照B轮融资1～2年的周期，每年烧1个亿人民币在人力成本开支上也是可以承担的。何况，现在超级课程表已经走在盈利探索的道路上了。

简单思考一下就能想象得到，从传统的盈利探索思路上来说，未来超级课程表会逐渐和分期付款购物融合、和O2O融合、和游戏平台融合、探索广告品牌合作等，超级课程表并不缺乏盈利突破点。

往更深层次考虑，坐拥高校优质应届生资源，未来是否会诞生出一个专注于应届生招聘平台？拉勾网专注于互联网招聘，估值都已过亿，应届生招聘市场呢？超级课程表和应届生垂直招聘的结合是不是很自然,一旦做成,估值是否再上一个台阶?

再从阿里战略角度考虑,别把阿里巴巴的投资团队当成傻子,他们拥有评估一个团队、一个产品的整套科学体系。投资超级课程表,看中学生社交市场,将来和阿里巴巴的电商打通,会是怎样的情况?

还有更多的扩张市场空间、探索盈利的方式,不再一一列举,相信余佳文团队会比我们想得更清晰、更全面。

当然,实现大规模盈利依然困难重重,远没有余佳文在电视上说得这么简单。在看视频的时候,我甚至在想,余佳文是不是被央视《中国青年说》这个节目给利用了?媒体最喜欢寻找这类存在争议的人物,利用敏感的爆点去提高收视率了,打造一款精品节目的路数大致如此。

其实余佳文在央视节目中表现出来的确实很浮躁,是一种过度自信带来的浮躁,他的团队在很多专业人士看来,确实也存在种种弊端。但是人总是会成长的,团队也是可以不断打磨的。相信经历这次事件,余佳文会有一个深刻的反思,将来他会被逼着逐渐稳重,他们公司的PR能力也会越来越专业。

下面这两点,我想,值得余佳文去思考:

1. 成为了一个公司的CEO后,你的一言一行,不再仅仅代表你自己,还代表着你的公司。你的公司并不属于你个人,它是资本市场的一个项目,你需要对公司负责、对投资人负责。因此,是时候考虑在公众场合如何正确的表达了。

2. 是时候建立一个专业的PR团队了,永远的以民兵的思路去发展,不是一回事。

(资料转载自《快评:"霸道总裁"余佳文,是时候建立一个专业PR团队了》http://www.donews.com/net/201411/2868269.shtm)

案例启示:"超级课程表"是广州超级周末科技有限公司旗下一款针对大学生市场的校园应用,由几个90后以课程表为基础而展开的校园实用工具,面向高校大学生。作为中国第一校园应用"超级课程表",最近却因为余佳文的盲目自信,夸下"一亿元奖励员工"的诺言却因食言而饱受诟病,从而影响到公司的信誉,公司领导个人的诚信也受到公众和员工的质疑,主要原因还在于公司没有专业的HR团队。可见,人力资源管理对公司发展的作用是非常重要的,如何创建一支有效的HR团队对于企业的发展起着至关重要的作用。

第一节 人力资源管理概述

一、人力资源管理的意义

1. 人力资源管理的基本概念

(1) 人力资源的含义

人力资源(Human Resource)的概念是由管理大师彼得·德鲁克于1954年在其著作《管理实践》中首次提出并正式加以明确界定的。

所谓人力资源是指一定范围内能够为社会创造物质财富和精神财富、具有体力劳动和脑力劳动能力的人的总和。

人力资源是指那些具有正常智力、能够从事生产活动的体力或脑力劳动者,一定范围内人口总体中所蕴涵的劳动力的总和。具体来说,它表现为一定范围内的社会劳动力的构成和来源。

一个企业的成与败、兴与衰,都与"人"有关。现代管理学普遍认为,一个企业的资源包括四大块:人力资源、财力资源、物质资源和信息资源。在这四大资源中,人力资源是最重要的,也是最活跃的资源,它可以迅速转变为其他三大资源,而其他三大资源要转变为人力资源则速度较慢,干扰因素较多,有时甚至无法转变。所以,一个企业的人员配备工作是举足轻重的,需要认真规划,并应有预见性,使企业内既没有人浮于事,又无人手紧缺的现象,将合适的人放在合适的岗位上,共同完成企业使命与目标。

(2) 人力资源管理的含义

所谓人力资源管理是指管理者通过人力资源计划、招聘、选拔、培训与发展、业绩评估、制定工资和福利制度等一系列活动,向组织提供合适人选,并取得高绩效水平和职工最大满足的过程。

在一切资源中人力资源是占主导和起决定作用的资源。人力资源配置和管理是组织活动最本质的基础工作。现代意义的人力资源管理源于人事工作,它是对人力资源的取得、开发、保持和利用等方面所进行的系统化管理,是组织运行的基本保证。对于组织来说,人力资源的配置与日常管理是一项基本的常规性工作,组织及其赖以生存的社会环境决定了配置与管理机制。

【阅读小资料】

人力资源有关的几个概念

1. 人口资源:是一个国家或者地区在一定时期内所有人的总和。

2. 劳动力资源:是指人口中达到法定的劳动年龄,具有现实的劳动能力,并且参加社会就业的那一部分人。

3. 人才资源:具备较强的专业能力和管理能力的人。

4. 天才资源:指在某一领域具有特殊才华的人,他们在自己的这一领域具有十分独特的创造发明能力,能在这一领域起领先作用,并具有攀登顶峰的能力。

2. 人力资源管理的意义

张德教授曾在其著作中指出人力资源管理的主要意义是:

(1) 通过合理的管理,实现人力资源的精干和高效,取得最大的使用价值。并且指出:人的使用价值达到最大=人的有效技能最大地发挥。

(2) 通过采取一定措施,充分调动广大员工的积极性和创造性,也就是最大限度地发挥人的主观能动性。调查发现:按时计酬的员工每天只需发挥自己 20%～30% 的能力,就足以保住个人的饭碗。但若充分调动其积极性、创造性,其潜力可发挥出 80%～90%。

(3) 培养全面发展的人。人类社会的发展,无论是经济的、政治的、军事的还是文化的发展,最终目的都要落实到人——一切为了人本身的发展。目前,教育和培训在人力资源开发和管理中的地位越来越高。马克思指出,教育不仅是提高社会生产的一种方法,而且是造就全面发展的人的唯一方法。

实际上,现代人力资源管理的意义可以从三个层面,即国家、组织、个人来加以理解。

"科教兴国""全面提高劳动者的素质"等国家的方针政策,实际上,谈的是一个国家、一个民族的人力资源开发管理。只有一个国家的人力资源得到了充分的开发和有效管理，一个国家才能繁荣，一个民族才能振兴。在一个组织中，只有求得有用人才、合理使用人才、科学管理人才、有效开发人才等，才能促进组织目标的达成和个人价值的实现。针对个人，有个潜能开发、技能提高、适应社会、融入组织、创造价值、奉献社会的问题，这都有赖于人力资源的管理。

我们不从宏观层面和微观层面，即国家和个人来谈人力资源管理，而是从中观层面，即针对企业组织来谈现代人力资源管理。因此，我们更为关注现代人力资源管理对一个企业的价值和意义。在这里，我们认为现代人力资源管理对企业的意义至少体现在以下方面：

（1）对企业决策层。人、财、物、信息等，可以说是企业管理关注的主要方面，人又是最为重要的、活的、第一资源，只有管理好了"人"这一资源，才算抓住了管理的要义、纲领，纲举才能目张。

（2）对人力资源管理部门。人不仅是被管理的"客体"，更是具有思想、感情、主观能动性的"主体"，如何制定科学、合理、有效的人力资源管理政策、制度，并为企业组织的决策提供有效信息，永远都是人力资源管理部门的课题。

（3）对一般管理者。任何管理者都不可能是一个"万能使者"，更多的应该是扮演一个"决策、引导、协调"属下工作的角色。他不仅仅需要有效地完成业务工作，更需要培训下属，开发员工潜能，建立良好的团队组织等。

（4）对一个普通员工。任何人都想掌握自己的命运，但自己适合做什么，企业组织的目标、价值观念是什么，岗位职责是什么，自己如何有效地融入组织中，结合企业组织目标如何开发自己的潜能、发挥自己的能力，如何设计自己的职业人生等，这是每个员工十分关心而又深感困惑的问题。我们相信现代人力资源管理会为每位员工提供有效的帮助。

【阅读小资料】

生物中最勤劳者莫过于蚂蚁，它们能够以惊人的速度将超过体重数倍的东西拖回蚁巢。即便是这样，蚂蚁的工作潜能仍然很大。

有人把蚂蚁放在大玻璃瓶内，观察它们在独自情况下和三两成群时的活动情形。

结果发现，蚂蚁的数目增加时，蚂蚁工作量也增加。独自在瓶中的蚂蚁只要增加一只新蚂蚁，它的工作就更起劲，加入第三只时，原来两只的活动反应加速。两只活动率不同的蚂蚁共同活动时，活动率渐趋一致。这说明群体因素助长了工作效率。这样的现象也见于其他动物。动物研究者发现，有同类在旁边时，鸡、鱼、老鼠吃得多些；马、狗、蟑螂跑得快些；小鸡啄食的次数要多些。

人类活动也是一样。

管理启示：要实现群体增量，必须培育出一个良好的"群体生态系统"。对于一个企业来讲，内部的用人机制、管理机制和由此产生的群体氛围，是形成良性群体生态系统的关键要素。

二、人力资源管理的基本内容

一般来说，现代人力资源管理的内容主要包括以下方面：

1. 选才

选才是人力资源管理的第一步，也是比较关键的一步。如果选人选得好，那么育人就比较容易,用人也就得心应手,留人也就比较方便。

选才的范围一般有两种考虑:一是在企业外部获得。比如可以通过召开人才招聘会,应届大学毕业生可以作为挑选的对象,其他公司外流的人才也可以作为招聘对象;另一种方式是在本企业内部获得。因公司对岗位人员的初始印象,而使岗位配错人员的现象也有,通过再次调配,可以使人才更能尽其才。

在进行人才选聘时,一般有这样几种方法和程序:参加笔试,其中包括业务考试、语言能力、智商及心理素质等的测试;情景模拟,也即由有关专家出面模拟工作场合,看其处理突发事件及一般问题的能力;面试,由企业高级管理人员及专家组成的面试委员会,以即问即答的方式对候选人员进行测试。

除此之外,对选人者也有要求,选人者自身要求具有较高学历和修养,对专业知识也要求具有较高的水平。如果选人者都不知何为人才,那他肯定招不到企业所需要的人才。

2. 育才

育才也即培养人才,这是人力资源开发与管理的主要工作之一。企业的发展要靠人才推动,而育才就是加强这种推动力。

对人才的培育应当因材施教。每个人的素质、经历不同,缺乏的能力和知识不同,应该针对每个人的特点,安排适当的培训计划,或进行短期培训,或采取兼职培训,或选择脱产培训的方法。在现代企业中,对员工培训的常用方法如表7-1所示。

表7-1 企业员工培训方法

方　　法	说　　明
阅读材料方法	让受训人阅读一些有关材料
行为模式训练	利用录像机放映正确的行为模式,进行讨论和演练,明确正确的行为标准,相互促进人际关系
业务工作模拟训练	进行笔头练习模拟,电子计算机模拟,学习和提高管理技能
案例讨论	以小组形式进行实地或假设案例分析讨论
会议或讲座形式	组织小组对某些专门问题进行讨论,请专人讲述有关题材方面的内容
在职培训	由有经验的人作指导,在工作中提高
自学	有目的地编写讲义让其自学
任务培训	在受训人员之间实行类似于"上司对下级评价"和"下级对上司评语的反应"任务,以增加人际关系经验
敏感性训练	着重进行相互尊重、社交联络和对小组工作了解等方面的训练
新雇员训练	在指导下,对新员工进行多方面实际训练,目的在于强调学习、安全,掌握知识和技术,不在于生产数量的多少

3. 用才

用才是人力资源开发与管理的一个主要目的,只有用人用得好,组织目标才能更有效地实现。在用人过程中,企业管理者应注意以下几个问题:

(1)量才录用。大材小用和小材大用对企业都不利,前者会造成浪费,后者则会造成损失。应该避其短、取其长,让每个职位都能发挥最大的效益。

(2)工作丰富化。任何枯燥、呆板的工作都会使员工感到工作乏味,应该充分考虑到员工的身心要求，尽可能地使工作丰富化，使员工能从工作中感到成就、责任和成长，从而提高员工的工作效率。

（3）环境舒适度。现代心理学已证实，工作环境包括灯光、色彩、噪音都会影响人的情绪和心情，进而间接影响人的行为，导致生产效率的变化。因此，现代企业要十分重视工作环境的设计，尽量为员工创造一个舒适的工作环境。

4. 留才

人才留不住是企业及人力资源开发与管理部门的失职。人才留不住是企业的巨大损失，而且会使竞争对手更强大。吸引人才长期为企业效力的方法一般有以下几个方面：

（1）工作报酬。企业要想留住人才，必须要有一个好的报酬制度。要根据社会物质水平、失业率、生产力状况、同行业平均水平等多种因素，制定具有竞争力的工资和薪金水平；还要有一个较为完善的福利制度。现代企业一般给员工的福利方式很多，如医疗保险、住房补贴、免费工作餐、带薪假期等。

（2）心理环境。当一个员工受到单位领导重视，人际关系较为和谐，心情舒畅，此时即使工资较低、工作较差，他也会很乐意为企业做贡献的。因此，企业领导要重视心理环境的构建。

（3）实绩评估。工作实绩评估就是收集、分析、评价和传递有关某一个人在其工作岗位的工作表现和工作结果方面的信息情况的过程，它不仅是检查和改进本企业人力资源管理工作的重要手段，也是确定是否留人，以及留下之后，帮助员工改进今后工作的重要方法。

三、人力资源管理的基本职能

（1）人力资源规划。主要是进行预测和计算人力资源的供给和需求，制定平衡供给需求的计划。为达成组织策略目标，人力资源管理部门根据组织结构，确定职务说明书与员工素质要求，制定与组织目标相关的人力资源需求与供给计划，再展开招募、选拔、录用、配置工作。

（2）招聘录用。通过各种途径发布招聘信息，吸引应聘者，从应聘者中挑选出符合要求的人选。运用科学的方法引入最合适的岗位人选，包括人力资源规划、招聘、录用。

（3）绩效管理。制定绩效计划，进行绩效考核，实施绩效沟通。

（4）薪酬管理。确定薪酬的结构和水平，实施职位评价，制定福利和其他待遇的标准、进行薪酬测算和发放等；针对员工对组织的贡献给予奖酬的过程，依据员工绩效表现给予适当的工资、奖励、福利，藉以增进员工满意度，提高员工工作积极性与生产力。

（5）人员的培训与开发。建立培训的体系、确定培训的需求和计划、组织实施培训（对组织急需人才进行针对性培训）、对培训效果进行反馈总结等活动。

（6）员工关系管理。协调劳动关系，进行企业文化建设，对员工进行职业生涯设计和规划，使员工间和谐相处、协调共事、取得团队认同，创造适合员工发挥其积极性、主动性、创造性的工作环境。员工关系管理主要是让员工产生对组织的认同，对组织有归属感，从而实现组织目标。

第二节 人力资源规划

【阅读小资料】

千里马和拉磨的驴

它俩都给主人干活:驴拉磨,马驮着主人周游四方。但是,驴却经常遭到马的羞辱。

吃饭的时候,马第九十九次辱骂驴说:"没出息的家伙,一天到晚,围着一个石磨转去转来。眼睛还被蒙着,瞎走瞎忙。这样活着有什么意思?不如早点死了熬驴胶吧!"

驴再也忍受不了马的侮辱,伤心得大哭着跑走了。第二天,主人发觉驴不见了,便把马套到磨上。

马说:"我志在千里,怎么能为您拉磨呢?"

"可我要吃面啊!没有驴,总不能囤囤吃麦粒呀!"说着,主人用"蒙眼"蒙住了马的眼睛,并在它的屁股上重重地给了一掌。

马无可奈何地跟驴一样围着磨转起圈来。

才拉了一天磨,马就感到头昏脑涨,浑身酸疼得受不住了。它在地上打了一个滚儿,长长地出了一口气说:"唉!没想到驴干这活儿也不容易呀!今后再评论别人一定要先换到它的位置上试试再说。"

管理启示: 马干马的活,驴干驴的活,分工明确,各出各的一份力气。偏偏马好事,把驴气跑,吃了苦头才知道驴的作用原来也是不可或缺的。

被人重视的感觉是人们在工作中最重要的动力因素之一。一个企业的分工虽然有轻重之分,但是从整体来说,每一个岗位都是必需的,要明白,没有大家的共同配合,再完美的计划都成空,因此不应厚此薄彼,打击员工的积极性。

一、人力资源规划的含义

传统的人事管理,是管理人的事,注重事后管理,少许同期管理,主要管理原则是照章办事。管理、强制、被动,不利于积极性的发挥。而现代企业人力资源管理,通过具有更强的前瞻性和先导性的人力资源管理活动,实现人力资源与其他资源的最佳配置,更注重事前和过程中的激励开发,以达到人事相宜、1+1>2的人力资源管理效果,主要管理原则是以人为本。人力资源规划是各项具体人力资源管理活动的起点和依据,它直接影响着企业整体人力资源管理的效率,因而被作为人力资源管理师首要的工作要求。

企业作为一个经济组织,要实现自己的发展战略目标,就必须保证组织机构的有效正常运转。而组织机构制定和实施企业人力资源规划,则是实现发展战略目标的重要工作。人力资源规划又称人力资源计划,必须适应组织总体计划。企业规划的目的是使企业的各种资源(人、财、物)彼此协调并实现内部供需平衡,由于人(或人力资源)是企业内最活跃的因素,因此人力资源规划是企业规划中起决定性作用的规划。人力资源规划的总目标是:确保企业各类工作岗位在适当的时机,获得适当的人员(包括数量、质量、层次和结构等),实现人力资源与其他资源的最佳配置,有效地激励员工,最大限度地开发和利用人力资源潜力,从而最终实现员工、企业、客户、社会利益一致基础上的企业经济和社会效益最大化。

所谓人力资源规划(Human Resource Plan，HRP)也叫人力资源计划，是指为实施企业的发展战略，完成企业的生产经营目标，根据企业内外环境和条件的变化，通过对企业未来的人力资源的需要和供给状况的分析及估计，运用科学的方法进行组织设计，对人力资源的获取、配置、使用、保护等各个环节进行职能性策划，制定企业人力资源供需平衡计划，以确保组织在需要的时间和需要的岗位上，获得各种必需的人力资源，保证事(岗位)得其人、人尽其才，从而实现人力资源与其他资源的合理配置，有效激励、开发员工的规划。

狭义：企业从战略规划和发展目标出发，根据内外部环境的变化，进行人力资源供需预测，并使之平衡的过程，实质上它是企业各类人员需求的补充规划。

广义：人力资源战略规划与战术计划即具体的实施计划的统一。

人力资源规划的主要目的是企业在适当的时间、适当的岗位获得适当的人员，最终获得人力资源的有效配置。具体可理解为：一方面，人力资源规划是为了满足变化的组织对各种人力资源的需求，包括数量、质量、层次和结构等；另一方面，人力资源规划是为了最大限度地开发利用组织内现有的潜力，使组织及其员工的需求得到充分满足。

二、人力资源规划的内容

1. 分解企业战略规划，预测企业发展路径

在市场瞬息万变的今天，企业所面临的内外部环境是不断变化着的，如国际市场变化、新技术的发明、社会观念的改变、政治格局的动荡、政策的变化等等，都会影响着企业的发展。在这些时候，企业要认清方向，制定战略发展规划是极有必要的。与此同时，企业的人力资源部门就应根据公司战略规划明确企业未来的组织架构，即公司将会发展为设立什么部门，其职能各是什么，每个部门需要什么样的人，各需要多少人，等等。只有提前进行布局，人力资源建设才能跟得上企业的发展。

2. 制定人力资源需求计划

如前所述，我们应该对企业的人力资源进行分析，在我们的战略规划期限内(一般为3～5年)，我们的企业需要什么样的人？各需要多少人？对于企业的中高层，一般而言，学历、经验等缺一不可，需要重点注意；而对于基层，学历及经验的要求可稍微放松一些，但因为涉及企业未来的发展及人才培养，也绝不可掉以轻心。在分析的同时，也需要考虑一些变量，包括战略规划期内将会有多少人离职，多少人退休？又将会有多少人升迁或调岗？考虑到这些因素，我们的人力资源需求计划才能更加完善。

3. 制定人力资源招聘计划

既然第二步已经明确人力资源供求计划了，那么接下来的就应该是制定招聘计划。招聘计划不外乎要解决以下问题：(1)选择什么样的招聘方式？即对内招聘还是对外招聘？对内招聘的话，是提前培养还是即调即用？对外招聘的话，是社会招聘还是校园招聘？是自己通过招聘网站进行招聘，还是请猎头公司出马？由于企业的发展需要不同层次的人才，因此，我们可以认为，这些招聘方式都有可能用到。我们认为，成熟的企业，最好的方式是内部培养；发展中的企业，内部培养和外部招聘并用；初创的企业，外部招聘为主。(2)对于即将招聘的岗位，应该使用什么样的招聘原则，又采取什么样的招聘标准？这些岗位的岗位分析及岗位说明书是否已经齐备？由于岗位的不同，因此招聘标准可能有所差异，但招聘原则一般而言是相近的，如以德为先还是以才为先,抑或必须德才兼备?(3)招聘的日程安排。招聘应该是先于企业的发展战略(这样可能需要额外的人工成本),还是随着企业的发展同时进行(这样可能会使企业的发展因为人手不能马上到位而丧失一些机会),抑或是为了节约成本,不到最后关头不招聘?

4. 制定人才培养计划

对于企业的人才培养,有不少企业可能不是太认同:我辛辛苦苦花钱、花时间、花精力去培养的人才,搞不好一年半载以后他们就离职了,那我岂不是为他人作嫁衣?因此,这些企业可能会降低人才培养的成本。事实上,对于单个企业来说,这种想法有一定的道理,但若将其放到整个社会上来看,甲企业为社会培养人才,整个社会何尝又不是为甲企业培养人才?将整个社会看作一个开放的整体,这种思虑便显得大可不必。而且,如果你的企业各方面建设都是好的,人才又如何会流失?即使流失了,他也会记着:我的某项技能是从这个企业里培养出来的!对于人才培养计划,我们一般将其分为四个层次:(1)新员工培训。新员工培训的作用是增加员工对企业的认同感,因此培训内容一般为公司历史、企业文化、经营理念、规章制度、工作流程、业务的基本知识等。这方面的培训一般应由人力资源部主导,各部门配合。(2)通用培训。通用培训的作用是提高员工的职业技能,一般包括沟通技巧、商务礼仪、团队合作、个人管理、商业道德、职业生涯规划等。这方面的培训一般应由人力资源部主导,各部门配合。(3)专业培训。专业培训的作用主要是提高员工的工作技能,如销售类员工应进行销售技巧培养,设计类员工应进行设计软件、设计理念的培训等。这方面的培训一般应由各部门主导,人力资源部配合并督导。(4)领导力培训。领导力培训的作用主要是实现企业各级管理者的自我价值,从而提升其管理技能。这类培训一般包括领导艺术、激励原则、授权技巧、管理能力、培养下属、责任与道德等。这类培训应由人力资源部门聘请外部讲师来进行。

5. 制定人力资源使用计划

既然已经将人招聘到了,也培养了,那么,就应该来谈使用了。正所谓"好钢用到刀刃上",用人也是一样,合适的人,只有用到合适的岗位上并加以激励,才能发挥其最大的作用。因此,人力资源使用计划应该明确,如何更好地实现人岗匹配,薪酬激励制度如何实施,职位升迁、荣誉授予计划如何实行,等等,都应该有个明确的原则。

只要人力资源规划包括了以上五方面的内容,我们就可以说,这个企业的人力资源规划已经制定完成。我们可能看到,人力资源规划,其实就是提前做好与"人"相关的工作,然后按此路径将其付诸实施。在竞争激烈的当今世界,商场如战场,只要你比竞争对手多一分努力,那么你的成功机会就多一分。

三、人力资源规划的作用

企业规划的目的,是优化配置企业的各种资源,实现企业的高效运营。人力资源是企业最具决定性、最活跃的重要资源。因此,人力资源规划在企业管理中显得意义重大。

1. 满足企业整体战略的需要,保证实现组织目标的要求

人力资源规划的制定必须依据组织的发展战略、目标,因为人员规划是企业整个发展规划中的重要组成部分,其首要前提就是服从企业整体发展战略的需要,只有这样才能保证企业目标与企业资源的协调发展。

人力资源的总体规划是建立在企业总体战略的基础上,总体规划需要明确人力资源管理的职能战略目标、规划的周期、规划的范围,在明确为企业总体规划的同时建立与之相适应的

人力资源文化,从而吸纳、消化、开发人员。

2. 确保组织生存发展过程中对人力资源的需求

在当今市场竞争日趋激烈的环境下,企业需要不断地开发新产品、引进新技术,才能确保企业在竞争中立于不败之地,新产品的开发和新技术的引进引起企业机器设备与人员配备比例的变化,这需要企业对所拥有的人力资源不断进行调整,以保证在新产品和新技术条件下的工作对人的需要以及人对工作的适应。人力资源部门必须分析组织人力资源的需求和供给之间的差距,制定各种规划来满足对人力资源的需求。

人力资源供给保障问题是人力资源计划中应解决的核心问题。因此,企业人力资源计划要通过一系列科学的预测和分析(包括人员的流入预测、流出预测,人员的内部流动预测,社会人力资源供给状况分析,人员流动的损益分析等),确保企业对所需要的人力资源的满足。只有有效地保证了对企业的人力资源供给,才可能去进行更深层次的人力资源管理与开发。

3. 有利于人力资源管理活动的有序化

一家企业的人力资源管理混乱不堪,组织结构层级界限模糊,不利于组织实现组织目标,甚至会严重阻碍组织目标的实现。人作为企业中最为活跃且最为关键的因素,在管理上显得尤为困难,但一旦管理有序,则会有效促进企业实现组织目标。例如,企业在什么时候需要补充人员、补充哪个层次的人员、采取哪种方式补充、根据岗位要求如何组织培训等等都需要在人力资源规划中考虑。如果没有有效的人力资源规划,企业的人力资源管理将是一片混乱。所以,人力资源规划是企业人力资源管理工作的基础,它由总体规划和各种业务计划构成,为管理活动(如确定人员的需求量、供给量、调整职务和任务、培训等)提供可靠的信息和依据,进而保证管理活动的有序化。当然,组织在实现组织目标的同时,也兼顾个人利益,则更有利于组织对人力资源的管理。

4. 有利于调动员工的积极性和创造性

人力资源规划作为企业的战略性决策,是企业制定各种人事决策的基础。为了使企业人力资源决策准确无误,需要提供准确的人力资源供求信息,在此基础上,企业才能制定出准确的人力资源需求计划,这计划中还包括企业员工的奖励计划、个人业务进修计划等内容,通过满足员工的个人需要(包括物质需要和精神需要),这样才能激发员工持久的积极性,只有在人力资源规划的条件下,员工对自己可满足的东西和满足的水平才是可知的。

5. 有利于控制人力资源成本

人力资源规划有助于检查和测算出人力资源规划方案的实施成本及其带来的效益,避免企业发展过程中因人力资源浪费而造成的人工成本过高的问题。要通过人力资源规划预测组织人员的变化,调整组织的人员结构,把人工成本控制在合理的水平上,这是组织持续发展不可缺少的环节。企业人工成本中最大的支出项目是工资,而企业工资总额在很大程度上取决于组织中的人员分布状况,即企业中人员在不同职务和不同级别上的数量。企业创建时期,企业员工的人均工资较低,人工成本相对较低。随着企业的不断发展,规模扩大,企业的人工成本将不断上升,而人力资源规划通过控制企业人员结构、人员职务结构,从而避免企业发展过程中的人力资源浪费造成的人工成本过高。

对人力资源进行规划,最终要实现人力资源管理的健康有序,从而实现组织目标,因而人力资源规划的目标可以从以下几个方面来理解:①得到和保持一定数量具备特定技能、知识结构和能力的人员;②充分利用现有人力资源;③能够预测企业组织中潜在的人员过剩或人力不足;④建设一支训练有素、运作灵活的劳动力队伍,增强企业适应未知环境的能力;⑤减少企业在关键技术环节对外部招聘的依赖性。

四、人力资源规划的程序

人力资源规划是企业人力资源管理的一项基础性活动。

(1) 调查、收集和整理涉及企业战略决策和经营环境的各种信息。影响企业战略决策的信息有:产品结构、消费者结构、企业产品的市场占有率、生产和销售状况、技术装备的先进程度等企业自身的因素;企业的外部环境包括社会、政治、经济、法律环境等。这些外部因素是企业制定规划的"硬约束",企业人力资源规划的任何政策和措施均不得与之相抵触。例如,《劳动法》规定:禁止用人单位招用未满16周岁的未成年人。企业拟定未来人员招聘计划时应遵守这一原则,否则将被追究责任,计划亦无效。

(2) 根据企业或部门实际确定其人力资源规划的期限、范围和性质。建立企业人力资源信息系统,为预测工作准备精确而翔实的资料。

(3) 以定量分析为主,结合定性分析。在分析人力资源供给和需求影响因素的基础上,采用以定量为主,结合定性分析的各种科学预测方法对企业未来人力资源供求进行预测。它是一项技术性较强的工作,其准确程度直接决定了规划的效果和成败,是整个人力资源规划中最困难,同时也是最关键的工作。

(4) 制定人力资源供求平衡的总计划和各项业务计划。通过具体的业务计划使未来组织对人力资源的需求得到满足。

第三节　招聘与培育

一、员工选聘的意义

1. 员工招聘的含义

员工选聘包括招聘和选拔,使企业寻找那些有能力又有兴趣到企业任职,并从中录用合适员工的过程。

一个组织的能力大小,在很大程度上取决于组织所聘用与保有的员工素质。得到并保有合适的员工,是一个组织能够取得成功的关键因素之一。组织结构的设计为贯彻落实组织目标奠定了基础,但若不能根据各岗位的要求选配到合适的员工,则再好的组织结构也无法有效地发挥作用。因此,在设计合理的组织结构的同时,还需要为所设计的各岗位选配合适的员工。

所谓员工招聘是指企业在人力资源规划的指导下,通过一定的手段和相应的信息,寻找合适的员工来填补职位空缺的过程。其实质是企业的人力资源需求与人力资源供给有机地结合起来,使符合空缺职位条件的员工对该空缺职位产生兴趣并前来谋求职位的过程。员工招聘是一个企业与应聘者个人之间双向选择和匹配的动态过程。人力资源招聘的最终目的是要实现员工个人与岗位的匹配,也就是人与事的匹配。这种匹配包含两层意思:一是岗位的要求与员工个人素质相匹配;二是工作报酬与员工个人的需要相匹配。实现这双重匹配,才能既保证员工胜任某一岗位,又使岗位对员工保持长久的吸引力。在招聘过程中要遵循公开、公平、全面考评、择优录取的原则。

2. 员工招聘的重要意义

员工招聘在人力资源管理工作中具有重要的意义。招聘工作直接关系到企业人力资源的形成，有效的招聘工作不仅可以提高员工素质、改善员工结构，也可以为组织注入新的管理思想，为组织增添新的活力，甚至可能给企业带来技术、管理上的重大革新。招聘是企业整个人力资源管理活动的基础，有效的招聘工作能为以后的培训、考评、工资福利、劳动关系等管理活动打好基础。因此，员工招聘是人力资源管理的基础性工作。

（1）有利于企业及时招聘到所需的员工。企业发展过程中，总会经历企业员工流失的尴尬，企业空出来的岗位就需要通过招聘来挑选合适的员工进行填补，来保证企业正常运转。

（2）有利于企业吸纳到优秀的员工。招聘工作决定了企业能否吸纳到优秀的人力资源，招聘工作是人力资源输入的起点，没有对优秀人力资源的吸引，企业就不可能实现对他们的接纳。所以，招聘工作的质量直接决定着人力资源输入的质量，从这个意义上讲，招聘工作对企业今后的成长和发展具有重要意义。

（3）有利于企业改善员工结构。招聘能改善企业的员工结构，不管是年龄还是职称，或者是学历上都能变得更加合理，能逐渐优化企业员工队伍。特别是对于一些发展时间很长的企业来说，更有必要定期或不定期地开展招聘活动。

同时，企业通过招聘，能加快员工流动速度。员工流动加速会影响企业的发展，但从某种意义上来说，也能帮助企业吸纳更多的优秀员工。老员工在经验上固然足够丰富，但老员工也容易墨守成规，缺乏创新。

（4）有利于企业树立良好的企业形象。企业的招聘活动在一定意义上可以帮助企业树立良好的企业形象，通过招聘，企业让更多人对企业有了一定的了解，在与应聘者的接触中，企业可以借机对外展示企业良好的风采和魅力，招聘中适时的宣传，也有利于企业形象的展示，这都有助于企业树立良好的企业形象。

（5）有利于企业节省开发培训费用。企业的招聘其实就是在众多优秀的应聘者中挑选最为合适的人选，因为挑选出的人才与空缺岗位的职位要求、能力要求等都相适应，所以挑选出的人选一旦上岗能很快上手操作，这样就为企业节省了培训费用。

二、员工招聘的主要来源

招聘方法是指吸引招聘对象所使用的方法。由于招聘岗位的不同、人力需求数量与员工要求的不同、新员工到位时间和招聘费用的限制等原因，人力资源部门在招聘过程中必须因地制宜地选择招聘方法。

根据招聘对象的来源可将招聘分为内部招聘与外部招聘，它们各自采用的方法也不同。

1. 外部招聘

组织外部招聘是常规性途径。相对于内部招聘，组织外部招聘的最大好处是能为组织带来新鲜血液和新的管理方法或专业技能。外来员工由于新加入组织，没有太多的思想束缚，没有与其他员工之间复杂的个人恩怨关系，而且急于表现自己的价值，容易发现问题，提出创新建议和推动组织内新的工作的开展。由于外部招聘存在局限性，所以许多组织往往先内部招聘，在内部招聘不能获得合适员工的情况下再从组织外部招聘。

外部招聘可通过招聘广告、学校、就业媒体、信息网络以及一些特色招聘方式来完成，电话热线、接待日等特色招聘形式能吸引更多的人前来应聘。

外部招聘的渠道大致有人才交流中心、招聘洽谈会、传统媒体广告、网上招聘、校园招聘、人才猎取和员工推荐等。

(1) 人才交流中心和人才招聘会

我国很多城市都设有专门的人才交流服务机构，这些机构常年为企事业用人单位提供服务。他们一般建有人才资料库，用人单位可以很方便地在资料库中查询条件基本相符的人才资料。通过人才交流中心选择员工，有针对性强、费用低廉等优点。

人才交流中心或其他人才交流服务机构每年都要举办多场人才招聘会，用人单位的招聘者和应聘者可以直接进行接洽和交流。招聘会的最大特点是应聘者集中，用人单位的选择余地较大，费用也比较合理，而且还可以起到很好的企业宣传作用。

(2) 媒体广告

通过报纸杂志、广播电视等媒体进行广告宣传，向公众传达招聘信息，覆盖面广，速度快。相比而言，在报纸、电视中刊登招聘广告费用较大，但容易醒目地体现组织形象；很多广播电台都辟有人才交流节目，播出招聘广告的费用较少，但效果也比报纸、电视广告差一些。

招聘广告应该包含以下内容：①组织的基本情况；②招聘的职位、数量和基本条件；③招聘的范围；④薪资与待遇；⑤报名的时间、地点、方式以及所需材料等。

媒体广告招聘的优点是：信息传播范围广、速度快，应聘人员数量大、层次丰富，组织的选择余地大，组织可以招聘到素质较高的员工。

媒体广告招聘的缺点是：招聘时间较长；广告费用较高；要花费较多的时间进行筛选。

(3) 网上招聘

网上招聘是一种新兴的招聘方式，具有费用低、覆盖面广、时间周期长、联系快捷方便等优点。用人单位可以将招聘广告发布在自己的网站上，或者发布在某些网站上，也可以在一些专门的招聘网站上发布信息。

网络招聘由于信息传播范围广、速度快、成本低、供需双方选择余地大，且不受时间、空间的限制，因而被广泛采用。当然其也存在一定的缺点，比如容易鱼目混珠、筛选手续繁杂以及对高级人才的招聘较为困难等等。

(4) 校园招聘

学校是人才高度集中的地方，是组织获取人力资源的重要源泉。对于大专院校应届毕业生招聘，可以选择在校园直接进行，包括在学校举办的毕业生招聘会、招聘张贴、招聘讲座和毕业生分配办公室推荐等。

学校招聘的优势有：①组织可以在校园中招聘到大量的高素质人才；②大学毕业生虽然经验较为欠缺，但是具备巨大的发展潜力；③由于大学生思想较为活跃，可以给组织带来一些新的管理理念和新的技术，有利于组织的长远发展。

但是，学校招聘也存在明显的不足之处：①学校毕业生普遍缺少实际经验，组织需要用较长的时间对其进行培训；②新招聘的大学毕业生无法满足组织即时的用人需要，要经过一段较长的相互适应期；③招聘所费时间较多，成本也相对较高；④在大学中招聘的员工到岗率较低，而且经过一段时间后，离职率较高。

(5) 人才猎取

一般认为，"猎头"公司是一种专门为雇主"猎取"高级人才和尖端人才的职业中介机构。

(6) 员工推荐

通过企业员工推荐人选,是组织招聘的重要形式。

(7) 招聘洽谈会

人才交流中心或者其他人才机构中心,每年都会举办多场招聘洽谈会。在洽谈会中,用人单位可以和应聘者直接进行接洽和交流,节省了双方的时间。随着人才市场的日益完善,洽谈会呈现出向专业方向发展的趋势。例如有高级人才洽谈会、应届生双向选择会、信息技术人才交流会等等。值得注意的是,用人单位想要招聘高级人才还是有一定的困难的。

参加招聘会应注意以下问题:①选择合适的招聘会;②参加招聘会前要做好相应的准备;③对招聘员工的要求。

2. 内部招聘

现代人力资源管理与传统人事管理的一个重要区别是"内"与"外"的区别。前者注重组织内部人力资源的开发利用,注重从组织内部发现、挖掘人才;而后者则不注重组织内部人力资源的开发利用,往往把重点放在从组织外部寻找人才。

内部招聘一般可以通过组织内部的"布告"或推荐等方法来实现。

内部招聘,就是将招聘信息公布给公司内部员工,员工自己可以参加应聘。

还有岗位轮换和返聘。

3. 内部招聘和外部招聘的比较

内部招聘和外部招聘是企业招聘的两种最为常用的方法,内部招聘和外部招聘各有其优点,但也有各自的缺点(如表7-2),内部招聘和外部招聘在企业招聘中相互补充。

表7-2 内部招聘与外部招聘优缺点比较

	优 点	缺 点
内部招聘	(1) 可以节约组织招聘的费用。 (2) 降低招聘的风险。 (3) 选任时间充足。企业对所选任的员工了解全面,能做到任其所长。同时,员工对组织也了解,能更快地适应新岗位。 (4) 可以激励员工士气,调动积极性。 (5) 可以使组织对成员的培训投资获得回收。 (6) 内部招聘不仅成本低,而且招聘速度较快。	(1) 可选择的余地小,难以保证质量。 (2) 容易造成"近亲繁殖",缺乏创新。 (3) 可能因操作不公或员工心理原因造成组织内部矛盾。
外部招聘	(1) 可招聘到有工作经验和高学历的员工。能够最大限度地满足组织对人力资源的需求,保证人才质量。 (2) 使组织招聘有更大的选择范围和选择机会。 (3) 可避免"近亲繁殖",促进组织的创新与发展。 (4) 可以招聘到不同背景的员工,给组织带来新的思想和观念,为企业注入新鲜活力。	(1) 招聘成本高,决策风险大。 (2) 进入角色慢,需要时间适应企业的管理。 (3) 个人价值观可能会与组织文化冲突。 (4) 可能对内部员工造成打击。

三、招聘过程中的注意事项

1. 要注意招聘渠道的选择

企业招聘中经常会碰到这样的问题,招聘前经过精心准备,甚至报出高薪求聘人才,可实际招聘中却找不到合适的人选,相信很多企业都曾经遇到过这种尴尬的情形。其实企业要避免这种尴尬,除了需要制定出岗位所需的人才要求外,还需要严格选择招聘渠道。

企业在布局招聘流程时,首先需要想到的是"我需要什么样的人",然后就是"怎样去找到这样的人"。怎样找到这样的人呢?这就需要做好招聘渠道的特性与招聘岗位特性的结合。①要清晰招聘岗位的特性,不仅要明白"我需要什么样的人",还要熟知"这些人"的岗位层次、岗位重要程度、所属类别、招募的紧急程度、薪酬区间、市场供求状况、活动频繁区域等。②要分析各招聘渠道的优点和缺点,如网络招聘有哪些优点和缺点?现场招聘的优点在哪里、缺点在哪里?猎头招聘的优点和缺点是什么?员工推荐的优点和缺点又是什么?只有将各种招聘渠道的优点和缺点了然于胸,才能做到科学选择。③做好结合工作。比如说公司需要招聘重要岗位的员工时,招聘渠道应该锁定在猎头招聘。因为猎头招聘具有效率高、员工质量有保证的"特性"。同理,具体到其他职位也是如此,关键是要把握好"知症"与"下药"的关系,力争达到"岗位"特性与"渠道"特性最优组合的目标。

2. 要注意信息发布的技巧

招聘信息的发布在整个招聘流程中也显得非常重要,招聘海报的制作也要有特色,并且对应聘者的要求必须与岗位具体描述要相符。具体来讲,在选择了合适的招聘渠道后,企业在信息发布方面要做好两项工作:①要明确招聘重点。在将招聘信息对外发布时,企业需要根据不同职位员工需求的轻重缓急来确定每次招聘活动的重点,从而为招聘活动确定一个核心。②重点职位要突出显示。一般来讲,企业发布招聘信息的第一层次目的就是吸引求职者眼球。在制作招聘海报时,可以将相关信息突出显示。在确定了整个招聘活动的重点和核心职位后,企业就需要在排版上对这些职位信息进行突出显示,如放大职位需求信息、加"急聘"二字等,总之,要使这些职位信息能够达到突出、个性、差异的效果。当然,仅做这些还是不够的,企业还需要选择合适的人才服务机构、合适的招聘展位,这些都是招聘信息大范围传播的关键要素。

3. 要注意面试发问的铺垫

在面试之前可以通过寒暄来拉近彼此的距离,缓解应聘者的紧张感,尤其是初次见面时,真挚的寒暄不仅有利于缓解彼此"陌生"的心理环境,更是可以营造一种轻松的沟通氛围。那么将这个观点运用到企业招聘实践中,则是要求企业方在面试发问前也要来点铺垫,通过真挚的寒暄来缩减彼此之间的心理距离。所以说,企业若是真的想在面试中获取应聘者大量潜在的信息,一定要在发问前来点"寒暄",如谈天气怎么样、近来比较热门的话题等,一方面通过寒暄来凸显企业对应聘者的关爱和重视,营造一种轻松的沟通氛围,另一方面也有利于实现企业与应聘者由"对弈共同体"向"合作共同体"的转变,达到开诚布公、知己知彼的沟通境界。

4. 要注意面试观察都兼顾

面试环节需要解决的主要问题和核心问题就是最大化地获取应聘者的潜在信息,从而确保后续录用决策的准确性和科学性。那么怎样才能最大化地获取应聘者潜在信息呢?答案是集中两大方面:一察言;二观色。在"察言"中,企业要把握两方面问题:一是要注意应聘者的讲述方式;二是要注意应聘者的语气。察完言后,企业还需要"观色"。因为仅仅"察言"还是不够的,尤其是对于那些职场老手来说,即使你再仔细的"察言",也有可能被忽悠,所以面试中的"观色"也很重要。具体来说,"观色"也要做好两点工作:①观面部表情,如脸色是怎样的、眼神是怎样的。②观姿态。如坐姿是否有变化,讲述时的手势是怎样的。总的说来,"察言与观色"

一方面在于检验应聘者讲述信息的真实性,另一方面则在于获取应聘者的潜在信息。当然,在做这方面工作时,面试还不要忘记记录工作。

5. 要注意招聘评估的及时性

企业招聘评估的焦点需要集中在已发生的招聘活动的过程和招聘结果这两大方面。首先,在过程评估方面,企业要关注是否有突发事件、突发事件是否得到了合理解决、计划与实际是否有差异之处、是否存在明显的纰漏之处等几大指标;而在招聘结果方面,企业主要是锁定三大关键指标,一是成本核算,二是实际到位人数,三是应聘总数。与此同时,在开展招聘评估工作时,企业还需要把握的一个关键点就是及时。通常来讲,在完成每个项目或阶段性招聘活动后的一个月内,企业就需要开展招聘评估,因为一旦绩效评估与招聘活动间隔时间过长,绩效评估的激励力度就会呈现出递减之势,所以招聘评估的及时性工作也是整个招聘流程需要把握的一个重点。

四、员工培训的目的和意义

培训是组织开发现有人力资源和提高员工素质以适应组织发展要求的基本途径。组织发展中所产生的人力资源需求,除以招聘方式从外部吸引员工加以补充外,更主要的是通过开发组织现有的人力资源来加以满足。基本符合岗位要求的员工能否创造出优秀的业绩,也与组织的培训密切相关。了解员工需要何种类型的培训、何时培训、以何种方式培训,是人力资源管理工作中的重要内容。

1. 员工培训的含义

员工培训是指一定组织为开展业务及培育人才的需要,采用各种方式对员工进行有目的、有计划的培养和训练的管理活动,其目标是使员工不断地更新知识,开拓技能,改进员工的动机、态度和行为,适应企业新的要求,更好地胜任现职工作或担负更高级别的职务,从而促进组织效率的提高和组织目标的实现。

2. 培训的目的和意义

从以上培训的定义中可以看出,培训不仅要有助于组织目标的实现,而且要能满足员工成长和发展的需要,其最终目的是为了实现组织和员工的共同成长。培训在组织发展和人力资源管理中具有以下作用和意义:

(1) 培训可以增强员工适应岗位的能力。人既不是天生就会做很多事情,也不是天生就知道如何运用自己的潜能,要使员工发挥潜能、胜任岗位工作,就必须对其进行培训。

(2) 培训有助于统一思想。每个组织都有自己的文化、价值观念、行为准则,员工只有了解并接受本组织的文化理念,才能在其中有效地工作。培训是建立和强化组织文化的有效途径;企业文化建立和强化不是孤立的,特别是离不开人力资源管理活动。培训是建设企业文化的重要环节,应把企业文化作为人员培训的重要内容,在培训过程中宣传和强化企业文化。

(3) 培训有助于员工自我发展目标的实现。培训是满足员工实现个人价值的愿望,降低员工的流动率的有效途径;培训是调动员工积极性、降低员工流动率的有效方法,从而有利于员工队伍的稳定。

(4) 培训是培养企业核心竞争力的重要手段。培训着眼于提高人的素质,而人才正是企业最根本、最主要的竞争优势。培训有助于开发员工的潜能,使组织现有的人力资源得到充分利用。

【阅读小资料】

动物拉车

梭子鱼、虾和天鹅三个不知什么时候成了好朋友,一天,它们同时发现路上一辆车,车上有许多好吃的东西,于是就想把车子从路上拖下来。三个家伙一齐负起沉重的担子,它们铆足了狠劲,身上青筋暴露,使出了平生的力气,可是,无论它们怎样拖呀、拉呀、推呀,小车还是在老地方。原来,天鹅使劲往天上提,虾一步步向后倒拖,梭子鱼朝着池塘拉去,究竟谁对谁错?反正,它们都使劲了。

管理启示:一个团队会有不同才能的人,他们都有为企业奉献的精神,但是如果企业没有将他们的才能用到一处,没有使企业的力量形成合力,那么,最后埋怨谁都是无济于事的。故事告诉我们,企业虽然将员工招聘进来了,但要对员工进行一定的培训,让其明白企业的发展目标,应该怎么努力才能实现共同目标。

五、员工培训的原则

员工培训的原则是组织在培训过程中应遵循的基本指导思想和指导方针,一般包括以下方面:

1. 激励强化效果原则

培训是一种重要的人力资本投资方式,它不仅可以满足组织发展需要,而且可以使受训者个人的人力资本增值。从这个角度讲,培训可使员工个人受益,增强其自身价值,从而对员工产生一种激励作用。从组织角度讲,要从全局出发,充分运用激励手段来强化培训效果。一般情况下,组织可把培训与员工个人的任职、晋升、奖惩、工资福利等衔接起来。当员工受训完毕达到预期效果后,可通过增加报酬或职务晋升来鼓励员工,让员工充分了解培训对自己的益处,进一步调动员工的积极性、主动性和创造性,最大限度地发挥自身潜能。

2. 因材施教原则

组织内工作岗位众多,不同岗位的内容、性质及要求差别较大,而且员工在知识水平、兴趣、经验、能力等方面也存在明显的个体差异。因此,组织在进行员工培训时,既要掌握集体培训的总原则,同时更要针对员工的个体特点和具体岗位的要求科学地确定培训内容及方法,进行因材施教。

另外,培训过程中还应采用全员培训和重点提高相结合的方式。全员培训就是有计划、有步骤地对在职的各级各类人员都进行培训,这是提高全员素质的必由之路。但为了提高培训投入的回报率,培训还必须有重点,这个重点就是对企业的兴衰有着更大影响力的管理和技术骨干,特别是中高层管理人员。

3. 知识技能与组织文化相结合原则

知识技能培训与组织文化培训兼顾的原则,企业既要安排文化知识、专业知识、专业技能的培训内容,还应安排理想、信念、价值观、道德观等方面的培训内容,使员工不仅有较强的专业技能,又具有较高的职业道德修养。

4. 理论联系实际原则

培训都应当有明确的针对性,从实际工作的需要出发,与职位特点紧密结合,与培训对象的年龄、知识结构、能力结构、思想状况紧密结合,这样才能收到实效,推动工作水平的提高。

而员工培训的直接目的是改变员工态度,提高员工素质和工作技能,使员工更好地与工作相适应,因此培训必须做到理论联系实际,切实做到学用一致。培训要有明确的针对性,要紧紧围绕培训目标,从实际工作需要出发,与岗位要求相联系;同时,要做到培训与使用不脱节,组织发展需要什么,员工缺少什么理论与技术,培训就要及时、准确地跟进,予以体现和实施。

培训要想真正实现其目标,就不能仅仅依靠简单的教,应坚持实践原则,为受训者提供实践操作的机会,使他们在实践中体会,从实际操作中提高能力。尤其是一些涉及工作技能的培训,对实施的条件要求更高。通过实践检验,才能够切实提高培训的效果,从而实现组织与个人的双赢。同时,通过员工的亲身参与,能够发现培训过程中存在的偏差及问题,以便为下一次培训提供改进措施。

5. 明确培训目标原则

目标管理是管理的有效手段之一,培训作为人力资源管理活动中重要的一环也必须遵守这一原则。为受训员工设置明确的、有一定难度的培训目标,可以有效增强培训效果。培训目标的确定必须合理、适中,太难或太容易都会失去培训的价值。所以,培训目标的设置要与每个人的具体工作相联系,使受训者了解培训的目标源于工作又高于工作,是自我提高和发展的高层次延续。

明确培训目标后,还应对培训结果进行严格考核和择优奖励。培训工作与其他工作一样,严格考核和择优奖励是不可缺少的管理环节。严格考核是保证培训质量的必要措施,也是检验培训质量的重要手段。只有培训考核合格,才能择优录用或提拔。

第四节 绩效考核与薪酬

一、绩效考核概述

1. 绩效考核的定义

绩效考核起源于西方国家文官(公务员)制度。最早的考核起源于英国,在英国实行文官制度初期,文官晋级主要凭资历,于是造成工作不分优劣,所有的人一起晋级加薪的局面,结果是冗员充斥,效率低下。1854—1870年,英国文官制度改革,注重表现、看才能的考核制度开始建立。根据这种考核制度,文官实行按年度逐人逐项进行考核的方法,根据考核结果的优劣实施奖励与升降。考核制度的实行,充分地调动了英国文官的积极性,从而大大提高了政府行政管理的科学性,增强了政府的廉洁与效能。英国文官考核制度的成功实行为其他国家提供了经验和榜样。美国于1887年也正式建立了考核制度。强调文官的任用、加薪和晋级,均以工作考核为依据,论功行赏,称为功绩制。此后,其他国家纷纷借鉴与效仿,形成各种各样的文官考核制度。

文官考核制度的成功实施,使得有些企业开始借鉴这种做法,在企业内部实行绩效考核,试图通过考核对员工的表现和实绩进行实事求是的评价,同时也要了解组织成员的能力和工作适应性等方面的情况,并作为奖惩、培训、辞退、职务任用与升降等实施的基础与依据。

绩效考核是指考评主体对照工作目标或绩效标准,采用科学的考评方法,评定员工的工作任务完成情况,员工的工作职责履行程度和员工的发展情况,并且将评定结果反馈给员工的过程。

2. 绩效考核的作用

（1）有助于企业达成目标。绩效考核本质上是一种过程管理，而不是仅仅对结果的考核。它是将中长期的目标分解成年度、季度、月度指标，不断督促员工实现、完成的过程，有效的绩效考核能帮助企业达成目标。

（2）有助于企业发现问题。绩效考核是一个不断制订计划、执行、检查、处理的PDCA循环过程，体现在整个绩效管理环节，包括绩效目标设定、绩效要求达成、绩效实施修正、绩效面谈、绩效改进、再制定目标的循环，这也是一个不断发现问题、改进问题的过程。

（3）有助于企业分配利益。与利益不挂钩的考核是没有意义的，员工的工资一般都会分为两个部分：固定工资和绩效工资。绩效工资的分配与员工的绩效考核得分息息相关，所以一说起考核，员工的第一反应往往是绩效工资的发放。

（4）有助于企业激励员工。通过绩效考核，把员工聘用、职务升降、培训发展、劳动薪酬相结合，使得企业激励机制得到充分运用，有利于企业的健康发展；同时，对员工本人也便于建立不断自我激励的心理模式。

【阅读小资料】

标 准

有一个小和尚担任撞钟一职，半年下来，觉得无聊之极，"做一天和尚撞一天钟"而已。有一天，主持宣布调他到后院劈柴挑水，原因是他不能胜任撞钟一职。小和尚很不服气地问："我撞的钟难道不准时、不响亮？"老主持耐心地告诉他："你撞的钟虽然很准时，也很响亮，但钟声空泛、疲软，没有感召力。钟声是要唤醒沉迷的众生，因此，撞出的钟声不仅要洪亮，而且要圆润、浑厚、深沉、悠远。"

管理启示：本故事中的主持犯了一个常识性管理错误，"做一天和尚撞一天钟"是由于主持没有提前公布工作标准造成的。如果小和尚进入寺院的当天就明白撞钟的标准和重要性，我想他也不会因怠工而被撤职。工作标准是员工的行为指南和考核依据。缺乏工作标准，往往导致员工的努力方向与公司整体发展方向不统一，造成大量的人力和物力资源浪费。因为缺乏参照物，时间久了员工容易形成自满情绪，导致工作懈怠。制定工作标准尽量做到数字化，要与考核联系起来，注意可操作性。

3. 绩效考核的基本方法

（1）关键绩效指标（KPI）

关键绩效指标（KPI）是用于考核和管理被考核者绩效的可量化的或可行为化的标准体系，它体现对组织战略目标有增值作用的绩效指标，通过在关键绩效指标上达成承诺，员工与管理者都可以进行工作期望、工作表现和未来发展方面的沟通。KPI类型分为数字型、时限型、项目型和混合型。

（2）平衡计分卡（BSC）

平衡计分卡是哈佛商学院教授罗伯特·卡普兰和咨询公司总裁大卫·P.诺顿在总结多家绩效测评处于领先地位公司经验的基础上，于1992年发明并推广的。该方法不但完全改变了企业绩效测评思想，而且还推动企业自觉地去实现战略的目标体系，在产品、流程、顾客和市场开发等关键领域使企业获得全方位的成功。据说世界500强企业有80%都有应用平衡计分卡这一方法。

平衡计分卡的实质是将企业的战略发展落到具体的绩效上，从而约束每一项具体工作，按照企业战略发展的方向产生绩效，使企业整合起来的绩效最大，最符合企业的发展。简单地说，平衡计分卡是企业战略发展的绩效关联定位和绩效测评的工具，它整合了企业财务指标和非财务指标、短期利益与长期利益、驱动指标与滞后指标，确保企业持续性长期发展。

（3）360度绩效考核法

360度反馈（360°Feedback），又称"360度绩效考核法"或"全方位考核法"，由被誉为"美国力量象征"的典范企业英特尔首先提出并加以实施。360度绩效反馈是指由员工自己、上司、直接部属、同仁同事甚至顾客等全方位的从各个角度来了解个人的绩效：沟通技巧、人际关系、领导能力、行政能力……通过这种理想的绩效评估，被评估者不仅可以从自己、上司、部属、同事甚至顾客处获得多种角度的反馈，也可以从这些不同的反馈清楚地知道自己的不足、长处与发展需求，使以后的职业发展更为顺畅。

自己，主要是来自自我评价，即根据自己在工作期间的绩效表现来评估并以此设定未来的目标，在评估时，一般会降低自我防卫意识，有利于了解自身存在的不足；同事，即来自同事的评价，指同事间互相评绩效的方式以达到绩效评估的目的，这种方式有利于彼此间的沟通；下属，即由部属来评价上司，管理者可以通过下属的反馈，清楚地知道自己的管理能力有什么地方需要加强，这种评估行为在一些人力资源管理专家看来，会对其管理才能的发展有很大的裨益；主管，即绩效评估的工作是由主管来执行，因此身为主管必须熟悉评估方法，并善用绩效评估的结果作为指导部属、发展部属潜能的重要武器。

随着企业的调整，一些公司常常会推动一些跨部门的合作方案，因此一些员工可能同时会与很多主管一起共事，所以在绩效评估的系统建立上，亦可将多主管、矩阵式的绩效评估方式纳入绩效评估系统之中。

（4）目标管理法

目标管理法是现代更多采用的方法，管理者通常很强调利润、销售额和成本这些能带来成果的结果指标。在目标管理法下，每个员工都确定有若干具体的指标，这些指标是其工作成功开展的关键目标，它们的完成情况可以作为评价员工的依据。

（5）关键事件法

关键事件法（Critical Incident Method, CIM）又称关键事件技术（Critical Incident Technique, CIT），是指确定关键的工作任务以获得工作上的成功。关键事件是使工作成功或失败的行为特征或事件（如成功与失败、盈利与亏损、高效与低产等）。关键事件法要求分析人员、管理人员、本岗位人员将工作过程中的"关键事件"详细地加以记录，并在大量收集信息后，对岗位的特征和要求进行分析研究的方法。关键事件法，是客观评价体系中最简单的一种形式，由美国学者弗拉赖根和贝勒斯在1954年提出，通用汽车公司在1955年运用这种方法获得成功。它是通过对工作中最好或最差的事件进行分析，对造成这一事件的工作行为进行认定，从而做出工作绩效评估的一种方法。这种方法的优点是针对性比较强，对评估优秀和劣等表现十分有效；缺点是对关键事件的把握和分析可能存在某些偏差。

二、绩效考核的原则

1. 对考核对象实行一视同仁原则

一视同仁是确立和推行人员考绩公平制度的前提。在考绩中，各级领导和人事部门要排除一切干扰,本着实事求是的精神,客观、全面、真实地考察和评价工作人员。

公司的人事考评标准、考评程序和考评责任都应当有明确的规定,而且在考评中应当严格遵守这些规定。同时,考评标准、程序和对考评责任者的规定在公司内都应当对全体员工公开,这样才能使员工对人事考评工作产生信任感,对考评结果抱以理解、接受的态度。

当然,实行一视同仁的原则并不代表受考核的对象不存在差别。考核的等级之间应当有鲜明的差别界限,针对不同的考评评语在工资、晋升、使用等方面应体现明显差别,使考评带有刺激性,鼓励员工的上进心。

2. 对考核标准实行严格客观原则

考绩不严格就会流于形式,形同虚设。考绩不严,不仅不能全面地反映员工的真实情况,而且还会产生消极后果。上级在对员工进行考核时,应该不藏私心,坚决严格地执行。考绩的严格性包括:要有明确的考核标准;要有严肃认真的考核态度;要有严格的考核制度与科学而严格的程序及方法等。

人事考评应当根据明确规定的考评标准,针对客观考评资料进行评价,尽量避免加入主观性和感情色彩。也就是说,首先要做到"用事实说话",考评一定要建立在客观事实基础上。其次要做到把被考评者与既定标准作比较,而不是在人与人之间比较。

3. 对"直接上级"的考评实行尽量维持原则

对各级员工的考评,都必须由被考评者的"直接上级"进行。直接上级相对来说最了解被考评者的实际工作表现(成绩、能力、适应性),也最有可能反映真实情况。间接上级(即上级的上级)对直接上级作出的考评评语不应当擅自修改。单头考评明确了考评责任所在,并且使考评系统与组织指挥系统取得一致,更有利于加强经营组织的指挥机能。

4. 对考核结果实行公开原则

考绩的结论应对本人公开,这是保证考绩民主的重要手段。这样做,一方面,可以使被考核者了解自己的优点和缺点、长处和短处,从而使考核成绩好的人再接再厉,继续保持先进,也可以使考核成绩不好的人心悦诚服,奋起上进;另一方面,还有助于防止考绩中可能出现的偏见以及种种误差,以保证考核的公平与合理。

5. 对考核方式实行奖惩结合原则

依据考绩的结果,应根据工作成绩的大小、好坏有赏有罚,有升有降,而且这种赏罚、升降不仅与精神激励相联系,还必须通过工资、奖金等方式同物质利益相联系,这样才能达到考核的真正目的。

6. 对考核结果实行适时反馈原则

考评的结果(评语)一定要适时反馈给被考评者本人,否则就起不到考评的教育作用。在反馈考评结果的同时,应当向被考评者就评语进行说明解释,肯定成绩和进步,说明不足之处,提供今后努力的参考意见。

三、薪酬管理

1. 薪酬的概念

薪酬泛指雇员作出有偿劳动而获得的回报,包括工资及其他项目(如津贴、保险、退休金),以及非现金的各种员工福利,如有薪假期、医疗保险等。此外亦指为结清债务或弥补伤害所支付的和解款项。

从广义上讲,薪酬包括工资、奖金、休假等外部回报,也包括参与决策、承担更大责任等内部回报。

外部回报是指员工因为雇佣关系从自身以外所得到的各种形式的回报,也称外部薪酬。外部薪酬包括直接薪酬和间接薪酬。直接薪酬是员工薪酬的主体组成部分,包括员工的基本薪酬,即基本工资,如周薪、月薪、年薪等;也包括员工的激励薪酬,如绩效工资、红利和利润分成等。间接薪酬即福利,包括公司向员工提供的各种保险、非工作日工资、额外的津贴和其他服务,如单身公寓、免费工作餐等。

内部回报指员工自身心理上感受到的回报,主要体现为一些社会和心理方面的回报,一般包括参与企业决策、获得更大的工作空间或权限、更大的责任、更有趣的工作、个人成长的机会和活动的多样化等。内部回报往往看不见,也摸不着,不是简单的物质付出,对于企业来说,如果运用得当,也能对员工产生较大的激励作用。然而,在管理实践中内部回报方式经常会被管理者忽视,管理者应当认识到内部回报的重要性并合理利用。

2. 薪酬的组成

(1) 薪酬的分类

薪酬,主要由薪水和报酬组成。在现实的企业管理环境中,往往将两者融合在一起运用。

薪水,又称薪金、薪资,所有可以用现金、物质来衡量的个人回报都可以称为薪,也就是说薪是可以数据化的,发给员工的工资、保险、实物福利、奖金、提成等等都是薪。做工资、人工成本预算时预计的数额都是薪。

报酬,又称报答、酬谢,是一种着眼于精神层面的酬劳。不少企业给员工的工资不低,福利不错,员工却还对企业诸多不满;而有些企业,给的工资并不高,工作量不小,员工很辛苦,但员工却很快乐,为什么呢? 究其源,还是在付"酬"上出了问题。当企业没有精神,没有情感时,员工感觉没有梦想,没有前途,没有安全感,就只能与企业谈钱,员工与企业之间变成单纯的交换关系,这样的单纯的"薪"给付关系是不能让员工产生归属感的。

薪酬分为经济薪酬和非经济薪酬,经济薪酬分为直接经济薪酬和间接经济薪酬。

根据货币支付的形式,可以把薪酬分为两大部分:一部分是直接以货币薪酬的形式支付的工资,包括基本工资、奖金、绩效工资、激励工资、津贴、加班费、佣金、利润分红等;另一部分则体现为间接货币薪酬的形式,间接地通过福利(如养老金、医疗保险)以及服务(带薪休假等)支付的薪酬。

(2) 工资分类和等级设定

公司实行岗位结构工资制度,即根据各岗位所承担的职责和工作任务以及工作的繁简难易程度等因素确定其工资标准。

员工岗位结构工资由以下部分构成:

① 基本工资。是工资构成中的固定部分,是公司对员工在完成规定的工作时间和工作量后,维持员工本人基本生活费用而支付给员工的基本劳动薪酬。

② 岗位工资。是工资构成中的固定部分,按岗位职责、承担责任、工作繁简难易程度支付给员工个人的劳动薪酬。

③ 各种津、补贴。是工资构成中的固定部分,是公司对员工所担任的不同岗位、不同责任以及额外劳动消耗并兼顾物价因素而支付给员工的津、补贴(包括职务津贴、岗位津贴、政策性补贴、主城区内交通、误餐补贴等)。

④ 绩效工资。是与员工实际工作绩效挂钩的工资。

⑤ 预发奖金。是对部分员工根据其岗位的要求需要由全年工作考核确定其工资水平而预发的奖金。

⑥ 包干费用。是对与公司签订《聘用合同书》的人员所给予的工资性的补贴，包括五险一金等社会保险统筹、劳保福利费、交通补贴、通讯费用以及非国家法定节假日的加班加点工资等。

3. 薪酬设计目标

薪酬要发挥应有的作用，薪酬管理应达到三个目标：效率、公平、合法。达到效率和公平目标，就能促使薪酬激励作用的实现，而合法性是薪酬基本要求，因为合法是公司存在和发展的基础。

（1）效率目标

效率目标包括两个层面：①站在产出角度来看，薪酬能给组织绩效带来的最大价值，包括所有的员工绩效考核；②站在投入角度来看，实现薪酬成本的控制。薪酬效率目标的本质是用适当的薪酬成本给组织带来最大的价值。

（2）公平目标

公平目标包括三个层次：分配公平，过程公平，机会公平。

分配公平是指组织在进行人事决策、决定各种奖励措施时，应符合公平的要求。如果员工认为受到不公平对待，将会产生不满。员工对于分配公平认知来自于其对于工作的投入与所得进行主观比较而定，在这个过程中还会与过去的工作经验、同事、同行、朋友等进行对比。分配公平分为自我公平、内部公平、外部公平三个方面。自我公平，即员工获得的薪酬应与其付出成正比；内部公平，即同一企业中，不同职务的员工获得的薪酬应正比于其各自对企业做出的贡献；外部公平，即同一行业、同一地区或同等规模的不同企业中类似职务的薪酬应基本相同。

过程公平是指在决定任何奖惩决策时，组织所依据的决策标准或方法符合公正性原则，程序公平一致、标准明确、过程公开等。

机会公平指组织赋予所有员工同样的发展机会，包括组织在决策前与员工互相沟通、组织决策考虑员工的意见、主管考虑员工的立场、建立员工申诉机制等。

（3）合法目标

合法目标是企业薪酬管理的最基本前提，要求企业实施的薪酬制度符合国家、省区的法律法规、政策条例要求，如不能违反最低工资制度、法定保险福利、薪酬指导线制度等的要求规定。

一直以来，企业的人力资源工作都不容易开展。在一些企业的价值链条中，人力资源部门的作用往往被忽视。企业人力成本压力加大，正是人力资源部门发挥控制成本、增加绩效作用的好时机。那么，面对涨薪压力，人力资源部门如何帮助企业实现盈利呢？归根结底，还是要打好一场人才战略。

【本章小结】

人力资源（Human Resource）的概念是由管理大师彼得·德鲁克于 1954 年在其著作《管理实践》中首次提出并正式加以明确界定的。本章主要介绍：人力资源的概念，人力资源管理的主要内容，包括人力资源计划、招聘、选拔、培训与发展，业绩评估，制定工资和福利制度等一系列活动,向组织提供合适人选,并取得高绩效水平和职工最大满足的过程。

【本章练习题】

一、单项选择题

1. 人力资源的概念是由管理大师( )于1954年在其著作《管理实践》中首次提出并正式加以明确界定的。
   A. 泰罗　　　　　B. 法约尔　　　　C. 彼得·德鲁克　　D. 马斯洛
2. 招聘员工时应优先考虑( )。
   A. 企业外部人员　　　　　　　　　B. 企业内部人员
   C. 在校学生　　　　　　　　　　　D. 世界五百强企业退聘人员
3. 企业在布局招聘流程时,首先需要想到的是( )。
   A. 我需要什么样的人　　　　　　　B. 怎样找到合适的人
   C. 应该制定什么样的条件来吸引新人　D. 怎样留住新入职的员工
4. 在面试之前可以通过( )来拉近彼此间的距离,缓解应聘者的紧张感,尤其是初次见面时,更是可以营造一种轻松的沟通氛围。
   A. 握手　　　　　B. 拥抱　　　　　C. 寒暄　　　　　D. 行贴面礼
5. 培训是培养企业核心竞争力的重要手段。培训着眼于提高人的素质,而( )正是企业最根本、最主要的竞争优势。
   A. 知识　　　　　B. 人才　　　　　C. 技术　　　　　D. 信息
6. 从培训与工作的关系来划分,有( )。
   A. 上层培训、中层培训和下层培训　　B. 高级、中级和初级培训
   C. 文化补习、学历教育、岗位职务培训　D. 在职培训、脱产培训和半脱产培训
7. 新员工的招聘中,下列不属于新员工来源的是( )。
   A. 企业内部原有的职员　　　　　　B. 即将毕业的在校学生
   C. 其他企业的原有职员　　　　　　D. 跨国公司的离职职员
8. ( )是哈佛商学院教授罗伯特·卡普兰和咨询公司总裁大卫·P.诺顿在总结多家绩效测评处于领先地位公司的经验的基础上,于1992年发展并推广的。
   A. 关键绩效指标(KPI)　　　　　　B. 平衡计分卡
   C. 360度绩效考核法　　　　　　　D. 目标管理法
9. ( )是客观评价体系中最简单的一种形式,由美国学者弗拉赖根和贝勒斯在1954年提出,通用汽车公司在1955年运用这种方法获得成功。
   A. 关键事件法　　　　　　　　　　B. 平衡计分卡
   C. 360度绩效考核法　　　　　　　D. 目标管理法

二、多项选择题

1. 人力资源管理的基本内容有( )。
   A. 选才　　　　　B. 育才　　　　　C. 用才　　　　　D. 留才
2. 人力资源计划中的人员配备原则为( )。
   A. 因事择人原则　　　　　　　　　B. 因材器用原则
   C. 用人所长原则　　　　　　　　　D. 人事动态平衡原则

3. 下列属于人力资源规划过程的是（　　　　）。
   A. 评价现有的人力资源　　　　　　　　B. 评估过去的人力资源
   C. 预估将来需要的人力资源　　　　　　D. 制定满足未来人力资源需要的行动方案
4. 员工招聘的原则有（　　　　）。
   A. 先外后内原则　　　　　　　　　　　B. 先内后外原则
   C. 德才兼备原则　　　　　　　　　　　D. 公正平等原则
5. 组织外部招聘的最大好处有（　　　　）。
   A. 能为组织带来新鲜血液　　　　　　　B. 强大的组织能力
   C. 新的管理方法　　　　　　　　　　　D. 专业技能

三、简答题

1. 人力资源管理的含义是什么？
2. 人力资源计划中人员配备需要坚持什么原则？
3. 人力资源规划的含义是什么？
4. 简述人力资源规划的内容。
5. 人力资源规划的作用有哪些？
6. 简述员工招聘的含义。
7. 员工招聘对企业有何意义？
8. 员工招聘需要遵循什么原则？
9. 企业通过什么渠道来招聘员工？招聘过程中需要注意些什么问题？
10. 企业为何要开展员工培训？
11. 绩效考核有哪些作用？

四、案例分析题

索尼的"内部跳槽"

一天晚上，索尼董事长盛田昭夫按照惯例走进职工餐厅与职工一起就餐、聊天，他多年来一直保持着这个习惯，以培养员工的合作意识及与他们的良好关系。

这天，盛田昭夫忽然发现一位年轻职工郁郁寡欢，满腹心事，闷头吃饭，谁也不理。于是，盛田昭夫就主动坐在这名员工对面，与他攀谈。几杯酒下肚之后，这个员工终于开口了："我毕业于东京大学，有一份待遇十分优厚的工作。进入索尼之前，对索尼公司崇拜得发狂。当时，我认为我进入索尼，是我一生的最佳选择。但是，现在才发现，我不是在为索尼工作，而是为课长干活。坦率地说，我这位课长是个无能之辈，更可悲的是，我所有的行动与建议都得课长批准。我自己的一些小发明与改进，课长不仅不支持、不解释，还挖苦我癞蛤蟆想吃天鹅肉，有野心。对我来说，这名课长就是索尼。我十分泄气，心灰意冷。这就是索尼？这就是我的索尼？我居然放弃了那份优厚的工作来到这种地方！"

这番话令盛田昭夫十分震惊，他想，类似的问题在公司内部员工中恐怕不少，管理者应该关心他们的苦恼，了解他们的处境，不能堵塞他们的上进之路，于是产生了改革人事管理制度的想法。之后，索尼公司开始每周出版一次内部小报，刊登公司各部门的"求人广告"，员工可以自由而秘密地前去应聘，他们的上司无权阻止。另外，索尼原则上每隔两年就让员工调换一次工作，特别是对于那些精力旺盛、干劲十足的人才，不是让他们被动地等待工作，而是主动地给他们施展才能的机会。在索尼公司实行内部招聘制度以后，有能力的人才大多能找到自己较中意的岗位,而且人力资源部门可以发现那些"流出"人才的上司所存在的问题。

这种内部跳槽式的人才流动是要给人才创造一种可持续发展的机遇。在一个单位或部门内部,如果一个普通职员对自己正在从事的工作并不满意,认为本单位或本部门的另一项工作更加适合自己,想要改变一下却并不容易。许多人只有在干得非常出色,以致感动得上司认为有必要给他换个岗位时才能如愿,而这样的事普通人一辈子也难碰上几次。当职员们对自己的愿望常常感到失望时,他们的工作积极性便会受到明显的抑制,这对用人单位和职员本身都是一大损失。

一个单位,如果真的要用人所长,就不要担心职员们对岗位挑三拣四。只要他们能干好,尽管让他们去争。争的人越多,相信也干得越好。对那些没有本事抢到自认为合适的岗位,又干不好的剩余员工,不妨让他待岗或下岗,或者干脆考虑外聘。索尼公司的内部跳槽制度就是这样,有能力的职员大都能找到自己比较满意的岗位,那些没有能力参与各种招聘的员工才会成为人事部门关注的对象,而且人事部门还可以从中发现一些部下频频"外流"的上司们所存在的问题,以便及时采取对策进行补救。这样,公司内部各层次人员的积极性都被调动起来。当每个干部职工都朝着"把自己最想干的工作干好,把本部门最想用的人才用好"的目标努力时,企业人事管理的效益也就发挥到了极致。

内部候选人已经认同了本组织的一切,包括组织的目标、文化、缺陷,比外部候选人更不易辞职。

问题:
1. 本案例中的索尼公司在人事管理中出现了什么问题?
2. "内部跳槽"是怎么回事?案例中索尼的"内部跳槽"具体是怎么做的?
3. 如何将企业人事管理的效益发挥到极致?请你运用所学的相关知识谈谈自己的看法。

第八章 领　导

【学习目标】

知识点：
- 掌握领导的本质及领导者的权力来源
- 掌握领导者与管理者的区别
- 理解几种典型领导方式的理论
- 理解领导风格
- 理解领导艺术的要领

技能点：
- 培养如何提升领导者品质
- 学习用领导者的眼光分析问题

【导入案例】

新加坡领导人李光耀的卓越领导力

李光耀从1959年出任新加坡自治邦首届政府总理开始，担任新加坡最高领导人长达31年，1990—2011年任新加坡内阁资政。李光耀将新加坡从一个贫穷落后的小国建设成世界上最富有和最具竞争力的国家之一，同时也是世界上最优秀的商业都市之一；李光耀被称为现代新加坡之父，并享有世界级政治家的美誉。美国前总统尼克松在《领导者》一书中曾经谈道：李光耀是他会见过的最能干的国家领导人之一。尼克松称赞李光耀是"小舞台上的大人物，由于历史的偶然，才只担任了小国的领导人，像李光耀这样一位高瞻远瞩的领导人不能在更广阔的舞台上施展才干，对世界来说，是一个不可估量的损失"。《纽约时报》曾称李光耀是"世界上最聪明，同时也是最得人心的专制者"。

李光耀的领导和治国理念主要表现在五个方面：精英主义、功绩制度、实用主义、亚洲式民主和严明法治。

1. 精英主义

李光耀深信精英治国，他所创建的人民行动党是一个精英式的领导政党。李光耀认为，精英人才不仅要受过良好的教育，还要有铁一般的意志；要有为人民服务的决心，要有联系人民、正确引导人民的能力，还要以身作则；此外，"情商""智商"都很重要。李光耀曾经欣慰地说：我觉得我已做了我所能做到的，那就是网罗最能干和最坚强的人来领导新加坡。

2. 功绩制度

为贯彻精英主义，李光耀将新加坡建构成一个任人唯贤、论功行赏的社会。他说，他执政时所做的第一件事，就是使每个人明白，小时候要努力学习，长大后掌握必要的技能和知识，政府将会为人们创造一个学以致用和按劳取酬的环境。

3. 实用主义

在李光耀的领导行为中,有着强烈的实用主义倾向,将"功效至上"或"有用"作为政策制定和执行是否正确的法则,相信"有用便是真理"。对李光耀和人民行动党来说,所谓有用,就是一切对新加坡的发展有用、有利的。李光耀说:"我是一个经验论者,我不是一个空想家,我不信理论,虽然我阅读各种理论,也对它感兴趣,可是,当我碰到一个问题时,我就当机立断地加以解决,不是根据什么理论找解决办法。"他又说,好的政府在追求国家利益时,是不分理论或思想的,好的政府是务实的政府。

4. 亚洲式民主

李光耀主张,要以东方文化和儒家思想为背景,对西方民主理念进行修正,在新加坡建立"亚洲式民主"。"亚洲式民主"的理念,是在亚洲这个不同于西方的地方建立一个适合亚洲文化条件的独特政体,该政体将反映亚洲文化所强调的和谐稳定、服从权威、集体忠诚、刻苦耐劳、重视家庭等价值体系。"亚洲式民主"的特征主要表现为儒家思想伦理和威权主义领导方式。

5. 严明法治

政治威权如果缺少法治,就会成为专制。但李光耀的领导是政治威权与严明法治并行,坚持法律至上,绝不允许有任何特权,因而造就了政府的廉洁高效和社会的公平正义。

李光耀总结了他多年来的从政经验和领导艺术,将其归纳为"六个基本原则":一是发出明确的信号,不要迷惑人民;二是前后一致,在基本政策上不要突然转向和改变;三是保持廉洁,杜绝贪污;四是要受人尊敬,为了人民的长远利益,即使有一些政策在短期内不受欢迎,政府也要毫不犹豫地付诸实施;五是分摊利益,不剥夺人民应有的生活条件;六是努力争取成功,绝不屈服。

(资料来源:范逢春,《管理学》,清华大学出版社,2013)

第一节 领导的实质

领导是管理的重要职能之一,是决定一个组织发展与衰落的关键因素,领导职能贯穿于管理活动的始终。从事管理工作不同层次的管理者,都应具备一定的领导素质,都必须掌握一定的领导艺术,更重要的是都必须采用与组织环境相适应的领导方式。

一、领导的内涵

"领导"是个常见的词,凡是处于组织中,不论是营利性的还是非营利性的,都能感受到领导的存在。"领导"在汉语中可以作名词用,即领导者的简称;也可以作动词用,即"领导者"的一种行为过程。管理学研究的领导是后者,是作为管理的一种职能来理解的。

1. 国外学者对领导的定义

关于如何定义领导,一直众说纷纭,一位管理学家甚至说,有多少管理学家为领导定义就有多少个领导的定义。下面列举国外一些有影响的学者对领导的定义,以从不同角度了解领导的内涵。

泰勒认为,领导是使人们自愿努力以达到群体目标而采取的行动。

斯蒂芬·罗宾斯则把领导定义为一种影响一个群体实现目标的能力。

G. R. 特纳认为,领导是影响人们为自动完成群体目标而努力的一种行为。

彼德·德鲁克认为,有效的领导应能完成管理的职能,即计划、组织、领导和控制。

K. 戴维斯说,领导是一种说服他人热心追求一定目标的能力。

马克斯·韦伯认为,有效的领导有一种魅力,其具有的某种精神力量和个人特征,能够对许多人施加个人影响。

托格狄尔1950年提出,领导是对组织内群体或个体施加影响的活动过程。

比尔·泰瑞1960年提出,领导是影响人们自动地为达到群体目标而努力的一种行为。

孔茨等人提出,领导是一种影响力,引导人们行为,从而使人们情愿地、热心地实现组织或群体目标的过程。

巴纳德认为,领导是上级影响下级的行为,以及劝导他们遵循某个特定行动方针的能力。

从上述学者的观点中,可以看到对于领导的认识并没有局限在组织赋予领导的职位和权力上,而是倾向于关注领导的影响力。这里,影响力的来源可能是正式的,即组织赋予的,也可能是非正式的。这种对影响力的关注形成了领导定义的主流。

2. 本书对领导的定义

本书将领导定义为:领导是指领导者为实现组织和群体目标,运用权力指挥、带领、激励和影响下属行为的方式或过程。这种行为和影响包括行使组织所赋予的权力,但更主要的是通过领导者自身的影响力,使人们积极主动地为实现组织或群体的目标而努力。

为了便于准确理解领导的含义,可以将其概括为以下几点:①领导的本质是一种影响力;②领导是领导者运用权力的过程,这些权力源自两个方面,一是职位权力,二是个人权力;③领导的目的是实现组织或群体的目标;④领导需要有领导对象,即下属和追随者,没有下属的领导者是光杆司令,不能视为领导者;⑤领导工作要受到环境的影响和制约,领导行为应该与环境相适应;⑥领导既是对人们施加影响的过程,也是一种艺术,越是高层次的领导行为,因其面对因素的复杂性和不确定性越大,所以艺术的成分就越多。

综上所述,领导是由领导者、被领导者和所处环境之间的相互作用构成的,是指引和影响个体、群体或组织来实现所期望目标的一个动态过程。

二、领导的实质与作用

1. 领导的实质

领导的实质是追随关系,就是领导者通过影响被领导者,使其能自觉、自愿地把自己的能力贡献给组织,促使组织目标更有效地实现。换言之,正是人们愿意追随某人,从而使其成为一名领导者。此外,人们往往追随那些他们认为可以为其实现愿望、满足其要求和需要的人。正确理解领导的本质,需要从三个层面来把握:领导是组织成员的追随者与服从者;由于成员的追随与服从使领导过程成为可能;成员的追随与服从是由于领导者掌握一定的资源,能够满足组织成员的愿望和需求。

领导和激励是密切相关的。领导只有了解激励的作用才能更好地理解下属需要什么以及他们的行为动因。领导者不仅可以对下属的激励因素做出反应,而且还能运用他们塑造组织氛围来激发或抑制这些激励因素。这两项因素无论对领导工作还是对管理工作都是十分重要的。

2. 领导的作用

在带领、引导和鼓励下属为实现组织目标而努力的过程中,领导者要具体发挥指挥、协调、激励和纠正偏差四个方面的作用。

(1) 指挥。领导能够确定组织未来的发展方向,对未来的情况高瞻远瞩,并为实现远景目标而制定变革战略。在组织的集体活动中,领导者具有引导、指挥、指导或先导的作用,帮助组织成员最大限度地实现组织目标。在整个活动中,要求领导者作为带头人来引导组织成员前进,鼓励人们去奋斗,实现组织目标。

(2) 协调。领导者为了使组织内的所有人都能最大限度地发挥其才能,以便实现组织的既定目标,就必须联合群众,对需要合作的人讲明这一既定发展方向,以形成联盟。因为各人的才能、理解能力、工作态度、进取精神、性格、地位等方面的不同,加上外部各种因素的干扰,人们会在思想上产生各种分歧、在行动上出现偏离目标的情况,这时需要领导者来协调人们之间的关系和活动,鼓舞人们去奋斗以实现组织的目标。

(3) 激励。领导通过唤起人类基本的但尚未得到满足的需求、价值和情感,来使群众战胜阻碍,沿着正确方向前进;通过关心下属、为下属主动创造能力发展空间和职业生涯发展等行为,激励和鼓舞下属的斗志,充分调动组织中每个成员的积极性,使其以高昂的士气,自觉、自动地为组织做出贡献。

(4) 纠正偏差。在实现组织目标的过程中,偏差是不可避免的,这种偏差的发生可能是由于外部因素的影响,也可能是因为内部不合理的组织结构、规章制度和管理人员的管理不力。在领导过程中,领导者要全面了解组织活动的各种信息,驾驭和支配组织成员及整个组织的活动,正确运用各种控制手段纠正偏差,消除导致偏差的各种因素。

三、领导与管理

人们通常习惯把管理和领导当作同义词来用,在许多单位,人们习惯于称呼管理者为领导,似乎管理者就是领导者,管理过程就是领导过程。事实上,管理和领导是两个相互联系又有着明显区别的概念。在传统的管理理念中,领导与计划、组织和控制并称为管理的四大基本职能。但是,随着管理科学的发展,领导逐步作为一个独立的活动被研究和应用。管理和领导是既相互区别又相互联系的两个体系,它们具有各自的功能和特点,但都是组织取得成功不可或缺的部分。

1. 领导与管理的联系

领导与管理是一对相互依存而又相互独立的社会控制行为,且常为同一行为主体所用。从共性上来看,二者都是在组织内部影响他人的协调活动,并最终实现组织目标的过程。二者基本的权力都来自组织的岗位设置。它们既有各自的适用领域,同时又互为补充、相互作用、相互渗透和相互转化。领导与管理的联系,最明显的表现是行为主体的共同性,对绝大多数组织来说,永远不可能将管理者和领导者分开;从行为方式上看,领导和管理都是一种在组织内部通过影响他人的协调活动,实现组织目标的过程;从权力的构成看,两者都与组织层级的岗位设置有关,领导是整个管理中的一项职能。

2. 领导与管理的区别

总体说来,领导具有全局性、超前性、超脱性的特征,而管理具有局部性、现实性、具体性的特征。领导和管理的具体区别主要在于以下几点:

(1) 从本质及权力来源上说,管理建立在合法的、有报酬的和强制权力的基础上;而领导仅可能建立在上述权力的基础上,更可能建立在个人影响力、专长权及模范作用等的基础上。因此,从组织的角度来讲,管理比领导更正式。

(2) 从二者的职能和目标来讲,管理强调的是计划、组织、控制和解决问题,以期提高组织运行的绩效,达到组织既定的目标;而领导强调的是指明方向,鼓舞士气,解决目标问题,提高组织的凝聚力,激励组织成员,重视组织发展战略和长远发展方向。

(3) 从作用对象的角度来讲,管理通常要通过其他人来完成工作;领导则更注重帮助别人完成工作以实现他们的共同目标。从工作的客体方面看,管理的对象通常包括人、财、物等多种生产要素;而领导工作的对象往往只能是人。

(4) 从工作手段看,管理主要是计划、组织、领导、控制等;而领导的工作主要是大政方针的制定、人事安排和各种活动的协调等。

(5) 从产生方式看,管理者是正式任命的;而领导者既可以是正式任命的,也可以是从某个群体中自发产生出来的。领导者必然是管理者,但管理者不一定是领导者。

简言之,管理的范围要宽,是对组织资源进行有效配置的过程,其功能是配置资源以及维持秩序,是为组织的活动选择方法、建立秩序、维持运转的行为,处理的是人与人、人与物、物与物的关系,是正确地做事。领导的层次要高,领导从根本上说是一种影响力,其功能是推进变革、指出方向、创造态势、开拓局面的一种行为和活动,处理的是人与人之间的关系,做正确的事。从本质上可以说领导是管理的一个方面,属于管理的范畴,管理还包括计划、组织、控制等内容。

四、领导与权力

1. 权力的内涵

(1) 权力的定义与内容

权力是一种影响力,在组织中就是指排除各种障碍、完成任务达到目标的能力,即影响他人行为并要求他们以特定方式活动的力量。从领导的角度来说,权力是领导者影响下属行为的一种力量,表现为下属的服从与追随;从被领导者的角度来说,权力还表现为一种依赖关系。史蒂芬·罗宾斯曾指出,权力是依赖的函数,即一个人对另一个人依赖越大,受其影响的程度就越大,这就意味着后者对前者的权力越大。权力的实质是对资源拥有者的一种依赖。

权力的这一定义包括三个方面的内容:

① 权力是依赖的函数。权力是建立在依赖关系之上的,只有当一个人控制了你所期望拥有的事物时,他才拥有了对你的权力。这种依赖关系有可能来自于物质的或精神方面,也有可能来自于心理的或社会方面。无论是你感受了依赖性的存在,还是对此毫无察觉,只要权力在发挥作用,依赖关系就确确实实地存在着。B 对 A 的依赖性越强,则在他们的关系中 A 的权力就越大。

② 假定人们对自己的行为有一定的自主权。依赖感建立在 B 感知到的可选择范围以他对 A 控制的这些选择范围的重要性的评价上。A 迫使 B 做他不愿做的事,意味着 B 必须以自己的自主权做出选择。只要 B 从 A 中获取的利益不足以补偿选择的自主权,A 与 B 的依赖关系就难以维持下去。

③ 权力是潜在的,无须借助其他来证明有效性。处于依赖关系中的 B 总是被限制做他能

力所及的事而不是他要做什么。例如,工作说明书、群体规范、组织规程和法律、法规都会限制人们的选择。

(2) 权力的基础

权力的依赖关系性质和程度的差异往往由相互关系中流动资源的稀缺程度、重要程度和可替代程度所决定。

如果没有人对你掌握的资源感兴趣,那就谈不上依赖。要想产生依赖,必须使人感觉到你掌握的资源是重要的。重要性反映了个人或部门在一个公司的主要活动中扮演的角色。重要性的一种衡量方式就是个人或部门对组织最终产出的影响程度。越是重要的个人或部门,其权力就越大。

如果你所掌握的是某种充足性的资源,那么拥有这种资源就不会增加你的权力。对于富豪来说,掌握金钱的人不再对其有影响力。因此,拥有稀缺资源才能使他人依赖于你。在现代企业中,协调性知识成为稀缺资源,因此拥有协调性知识的"知本家"替代了资本的拥有者,成为企业权力的核心。

不可替代性也可决定权力的大小。不可替代性能增强部门或个人的权力,如果某一雇员最不能被轻易地替代,他的权力就要大一些;如果组织中没有可供选择的技巧和信息等资源,那么掌握这种资源的部门权力就会变大。

2. 权力的来源

关于权力的来源,不同学者给出了不同的解释。目前对于权力来源的解释主要是根据 J. R. P. 弗兰奇和 B. 瑞文在《社会基础权力》中提出的五种权力来源,即强制权、奖赏权、法定权、专家权和感召权,并给出一些问题来帮助判断一个人具备一种还是多种权力,见表 8-1。

表 8-1 权力基础的测定

这个人可以为难他人,但你总想避免惹他生气	强制权
这个人能给他人以特殊的利益或奖赏,你知道和他关系密切是大有好处的	奖赏权
考虑到他的职位和你的工作职责,这个人有权力期望你服从法规的要求	法定权
这个人的知识和经验赢得了你的尊重,在一些事情上你会服从他的判断	专家权
你喜欢这个人,并乐于为他做事	感召权

(1) 强制性权力,也称为惩罚权,是指通过精神、感情或物质上的威胁,强迫下属服从的一种权力。从组织的角度来讲,如果 A 能解雇 B 或使其停职、降级,并且 B 很在乎他的工作,那么 A 对 B 就拥有了强制性权力。同样,如果 A 能给 B 分派他不喜欢的工作或以 B 感到尴尬的方式对待 B,那么 A 对 B 也拥有强制性权力。惩罚权源于被影响者的恐惧,部下感到领导者有能力将自己不愿意接受的事情强加于自己,使自己的某些需求得不到满足。惩罚权在使用时往往会引起愤恨、不满,甚至报复行动,因此必须谨慎对待。

(2) 奖赏性权力。它是基于被影响者执行命令或达到工作要求而对其进行奖励的一种权力。奖赏权源于被影响者期望被奖励的心理,即部下感到领导者能奖赏他,满足其某些需要。这些需要是人们认为有价值的任何东西。在组织情境中,奖赏可以是金钱、良好的绩效评估、职位晋升、有趣的工作任务,也可以是良好的工作环境,如友好的同事、有利的工作转换等。奖赏权的关键是奖赏内容与被影响者的需求相一致,奖赏权的大小取决于人们追求这些东西的程度。例如,领导者给予某部属一些重要责任,自认为对部属是一种信任与提拔,但部属却认为这样会使自己太累,心里感到不高兴。在这种情况下,领导者实际上并没有真正实施奖赏权。

(3) 法定性权力。它是指组织内各管理职位所固有的、法定的、正式的权力。按照组织条例或法规的规定,部门主管作为你的上级,合法地拥有对你所做的事情的决定权和指挥权。法定权源于被影响者内在化的价值观,部属认为领导者有合法的权力影响他,他必须接受领导者的影响。

(4) 专家性权力。它是指因个人的特殊技能或某些专业知识而产生的权力。由于世界的发展日益取决于技术的发展,专门的知识技能也由此成为权力的主要来源之一。工作分工越细,专业化越强,目标的实现就越依赖于专家。例如,医生具有特殊的技能,由此也具有了专家性权力,大多数人都听从医嘱。

(5) 感召性权力。这是与个人的品质、魅力、经历、背景等相关的权力,也称为个人的影响权。一些体育、文艺明星、传奇的政治领袖都具有这种权力。感召性权力有着巨大而神奇的影响力,它是一种无形的,很难用语言来描述或概括的权力,是建立在超然的个人素质之上的,这种素质吸引了欣赏它、希望拥有它的追随者,从而激起人们的忠诚和极大的热忱。

第二节 领导理论

一、早期的领导理论

自从有了通过团队方式实现目标以来,人们就开始对领导产生兴趣。然而,直到20世纪早期,学者们才真正开始研究这一课题。早期的领导理论主要关注领导者本人(特质理论)以及他们如何与团队成员进行互动(行为理论)。

1. 领导特质理论

人们为理解领导而做的第一次系统性的努力,是试图识别领导者的人格特征。这种理论假设领导者在个人品质方面具有与生俱来的特质,即领导者是天生的而非塑造出来的。在探索成功领导者具备的共性特质上,研究人员采用了两种方法:一是将领导者与非领导者的特质相比较;二是将有效领导者的特质与无效领导者的特质相比较。不过,现代管理学认为,对于一个成功的领导者来说,与生俱来的特殊品质并不是必需的。

20世纪70年代中期,人们看到了虽然没有哪一种特性能确保成功领导,但是某些性格特点还是有潜在的作用。而20世纪90年代的研究者发现领导者存在着六项特质,即进取心、领导愿望、正直与诚实、自信、智慧和业务知识。这些个性特质能够将有效的领导者与其他人区分开来,但其中更多的特质并不是天生的而是能够经过努力得到的。美国管理学家德鲁克指出:领导的有效性来自一种后天的习惯,是一系列实践的综合。

(1) 进取心。进取心是指能够反映高水平努力程度的一系列个性特点。努力进取包括对成功的强烈欲望、不断地努力提高自身、抱负、精力、毅力、主动性等。实证研究表明,在一些国家,高层管理者成功的欲望与组织的增长率存在高度的相关性。然而对成功的欲望只能用来预测创业型公司的领导有效性,而不能用于预测特大型组织和官僚型组织部门的领导有效性。

(2) 领导愿望。领导者有强烈的愿望去影响和领导别人,表现为乐于承担责任。他们不想被人领导,并能够在领导过程中获得满足感和利益。当权力需要是符合道德的,而不损害别人时,将激发领导者更多的信任、尊重和对远景的认同。

(3) 诚实与正直。正直即言行一致,诚实可信。它除了是个人较重要的性格特征外,对领导者来说更重要,因为这些特点能激发别人的信任。

(4) 自信。下属觉得领导者从没缺乏过自信。领导者角色是具有挑战性的,而挫折是难免的,自信能让领导者克服困难,在不确定的情况下敢于做出决策,领导者为了使下属相信他的目标和决策的正确性,必须表现出高度的自信。

(5) 智慧。领导者需要具备足够的智慧来收集、整理和解释大量信息,并能够确立目标、解决问题和做出正确的决策。

(6) 业务知识。一个有效的领导者对其自身的行业、公司和技术问题等拥有较高的知识水平。领导者必须有足够的业务知识才能解释大量的信息,做出富有远见的决策。高学历在职业生涯中是重要的,但最终也不如有关组织的业务知识重要。

2. 领导行为理论

即使早期的特质理论获得了成功,但由于它强调特质的先天性,只能为组织中的领导岗位人员选拔提供"正确"的基础。但是如此一来,人们便会失去后天努力的动力,降低了主观能动性的发挥。因此研究者开始把目光转向了具体的领导者表现出的行为上,希望了解有效领导者的行为是否有什么独特之处。有别于天赋的特质,行为是可以学习的,对于个体,可以通过适当的培训使之成为领导者。

行为理论的研究主要把注意力集中在领导行为的两个方面:领导职能和领导风格。对领导职能的研究是从为了使组织有效地运行,领导所要履行的职能角度来研究领导的行为特征的。领导风格则是关注在指导和影响下属的过程中,领导者所乐于表现出的各种行为方式。行为理论的成果众多,最为流行的是俄亥俄州立大学和密歇根大学的研究,以及在此基础上发展的管理方格理论。

(1) 俄亥俄州立大学的研究

20 世纪 40 年代末期,俄亥俄州立大学的研究人员弗莱里曼和他的同事对领导者行为进行了全面的研究,他们希望确认领导者行为的独立维度。他们采用的主要样本是国际收割机公司的一家卡车生产厂,他们收集了大量下属对领导行为的描述,开始时列出了 1 000 个因素,最后归纳出两大类,即领导行为方式的"定规维度"和"关怀维度"。

定规维度代表的是为了达到组织目标,领导者界定和构造自己与下属的角色倾向程度。它包括试图设立工作、工作关系和目标的行为。具有高定规特点的领导者会向小组成员分配具体工作,要求员工保持一定的绩效标准,并强调工作的最后期限。

关怀维度代表的是一个人具有信任和尊重下属的看法与情感的工作关系的程度。高关怀的领导者帮助下属解决个人问题,友善而平易近人,公平地对待每一名下属,并关心下属的生活、健康、地位和满意度等。

俄亥俄州立大学的领导风格研究以定规维度和关怀维度概念为框架,通过对领导者行为的问卷调查,可以确定领导者在每种维度中的位置。根据这种分类方法,可以将领导者分成四种基本类型:高关怀—高定规型、高关怀—低定规型、低关怀—高定规型和低关怀—低定规型。大量研究发现,一个在定规和关怀方面均较高的领导者(高—高型领导者),常常比其他三种类型的领导者更能使下属达到高绩效和高满意度。但是,高—高型领导风格并不总是能产生积极的效果。比如,当工人从事常规任务时,以高定规为特点的领导行为导致了高抱怨率、高缺勤率和高离职率,工作的满意度水平也很低。其他研究还发现,直接上级主管对领导者进行的绩效评估等级与高关怀性成负相关关系。

总之,俄亥俄州立大学的研究表明,一般来说,高—高型领导风格能够产生积极效果,但同时也发现了足够的特例表明这一理论还需加入情境因素。例如,在军队基层组织中和在大公司的非生产性监督人员和管理者中,其结论差异是非常明显的。空军部队的士兵往往会认为,高关怀维度的空军指挥官不如任务导向的指挥官有效。

(2)密歇根大学的研究

与此同时,密歇根大学调查研究中心由R.李克特在1947年开始进行相似性质的研究,目的是为了确定领导者的行为特点与满意水平和工作绩效的关系。

密歇根大学的研究小组研究结果发现领导行为可以划分为两个维度,即员工导向和生产导向。员工导向的领导者被描述为重视人际关系,他们总会考虑到下属的需要,并承认人与人之间的不同。相反,生产导向型的领导者倾向于强调工作的技术或任务事项,主要关心的是群体任务的完成情况,并把群体成员视为达到目标的工具。密歇根大学研究者的结论对员工导向的领导者十分有利,他们与高群体生产率和高工作满意度成正相关。而生产导向的领导者则与低群体生产率和低工作满意度联系在一起。

(3)管理方格理论

管理方格理论是对俄亥俄州立大学和密歇根大学研究理论的重要发展。它是由布莱克和莫顿设计出来的,用来衡量领导者对员工与生产的关心程度。从俄亥俄州立大学和密歇根大学的研究中可以得出领导的风格不是一维的,任务导向和工作导向同时存在是可能的。《管理方格》一书将领导职能的行为特征划分成工作导向的管理和员工导向的管理两个维度,将领导的风格表示为一个连续统一体,每种风格分别划分成9个等级。两个维度共同作用,从而形成了81种不同的领导方式,界定了管理行为的范围。管理方格图如图8-1所示。

在图8-1中,最具有代表性的领导方式为以下五种类型:

(1-1)贫乏型领导:管理者既不关心人,也不关心任务或生产。这种方式有时也被称为放任式管理,因为领导者事实上根本没有发挥领导的作用。

(1-9)乡村俱乐部型领导:管理者很少关心生产,但对人高度关心。

(9-1)任务或权威型领导:管理者只关心生产与工作效率,但对人却漠不关心。

(5-5)中庸之道型领导:管理者对生产和员工都能够给予适当程度的关心。

(9-9)团队或民主型领导:管理者无论对生产,还是对员工的士气与满意度,都表现出高度关心。

布莱克和莫顿坚持认为,风格(9-9)是最有效的领导风格,他们相信,几乎在所有条件下,这种领导风格都能改进组织绩效,减少缺勤和离职率,使员工满意度提高。事实上,能够同时成功地履行这两种职能的人应当是非常有效的领导者,然而实践中,一个领导者所拥有的气质、技巧或时间,使其往往只能充当好一个角色,但这并不意味着这个群体就一定会士气低落。研究发现,最有效的群体能够分担领导职能:一个人(通常为管理者或正式领导)履行完成任务的职能,另一位群体成员来履行社会职能。

20世纪60年代,布莱克和莫顿的管理方格理论作为一种培训管理者的工具被广泛应用,

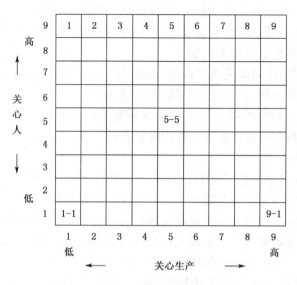

图 8-1 管理方格图

但后来逐渐受到一些批评。主要是因为它只讨论了一种直观的最佳领导方式,而实际上不同的社会、不同文化背景下难以做出最佳选择,管理方格理论并没有给出如何培养管理者的答案。

3. 领导风格分类

一般来说,不同的人在领导行为表现上会有很大的不同,所谓领导方式、领导风格或领导作风就是对不同类型领导行为形态的概括。在现实中,有的领导者和蔼可亲、平易近人,有的则严厉专断、高高在上。领导风格的差异不仅因为领导者的特质存在着差异,更主要的是他们对任务和人员之间的关系有着不同的理解,对于权力运用的方式有着不同的态度和实践。现实中究竟有哪些领导方式,哪一种效果更好?不同的研究者对领导行为有着不同的分类角度,而且对哪一种领导方式更好也持有不同的主张。

密歇根大学和俄亥俄州立大学的研究,以及管理方格理论都是对领导风格的研究,实际上他们从领导者在态度与行为上是否对被领导者和生产表现出关心的角度,将领导风格区分为以任务为中心的和以人员或人际关系为中心的两种基本类别。

在管理实践中,不同的领导者或同一领导者在不同的工作情境下倾向于采取某种特定的领导风格,这往往与他们对权力的运用方式不同有关。在基于权力运用的分类上勒温和利克特的工作具有一定的代表性。

(1)勒温的三种领导方式

心理学家勒温在实验研究的基础上,把领导者的行为方式划分为专权式、民主式和放任式。

专权式领导是指领导者个人决定一切,布置任务让下属执行。领导者要求下属绝对服从,并将决策看成是自己一个人的事情。在专权式领导行为中,领导者除了工作命令外,从不把更多的消息告诉下级,下级没有任何参与决策的机会,只能奉命行事;主要靠行政命令、纪律约束、训斥惩罚来维护领导者的权威,很少或只有偶尔的奖励;领导者与下级保持相当的心理距离。

民主式领导是指领导者在采取行动方案或做出决策之前会主动听取下级意见,或者吸收下级人员参与决策制定。在民主式领导行为中,领导者尽量照顾到组织中每个成员的能力、兴趣和爱好;对下属工作的安排并不具体,个人有相当大的工作自由,有较多的选择性与灵活性;主要运用个人的权力和威信,而不是靠职位权力和命令使人服从;领导者积极参加团体活动,与下级无任何心理上的距离。

放任式领导是指领导者极少运用其权力影响下级,而给下级以高度的独立性,以致达到放任自流和行为根本不予约束的程度。

以上三种领导方式下的领导行为各有优缺点。勒温根据实验得出的结论是:放任式领导方式的工作效率最低,只能达到组织成员的社交目标,但完不成工作目标;专权式领导方式虽然通过严格管理能够达到既定的任务目标,但组织成员没有责任感,情绪消极,士气低落;民主式领导方式工作效率最高,不仅能够完成工作目标,而且组织成员之间关系融洽、工作积极主动、富有创造性。

(2) 利克特的四种领导方式

美国密歇根大学的伦西斯·利克特教授及其同事经过长期对领导方式的研究,提出了领导的四种基本行为方式,即专制—权威式、开明—权威式、协商式和群体参与式。

① 专制—权威式。采用这种领导方式的领导者非常专制,决策权仅限于最高层,对下属很少信任,激励也主要是采取惩罚的方法,沟通采取自上而下的方式。

② 开明—权威式。采用这种方式的领导者对下属有一定的信任和信心,采取奖赏和惩罚并用的激励方法,有一定程度的自下而上的沟通,也向下属授予一定的决策权,但自己仍牢牢掌握着控制权。

③ 协商式。采用这种方式的领导者对下属抱有相当大但并不完全的信任,主要采用奖赏的方式来进行激励,沟通方式是上下双向的,在制定总体决策和主要政策的同时,允许下属部门对具体问题做出决策,并在某些情况下进行协商。

④ 群体参与式。采用这种方式的领导者对下属在一切事务上都抱有充分的信心与责任,积极采纳下属的意见,更多地从事上下级之间以及同级之间的沟通工作,鼓励各级组织做出决策。

利克特的调查结论是采用第四种方式的领导者较采用其他方式的领导者能取得更大的成绩,实行群体参与领导方式的企业,生产效率要比一般企业高出10%~40%。利克特把这些主要归因于员工的高程度参与管理以及在实践中的高程度相互支持。利克特认为单纯依靠奖惩来调动员工积极性的管理方式已经过时,只有依靠民主管理,从内在因素来调动员工的积极性,才能使其潜力充分地发挥出来。有效的领导者是注重面向下属的,他们依靠信息沟通使所有部门和人员像一个整体那样行事,使群体的所有成员,包括主管人员在内,都形成一种相互支持的关系。正是在这种关系中,他们才会感到在需求、愿望、目标和期望方面存有真正的共同利益。

二、领导权变理论

人们在运用特质论和行为论的过程中发现,在实际中何种领导方式最为有效要视具体的工作环境而定。没有一种"唯一"的特质为所有有效的领导者所共有,也没有哪一种领导风格在所有的条件下都有效。依据权变领导理论的观点,领导行为的有效性不单纯是领导者个人行为,某种领导方式在实际工作中是否有效主要取决于具体的情景和场合。从权变领导理论来看,没有最好的领导方式,只有最合适的领导方式。

权变领导理论表明领导方式的有效性是受多种变量,特别是领导者特征、追随者特征以及环境等因素的影响。领导方式与其影响变量之间的关系可用公式 $S=F(L,F,E)$ 来表述,其中 S 代表领导方式,L 代表领导者特征,F 代表追随者特征,E 代表环境。在环境变量中任务性质(任务复杂性、类型、技术和规模)是重要的中间变量,此外还有群体的规范、组织文化、控制的范围和外部的威胁与压力等诸多因素。菲德勒(Fiedler)模型、赫西(Hersey)和布兰查德(Blanchard)的情境理论、路径—目标理论和领导者—参与模型对这些中间变量影响的研究获得了广泛认可。

1. 菲德勒模型

弗雷德·菲德勒模型是第一个综合的领导权变模型。它的基本假设是建立在以往成功经验基础上的管理者风格是非常难以改变的。菲德勒深信,在管理实践中,绝大多数管理者都不是非常灵活的,试图改变管理者的领导风格来适应不可预见的或是不断变动的环境,不仅会导致效率低下,甚至是枉费心机。因此,良好的群体绩效只能通过两种途径取得:要么使管理者与管理环境相匹配;要么使工作环境与管理者相匹配。菲德勒模型是将确定领导者风格的评估与情境分类联系在一起,并将领导效果作为二者的函数进行预测。如图 8-2 所示。

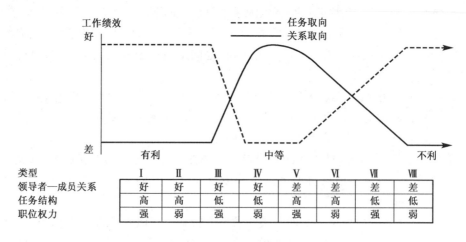

图 8-2　菲德勒模型

(1) 确定领导者风格

菲德勒认为,影响领导成功的关键因素之一是领导者的基本领导风格。为监测领导者的基本领导风格,他设计了最难共事者(LPC)问卷,该问卷的主要内容是询问领导者对最不愿与之合作的同事(LPC)的评价。如果回答者评价这位最难共事者大多用含敌意的词句(即在 LPC 问卷表上打"低分"),说明该领导者没有将同事的工作表现与人品好坏区分开来,因此,做出"低 LPC 分"型评价的领导者是趋向于任务导向型的领导方式。同样让其对自己认定的与之共事必带来不良绩效的最难共事者进行 LPC 评价,如果对这个人的评价多使用善意的词句(即在 LPC 问卷表上打"高分"),则反映出该人的领导方式趋向于关系导向型的,因为该领导人心中已清楚地认识到工作表现差的同事并不见得人品就不好。

(2) 确定情境

在 LPC 问卷的基础上,菲德勒列出三个评价领导有效性的关键要素,即职位权力、任务结构以及领导与成员的关系。

职位权力是指领导者所拥有的权力变量的影响程度。职位权力越大,群体成员遵从领导的程度越高,领导的环境也就越好;反之,则越差。

任务结构是指任务的明确程度和下属对这些任务的负责程度。任务越明确,而且下属责任心越强,则领导环境越好;反之,当任务是非结构性时,群体的角色越模糊,则领导环境就越差。

领导与成员的关系是指领导对下属信任、信赖和尊重的程度。如果管理者与群体成员之间能够相互尊重、相互支持、相互信任、密切合作,则双方关系是好的。这种关系对于领导者的权力和工作有效性的影响最大,领导可以通过非正式的方式来影响下属。相反,不被员工喜欢或信任的领导者,只能依靠命令才能完成群体任务。

(3) 领导者与情境的匹配

菲德勒根据领导情境中的三个变量组合成八种不同的环境条件。根据关于领导情境的八种分类和关于领导类型的两种分类(高 LPC 值的领导和低 LPC 值的领导)。菲德勒对 1 200 个团体进行了抽样调查,得出以下结论:领导环境决定领导方式。在环境较好的 1、2、3 和环境较差的 7、8 情况下,采用低 LPC 值的领导方式,即工作任务型的领导方式比较有效。在环境中等的 4、5、6 情况下,采用高 LPC 值的领导方式,即人际关系型的领导方式比较有效。

(4) 菲德勒模型的发展

菲德勒和乔·葛西亚在原来模型基础上进一步提出了认知资源理论,这一理论基于两个假设:①睿智而有才干的领导者比德才平庸的领导者能制定更有效的计划、决策和活动策略;②领导者通过指导行为传达了他们的计划、决策和策略。在此基础上,菲德勒和葛西亚阐述了压力和认知资源(如经验、奖励、智力活动)对领导有效性的重要影响。

新理论可以进行以下三项预测:①在支持性、无压力的领导环境下,指导型行为只有与高智力结合起来,才会导致高绩效水平;②在高压力环境下,工作经验与工作绩效之间成正相关关系;③在领导者感到无压力的情境中,领导者的智力水平与群体绩效成正相关关系。

2. 路径—目标理论

路径—目标理论已经成为当今最受人们关注的领导观点之一,它是由罗伯特·豪斯和马丁·伊文斯建立的领导权变模型。它的理论基础是俄亥俄州立大学的领导研究与激励的期望理论。路径—目标理论的基本观点是,领导者的工作实质就是帮助下属达到他们的目标,并提供必要的指导和支持以确保他们各自的目标与组织的总目标一致。路径—目标理论认为领导者的职能应包括:指明方向使通向工作目标的"旅行"更为顺利,减少阻碍目标实现的路障,通过提高实现绩效目标者的收益来增加个人满意的机会。

路径—目标理论假设存在以下四种领导行为:

(1) 指示型领导,即定位于任务导向的行为。

(2) 支持型领导,即定位于关系导向的行为。

(3) 参与型领导,即领导与下属共同磋商,并在决策之前考虑他们的建议。

(4) 成就导向型领导,即激励人们的行为,如设置具有挑战性的目标并对出色的行为予以奖励。

路径—目标理论还假设存在两类情境作为领导行为与结果之间的中间变量,分别为:

(1) 下属的权变因素,它包括下属的控制点、拜权主义倾向、经验和感知的能力。控制点是人们认为环境对其行为反应的程度。"内在控制点"类型的人相信他们所遇到的一切是他们自己造成的;"外在控制点"类型的人相信这一切只是运气或命运。拜权主义倾向是指个人对权威的敬重、钦佩以及尊重的程度。经验和感知的能力是指人们对自己从事所分配的工作的能力和信心。

(2) 环境的权变因素,它包括任务结构、正式权力系统和工作群体。

下属权变因素和环境权变因素共同决定了能产生有效业绩的适当领导方式。

在考虑下属的权变因素决定了各种领导方式的恰当性上,路径—目标理论得出以下结论:

(1) 指示型领导方式对拜权主义者更合适,因为拜权主义者尊重权威。

(2) 参与型领导方式对"内在控制点"类型的人更合适,因为这些人更愿意对自己的生活施加更多的影响。

(3) 指示型领导方式在下属能力较低时更合适,能够帮助人们理解应当做什么。

在考虑环境权变因素的影响上,路径—目标模型也引申出一些结论:

(1) 相对于具有高度结构化和安排完好的任务来说,当任务不明或压力过大时,指示型领导会导致更高的满意度。

(2) 当下属执行结构化任务时,支持型领导导致了员工高绩效和高满意度。

(3) 对知觉能力强或经验丰富的下属,指示型领导可能被视为累赘多余。

(4) 组织中的正式权力关系越明确、越官僚化,领导者越应表现出支持型行为,降低指导型行为。

(5) 当任务结构不清时,成就导向型领导将会提高下属的努力水平,从而达到高绩效的预期。

三、当代领导理论

关于领导的最新观点是什么?今天的领导者需处理什么新问题?在变革的时代,社会正在寻求能扭转乾坤、指明方向、带领人们前进的英雄。每个组织也都在寻找独具慧眼的领导者,这些领导者可以利用自身杰出的才能促使组织在激烈的竞争中获得成功。当代领导理论顺应了时代的发展,本书主要介绍魅力型领导理论、变革型领导理论、团队领导理论以及认知资源理论四种理论。

1. 魅力型领导理论

魅力型领导理论是当代领导理论对于传统理论的复兴,越来越多的研究关注于有领袖魅力的领导者对下属和组织绩效会有什么影响。有关研究表明,有领袖魅力的领导者与下属的高绩效和高满意度之间有着显著的相关性。魅力型领导理论是归因理论的扩展,是由罗伯特·豪斯在马克斯·韦伯的魅力型影响力理论的基础上提出的。魅力型领导是指领导者主要通过调动追随者在情感上对愿景与共同价值观的强烈忠诚来激励与领导他们。大多数魅力型领导理论研究的重点是确定具有魅力的领导者和不具有魅力的领导者之间的行为差异。约翰·肯尼迪、富兰克林·罗斯福、马丁路德·金和沃尔特·迪斯尼等人都被公认为具有魅力的领导者。

早期有关魅力型领导的研究,比较关注能产生领导者个人魅力的品质特征。提出魅力型领导理论的罗伯特·豪斯确定了三个因素,分别为:极高的自信、对他人的支配能力、坚定的价值观。瓦伦·本尼斯在研究了美国90位最杰出和最成功的领导者后,发现他们有四个共同点:令人折服的远见和目标意识;能清晰地表述目标,使下属明确理解该目标,对该目标表现出的一致性和全身心投入的执著;了解自己的实力并以此作为资本的胆略。麦吉尔大学的康格和凯南格提出,魅力型领导者应该具备如下特点:他们有一个希望达到理想的目标;能为此目标进行全身心的投入和奉献;反传统;非常自信;是激进变革的代言人,而不是维护传统现状的卫道士。

综合他们的观点,可以将魅力型领导者最主要的特征概括为以下七个方面:

(1) 自信。魅力型领导者对自己的判断和能力充满信心。

(2) 远见。魅力型领导者有理想的目标,认为未来定会比现在更美好。领导者的理想目标与现状的差距越大,下属越有可能认为领导者有远见卓识。

(3) 清楚地表达目标的能力。魅力型领导者能够明确地陈述目标,并使其他人理解,最终变成激励下属努力工作的动力。

(4) 对目标的坚定信念。魅力型领导者具有强烈的奉献精神,愿意从事冒险性高的工作,承受较高代价,为了实现目标能够自我牺牲。

(5) 不循规蹈矩的行为。魅力型领导者的行为往往被认为是新颖的、反传统的、反规范的。当这些行为获得成功时,下属们会惊诧不已。

(6) 以变革代言人的身份出现。魅力型领导者是激进的变革代言人,而不是传统的维护者。

(7) 对环境具有较强的敏感性。魅力型领导者能够对需要变革的环境加以限制并对资源进行切实可行的评估。

魅力型领导者对下属造成的实质性影响表现在四个方面:①领导者清晰地描绘出组织的共同愿景,将组织的现状与更美好的未来联系在一起,使下属有一种连续的认识;②领导者向下属传达高绩效的期望,并对下属达到这些期望表现出充分的信心,这样就提高了下属的自尊和自信水平;③领导者通过言语和活动传达一种新的价值观体系,并以自己的行为为下属树立效仿的榜样;④魅力型领导者会做出自我牺牲和反传统的行为来表明他们的勇气和对未来前景的坚定信念。

研究表明,魅力型领导与下属的高绩效和高满意度之间有着显著的相关性。同魅力型领导一起工作的员工受到激励后,会付出更多的努力;而且,由于他们喜爱自己的领导,也会表现出更高的满意度。

少数学者认为魅力型领导是天生就有的气质,但大多数学者认为个体可以经过培训而展现出魅力型领导的行为,并进而获得魅力型领导者所获得的收益。有学者进一步提出,一个人可以通过以下三个阶段的学习变成魅力型领导者。

第一阶段:个体要保持乐观的态度。使用激情作为催化剂激发他人的热情,运用整个身体而不仅仅是言语进行沟通。通过这些方面的努力可以开发领袖魅力的氛围。

第二阶段:个体通过与他人建立联系来激发他人跟随自己。

第三阶段:个体通过调动跟随者的情绪来开发他们的潜力。

一般而言,魅力型领导形成的情境因素可以分为两部分:组织内情境因素和组织外情境因素。在组织的外部因素中,人们一致认同的观点是在危机或混乱的情境下,容易形成魅力型领导,其基本假设是:①在这种情境下,追随者们需要有一个领导者来提供未来的愿景以及有效的解决方案;②在这样的时期,魅力型领导者也比较容易提出并让人接受他的变革型愿景,因为现状并不令人满意。

相关研究表明,存在一个理想的环境来促成魅力型领导的产生与发展,其中包括组织所处的环境因素、技术支持、目标任务、生命周期、管理模式、组织模式、发展愿景、领导者的更替情况和水平等。

简单而言,组织所处更有可能产生魅力型领导者并体现其自身价值的环境是指组织处于动荡与危机之中,或者组织成员心理状态比较薄弱的情况下;从组织的生命周期来看,组织刚刚起步或面临人力资源调整与恢复时,对魅力型领导者的需求会明显增加;就组织的专业技术而言,技术的分解性越低,则组织成员肩负的责任就越重,面临的挑战也越大,这时调动组织成员的积极性,提升其责任感及创造力,就更需要魅力型领导者发挥其效力;积极进取的组织目标和精练的组织构架可以激发魅力型领导的产生;容易接受新事物的组织文化、发展方向与社会主流的价值观相吻合,并且乐于为领导者和组织成员提供平等的发展机会的组织,对于魅力型领导者来说是一个比较理想的发挥才能的地方;与组织中的基层干部相比,魅力型领导者的特质更适合在中高层的管理上体现作用,其原因是,在较强的权力范围下,这些领导者以身作则的无私付出,会通过一定具有代表性的活动来体现他们非凡的沟通能力与远见卓识,能够征服组织中的其他成员,从而为自己树立一个良好的形象;当离任的领导者是非魅力型领导者时,接任的魅力型领导者更容易获得赞同与拥护。

此外,值得说明的一点是:魅力型领导者对于员工的高绩效水平来说并不总是必需的,当下属的任务中包含较多的观念性要素时,魅力型领导者最为适合。这可以说明为什么魅力型领导者更多出现在政治、宗教以及战争期间,或在一个引入重要新产品或面临生存危机的组织中出现,因为在这些情况下的组织十分注重观念。然而,当危机和剧烈变革的需要减退时,魅力型领导者也可能会成为组织的负担。因为魅力型领导者的过分自信常常导致许多问题的产生,诸如不能聆听他人言语,受到有进取心的下属挑战时会十分不快,对所有问题总坚持认为自己是正确的。例如,克莱斯勒的李·艾柯卡、波兰德全球软件公司的菲利普·凯恩都是因为独断的风格和自负的决策使得企业陷入财务危机之中。

2. 变革型领导理论

变革型领导的概念最早是由唐顿提出的,他认为,还有另外一种领导者,他们注重开发和提升员工的承诺意识,如鼓励下属为了组织利益超越自身利益,并对他们产生超乎寻常的深远影响。唐顿认为,交易型领导与变革型领导在四个维度上存在差异:①交易型领导持理性人假设理论主张,认为人是利益驱动体,追求利润最大化,因而金钱激励是最好的方法;变革型领导则强调人的社会属性,注重用社会化的方法激励人,提高员工的组织认同感。②交易型领导采用明确的绩效标准设置群体的工作目标,强调任务达成的速度和效率;变革型领导认同个性化的管理风格,关注员工心理,针对个体差异进行关怀、指导和建议,属于人员导向型。③从工作方式角度看,交易型领导监督、控制过程,纠正下属的行为,注重工作行为的细节;变革型领导则采用宏伟的愿景、新观点、新视角激发下属,善于肢体语言的表达和激情演讲,他们更具有领袖魅力,对下属产生积极的感化作用。④交易型领导追求稳定可持续的发展,在固定环境中有序地工作;变革型领导崇尚应对挑战和风险,大胆尝试新策略,并鼓励培养下属不拘一格的处事风格。

将变革型领导理论作为一种重要的领导理论是从政治社会学家詹姆斯·麦格雷戈·伯恩斯的经典著作《领导学》开始的。20世纪80年代中期,巴纳德·巴斯在伯恩斯和豪斯前期成果的基础上提出了一个更为扩展、更加精确的变革型领导理论。

3. 团队领导理论

越来越多组织的领导活动存在于工作团队情境中。由于更多的组织与工作使用自我管理的团队和跨职能的团队,因此带领团队工作的领导者的作用也显得越来越重要了。一些直线管理者发现当工作由个体方式改为团队方式以后,团队领导的角色与传统的领导角色不再相同,因此新的领导角色会在变迁过程中遇到一些麻烦。他们过去被鼓励的监督与控制的技能变得陈旧过时而没有意义。新的挑战是需要他们努力去学习团队领导力,如耐心地分享信息,信任他人并放弃自己的职权,明白在什么时候对员工进行干预、什么时候让团队自己做事,帮助下属设置目标,同时自我安排职务等。

一项关于团队领导的研究用更有意义的方式来描述团队领导者的工作,它重点关注两个方面:对团队外部事物的管理和对团队进程的推动。这两个方面可以进一步分解为四种具体的领导角色。

(1) 团队领导者是对外联络官。这些外在机构包括上级管理层、组织中的其他工作团队、客户、供应商。领导者对外代表着工作团队,他们保护必要的资源,澄清其他人对团队的期望,从外界收集信息,并与团队成员分享这些信息。

(2) 团队领导者是困难处理专家。当团队成员遇到困难并寻求帮助时,领导者会出现并帮助他们解决问题。团队领导者处理的难题很少关于技术或操作层面的,因为团队成员一般都比领导者更了解如何完成具体的任务。问题越尖锐,领导者的作用可能越大,他们帮助员工就困难进行交流,并获得解决困难所必需的资源。

(3) 团队领导者是冲突管理者。当出现意见不一致时,他们帮助解决团队冲突。他们帮助团队成员明确问题所在,例如,冲突的来源是什么?谁卷入了冲突?冲突问题的本质是什么?可能的解决方案有哪些?每种方案的优势和劣势是什么?通过这些方式使团队成员针对问题本身进行处理,从而把团队内部冲突的破坏性降到最低限度。

(4) 团队领导者是教练。他们明确期望为角色提供教育与支持,尽一切努力帮助团队成员保持高水平的工作业绩。

4. 认知资源理论

信息时代,社会以迅雷不及掩耳之势发生巨变。工商企业竞争环境日趋激烈,风险极度膨胀,一系列新经济的阴霾——股市泡沫、转型困境、大规模裁员等挥之不去。经济管理者在社会、组织、人员的多重压力下,显现出焦虑与困惑、烦躁与不安的应激心理状态,不仅影响自己的身心健康,同时也导致领导效能低下。

认知资源理论运用情境变量,对领导者认知资源与领导效能的关系做了积极探索。该理论认为,认知资源包括智力(Intelligence)、经验(Experience)和技能(Skill)。智力是指流体智力,包括知觉整合能力、反应速度、瞬时记忆和思维敏捷度;这里的经验类似晶体智力,是在工作中不断习得的知识、日积月累的实践能力;技能即操作技能。

认知资源理论提出,认知资源与领导效能的关系很大程度上取决于对群体过程和结果的情境控制。这些情境变量主要是指工作压力、群体支持和任务特征。当情境变量为正值(压力小,支持多)时,经验与绩效呈负相关,这是因为个体会感到厌烦和失去兴趣;情境变量为负值时,智力与绩效呈负相关,经验则受影响较小,原因在于高压之下缺乏时间思考,个体会感到焦虑,从而影响其智力水平的发挥。在风险决策等高智力投入的任务特征中,压力迫使智力与绩效负相关;在日常行政管理事务特征中,压力对智力与绩效关系的影响不明显。高智力领导者倾向于使用智力,高经验管理者倾向于运用经验。

第三节 领导风格和领导艺术

领导过程是领导者发挥影响力,以便使被领导者完成任务,达成组织目标的过程。作为领导者,靠上级或组织授予的权力可以发号施令,但却无法保证对下属产生足够强的影响力,领导效果如何在很大程度上依赖于领导者自身素质的修炼,需要领导者的悟性、创造性思维与灵感。要让被领导者自觉地、主动地工作,就需要领导者善于掌握和运用领导方法与领导艺术。纵观历史,人类的领导活动经历了由经验领导到科学领导,由科学领导到艺术领导的发展过程。

一、领导风格的类型

1. 按权力运用方式划分

(1) 集权式领导者。所谓集权式领导者,就是把管理的制度权力相对牢固地控制的领导者。由于管理的制度权力是由多种权力的细则构成的,如奖励权、强制权和收益再分配权等,这就意味着对被领导者而言,其受控制的力度较大。集权式领导的优势在于通过完全的行政命令,使组织管理成本在其他条件不变的情况下,低于在组织边界以外的交易成本,可能获得较高的管理效率和良好的绩效,这对于组织发展的初期和组织面临复杂突发情况时是有益处的。它的缺点是长期将下属视为某种可控制的工具,不利于他们职业生涯的良性发展。

(2) 民主式领导者。这种领导者的特征是向被领导者授权,鼓励下属参与,并且主要依赖于个人专长权和模范权影响下属。这样的领导者通过对管理制度权力的分解来进一步激励下属的积极性,去实现组织的目标。通过激励下属的需要,发展所需的知识,尤其是意会性知识或隐性知识能够充分地积累和进化,员工的能力结构也会得到长足提高。因此,相对于集权式领导,这种领导者更能为组织培育21世纪越来越需要的智力资本。

2. 按创新方式划分

(1) 魅力型领导者。魅力型领导者善于描绘未来蓝图,具有鼓励下属超越他们预期绩效水平的能力。魅力型领导者的影响力来自以下几个方面:有能力陈述一种下属可以识别的、富有想象力的未来远景,有能力提炼出一种每个人都坚定不移赞同的组织价值观系统,信任下属并获取他们的信任回报,提升下属对新结果的意识,激励他们为了部门或组织利益而超越自身的利益。这种领导者热衷于提出新奇的富有洞察力的想法,把未来描绘成诱人的蓝图,并且还能用这样的想法去刺激、激励和推动其他人勤奋工作。

(2) 变革型领导者。变革型领导者善于创造变革氛围,鼓励下属为了组织的利益加倍努力,使组织利益超越自身利益,并能对下属产生深远而不同寻常的影响。变革型领导者关心每个下属的日常生活和发展需要,帮助下属用新观念分析老问题,进而改变他们对问题的看法,能够激励、唤醒和鼓舞下属为达到组织目标而付出加倍的努力。

3. 按思维方式划分

(1) 事务型领导者。事务型领导者又称维持型领导者,是通过明确角色和任务要求来指导或激励下属朝着既定目标前进,尽量考虑和满足下属的社会需要,通过协作活动提高下属的生产率。他们勤奋、谦和、公正,对组织的管理职能推崇备至,对待工作有条不紊。这种领导者重视非人格的绩效内容,如计划、日程和预算,对组织有使命感,严格遵守组织的规范和价值观。

(2) 战略型领导者。战略型领导者的特征是运用战略性思维进行决策。战略型领导者将领导的权力与全面调动组织的内、外部资源相结合,为实现组织长远目标,把组织的价值活动进行动态调整,在市场竞争中站稳脚跟的同时,通过积极竞争抢占未来商业领域的制高点。战略型领导者行为的有效性,取决于他们愿意进行坦荡、鼓舞人心并且务实的决策。他们强调同行、上级和员工对决策的反馈信息,讲究面对面的沟通方式。

二、领导艺术

1. 领导艺术的含义与特征

领导艺术是指领导者运用管理理论解决实际领导问题的技能,即领导者履行领导职能时在方式、方法上所表现出来的具有创造性和有效性的技能和技巧。领导艺术是领导者的一种特殊才能,是领导者智慧、学识、胆略、经验、作风、品格、方法和能力的综合体现。

领导艺术是领导者个人素质的综合反映,因人而异。因此,领导艺术具有创造性、应变性、综合性、科学和经验的统一等特征。

(1) 创造性。领导工作,特别是高层领导工作具有模糊性和非程序化的特点,往往没有先例可循,也不可能照抄、照搬别人的做法,这就需要领导者创造性地解决问题。

(2) 应变性。领导艺术没有固定的模式,要依据不同时间、地点和条件,凭直觉和理性思维来判断,随机地处理问题,要求领导者掌握灵活应变的领导技巧。

(3) 综合性。领导艺术的运用是领导者综合素质的体现,这就要求领导者具有良好的品质、广博的知识和才能以及强烈的责任心和危机感等。

(4) 科学和经验的统一。领导工作在很大程度上基于对领导实践的总结和升华,同时要符合领导过程的基本规律。因此,领导艺术是科学与经验的统一。

2. 领导艺术的理念

领导艺术的理念因人而异,体现了领导方式、方法上的创造性和有效性。领导艺术有规律可循,主要理念包括以下方面:

(1) 愿景高于管控。在吉姆·柯林斯著名的《基业长青》一书中,作者指出,那些真正能够留名千古的宏伟基业都有一个共同点:有着一个令人振奋并可以帮助员工做重要决定的愿景。领导应当为组织制定一个明确的、振奋人心、可实现的愿景,而非将100%的精力放在对组织架构、运营和人员的管理和控制上。

(2) 信念大于指标。成功的组织总是能坚持自己的核心价值观,每一个组织的领导者都应当把坚持正确的信念,恪守以诚信为本的价值观放在工作的第一位,不能只片面地追求某些数字上的指标或成绩,或一切决策都从短期利益出发,而放弃了最基本的组织行为准则。

(3) 人才贵于战略。21世纪是人才的世纪,无论怎样渲染甚至夸大人才的重要性都不为过。拥有杰出的人才可以改变一家企业、一种产品、一个市场甚至一个产业的面貌。对于21世纪的组织管理而言,人才甚至比组织战略本身更为重要。因为有了杰出的人才,企业才能在市场上有所作为,领导才能真正拥有一个领导应有的价值。没有人才的支持,无论怎样宏伟的蓝图,怎样引人注目的企业战略,都无法得以真正实施,无法取得最终成功;组织领导应当把"以人为本"视作自己最重要的使命之一,不遗余力地发掘、发现人才。

(4) 团队重于个人。任何一家成功的企业中团队利益总要高过个人利益。组织中的任何一级领导都应当将组织整体利益放在第一位,部门利益其次,个人利益放在最后。好的领导者善于根据组织目标的优先级顺序决定自己和自己部门的工作目标以及目标的顺序。团队利益高于个人利益,作为领导,还应该勇于做出一些有利于组织整体利益的抉择,就算对自己的部门甚至对自己来说是一种损失。领导应该主动扮演"团队合作协调者"的角色,不能只顾突出自己或某个人的才干,而忽视了团队合作。

(5) 授权强于命令。21世纪放权的管理会越来越接近于员工的期望,是最为聪明的管理方式。很多领导追求对权力的掌控,他们习惯于指挥部下,并总是将部下努力换来的成绩大部分归功于自己。这种"大权在握""命令为主"的管理方式很容易造成领导身上的压力过大,员工凡事都要请示领导、等待领导的命令。而通常来说,没有哪个领导可以事事通晓,也没有哪个领导可以时时正确。因此,"授权"比"命令"更重要,也更有效。领导应当注重的是权力和责任的统一。

(6) 平等优于权威。组织管理的过程中尽管分工不同,但领导和员工应处于平等的地位,只有这样才能营造积极向上、同心协作的工作氛围。领导应当重视和鼓励员工参与,与员工共同制定团队的工作目标;真心地聆听员工的意见,尽量从员工的角度出发,合理地安排工作。

(7) 均衡胜于魄力。著名企业管理学家吉姆·柯林斯在《从优秀到卓越》一书中,通过大量的案例调查和统计,得出的重要结论之一就是:最好的领导不是那种最有魄力的领导,而是那种具备了很好的情商,能够在不同的个性层面达到理想均衡状态的"多元化"领导。领导者在成功的基础上,要想进一步提高自己,使自己的企业保持持续增长,使自己的个人能力从优秀向卓越迈进,就必须努力培养自己在"谦虚""执著"和"勇气"这三个方面的品质。

(8) 理智压倒激情。领导应该对自己的能力有充分的认识和理解,在发生危机或面临挫折时要能够充分自控,并在理智、冷静的基础上做出审慎的选择,即在高压环境中能够控制自己的反应,并且让自己和团队镇定下来,冷静处理问题;理解自己的位置和影响力,懂得自己随时都在被他人(上级、下属、其他部门乃至客户)关注;利用各种机会,通过自己的一言一行来影响团队。

(9) 真诚取代体面。真诚是所有卓越的领导共有的品质。领导应当学会以诚待人,尊重员工,让员工知道你理解且感谢他们所做的工作。真诚意味着领导者善于使用同理心,从他人的角度出发考虑问题。对领导来说,体现同理心最重要的一点就是要体谅和重视员工的想法,要让员工觉得你是一个非常在乎他们的领导。一个领导者需要创立一个充满信任的环境,不但要自己坦诚面对员工,也要鼓励员工坦诚地面对其他人。

3. 主要的领导艺术

领导的艺术表现得很广泛,主要包括用权的艺术、用人的艺术、时间管理的艺术、协调人际关系的艺术以及激励的艺术等。

(1) 用权的艺术

运用权力是实施领导的基本条件,善于运用权力是领导者一项重要的领导艺术。

① 运用权力的技巧。权力的行使受制于诸多因素,为提高运用权力的效能,领导者要注意以下几点:a. 严格遵守法定权限。既不向上越权,也不向下侵权。b. 运用权力要合法、合理、

合情,领导者运用权力时要照章办事、以理服人、以情动人,只有这样才能使下属接受领导,听从指挥。c. 通过组织用权。领导者要健全组织机构,强化部门职能,完善规章制度,通过组织行使职权。d. 以威望取胜。领导者要不断提高自身素质,加强各方面的修养,运用权力时公正廉洁,以形成崇高威望,这样在运用权力时就能令行禁止。

② 授权的技巧。领导者授权要遵守以下原则:a. 授权留责。领导将权力授予下属后,如果下属在工作中出了问题,领导也应承担领导责任。b. 视能授权。领导者要根据下级能力的高低,决定授什么权,授多少权。c. 明确责权。领导者授权时要明确所授工作任务的目标、责任、权力,不能模棱两可。d. 适度授权。领导者在授权时,要把握一定的"度"。视权力或任务的重要程度进行授权,也只有把握了授权的"度",才能真正找到激活下属潜能的途径。e. 逐级授权。领导者只能对自己的直接下级授权,不能越级授权,否则会造成组织混乱。f. 监督控制。领导者授权后要对下属工作进行合理的监督控制。

(2) 用人的艺术

知人善任是一名领导者是否成熟的标志,也是领导者最富于艺术性的能力体现。知人是指领导者必须充分了解组织成员,熟悉他们的特长、不足,明确他们的需要,这样才能将工作需要和个人能力很好地结合起来,使组织内的每位成员能够在各自的岗位上兢兢业业,积极进取。领导者要善于与下属交流,倾听下属的心声,达到有效沟通、了解下属的目的。自知是指领导者要对自己有特别清醒的认识,了解自己的个性、偏好、弱点,了解自己的言行对组织成员产生的影响。领导者在日常工作中,要善于控制自己的情绪,冷静处理各种问题,用人所长。领导者在选拔及任用下属时,应结合其他领导、同事对该员工的评价,针对不同情况区别对待。

(3) 时间管理的艺术

时间是无法再生的稀缺资源,而领导者的时间往往不由自己支配。遇到什么问题就解决什么问题是许多领导者习惯的工作方式,但是这种工作方式往往会造成不重要的事情处理解决了,重要的事情却没有时间思考和解决,这不是领导者高效的工作方式。

领导者要科学合理地利用时间,应做到以下四点:① 记录时间。要知道自己的时间是怎样消耗的,可以采用时间记录的方法。② 时间分析。在时间记录表上首先找出那些根本不必做的事项,即纯粹浪费时间的项目;其次找出那些可以请他人办理,而且达到的结果相同或更好的事项,这样的事项可以授权他人办理;最后找出浪费别人时间的事项。③ 消除其他浪费时间的因素。为此,领导者应找出由于缺乏合理的计划、制度或缺乏预见性所产生的时间浪费因素;组织不健全也是造成时间浪费的因素之一。④ 合理安排自己的时间。领导者在分析了自己的时间利用情况并消除了时间浪费的因素后,整理出自由时间处理真正重要的问题。一旦发现有些问题浪费自己的自由时间,应重新进行时间记录和分析。

领导者不仅要能够合理利用时间,还应该巧妙运用自己的时间,以提高工作效率。通常领导者的时间分为两部分:一部分是不可控时间,用于响应其他人提出的各种要求和问题;另一部分是领导者可以自行控制的时间。时间管理的重点是如何支配自由时间。时间管理要求领导者明确在一定时间内,活动的重要性和紧迫性,可把要做的每一件事按重要性和紧迫性排序。

(4) 协调人际关系的艺术

在领导过程中存在着纵横交错的人际关系,协调人际关系是体现领导艺术的重要方面。

① 处理好与各方面的关系。对待上级要尊重,多请示沟通。工作安排部署要主动请示;

对工作的进展情况、对工作中存在的困难和问题,要主动汇报;对工作中的设想和创见,要积极建议。要做好本职工作,服从命令,当命令有错误、命令不符合客观实际或对命令心存疑虑时可以请示。在下属面前应尽力维护上级的威望,不能自视高明,傲视上级。对待下级要多沟通协调,以加强同广大员工之间的思想感情联系。对属于下级权限范围内的工作,一般不随便干预和插手,更不能代行下级职责范围内的工作。对待下级要大力支持,充分授权,放手使用。对待同级要真诚配合,团结领导班子成员。要处理好与领导班子内部成员的关系,要识大体,顾大局;互通情报,加强联系,做到矛盾不交、困难不让、责任不推、利益不争;对外争让有度。领导者在与外面平级单位的协调中,大事要争,小事要让。

② 具有调解纠纷和矛盾的技巧。在组织内,人与人相处,难免会产生认识上的分歧、利益上的冲突、工作上的矛盾以及其他方面的纠纷,领导者在工作实践中常用的调解纠纷的方法有即评即判和纠正错误两种。对于是非问题和原则性问题,领导者要态度明确,立场坚定;对于一般性问题,通过耐心细致的思想工作,使矛盾双方都做出让步,达成谅解,求大同存小异,实现和平相处。对于个别非原则性的矛盾和纠纷,可以模糊处理,不做明确表态。

(5) 激励的艺术

管理工作重在人本管理,人本管理的核心在于激励。领导者要调动下属的工作积极性,首先,要学会如何适时适度地激励下属。一个聪明的领导者要善于经常适时、适度地表扬下属,这种零成本激励往往能"夸"出很多努力工作的下属。其次,激励下属要注意因人而异,领导者激励下属时,一定要区别对待。最后,激励下属要注意多管齐下。领导者激励下属时,要以精神激励为主,物质激励为辅,这样才是一种长效的激励机制。

4. 提高领导艺术的基本途径

领导艺术不是天生的,领导者必须不断学习,培养能力,大胆对组织进行变革,才能提高领导艺术,适应时代变化和发展的需要。

(1) 通过学习,不断构建和完善领导艺术。这里的学习是广义的,包括学习各种知识、培养业务能力、锻炼身体和心理素质等。通过学习,领导者要努力创造主观方面的条件,为领导艺术的发挥打下坚实的基础。重点学习的内容应包括以下方面:一是相关业务知识,每个领导岗位都应具备相应的必备知识,如西方经济学、公共关系学、组织行为学等;二是管理心理学知识,掌握相应的管理心理学知识,可以帮助领导者在领导过程中真正做到关心下属、统御下属;三是最新思维方式和信息,领导者对最新思维方式和信息要做到有所了解,从而在领导活动中占据主导地位;四是法律知识,依法领导是现代社会领导者事业成功的首要前提。

(2) 通过组织改革,营造使领导艺术发挥的良好环境。通过改革,可以使组织充满活力,适应新的环境,克服旧有弊端。领导工作中的组织改革主要侧重于以下方面:优化办公设施,如计算机管理系统、新技术生产线等;强化员工教育与培训;塑造具有激励特征的、优良的组织文化,调动员工的积极性、主动性、创造性。通过自我学习和积极改革,领导者可以创造有利条件,提高领导艺术,使自己的领导活动更丰富,更有创造性,更加卓有成效。

综上所述,领导是一门综合性的艺术。它不仅仅包含了各种具体的管理技能和管理方法,也囊括了前瞻与规划、沟通与协调、真诚与均衡等诸多要素。要想具备一名卓越领导应有的基本素质,就必须在宏观决策、管理行为、个人品质等不同层面认真学习、体会并实践21世纪的领导力。

【本章小结】

领导是管理的一项重要职能,是一门综合性的科学和艺术。本章主要介绍了领导的内涵、本质、作用、素质等各种领导理论层面的内容,也讨论了具体的管理技能和管理方法、前瞻与规划、沟通与协调、领导与管理的关系、相关领导理论和领导风格与艺术。要想具备一名优秀领导者应有的基本素质和优良风格与艺术,我们就必须在个人品质、文化底蕴、行事风格等不同层面认真学习、体会并实践提升。

【本章练习题】

一、选择题(单选或多选)

1. 领导特质理论的研究重点是( )。
   A. 领导行为　　B. 领导环境　　C. 领导者品质　　D. 领导绩效
2. 领导行为理论的研究重点是( )。
   A. 领导行为　　B. 领导环境　　C. 领导者品质　　D. 领导绩效
3. 领导权变理论的研究重点是( )。
   A. 领导行为　　B. 领导环境　　C. 领导者品质　　D. 领导绩效
4. 领导与管理的关系为( )。
   A. 管理影响领导
   B. 领导行为等于管理行为,无论是内涵还是外延
   C. 领导工作是管理工作的一部分
   D. 管理的对象是物,领导的对象是人
5. 西方现代领导理论的发展经历了三个阶段,即( )。
   A. 传统领导理论阶段　　　　　　B. 特质领导阶段
   C. 领导行为阶段　　　　　　　　D. 领导权变理论阶段
6. 领导的作用有( )。
   A. 沟通协调作用　　　　　　　　B. 指挥引导作用
   C. 维持秩序作用　　　　　　　　D. 激励鼓励作用
   E. 监督控制作用

二、论述题

1. 试论述团队建设的重要性和建设方法。
2. 管理者与领导者有何差异?

三、案例分析题

李经理的领导风格

李先生是一家文印中心的经理,他雇了18名员工,大多由全日制学生兼职。文印中心毗邻一所大学,这家店主要是满足大学里各种社团的文印需要,也提供编辑出版以及标准打印服务,拥有三台大型的全功能一体式的复印机和几台电脑。

文印中心的近邻有两家全国连锁的复印店,但文印中心的业务比这两家店加起来的还要多。文印中心成功的主要因素之一就是李先生的领导风格。李先生特别擅长和他的兼职同事一起工作。他们大多数是学生,因此必须让工作时间迁就他们的课程表。李先生很能处理时

间上的冲突,对他而言,再小的矛盾也不能忽视,他总是愿意把时间表调整到每个人都满意。学生们也常常谈起他们对文印中心的归属感,十分推崇李先生为他们营造的大家庭氛围和精神。

文印中心的工作可分为两大块:复印和编辑出版。李先生在这两块工作中的领导都很成功。复印工作是很直接的操作,只是简单地将顾客的原件拷贝,因为工作很乏味,所以李先生总是竭尽所能让员工不至于厌烦。他让员工穿自己的休闲装,让他们选自己爱听的音乐作为工作时的背景音乐,让他们在工作中有限度地放肆一下来营造一种友善、平易近人的气氛。李先生每天花很多时间与每名员工进行非正式的交谈,他也鼓励员工之间的相互交流。李先生就是有这样的技巧,即使你所做的工作再无关紧要,他也能让你觉得自己是一个举足轻重的人物。李先生增进了员工之间的团结,也积极地参与到他们的活动中去。

编辑出版比复印复杂得多,包括为客户设计业务格式、广告和简历。在编辑出版这块工作中要求精通文字、编辑、设计和版面设计。这项工作很有挑战性,很难轻易让客户满意,因此在这块工作的员工多数是全职的。经过这几年的观察,李先生发现在编辑出版这一块表现出色的员工是一组特别的群体,与从事复印工作的人不同,他们往往很独立、自我肯定、自我激励。在对他们的指导中,李先生给予他们很大的空间,只在他们需要帮助时提供援手,而更多的时候是放手让他们自己去做。李先生喜欢在这群人中扮演力量源泉的角色。例如,如果员工在应付客户的工作中有困难,他很乐意加入其中共同解决难题;如果有员工在软件操作上停滞不前,李先生也会迅速为他提供专业的技术支持。在编辑出版方面工作的员工都是自我指导型的,李先生在这一部分员工身上所花的时间要比在复印部员工身上花的时间少很多。

问题:
1. 为什么说李先生是一名有效的领导者?
2. 李先生在领导复印人员和编辑人员这两种不同的群体时,采取了不同的领导风格,其依据是什么?

第九章

控 制

【学习目标】

知识点：
- 理解控制的概念，认识管理控制的重要性
- 掌握控制的基本过程、类型和管理控制的焦点
- 掌握组织绩效评价和控制的基本方法

技能点：
- 培养学生能够应用管理控制的方法去解决生活中的问题

【导入案例】

麦当劳的标准化控制系统[①]

麦当劳公司以经营快餐闻名世界。1955年，克洛克在美国创办了第一家麦当劳餐厅，其菜单上的品种不多，但食品质高价廉，供应迅速，环境优美。如今，麦当劳已经成为全球最大最著名的快餐服务集团，同时也是世界上管理最成功的企业之一，在100多个国家设立了3万多家餐厅。标准化是麦当劳能够有效管理和控制3万多家餐厅的首要成功经验，其标准化管理渗透到各个管理环节，包括经营理念、品牌形象、产品质量、顾客服务、日常运营管理、特许经营制度等。

例如，全球所有的连锁店都以"Q、S、C&V"（即品质、服务、清洁和价值）为基本的经营理念，并付诸实施；其全世界的餐厅都有一个金黄色"M"形的双拱门，都以红色和黄色为主。根据统计，最适合人们从口袋里掏出钱来的高度是92厘米，因此，麦当劳柜台设计以92厘米为标准。店铺内的布局也基本一致：壁柜全部离地，装有屋顶空调系统；厨房用具全部是标准化的，如用来装袋用的"V"形薯条铲，可以大大加快薯条的装袋速度；用来煎肉的贝壳式双面煎炉可以将煎肉时间减少一半；所有薯条采用"芝加哥式"炸法，即须先炸3分钟，临时再炸2分钟，从而令薯条更香更脆；在麦当劳与汉堡包一起卖出的可口可乐，据测在4℃时味道最甜美，于是全世界麦当劳的可口可乐温度统一规定保持在4℃；面包厚度在17厘米时入口味道最美，于是所有的面包做17厘米厚；面包中的气孔在5厘米时最佳，于是所有面包中的气孔都为5厘米。

有些管理环节的标准化在一般企业看来是不可能实现和不可思议的。例如，为了贯彻"百分之百顾客满意"的原则，麦当劳要求每一位员工提供的服务都必须符合规定的6个步骤的标

[①] 根据《麦当劳大学：标准化执行的66个细节》改编，肖建中，经济科学出版社2004年1月。

准服务规范。6个步骤依次是:

1. 与顾客打招呼

麦当劳要求每一位服务员都必须在正确的时机以正确的用语招呼问候顾客,而且必须精神抖擞,面带微笑,大声地向顾客打招呼问好。麦当劳在工作手册中明确规定了打招呼的问候用语:"欢迎光临""请到这里来""早上好""晚上好"等充满温情的语句。

2. 询问或建议点餐

顾客准备点餐,服务员须保持一套惯常的礼貌用语,诸如:"您要点什么""请问您需要些什么"等。麦当劳规定,服务员应该抓住机会向顾客推销食品,但建议的食品不要超过一项,以免引起顾客反感,例如"今天天气这么热,您需要增加一个甜筒吗",全部点购完毕,服务员会清晰地告诉顾客所点食物的总金额,以便顾客在服务员拿取食品时掏出钱来准备付账。

3. 准备顾客所点的食品

服务员应先对顾客说"请稍等",然后默记顾客所点的食品内容与数量。另外服务员对拿取食品的先后顺序与放置在餐盘上的方式必须特别留意,因为这关系到食品的品质及食用的时间。为此,麦当劳制定了标准化的食品准备顺序:奶昔—冷饮—热饮—汉堡—派—薯条—圣代,而且服务员在摆放商品时要注意标志朝向顾客,薯条靠在包上。

4. 收款

当服务员从顾客手中接收支付的金额以及找回零钱时,必须大声将各项金额复诵清楚。例如:"谢谢您,总共45元,收您50元,找回您5元。"当找回的零钱较多时,服务员应将零钱放在托盘内,以方便顾客拿取。

5. 顾客点的食物交到顾客手中

服务员将顾客点购的食品全部拿齐后,用双手将托盘轻轻抬起送到顾客面前,并礼貌地向顾客说明,例如"让您久等了,请看一下是否都齐了""请小心拿好"等。

6. 感谢顾客光临

当顾客拿好食品离开柜台时,服务员应真诚地说:"谢谢惠顾""欢迎再次光临""谢谢光临""祝您愉快"等祝颂之语,让顾客对麦当劳留下好印象。

为了贯彻标准化的管理方法,麦当劳编制了管理制度和员工手册,公司还开办了专门的培训中心——汉堡包大学,要求所有的特许经营者在开业之前都接受为期1个月的强化培训,回去之后,他们还被要求对所有工作人员进行培训,确保公司的规章条例得到准确的理解和贯彻执行。为了确保所有特许经营分店都能按统一的要求开展活动,麦当劳公司总部的管理人员还经常走访、巡视世界各地的经营店,进行直接的监督控制。

以上麦当劳公司的案例表明:控制是一项重要的管理工作,标准化的管理控制系统是麦当劳成功的关键因素之一,而且贯穿于管理工作的全过程。控制作为管理工作的一项基本职能,是对管理的其他职能,如决策、计划、组织、领导等管理活动的效果进行检测与校正,以确保组织的活动不偏离组织目标,使组织目标得以圆满实现。

第一节 控制概述

控制是管理过程不可分割的一部分,是企业各级管理人员的一项重要工作内容。

一、控制的必要性

斯蒂芬·罗宾斯曾这样描述控制的作用:"尽管计划可以制定出来,组织结构可以调整得非常有效,员工的积极性也可以调动起来,但是这仍然不能保证所有的行动按计划执行,不能保证管理者追求的目标一定能达到。"①理想的状态是不可能成为企业管理的现实的。无论计划制定得如何周密,由于各种各样的原因,人们在执行计划的活动中总是会或多或少地出现与计划不一致的现象。管理控制的必要性主要是由下述原因决定的:

1. 环境的变化

如果企业面对的是一个完全静态的市场,其中各个影响企业活动的因素永不发生变化,例如,市场供求、产业结构、技术水平等,那么,企业管理人员便可以年复一年、日复一日的以相同的方式组织企业经营,工人可以相同的技术和方法进行生产作业,因而不仅控制工作,甚至管理的计划职能都将成为完全多余的东西。事实上,这样的静态环境是不存在的,企业外部的一切每时每刻都在发生着变化。这些变化必然要求企业对原先制定的计划,从而对企业经营的内容作相应的调整。

2. 管理权力的分散

只要企业经营达到一定规模,企业主管就不可能直接地、面对面地组织和指挥全体员工的劳动,时间与精力的限制要求其委托一些助手代理部分管理事务。由于同样的原因,这些助手也会再委托其他人帮助自己工作。这便是企业管理层次形成的原因。为了使助手们有效地完成受托的部分管理事务,高一级的主管必然要授予他们相应的权限。因此,任何企业的管理权限都制度化或非制度化地分散在各个管理部门和层次。企业分权程度越高,控制区就越有必要。每个层次的主管都必须定期或不定期地检查直接下属的工作,以保证授予他们的权力得到正确利用,利用这些权力使组织的业务活动符合计划与企业目的的要求。如果没有控制,没有为此而建立的相应控制系统,管理人员就不能检查下级的工作情况。即使出现权力滥用或活动不符合计划要求等其他情况,管理人员也无法发现,更无法采取及时的纠正行动。

3. 工作能力的差异

即使企业制定了全面完善的计划,经营环境在一定时期内也相对稳定,对经营活动的控制也仍然是必要的。这是由不同组织成员的认识能力和工作能力的差异所造成的。完善计划的实现要求每个部门的工作严格按计划的要求来协调地进行。然而,由于组织成员是在不同的时空进行工作的,他们的认识能力不同,对计划要求的理解可能发生差异,即使每个员工都能完全正确地理解计划的要求,但由于工作能力的差异,他们的实际工作结果也可能在质和量上与计划要求不符。某个环节可能产生的这种偏离计划的现象,会对整个企业活动的进行造成冲击。因此,加强对这些成员的工作控制是非常必要的。

二、控制及其作用

1. 控制的含义

控制是管理的一种重要职能。管理中的控制职能是指管理者为保证实际工作与计划一致,有效实现目标而采取的一切行动。

---

① 斯蒂芬·罗宾斯;黄卫伟等译. 管理学. 第四版,北京:中国人民大学出版社,1997.

在广义上,控制与计划相对应,控制是指除计划以外的所有保证计划实现的管理行为,包括组织、领导、监督、测量和调节等一系列环节;在狭义上,控制是指继计划、组织、领导职能之后,按照计划标准衡量计划完成情况和纠正偏差,以确保计划目标实现的一系列活动。控制是管理四大职能之一,与计划、组织和领导职能密切配合,共同构成组织的管理循环。

2. 控制的作用

(1) 控制能保证计划目标的实现,这是控制最根本的作用。

(2) 控制可以使复杂的组织活动协调一致、有序地运作,以增强组织活动的有效性。

(3) 控制可以补充与完善初期制定的计划与目标,以有效减轻环境的不确定性对组织活动的影响。

(4) 控制可以进行实时纠正,避免和减少管理失误造成的损失。

第二节　控制的基本类型

按照控制的过程,可以将控制分为前馈控制、同期控制和反馈控制。

一、反馈控制

反馈控制是一种最主要的传统控制方式,其控制作用发生在行动之后,特点是把注意力集中在行动的结果上,并以此作为改进下次行动的依据。其目的并非改进本次行动,而是力求能"吃一堑,长一智",改进下一次行动的质量。反馈控制的过程首先从预期和实际工作成效的比较开始,找出偏差并分析原因,然后制定出纠正的计划并进行纠正,纠正的结果可以改进下一次实际工作的成效或者改变对下一次工作成效的预期。反馈控制的对象可以是行动的最终结果,如企业的产量、销售额、利润等,也可以是行动过程的中间结果,如工序质量、产品库存等。

反馈控制对于及时发现问题、排除隐患有着非常重要的作用,也有助于组织经营管理水平的提高。其最大的弊端是只能在事后发挥作用,对已经发生的对组织的危害却无能为力,作用类似于亡羊补牢;而且在反馈控制中,偏差发生和发现并得到纠正之间有较长一段时滞,这必然对偏差纠正的效果产生很大影响。例如,营销部门可能在8月份的报表中发现上一季度客户服务存在的一些问题,需要采取纠正措施,但这是2个月以前的问题,现在可能会有新的变化,相应的,也就很难确定是否需要根据已有的调查结果采取纠正措施。虽然在日常管理活动中反馈控制仍然是管理者采用最多的控制形式,但是由于存在上述缺陷,在一般情况下管理者应该优先采用其余两种控制形式。

二、同期控制

同期控制的作用发生在行动之中,即与工作过程同时进行。其特点是在行动过程中,一旦发生偏差,马上予以纠正。其目的就是要保证本次活动尽可能少发生偏差,改进本次而非下一次活动的质量。同期控制被较多地用于对生产经营活动现场的控制,由基层管理者执行。同期控制通常包括两项职能:①技术性指导,即对下属的工作方法和程序等进行指导;②监督,确保下属完成任务。在同期控制中,由于需要管理者即时完成包括比较、分析、纠正偏差等完整的控制工作,因此,虽然控制的标准是计划工作确定的行动目标、政策、规范和制度等,但控制工作的效果更多地依赖于现场管理者的影响力、作风、指导方式以及下属对这些指导的理解程度等因素。由此可见,同期控制对管理者的要求较高。此外,同期控制的内容还与被控制对象的特点密切相关,对简单劳动或是标准化程度很高的工作,严格的现场监督可能会收到较好的效果;但对于高级的创造性劳动,管理者应该更侧重于创造出一种良好的工作环境和氛围,这样才有利于计划的顺利实现并达到组织目标。

随着计算机应用的普及以及信息技术的日益发展,实时信息可以在异地之间迅速传送,这样就使得同期控制得以在异地之间实现,从而突破了现场的限制。例如,通过网络技术和多媒体视频,企业总部可以随时了解异地工厂的生产流程,可以通过召开远程视频会议,对异地工厂生产经营活动加以指挥和控制;一些医院能进行远程手术,在手术中通过信息网络将病人的各项生理指标传送给异地的专家小组,使得专家小组能够控制手术的进行。

三、前馈控制

如前所述,反馈控制的最大缺点是只有当最终结果偏离目标之后,控制才可能发挥作用,而且发生偏差和纠正偏差之间存在的时滞也往往会影响控制的效果。因此,管理者希望有一个控制系统,能在问题发生之前就告知管理者,使他们能够马上采取措施以使问题不再发生,这种控制系统就是前馈控制。

前馈控制的作用发生在行动之前,其特点是将注意力放在行动的输入端,一开始就能将问题隐患排除,防患于未然,可见,前馈控制的效果正是管理者追求的目标。因为前馈控制的对象是输入,所以实行前馈控制必须建立在对整个系统和计划透彻分析的基础之上,管理者在实施前馈控制前必须明确以下两点:

(1) 系统的输入口和主要影响变量。包括行动中的各项需求因素和要求的各项条件是什么,其中波动的可能性最大、同时对行动结果影响最大的因素是哪些;计划对它们的要求是什么;等等。

(2) 系统的输入和输出之间的关系。包括以上这些输入量是如何影响输出结果的,如果输入量发生变动,输出结果将会如何改变,等等。

在前馈控制中,管理者可以测量输入的主要变量,然后分析它们可能给系统带来的偏差,并在偏差发生之前采取措施。组织中运用前馈控制的例子很多,比如,工厂在需求高峰来临之前已添置机器,安排人员,加大了生产量,以防供不应求;企业在预计到原有产品销量下降前就开始准备开发新产品等。

由此可见,前馈控制是以系统的输入量为控制对象,是控制原因;而反馈控制则是以系统的输出量为控制对象,是控制结果;同期控制是以系统的转换过程为控制对象,是对原因转化为结果的条件的控制。因为在事前采取措施,所以前馈控制比反馈控制和同期控制更加复杂。

四、三种控制类型的比较

1. 前馈控制

是建立在能测量资源的属性与特征的信息的基础上的,其纠正行动的核心是调整与配置即将投入的资源,以求影响未来的行动。

2. 同期控制

其信息来源于执行计划的过程,其纠正的对象也正是执行计划的过程。

3. 反馈控制

是建立在表明计划执行最终结果的信息的基础上的,其所要纠正的不是测定出的各种结果,而是执行计划的下一个过程的资源配置与活动安排。

【研讨与质疑】

请列举一个管理实际系统,分析三种管理控制的过程及它们之间的区别。

第三节　控制过程

控制是根据计划的要求,设立衡量绩效的标准,然后把实际工作结果与预定标准相比较,以确定组织活动中出现的偏差及其严重程度;在此基础上,有针对性地采取必要的纠正措施,以确保组织资源的有效利用和组织目标的圆满实现。不论控制的对象是新技术的研究与开发,还是产品的加工制造,或是市场营销宣传;是企业的人力资源,还是物质要素,或是财务资源,控制的过程都包括三个基本环节的工作:①确立标准;②衡量成效;③纠正偏差。

一、确立标准

标准是人们检查和衡量工作及其结果(包括阶段结果与最终结果)的规范。制定标准是进行控制的基础。没有一套完整的标准,衡量绩效或纠正偏差就失去了客观依据。

1. 确定控制对象

标准的具体内容涉及需要控制的对象。那么,企业经营与管理中哪些事或物需要加以控制呢?这是在建立标准之前首先要加以分析的。

无疑,经营活动的成果是需要控制的重点对象。控制工作的最初动机就是要促进或比较有效地取得预期的活动结果。因此,要分析企业需要什么样的结果。这种分析可以从盈利性、市场占有率等多个角度来进行。确定了企业活动需要的结果类型后,要对它们加以明确的、尽可能定量的描述。也就是说,要规定需要的结果在正常情况下希望达到的状况和水平。

要保证企业取得预期的成果,必须在成果最终形成以前进行控制,纠正与预期成果的要求不相符的活动。因此,需要分析影响企业经营结果的各种因素,并把它们列为需要控制的对象。影响企业在一定时期经营成果的主要因素有:

(1) 关于环境特点及其发展趋势的假设。企业在特定时期的经营活动是根据决策者对经营环境的认识和预测来计划和安排的。如果预期的市场环境没有出现,或者企业外部发生了某种无法预料和不可抗拒的变化,那么原来计划的活动就可能无法继续进行,从而难以为组织带来预期的结果。因此,制定计划时所依据的对经营环境的认识应作为控制对象,列出"正常环境"的具体标志或标准。

(2) 资源投入。企业经营成果是通过对一定资源的加工转换得到的。没有或缺乏这些资源,企业经营就会成为无源之水、无本之木。投入的资源,不仅会影响经营活动的按期、按量、按要求进行,从而影响最终的物质产品,而且取得费用会影响生产成本,从而影响经营的盈利程度。因此,必须对资源投入进行控制,使之在数量、质量以及价格等方面符合预期经营成果的要求。

(3) 组织的活动。输入到生产经营中的各种资源不可能自然形成产品。企业经营成果是通过全体员工在不同时间和空间上利用一定技术和设备对不同资源进行不同内容的加工劳动才最终得到的。企业员工的工作质量和数量是决定经营成果的重要因素,因此,必须使企业员工的活动符合计划和预期结果的要求。为此,必须建立:①员工的工作规范;②各部门和各员工在各个时期的阶段成果的标准,以便对他们的活动进行控制。

2. 选择控制的重点

企业无力也无必要对所有成员的所有活动进行控制,而必须在影响经营成果的众多因素中选择若干关键环节作为重点控制对象。美国通用电器公司关于关键绩效领域(Key Performance Areas)的选择或许能对我们提供某种启示。

通用电器公司在分析影响和反映企业经营绩效众多因素的基础上,选择了对企业经营成败起决定作用的八个方面,并为它们建立了相应的控制标准。这八个方面如下:

(1) 获利能力。通过提供某种商品或服务取得一定的利润,这是任何企业从事经营的直接动因之一,也是衡量企业经营成败的综合标志,通常可用与销售额或资金占用量相比较的利润率来表示。它们反映了企业对某段时期内投资应获利润的要求。利润率实现情况与计划的偏离,可能反映了生产成本的变动或资源利用效率的变化,从而为企业采取改进方法指出了方向。

(2) 市场地位。市场地位是指对企业产品在市场上占有份额的要求。这是反映企业相对于其他厂家的经营实力和竞争能力的一个重要标志。如果企业占领的市场份额下降,那么意味着由于价格、质量或服务等某个方面的原因,企业产品相对于竞争产品来说其吸引力降低了,因此应该采取相应的措施。

(3) 生产率。生产率标准可用来衡量企业各种资源的利用效果,通常用单位资源所能生产或提供的产品数量来表示。其中,最重要的是劳动生产率标准。企业其他资源的充分利用在很大程度上取决于劳动生产率的提高。

(4) 产品领导地位。产品领导地位通常指产品的技术先进水平和功能完善程度。通用电器公司是这样定义产品领导地位的:它表明企业在工程、制造和市场方面领导一个行业的新产品和改良现有产品的能力。为了维持企业产品的领导地位,必须定期评估企业产品在质量、成本方面的状况及其在市场上受欢迎的程度。如果达不到标准,就要采取相应的改善措施。

(5) 人员发展。企业的长期发展在很大程度上依赖于人员素质的提高,为此,需要测定企业目前的活动以及未来的发展对职工的技术、文化素质的要求,并与他们目前的实际能力相比较,以确定如何为提高人员素质采取必要的教育和培训措施。要通过人员发展规划的制定和实施,为企业及时供应足够的经过培训的人员,为员工提供成长和发展的机会。

(6) 员工态度。员工的工作态度对企业目前和未来的经营成就有着非常重要的影响。测定员工态度的标准是多方面的,比如,可以通过分析离职率、缺勤率来判断员工对企业的忠诚;也可通过统计改进作业方法或管理方法的合理化建议的数量来了解员工对企业的关心程度;还可通过对定期调查的评价分析来测定员工态度的变化。如果发现员工态度不符合企业的预期,那么任其恶化是非常危险的,企业应采取有效措施来提高他们在工作或生活上的满足程度,以改变他们的态度。

(7) 公共责任。企业的存续是以社会的承认为前提的。而要争取社会的承认,企业必须履行必要的社会责任,包括提供稳定的就业机会、参加公益事业等多个方面。公共责任能否很好地履行关系到企业的社会形象。企业应根据有关部门对公众态度的调查,了解企业的实际社会形象同预期的差异,改善对外政策,提高公众对企业的满意程度。

(8) 短期目标与长期目标的平衡。企业目前的生存和未来的发展是相互依存,不可分割的。因此,在制定和实施经营活动计划时应能统筹长期与短期的关系,检查各时期的经营成果,分析目前的高利润是否会影响未来的收益,以确保目前的利益不是以牺牲未来的利益和经营的稳定性为代价而取得的。

3. 制定标准的方法

控制的对象不同,为它们建立标志正常水平的标准的方法也不一样。一般来说,企业可以使用的建立标准的方法有三种:利用统计方法来确定预期结果;根据经验和判断来估计预期结果;在客观的定量分析的基础上建立工程(工作)标准。

(1) 统计法。统计法就是根据企业内外资料进行统计分析处理,确定衡量预期成效的统计或常规数据。这样订立出的标准,是以对历史上统计数据的经验分析为基础的。标准所选择的具体统计数字可能是平均数,也可能是高于或低于中点的一个定点。这种方法制定的标准,较好地反映了过去平均或一般的水平或状态,为预期未来行为提供了有益的依据。但当系统波动大时,这种方法就不准确了,因为它忽视了新的情况,特别是未来可能出现的变化。

(2) 估计法。估计法就是根据管理人员过去的经验和判断来估价控制标准。这种方法制定的标准,实质上反映一种价值判断,管理者对目标的期望及其个人价值系统将起决定作用;同时,管理者需要对已经变化了的新情况,特别是对未来的预期,运用主观判断能力。当然,这种方法比前者缺乏一些关于历史状况或趋势的精确分析,但它更重视新的情况,有利于发挥管理人员的主观技能,特别是在缺乏历史统计资料的情况下则更显示其长处。

(3) 工程法。它是根据对具体工作情况做出客观的定量分析来制定标准的一种方法。它不是利用现成的历史数据,也不是靠管理者的经验判断,而是对实际发生的活动进行测量,从而订立出符合实际的可靠标准。用这种方法订立标准,一般更科学、更可靠,因为它是以实际测量为基础的。但这种方法也有一定的局限性,即有些实际工作测量的难度很大,而且现在的实际,很难反映未来的变化。

二、衡量绩效

标准制定后,管理者就要对照标准,对受控系统的实际情况进行监测。

1. 衡量的内容

衡量的主要内容包括受控系统的资源配置、运行情况、工作成果等。监测的核心是实际与计划是否一致,即是否存在偏差。

2. 衡量的要求

衡量最基本的要求就是及时准确。

(1) 测量的时间性。按照标准来衡量实际成效的最好办法是能事先预见可能出现的偏差,这是较难办到的,但是至少应该做到抓紧监测工作,尽早发现偏差的苗头,以便及时采取有力措施。

(2) 测量的准确性。衡量必须客观公正,真实准确。

3. 考核中的困难

对于一些可产生特定的、可计量的具体结果的活动,测量考核是比较容易的。如生产产品、销售商品,都有相应的实物量或价值量指标来进行衡量,考核不难进行。难办的是对一些不直接形成可计量结果的活动的考核,如对一些管理干部的工作进行考核难度就很大。

4. 考核方法的要求

好的考核方法应具备如下特征:

(1) 定量化。即尽可能利用一些可直接计量的指标来进行衡量。对于那些难以直接定量的活动,也应借助一些可计量的相关因素来间接衡量,增强其可计量程度。

(2) 必须全面、准确、公正。所谓全面,是指衡量所涉及的内容必须能完整反映受控制系统的实际状态;所谓准确,是指考核方法能正确地衡量出系统的实际状况;所谓公正,是指不受考核者主观好恶及有关私利的影响,正确地对待被考核者。

5. 偏差分析

偏差分析,就是对偏离计划的行动,即应用标准同实际成效直接比较时两者之间的偏差进行分析。这是衡量成效的关键环节,只有准确深入地进行偏差分析,才能为有效控制提供可靠的基础。偏差分析的过程:①确认偏差的性质、幅度、特征,并尽可能定性、定量地加以准确界定;②要深入分析造成偏差的原因、条件,并寻找出诸因素中的主要原因,以便有针对性地采取纠正措施,从根本上纠正偏差。

三、纠正偏差

利用科学的方法,依据客观的标准,对工作绩效进行衡量,可以发现计划执行中出现的偏差。纠正偏差就是在此基础上,分析偏差产生的原因,制定并实施必要的纠正措施。这项工作使得控制过程得以完整,并将控制与管理的其他职能相互联结;通过纠偏,使组织计划得以遵循,使组织结构和人事安排得到调整。为了保证纠偏措施的针对性和有效性,必须在制定和实施纠偏措施的过程中注意下述问题:

1. 找出偏差产生的主要原因

并非所有的偏差都可能影响企业的最终成果。有些偏差可能反映了计划制定和执行工作中的严重问题,而另一些偏差则可能是一些偶然的、暂时的、区域性因素引起的,从而不一定会对组织活动的最终结果产生重要影响。因此,在采取任何纠正措施以前,必须首先对反映偏差的信息进行评估和分析。首先,要判断偏差的严重程度,是否足以构成对组织活动效率的威胁,从而值得去分析原因,采取纠正措施;其次,要探寻导致偏差产生的主要原因。

纠正措施的制定是以偏差原因的分析为依据的。而同一偏差则可能由不同的原因造成:销售利润的下降既可能是因为销售量的降低,也可能是因为生产成本的提高。前者既可能是因为市场上出现了技术更加先进的新产品,也可能是由于竞争对手采取了某种竞争策略,或是企业产品质量下降;后者既可能是原材料、劳动力消耗和占用数量的增加,也可能是由于购买价格的提高。不同的原因要求采取不同的纠正措施。要通过评估反映偏差的信息和对影响因素的分析,透过表面现象找出造成偏差的深层原因,在众多的深层原因中找出最主要者,为纠偏措施的制定指导方向。

2. 确定纠偏措施的实施对象

需要纠正的不仅可能是企业的实际活动,也可能是组织这些活动的计划或衡量这些活动的标准。大部分员工没有完成劳动定额,可能不是由于全体员工的抵制,而是定额水平太高;承包后企业经理的兑现收入可高达数万,甚至数十万,可能不是出于经营性的努力数倍或数十倍于工人,而是由于承包基数不恰当或确定经营者收入的挂钩方法不合理;企业产品销售量下降,可能并不是由于质量劣化或价格不合理,而是由于市场需求的饱和或周期性的经济萧条。在这些情况下,首先要改变的是衡量这些工作的标准或指导工作的计划。

预定计划或标准的调整是由两种原因决定的:一是原先的计划或标准制定不科学,在执行中发现了问题;二是原来正确的标准和计划,由于客观环境发生了预料不到的变化,不再适应新形势的需要。负有控制责任的管理者应该认识到,外界环境发生变化以后,如果不对预先制定的计划和行动准则及时进行调整,那么,即使内部活动组织得非常完善,企业也不可能实现预定目标。如果消费者的需求偏好转移,这时,企业的产品质量再高,功能再完善,生产成本、价格再低,仍然不可能找到销路,不会给企业带来期望利润。

3. 选择恰当的纠偏措施

针对产生偏差的主要原因,就可能制定改进工作或调整计划与标准的纠正方案。纠偏措施的选择和实施过程中要注意:

(1) 使纠偏方案双重优化。纠正偏差,不仅在实施对象上可以进行选择,而且对同一对象的纠偏也可采取多种不同的措施。所有这些措施,其实施条件和效果相比的经济性都要优于不采取任何行动、使偏差任其发展可能给组织造成的损失,有时最好的方案也许是不采取任何行动,如果行动的费用超过偏差带来的损失的话。这是纠偏方案选择过程中的第一重优化。第二重优化是在此基础上,通过对各种经济可行方案的比较,找出其中追加投入最少、解决偏差效果最好的方案来给组织实施。

(2) 充分考虑原先计划实施的影响。由于对客观环境的认识能力提高,或者由于客观环境本身发生了重要变化而引起的纠偏需要,可能会导致对原先计划与决策的局部甚至全局的否定,从而要求企业活动的方向和内容进行重大的调整,这种调整有时被称为"追踪决策",即"当原有决策的实施表明将危及决策目标的实现时,对目标或决策方案所进行的一种根本性修正"。

(3) 注意消除人们对纠偏措施的疑虑。任何纠偏措施都会在不同程度上引起组织的结构、关系和活动的调整,从而会涉及某些组织成员的利益。不同的组织成员会因此而对纠偏措施持不同态度,特别是纠偏措施属于对原先决策和活动进行重大调整的追踪决策时。虽然一些原先反对初始决策的人会幸灾乐祸,甚至夸大原先决策的失误,反对保留其中任何合理的成分,但更多的人对纠偏措施持怀疑和反对的态度,原先决策的制定者和支持者会害怕改变决策标志着自己的失败,从而会公开或暗地里反对纠偏措施的实施;执行原决策、从事具体活动的基层工作人员则会对自己参与的已经形成的或开始形成的活动结果怀有感情,或者担心调整会使自己失去某种工作机会,影响自己的既得利益而极力抵制任何重要的纠偏措施的制定和执行。因此,控制人员要充分考虑到组织成员对纠偏措施的不同态度,特别是要注意消除执行者的疑虑,争取更多的人理解、赞同和支持纠偏措施,以保证避免在纠偏方案的实施过程中可能出现的人为障碍。

第四节 控制方法

一、控制方法

在企业管理实践中,根据控制对象的不同,管理者可以采用多种不同的有效控制方法。

1. 信息控制

管理者只有获得信息,才能够有效地开展工作。为了确保在正确的时间为正确的人提供正确的信息,组织必须建立一套信息管理系统。管理信息系统是一个为管理者提供有用或必要的信息,以帮助管理者做出正确决定的系统。从理论上讲,这种系统可以是基于手工的,也可以是基于计算机的,但是目前信息系统通常是建立在计算机基础之上的。基于计算机的管理信息系统包括以下四类。

(1) 事务处理系统。事务处理系统旨在处理大量例行、经常发生的事务。20世纪60年代初,伴随着商用电脑的问世,事务处理系统开始出现。事务处理系统是许多组织采用的第一种基于计算机的管理信息系统,至今仍很普及。例如,银行管理者利用事务处理系统记录顾客的储蓄和贷款业务;超市采用事务处理系统记录商品的销售量、存货等。

(2) 运营信息系统。运营信息系统是一种收集和处理全面的数据,并以对管理者有价值的方式来进行归纳总结的系统。事务处理系统处理常规事务,运营信息系统则为管理者提供可供他们执行非常规的协调、控制和决策任务使用的信息。绝大多数运营信息系统是与事务处理系统相联系的。运营信息系统一般要使用事务处理系统收集的数据,并将这些数据处理成有用的信息,然后将经过处理的信息编写成管理者可以理解的形式。例如,组织所获得的关于员工个人目标和绩效的信息,就是由一个运营信息系统提供的。

(3) 决策支持系统。决策支持系统是一种由计算机支持的交互式系统。该系统提供有助于管理者制定更好的非程序化决策的模型。运营信息系统为管理者处理重要的信息,而决策支持系统则给了管理者一种构建模型的能力,从而为他们提供以各种方式处理信息的能力。管理者可能会采用一个决策支持系统来帮助他们就一个产品是否需要降价进行决策。该决策支持系统还可能包含顾客和竞争者对某一产品降价将如何做出反应的模型。管理者可以利用这些模型,并用其结果作为决策的支持。但是,该系统的功能在于向管理者提供能够提高决策质量的有价值的信息,而不是通过该系统直接制定出决策。

(4) 专家系统。专家系统是目前最先进的管理信息系统。专家系统是指使用存储在计算机里的人类知识去解决通常需要人的专长才能解决的问题的一种系统。例如,通用电气公司开发出一个专家系统,以帮助排除该公司制造的柴油发动机的故障问题。该专家系统最初以从引擎故障排除专家大卫·史密斯那里收集来的知识为基础,见习工程师或技师在计算机终端上花几分钟就能够利用该系统查明一个故障。这一系统能够向使用者解释它之所以给出某一建议的逻辑思路,因此既能够起到教师的作用,也能够充当问题的解决者。该系统建立在灵活、类似人类思考过程的基础之上,而且还能够通过吸收出现的新知识使自己得以更新。

基于计算机复杂的信息系统已经极大地改变了管理者监督和控制组织活动的能力。但管理信息系统并不是包医百病的灵丹妙药,它不会也不可能取代其他非正规的收集组织活动信息的手段。会议、短暂的会面、单独谈话、四处巡视、社交活动、电话交谈等诸如此类的活动,仍然是管理者获取信息的重要渠道。

2. 人员控制

组织的计划是由员工来实施完成的,要想实现组织的目标,就必须对组织人员的行为进行控制。在组织日常的管理工作中,管理者通过以下几种方法对员工的行为进行控制,以确保员工的行为指向组织的目标。

(1) 直接监督。管理人员亲临工作现场,观察员工的行为并迅速对偏离标准的行为进行纠正。例如,酒店领班在巡查中发现服务人员对待顾客的服务态度不好时,就应该立刻制止并指明正确的服务态度。直接监督是一种最直接、最有力的行为控制形式,而且非常有效。

(2) 对员工进行绩效评估。通过评估对绩效好的员工予以奖励,使其保持或加强良好表现;对绩效差的员工就要采取惩罚措施,纠正出现的行为偏差。

(3) 甄选。在招聘过程中,选择能力、价值观符合组织要求的人员,确保员工进入企业后,各种行为能够达到企业的标准。

(4) 培训。通过正规的培训制度以及员工之间非正式的交流,向员工传递组织期望的工作知识和方式。

(5) 组织文化。通过组织的理念、仪式和高层的表率作用等,影响员工的价值观和行为模式。

(6) 确定目标。为员工设定工作目标,用目标指导和限制员工的行为。

(7) 正规化。利用组织正式的政策、规则、职务说明书和其他规章制度来规定可接受的行为和禁止的行为。

(8) 职务设计。通过职务设计决定员工具体的工作内容、权责范围以及员工间的相互关系等,从而规范其行为。

3. 作业控制

作业控制是指将劳动力、原材料等资源变成最终产品或服务的转换过程中的设计、作业和控制。组织的作业系统分为输入、转换、输出三个部分,系统将输入(人员、技术、资金、设备、原材料、信息等)通过加工、生产、劳动等活动转化成产品或服务。

所有组织之所以能够存在于社会中,是因为任何组织都向消费者提供某种产品或服务。因此,所有组织都具有一个将输入转化成输出并由此产生价值的作业系统。在制造型组织里,组织的产出是有形的产品,因此人们很容易看到其从输入到输出的转化过程。在服务型组织里,这种转化也是同样存在的,其产出是无形的服务。例如,学校的管理者组合所有的输入(教师、书籍、教室、教学设备等)将无知的学生转化成受过教育和训练的人。

4. 库存控制

库存是指为了满足现在和将来的需求而储存的资源。在企业的日常经营中,库存占用了企业大量的资金。例如,通用电气公司最近的一份报告表明其存货资产为74亿美元。库存控制的目的是在确保组织可以拥有所需要的原材料、零部件及其他相关库存的前提下,使总库存成本降至最低水平。几种比较常见的库存控制的方法有 ABC 分析法、准时制库存系统等。

(1) ABC 分析法

ABC 分析法是将库存根据其占用资金的多少进行分类,把库存分成 A、B、C 三类。ABC 分析法是帕累托原理在库存管理中的应用。帕累托原理指出存在着重要的"少数"和次要的"多数"。在管理工作中,管理者应该将主要精力放在重要的"少数"上,而不是次要的"多数"上。在库存的多种物品中,A 类物品在数量上可能只占库存总数的 15%,但它们在价值上占库存总价值的 70%~80%;B 类物品在数量上只占库存总数的 30%,但在价值上占总价值的 15%~25%;C 类物品占库存总数的 55%,占总价值的 5%。对于 A 类物品,管理者应该给予最大的重视,更严格地控制;对于 C 类物品则应给予较少的重视及相对松散的管理;而对于 B 类物品则应介于这两者之间,进行一般的控制。

(2) 准时制库存系统

准时制库存系统是一种在生产过程中需要时库存才到达,而不是将货物存放在仓库中的系统。准时制是日本丰田汽车公司发展出来的一种制度。其基本思想是在需要的时候,按需要的量生产所需的产品,将需要的零部件以需要的量在需要的时间送达生产线,实现零库存或将库存降到最低。

准时制库存系统可以降低成本和提高组织的效率,从而增强企业的竞争力。与此同时,准时制对制造厂商和供应商之间的关系提出了更高的要求,要求双方形成互相合作、互相配合、互相共享信息的关系。它要求供应商位于制造商的生产线很近的地方,并且供应商能够持续准时地提供无缺陷的原材料。这种系统还要求供应商与制造商之间有可靠的运输工具连接,原材料的有效接收、处理、分发及精确的调控生产计划等。

5. 质量控制

质量控制是通过监控质量来确保质量满足预先制定的标准。优质的产品和服务对企业具有重要的意义。良好的产品质量能够使产品销量和价格得到提高,增加企业的收益;同时,质量的提高也能够降低企业的成本,从而提高企业的赢利能力。

质量控制分为接收抽样和过程控制两类。接收抽样指的是对已经存在的或外购的材料或产品进行评估。通过抽取一定数量的样本,计算抽样风险,决定接受还是拒绝总体。过程控制是指在转换过程中对物品进行抽样,观察转换过程是否被有效地控制。比如,可口可乐的一种过程控制将能察觉装机是否需要调整,如果在26盎司的瓶中只装了23盎司的苏打水,管理人员就会停产调整机器。同时,在质量管理过程中,管理者还应该明确是100%的检测产品还是采用抽样的方法。如果连续检测的成本很低或者统计结果表明出错率很高(如制造一种打开心脏手术用的药品),逐个检查每一件是十分有意义的。统计抽样通常花费较少,有时甚至是唯一可供选择的方法。例如,如果质量检测会破坏产品(如炸弹或闪光灯),就不得不利用抽样的方法检查。

从20世纪初现代意义上的质量管理诞生开始,经过事后检验、生产过程中质量控制等阶段,到今天逐步形成了全面质量管理的思想。全面质量管理是一个组织以质量为中心,以全员参与为基础,目的在于通过顾客满意和本组织成员及社会受益而达到长期成功的管理途径。全面质量管理强调的是组织全体员工对全公司范围内持续追求顾客所重视的在产品与服务的各方面的卓越品质的承诺。与质量控制强调的是识别已经发生的严重失误不同,全面质量管理强调的是采取行动,防止错误发生。

6. 财务控制

财务控制是针对组织的财务资源所做的控制,这里的财务资源包括流入组织(如收入、股东的投资、借贷等)、停留在组织(如营运资金、盈余等)与流出组织的资源(如费用、股息等)。通过财务控制,使组织的财务资源得到合理、高效的配置。常用的财务控制手段有财务比率分析、预算分析等。

【研讨与测试】

1. 管理者如何控制信息渠道?
2. 探讨经营一家工厂需要做哪些控制工作。

二、控制过程中的行为反应与管理

控制与抵制几乎可以说是伴生的。管理者必须认真分析与研究管理控制过程中人的因素,正确估价控制中的行为反应,并因势利导,以保证有效控制的实施。

1. 对控制的不良反应

(1) 被管理者个人对控制的抵制。被管理者往往把控制看成是一种外来压力,并把抵制作为对由于控制而产生的压力的反应。由于受到控制,被管理者往往产生漠然处之、反感,甚至敌视和愤恨的态度。这些态度反映在行为上,表现为缺乏进取精神,消极怠工,直至扰乱和公开反抗。这些抵制行为必然干扰受控系统各项职能活动的开展及其目标的实现,并引起人际关系混乱,使控制机制失效。

(2) 群体对控制的抵制。控制的不良反应,不仅限于个人,还将扩散到群体,形成群体抵制来共同控制压力抗衡。这一过程可表述为团体抵制的发展模式,如图9-1所示。

图9-1　团体抵制的发展模式

(3) 抵制控制的不良后果。对于这些由于人的抵制行为而产生的偏差,一味采取强制性的控制手段,增加控制压力是无济于事的,甚至适得其反。处理不当,则会产生控制—抵制—再控制—再抵制的恶性循环。当然,这个循环不会无限进行下去的,或者出现某种僵持,停滞一段;或者管理者让步,放松控制;或者被管理者让步,服从控制;或者爆发激烈的矛盾;或者变更控制方式,减弱或消除抵制,在控制中发展持久合作,以保证实施有效的控制。

【阅读小资料】

一位新上任的厂长,大刀阔斧地进行整顿,在企业中推行一套以整顿纪律、加强监督为重点的严格管理制度,而这些控制措施却遭到个别人的抵制。由于未能及时作必要的宣传、解释工作,加之控制手段不完善,结果不满情绪在员工中蔓延,以致发展到更多人出来抵制。对此,这位厂长采取更加强硬的管理手段,于是,招致全厂大多数人的强烈抵制,结果是出现僵局,致使整顿失败。因此,管理者必须高度重视控制过程中的不良反应,善于因势利导。

2. 产生抵制的原因

产生抵制的原因是多方面的,如有政治、经济、社会、心理和个性等方面的原因。管理控制过程中每一环节上都有引发抵制的因素。

(1) 标准太严。即认为所制定的控制标准不合理或过高、过严。具体来说:①可能是出于利益上的考虑,认为组织的目标过高,会导致个人花费更大的力气或减少收入。如人们总是抱怨劳动定额太高,希望它越低越好;而对于费用定额,则是抱怨它太低,而希望高一点。②可能是由于不理解。管理者没有向被管理者讲清实际情况,包括有关条件、标准的具体含义要求,以及如何完成任务等问题,发生误解,从而使被管理者认为这一标准不合理或太严。③标准是由管理当局制定的,被管理者感到这是作为一种外在的硬性指标强加给他的,认为标准本身就是一种束缚其思想行动的东西,因此从心理上本能地产生一种抵制力。

(2) 测定不准确。即认为测定工作成效的方法不当,结果不准,评价不公正。具体来说:

①可能是认为方法不当,不能全面、准确地测定实际工作成效。②认为测定者的态度不够端正,过多地看重了问题,而对成绩评价不足。③在测定中只注意成果,完全忽视了被管理者的主观努力。如在测定工作成效中忽视条件优劣和所遇困难大小,被管理者就感到自己的努力被淹没了,没有受到公正的对待,从而产生反感,抵制控制。

(3) 厌恶纠正措施。即感到管理者所采取的纠正措施于己不利,产生反感或恐惧。①管理者纠正偏差,这意味着对原有某些劳动的否定,被管理者将付出更多的劳动,这会引起他们的抵制,如对不合格产品进行返工。②在被管理者看来,纠正行动或多或少要指向个人,是对直接责任者个人的成效或水平的否定,并将其暴露于众,引起他们心理上的反感。③纠正行动很可能是使被管理者去干他们不愿意干的事,这种纠正,使他们感受到了外力强制,必然产生抵制心理。

(4) 管理者施控的态度。管理者实施控制时所持的态度,对于受控者来说是一个最敏感的问题,它将直接引起受控者做出相应强烈的行为反应。例如,管理者不以平等的姿态待人,而是居高临下地实施强制控制,必然遭到被管理者的反感与抵制。

三、控制过程中的行为管理

为调整好控制过程中的行为问题,管理者需要做好以下工作:

(1) 管理者要树立正确的态度。管理者同被管理者在实施控制和接受控制的过程中,需要真诚的支持与合作。管理者必须充分尊重被管理者的人格和满足其需求,力求用自己的实际行动赢得被管理者的理解和支持,这样才能从根本上消除控制与受控制双方的对立,赢得被管理者对控制的理解、拥护和支持。

(2) 下放控制权,提倡实行自我控制。管理者要发动群众,广泛参与目标与标准的制定,并把日常控制权授予基层和员工,倡导被管理者实行自我控制,这就会增强被管理者的参与感,消除他们的被动感、压力感。

(3) 采用科学的控制手段,并做好宣传、解释、教育工作。无论是标准的设定,成效的测试,还是纠正措施的实施,都要采用科学的方法和手段,做到全面、准确、客观,给被管理者以公正的评价,并做好宣传教育工作,使控制目的、控制标准、控制手段都为员工所理解,获得广泛的支持。

(4) 倚重工作保证体系进行控制。建立清晰的组织结构、明确的职责、权限和沟通渠道以及相应的一整套规章制度,这就会使控制处于一种稳定的、程序化的,为全体人员所知晓、理解的状态中。控制是通过"法治",而不是"人治"来实现的,这就会缓冲或削弱不利行为反应。

(5) 归根结底是要做好人的工作。一方面要加强对被管理者的引导、考核、奖惩工作,正确地引导他们的行为,客观、全面、准确地测定他们的劳动贡献,并通过奖惩,对他们给予公正的对待;另一方面,做好思想教育和培训工作,提高他们的政治觉悟和业务技术素质。把人本身的工作做好,就会从根本上消除不良行为反应,保证控制的有效性。

【案例分析】

西湖公司的控制方法①

[实训目标]

1. 对控制机制与方法增强感性认识。
2. 培养对实际控制系统观察与分析的能力。
3. 培养对实际工作进行有效控制的初步能力。

[实训内容与方法]

1. 阅读以下案例,并分析下列问题:①雷先生在西湖公司里采用了哪些控制方法?②假设西湖公司原来没有严格的控制系统,雷先生在短期内推行这么多控制措施,其他管理人员会有什么反应?③就西湖公司目前状况而言,怎样健全控制系统?
2. 由个人阅读并分析案例,并写出发言提纲。
3. 以模拟公司或班级为单位进行大组讨论。

西湖公司是由李先生靠3 000元创建起来的一家化妆品公司。开始时只经营指甲油,后逐渐发展成为颇具规模的化妆品公司,资金已达6 000万元。李先生于1984年发现自己患癌症之后,对公司的发展采取了两个重要措施:①制定公司要向科学医疗卫生工作发展的目标;②高薪聘请雷先生接替自己的职位,担任董事长。

雷先生上任以后,采取了一系列措施,推行李先生为公司制定的进入医疗卫生行业的计划:在特殊医疗卫生业方面开辟一个新行业,同时开设一个凭处方配药的药店,并开辟上述两个新部门所需产品的货源、运输渠道。与此同时,他在全公司内建立了一个严格的控制系统:要求各部门制定出每月的预算报告,要求每个部门在每月初都要对本部门的问题提出切实的解决方案,要求每月定期举行一次由各部门经理和顾客参加的管理会议,要求各部门经理在会上提出自己本部门在当月的主要工作目标和经济来往数目。同时他特别注意资产回收率、销售边际成本率及生产成本等经济动向。他也注意人事、财务收入和降低成本费用方面的工作。

由于实行了上述措施,该公司获得了巨大成功。到20世纪80年代末期,年销售量提高24%,到1990年达到20亿元。然而进入20世纪90年代以来,该公司逐渐出现了问题:1992年以来出现了公司有史以来第一次收入下降趋势。商品滞销,价格下跌。其主要原因是:①化妆品市场的销售量已达到饱和状态;②该公司制造的高级香水一直未能打开市场,销售情况没有预测的那样乐观;③国外公司对本国市场的占领;④公司在国际市场上出现了不少问题:推销员的冒进,得罪了推销商,公司形象未能很好地树立。

雷先生也意识到公司存在的问题,准备采取有力措施以改变公司目前的处境。他计划要对国际方面市场进行总结和调整。公司开始研制新产品,他相信花费大量资金研制的医疗卫生工业品不久也可进入市场。

[标准与评估]

1. 标准:能运用总体控制的要领与控制过程、控制方法进行分析,并能提出有价值的意见或建议。

---

① 王凤彬,朱克强. 管理学教学案例精选. 上海:复旦大学出版社,1998.

2. 评估：①每个人的发言提纲可作为一次作业，评定成绩。②根据班级讨论中的表现评定成绩。

第五节 如何有效实施控制

控制的目的是保证组织活动符合计划的要求，以有效地实现预定目标，但是并不是所有的控制活动都能达到预期目的。

一、适时控制策略

只有及时采取措施纠正组织经营活动中产生的偏差，才能避免偏差扩大或防止偏差对组织不利影响的扩散。及时纠偏，要求管理人员及时掌握能够反映偏差产生原因及其严重程度的信息。如果等到偏差已对企业造成不可挽回的影响时反映偏差的信息才传到，那么，即使这种信息是完全准确的，也不可能对纠正偏差带来任何指导作用。所以，纠正偏差最理想方法的应该是在偏差未产生以前就注意到产生的可能性，从而采取必要的防范措施，防止产生偏差。

预测偏差虽然在实践中有许多困难，但在理论上是可行的，即可以通过建立组织经营状况的预警系统来实现。为需要控制的对象建立一条警戒线，反映经营状况的数据一旦超过这个警戒线，预警系统就会发出警报，提醒人们采取措施防止偏差的产生或扩大。

质量控制图可以被认为是一个简单的预警系统，如图 9-2 所示。图示纵轴表示反映产品某个质量特征或某项工作质量完成程度的数值，横轴表示取值（即进行控制）的时间，中心线 CL 表示反映质量特征的标准状况，UCL 和 LCL 分别表示上、下警戒线。如果反映质量特征的数据始终分布在 CL 周围则表示质量在控制中，而一旦越过 UCL 或 LCL 则表示出现质量问题。在这以前，质量控制人员就应引起警惕，注意质量变化的趋势，及时制定或采取纠偏措施。

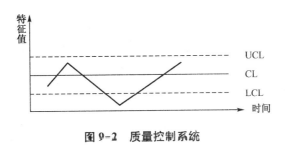

图 9-2 质量控制系统

二、适度控制策略

适度控制是指控制的范围、程度和频度恰到好处。适度控制要注意以下几个问题：

1. 防止控制过多或控制不足

控制常给被控制者带来某种不快，但是如果缺乏控制则可能导致组织活动的混乱。有效的控制应该既满足组织活动监督和检查的需要，又能防止与组织成员发生强烈的冲突。一方面，过多的控制会对组织成员造成伤害以及对组织成员的行为产生过多限制，会扼杀他们的积极性、主动性和创造性，抑制其创新精神，从而影响个人能力的发展和工作热情的提高，最终影响企业的效率;另一方面,也要认识到,过少的控制可能无法保证各部门活动进度和比例的协调,会造成资源的浪费。此外,过少的控制还可能使组织中的个人无视组织的要求,我行我素,不考虑组织利益开展工作,甚至利用在组织内的便利地位谋求个人利益,最终导致组织的涣散和崩溃。

当然,控制程度适当与否受到许多因素的影响。判断控制程度或频度是否适当的标准,通常随活动性质、管理层次以及员工受培训程度等因素变化。一般来说,研发部门和营销部门的控制程度应小于生产部门,对管理人员工作的控制要少于现场的生产作业人员,对受过严格训练、能力较强的管理人员的控制要低于那些缺乏训练的新任管理者或单纯的执行者。此外,企业环境的特点也会影响人们对控制程度的判断。在企业危机时期,为了共渡难关,大部分员工会接受严格的控制,而在企业顺利发展时则希望工作中有较大的自由度。

2. 处理好全面控制与重点控制的关系

任何组织都不可能对每一个部门、每一个环节的每一个人、每一时刻的工作情况进行全面控制,值得庆幸的是,并不是所有成员的每一项工作都具有相同的发生偏差的概率,发生偏差后对于组织的影响程度也是不同的。企业工资成本超出计划的5%对经营成果的影响要远远高于行政系统的邮资费用超过预算的20%对组织的影响。全面的控制不仅代价极高,而且也是不必要的。

所以,适度控制要求企业在建立控制系统时,利用ABC分析法和例外原则等工具找出影响企业经营成果的关键环节和关键因素,并据此在相关环节上设立预警系统或控制点,进行重点控制,选择关键控制点是一条比较重要的控制原则。有了这类标准,主管人员便可以管理一大批下属,从而扩大管理幅度,达到节约成本和改善信息沟通的效果,同时也使主管人员以有限的时间和精力做出更加有成效的业绩。

3. 控制费用与控制收益的权衡

任何控制都需要一定费用。衡量工作成绩、分析偏差产生的原因以及为纠正偏差而采取措施都需支付一定的费用。同时,由于纠正了组织活动中存在的偏差,任何控制都会带来一定的收益,只有控制带来的收益超出所需成本时才是值得的。控制费用与收益的比较分析,实际上是从经济角度分析控制程度与控制范围的问题。图9-3说明了控制费用与收益是如何随控制程度而变化的。

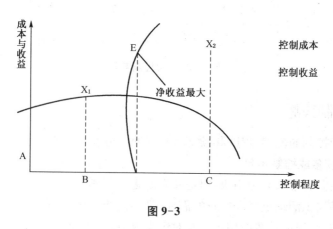

图 9-3

从图9-3中可以看出,控制费用基本上随着控制程度的提高而增加,控制收益的变化则比较复杂。在初始阶段,较小范围和较低程度的控制不足以使企业管理者及时发现和纠正偏差,因此控制费用会高于可能产生的收益。随着控制范围的扩大和控制程度的提高,控制的效率会有所改善,能指导管理者采取措施纠正一些重要的偏差,从而使控制收益能逐渐补偿并超过控制费用。图中,控制成本和收益曲线在 X_1 至 E 点的变化便反映了这种情况。在 E 点,控制净收益达到最大。在 X_2 点,控制收益与控制费用曲线再度相交,自此点开始,控制所需的费用重新超过收益。之所以会出现这种情况,是因为组织活动的主要偏差在 X_2 点以前已经解决,以后的控制只能解决一些次要的、影响不大的问题,因此带来的收益甚小。同时,由于过度控制会抑制组织成员的工作积极性,从而影响劳动生产率和经济效益的提高。

从理论上讲,控制程度在 X_1 至 X_2 点相对应的 B、C 两点之间为适度控制。低于 B 点,为控制不足;高于 C 点,为控制过剩。虽然在实践中企业很难确定各种控制的费用与收益之比,但这种分析告诉我们,过多的控制并不总能带来较高的收益,企业应根据活动的规模特点和复杂程度确定控制的范围和频度,建立有效的控制系统。

三、员工参与策略

控制工作应该针对企业的实际状况采取必要的纠偏措施,促进企业活动沿着原先的轨道继续前进。因此,有效的控制必须是客观的,符合企业实际的。客观的控制源于对企业经营活动状况及其变化的客观了解和评价。为此,控制过程中采用的检查、测量的技术和手段必须能正确地反映企业经营的变化,准确地判断和评价企业各部门、各环节的工作与计划要求的相符或相背离程度。这种判断和评价的正确程度还取决于衡量工作成效的标准是否客观和恰当,为此企业还必须定期检查过去规定的标准和计算规范,使之符合现时的要求。另外,由于管理工作带有许多主观成分,因此,对一名下属人员的工作是否符合计划要求,不应不切实际地主观评定,凭主观进行控制会影响对业绩的判断。没有客观的标准、态度和准确的检测手段,就不容易对企业实际工作有正确的认识,从而难以制定出正确的措施,进行合理的控制。

为了实现客观控制,加强控制中的员工参与是必要的。传统的关于控制的观点认为,管理者在制定目标和行动方案后,再告知下属员工,员工是被动地接受目标和执行方案。而参与式的控制方式,强调让员工参与控制的有关活动。在制定业绩目标和决定实现目标的方式上,员工充当积极的角色,可以发表自己的意见和建议。通过员工参与,可以使得他们更好地理解管理者为什么为他们制定特定的目标和计划,增强其自主意识和责任感,感到主管对他们的重视和信任,有助于激发员工的积极性和主动性。同时,当员工参与到工作方法和流程的制定中时,管理者和员工能有更好的沟通,促进他们之间的信息共享,改变员工对控制的态度,让员工感觉到整个目标的制定、监督、评价的公开、公正、公平,增强控制的客观性,减轻控制和监督的负面反应。

除此之外,一个有效的控制系统还应该站在战略的高度,抓住影响整个企业或绩效的关键因素。有效的控制系统往往集中精力于例外发生的事情,即例外管理原则,第一次发生的事例则需投入较大的精力,凡已出现过的事情,皆可按规定的控制程序处理。

【阅读小资料】

泰克诺肯国际公司的管理控制

有一家生产电子监视装置的公司——泰克诺肯国际公司,近年来生产和销售规模不断扩大。其产品主要出售给政府或商业部门用户,有些是直接销售,有些是通过经销商代理出售。直接销售利润正在急剧下降,这是因为过于庞大的费用:几个销售人员,特别是那些总是在世界各地飞来飞去的销售人员费用很大,而他们又很少提出关于计划和控制的建设性意见。与经销商的关系也有麻烦,因为没有标准合同,与每个经销商都保持着不同的合同关系。客户的付款条件也各不相同。由于需要处理不同的合同,大批量生产几乎是不可能的,这也导致了利润下降。

另外,零配件不能实现标准化,有严重的库存问题,有些原材料和部件采购量很小,而订单却每天都有,有些订单是如此之大,以至于没有足够的地方来储存。有些采购的部件后来发现是次品或根本不能使用,使生产延误。工程技术的变化使大批库存零件过时。有些生产延误是由于设计的产品很难生产,工人抱怨说他们的修正建议没有被考虑。

为了节省费用,聘用了没有经过培训的工人,他们被分配给不同的工作伙伴,公司希望工作伙伴在工作中对他们进行培训。许多新员工的素质很低,甚至不能理解需要他们做什么,结果是他们的工作伙伴不得不完成大量的工作。这与低工资和工程方面考虑欠缺一起,共同导致了员工的不安,他们正讨论成立工会。仅仅在过去的一周,就有9份投诉文件。美国公平就业委员会已经宣布准备就公司的两起歧视诉讼进行调查。

公司还存在着现金流量问题,而且有一笔长期借款就要到期。如果可以收回部分应收账款,现金流量问题可以缓解。CEO通过5个职能部门对公司进行管理:生产部、工程部、市场部、财务部和人力资源管理与行政部。

问题:

泰克诺肯国际公司需要各种控制。请就该公司的管理控制提供建议,将5个职能部门需要采用的控制方式划分为前馈控制、同期控制和反馈控制,请你完成以下表格:

泰克诺肯国际公司的管理控制策略

部　　门	前馈控制	同期控制	反馈控制
生产部			
人力资源与行政部			
市场部			
工程部			
财务部			

【本章小结】

控制是管理的一种重要职能。管理中的控制职能是指管理者为保证实际工作与计划一致,有效实现目标而采取的一切行动。本章主要介绍控制概念与控制的过程:确立标准、衡量成效、纠正偏差。在企业管理的实践中,根据控制对象的不同,管理者可以采用多种不同的有效控制方法。

第九章 控 制

【本章练习题】

一、单项选择题

1. 利用财务报告分析进行控制是属于按纠正措施环节分类的（   ）。
   A. 现场控制　　　B. 反馈控制　　　C. 前馈控制　　　D. 直接控制

2. 现场控制方法主要适用于（   ）。
   A. 基层主管人员　B. 中层主管人员　C. 高层主管人员　D. 非主管人员

3. 控制工作的第一个步骤是（   ）。
   A. 拟订标准　　　B. 分析问题　　　C. 纠正偏差　　　D. 衡量成效

4. 种庄稼需要水，但这一地区近年老不下雨，怎么办？一种办法是灌溉，以补天不下雨的不足。另一种办法是改种耐旱作物，使所种作物与环境相适应。这两种措施分别是（   ）。
   A. 纠正偏差和调整计划　　　　　B. 调整计划和纠正偏差
   C. 反馈控制和前馈控制　　　　　D. 前馈控制和反馈控制

5. "亡羊补牢"是一种（   ）。
   A. 现场控制　　　B. 预先控制　　　C. 反馈控制　　　D. 前馈控制

6. 某商场经理为了提高商场的服务质量，聘请有关专家到售货现场对销售人员的售货进行指导，这是一种（   ）。
   A. 现场控制　　　B. 预先控制　　　C. 事后控制　　　D. 前馈控制

7. 控制的主要目的是（   ）。
   A. 提高企业的整体素质　　　　　B. 改善组织的外部环境
   C. 确保组织目标的实现　　　　　D. 保证组织不出现偏差

8. 控制的构成要素包括（   ）。
   A. 控制标准、信息储存和矫正措施　　B. 控制标准、偏差信息和矫正措施
   C. 控制标准、信息收集和信息反馈　　D. 控制标准、信息储存和信息反馈

9. 关于控制标准，下述说法中不正确的是（   ）。
   A. 建立的标准应有利于组织目标的实现　B. 建立的标准应是经过努力后可以达到的
   C. 建立的标准应有一定的弹性　　　　　D. 建立的标准应代表目前的最高水平

10. 就客观条件，尤其对管理者需要的信息量和可靠性而言，要求最高的控制类型是（   ）。
    A. 预先控制　　　B. 现场控制　　　C. 事后控制　　　D. 反馈控制

11. 持续不断的"救火"，解决现场中出现的紧急问题，这意味着管理者应该开始着手考虑的行为是（   ）。
    A. 修正控制标准　　　　　　　　B. 组织更多的人员采取纠正行动
    C. 衡量实际绩效　　　　　　　　D. 认真分析问题产生的原因

12. 控制活动应该（   ）。
    A. 与计划工作同时进行　　　　　B. 先于计划工作进行
    C. 在计划工作之后进行　　　　　D. 与计划工作结合进行

13. 进行控制时，首先要建立标准。关于建立标准，下列四种说法中有问题的是（   ）。
    A. 标准应该越高越好　　　　　　B. 标准应考虑实施成本

C. 标准应考虑实际可能　　　　　　D. 标准应考虑顾客需求

14. "亡羊补牢,犹未为晚",可以理解成是一种反馈控制行为。下面各种情况中,(　　)更为贴近这里表述的"羊"与"牢"的对应关系。

　　A. 企业规模与企业利润　　　　　B. 产品合格率与质量保证体系
　　C. 降雨量与因洪水造成的损失　　D. 医疗保障与死亡率

15. 依据控制的(　　)分,控制可以分为现场控制、前馈控制和反馈控制。

　　A. 内容　　　　B. 环节　　　　C. 对象　　　　D. 对象的性质

16. 控制工作的关键步骤是(　　)。

　　A. 制定计划　　B. 拟定标准　　C. 衡量成就　　D. 纠正偏差

17. 在生产活动开始以前,根据影响系统行为的扰动因素作种种预测,制定出控制方式,这是(　　)。

　　A. 事前控制方式　B. 事中控制方式　C. 事后控制方式　D. 自动控制方式

18. 在企业生产经营活动中,属于程序控制的是(　　)。

　　A. 税金的缴纳　　B. 计划编制　　C. 工资、奖金分配　D. 原材料的供应

19. 控制工作使管理过程形成了一个(　　)系统。

　　A. 相对开放　　B. 相对封闭　　C. 绝对封闭　　D. 绝对开放

20. 在控制工作中,要求控制标准有一定的灵活性,这是属于(　　)。

　　A. 适时控制　　B. 适度控制　　C. 客观控制　　D. 弹性控制

二、多项选择题

1. 下列属于运用前馈控制的是(　　)。

　　A. 企业根据现有产品销售不畅的情况,决定改变产品结构
　　B. 猎人把瞄准点定在飞奔的野兔的前方
　　C. 根据虫情预报,农业公司做好农药储备
　　D. 汽车驾驶员在上坡时,为了保持一定的车速,提前踩加速器
　　E. 瞄准靶心射击

2. 管理控制必要性的原因,除了环境变化以外,还有(　　)。

　　A. 管理权力的分散　B. 组织分工　　C. 利益的差别　　D. 工作能力的差异

3. 下列关于纠正偏差工作表述正确的有(　　)。

　　A. 纠正偏差是控制的关键
　　B. 纠正偏差是整个管理系统中的部分工作内容
　　C. 纠正偏差是控制过程的一个重要步骤
　　D. 纠正偏差是制定控制标准的前提
　　E. 纠正偏差是其他各项管理职能发挥作用的关键环节

4. 控制工作除了要能及时地发现执行过程中发生偏离计划的情况外,还必须知道(　　)。

　　A. 发生偏差的时间　　　　　　　B. 发生偏差的责任
　　C. 采取纠正措施应由谁来负责　　D. 对偏差的处理结果
　　E. 偏差所造成的经济损失

三、判断题

1. 控制的主要目的在于保证组织不出现偏差。（   ）
2. 控制过程就是管理人员对下属行为进行评价考核的过程。（   ）
3. 控制系统和控制方法应当与计划和组织的特点相适应。（   ）
4. 前馈控制是以计划为导向的控制。（   ）
5. 控制的第一步就是按照成绩衡量的标准来评估结果。（   ）
6. 在实际生活中,管理完善的组织也是需要控制的。（   ）
7. 没有计划,就没有控制。（   ）
8. 控制的实质就是使实践符合于计划,计划就是控制的基础。（   ）
9. 组织在动态变化的环境中,为了确保实现既定的组织目标而进行的检查、监督、纠正偏差等管理活动,就是控制。（   ）
10. 坚持控制的经济性原则,一要有选择地实行控制,二要降低控制的各种耗费。（   ）

四、案例分析题

里森于1992年被派到巴林银行新加坡分行,出任期货与期权部总经理时,巴林银行有一个账号为99905的错误账号,专门处理交易过程中因疏忽所造成的错误,这原是金融体系运作过程中正常的错误账户,错误账户中的每一条记录都应向银行总部报告。1992年夏天,伦敦巴林银行总部负责清算工作的鲍赛,要求里森另外建立一个"错误账户",记录较小的错误,并自行在新加坡处理,以免麻烦伦敦总部,于是88888的错误账号就诞生了。

几周之后,伦敦总部又打来电话,总部配置了新的电脑,要求新加坡分行还是按照老规矩行事,所有的错误记录仍由99905账户直接向伦敦报告。但88888账户的确成为一个真正的"错误账户"存在于电脑之中,里森利用这一账户,承接手下交易员失误造成的错误合约、掩盖自己的错误、冒险去争取客户,并打算通过期权交易修正错误以弥补银行的损失。但错误虽然曾经被弥补过来,但由于错误源源不断且没有任何监督,导致问题越来越大。

而巴林银行在新加坡分行的清算与交易均由里森一人兼任,没有别的监督机构在新加坡对其监督,而且当里森的作为达到损失5 000万英镑时,巴林银行总部的调查人员并未能发现里森的错误做法,并且还争取到英格兰银行的默许,默许其海外总资金超过所规定的限额。巴林银行甚至对里森的一些极明显的蒙骗深信不疑,里森描述到:"对于没有人制止我,我觉得不可思议。伦敦的人应该知道我的数字是假造的,应该知道我每天向伦敦总部要求现金是不对的,但他们仍旧支付这些钱。"

问题:

除了里森应对事件负责外,巴林银行出现了什么问题?

第十章 创 新

【学习目标】

知识点：
- 掌握创新的内涵
- 了解创新的类型
- 了解企业创新管理的过程

技能点：
- 培养创新的能力

【导入案例】

海尔的管理创新

互联网时代放大了用户话语权，企业必须从以产品为导向转为以用户为导向，一切以用户为中心。管理大师彼得·德鲁克说过：企业唯一目的就是创造顾客。海尔认为，互联网时代顾客不等于用户，顾客是消费者，先有产品后有顾客；而用户是能够与企业实时交互的群体，先有用户后有产品。

进入互联网时代，海尔积极把握时代变革，探索新模式，2005年9月正式提出"人单合一双赢"模式。"人"即员工；"单"不是狭义的订单，而是用户资源；"双赢"，就是把每一个员工和用户结合到一起，让员工在为用户创造价值的同时实现自身价值。

有自己的用户并不是目的，最终目的是要为用户创造颠覆性的产品。"人单合一双赢"模式使每个人都是自己的CEO，它把员工从传统的科层制中解放出来，组成一个一个直面市场和用户的小微企业。这些小微企业把全球资源都组合起来，对产品不断迭代升级，自发现市场需求，自演进达到目标。

没有成功的企业，只有时代的企业。互联网的发展带来了全球经济一体化，加速着企业的全球化进程。互联网的三个特征——零距离、去中心化、分布式，分别颠覆了古典管理理论三位先驱泰勒、韦伯和法约尔的理论，新的时代规则要求企业管理模式的重塑。

第一，零距离颠覆了泰勒的"科学管理理论"。科学管理理论以动作时间研究著称，动作时间研究的结果形成了今天的流水线，在流水线上，人是没有创造力的，完全变成机器的附庸。而在互联网时代，用户和企业之间必须零距离，只有零距离才能满足用户的个性化需求，大规模制造注定被大规模定制所代替。

第二，去中心化颠覆了马克斯·韦伯的"科层制理论"。科层制理论的组织架构是金字塔式的，这种"正三角"形的组织里充满了各种层级，从决策层、管理层到操作层，逐层增大，基层人员的自主空间很小。而在互联网时代，所谓去中心化就是每个人都是中心，对内部而言每个员工都是中心,对外部而言每个用户都是中心,金字塔式的组织架构要变得扁平化。

第三,分布式颠覆了法约尔的"一般管理理论"。一般管理理论强调的是企业内部职能的再平衡,但无论怎样平衡都是内部封闭起来做一件事。根据乔伊法则,最聪明的人永远在企业外部。互联网为企业利用这些分布式的资源创造了条件,企业要从封闭变得开放,世界就是我的研发部,世界就是我的人力资源部。具体到企业经营实践层面,用户被互联网"激活"后,传统企业的"生产—库存—销售"模式不能满足用户碎片化、个性化的需求,为解决这个问题,更好地为用户创造价值,海尔积极探索互联网时代创造用户的新型商业模式,即"人单合一双赢"模式。

"人单合一双赢"模式把员工和用户连在一起,"激活"每个员工,让员工在为用户创造价值的同时实现自身价值,让每个人成为自己的CEO。另外,海尔内部员工全部变为接口人,接入全世界一流资源,将世界变成海尔的研发部和人力资源部。

互联网时代,用户与企业的关系正在发生着改变:第一,企业和用户之间实现了信息零距离,原来企业的大规模制造注定要被大规模定制所代替;第二,去中心化,每个人都是中心,金字塔式的组织架构变得扁平化;第三,分布式管理,全球的资源企业都可以为我所用,全球就是企业的研发部和人力资源部。

传统企业的组织是串联式的,从企划研发、制造、营销、服务一直到最后的用户,企划与用户之间有很多传动轮,但这些传动轮并不知道用户在哪里,这是企业里的中间层。还有一些社会上的中间层,比如供应商、销售商。总而言之,这些中间层拉远了企业和用户之间的距离。

海尔"外去中间商,内去隔热墙",把架设在企业和用户之间的引发效率迟延和信息失真的传动轮彻底去除,让企业和用户直接连在一块,从传统串联流程转型为可实现各方利益最大化的利益共同体。在这个利益共同体里面,各种资源可以无障碍进入,同时能够实现各方的利益最大化。

要建成并联的生态圈,组织结构一定要变。现在的海尔,没有层级,只有三种人——平台主、小微主、创客,都围着用户转。平台主从管控者变为服务者,员工从听从上级指挥到为用户创造价值,必须要变成创业者、创客,这些创客组成小微创业企业,创客和小微主共同创造用户、市场。小微主不是由企业任命的,而是创客共同选举的。创客和小微主间可以互选,如果小微主做了一段时间被小微成员的创客认为不称职,可以选掉。如果企业内部的人都不行,还可以引进外部资源。这些小微加上社会资源,就变成了一个生态圈,共同去创造不同的市场。这就会形成有很多并联平台的生态圈,对着不同的市场,对着不同的用户。

截止到目前,海尔集团已支持内部创业人员成立200余家小微公司。创业项目涉及家电、智能可穿戴设备等产品类别,以及物流、商务、文化等服务领域。另外,在海尔创业平台,已经诞生470个项目,汇聚1 328家风险投资机构,吸引4 000多家生态资源,孵化和孕育着2 000多家创客小微公司。越来越多的社会人员选择海尔平台进行创业,海尔创建的创业生态系统已为全社会提供超过100万个就业机会。

海尔抓住第三次工业革命的机遇,加快探索实践"人单合一双赢"模式,搭建"人人创客,引爆引领"的创业生态系统,不断推动员工、组织和企业实现转型。为保障员工、组织、企业三个转型的顺利展开,2015年,海尔聚焦两大平台的建设——投资驱动平台和用户付薪平台。其中,投资驱动平台就是将企业从管控组织颠覆为生生不息的创业生态圈,为创业者在不同创业阶段提供资金支持。用户付薪平台是指创客的薪酬由用户说了算,从企业付薪到用户付薪,促使创业小微公司不断自演进和迭代升级。投资驱动平台和用户付薪平台是海尔模式创新的驱动力量。

第一节 创新概述

一、创新的概念

什么是创新,这是一个很难回答的问题。对于创新的理解,我们可以看看以下不同的人对创新的看法。

创新是一个民族进步的灵魂,是一个国家兴旺发达的不竭动力,也是一个政党永葆生机的源泉。——前国家主席江泽民

不创新,就灭亡。——福特公司创始人亨利·福特

没有思想自由,就不可能有学术创新。——著名学者周海中

要么创新,要么死亡。——畅销书《追求卓越》作者托马斯·彼得斯

结合不同专家和学者的观点,本书认为创新是个体根据一定目的和任务,运用一切已知的条件,产生出新颖、有价值的成果(精神的、物质的)的认知和行为活动。纵观当代企业,唯有不断创新,才能在竞争中处于主动,立于不败之地。许多企业之所以失败,就是因为他们未能真正做到这一点。

我们中华民族是富有创造、发明,有悠久历史和巨大智慧的民族。中国有句古话:"小谋全局者,小足谋一域;小谋万事者,小足谋一时。"创新是一个民族进步的灵魂,是一个国家兴旺发达的源源不断的动力,创新归根结底是人的思想的发展和飞跃。科学技术的进步、市场经济的发展均是由新的理论、新的思想引发出来的,新的技术、市场、方法、制度等的产生,首先要有新的思想。小继承就没有前进的基础,小创新就没有发展的动力,要按照自主创新、重点跨越、支撑发展、引领未来的方针,加快建设创新型国家,全面提出原始创新能力、集成创新能力和引进消化吸收再创新能力。众所周知,有新思路,才有新出路。进一步讲,要创新思想、创新经营,企业管理才会有新的出路,有新的观念,才有新的发展。

【阅读小资料】

十八大五中全会谈创新

十八届五中全会于2015年10月26日至29日在北京召开。十八届五中全会提出,坚持创新发展,必须把创新摆在国家发展全局的核心位置,不断推进理论创新、制度创新、科技创新、文化创新等各方面创新,让创新贯穿党和国家一切工作,让创新在全社会蔚然成风。必须把发展基点放在创新上,形成促进创新的体制架构,塑造更多依靠创新驱动、更多发挥先发优势的引领型发展。培育发展新动力,优化劳动力、资本、土地、技术、管理等要素配置,激发创新创业活力,推动大众创业、万众创新,释放新需求,创造新供给,推动新技术、新产业、新业态蓬勃发展。拓展发展新空间,形成沿海沿江沿线经济带为主的纵向横向经济轴带,培育壮大若干重点经济区,实施网络强国战略,实施"互联网+"行动计划,发展分享经济,实施国家大数据战略。深入实施创新驱动发展战略,发挥科技创新在全面创新中的引领作用,实施一批国家重大科技项目,在重大创新领域组建一批国家实验室,积极提出并牵头组织国际大科学计划和大科

学工程。大力推进农业现代化,加快转变农业发展方式,走产出高效、产品安全、资源节约、环境友好的现代化道路。构建产业新体系,加快建设制造强国,实施《中国制造二〇二五》,实施工业强基工程,培育一批战略性产业,开展加快发展现代服务业行动。构建发展新体制,加快形成有利于创新发展的市场环境、产权制度、投融资体系、分配制度、人才培养引进使用机制,深化行政管理体制改革,进一步转变政府职能,持续推进简政放权、放管结合、优化服务,提高政府效能,激发市场活力和社会创造力,完善各类国有资产管理体制,建立健全现代财政制度、税收制度,改革并完善适应现代金融市场发展的金融监管框架。创新和完善宏观调控方式,在区间调控基础上加大定向调控力度,减少政府对价格形成的干预,全面放开竞争性领域商品和服务价格。

二、企业创新的主体和客体

研究企业创新就必须明白:谁来创新?创新什么?企业创新的主体:企业中的所有成员,既包括管理者,也包括普通员工。企业创新的客体:企业管理实践活动中所有过程,所有关注的领域,所有实现管理目标必须具备的要素。

二、企业创新的特点

1. 多维性

企业创新涉及组织创新、技术创新、管理创新、战略创新等方面的问题,而且各方面的问题并不是孤立地考虑某一方面的创新,而是要全盘考虑整个企业的发展,因为各方面创新是有较强的关联度的。比如企业的创新投入系统要分别与各个部门发生关系,在投入决策时必须考虑的原则有:

(1)要满足创新企业最低必要资金的需要作为筹集的数量目标。
(2)应当把创新的能力作为投资的重要条件。
(3)要把投入产出风险作为投资的评估条件,同时还要考虑企业的还款保证或能力。
(4)考虑从什么渠道取得投资的资金。

可见,企业的创新决策是多维决策。

2. 时效性

面对市场环境条件的迅速变化,企业创新有很强的时效性。在过去很长的一段时间内,由于企业组织结构的复杂性以及对市场反应的滞后性,企业的决策速度很难满足企业市场竞争的时间要求,以至于即便原来有很好的创新设想,决策后,由于掣肘不断、反应迟钝、怕负责任等原因而一拖再拖,导致所做出的决策是无效决策,因为说不定市场早已失去或竞争者已先声夺人了。此外,所谓创新,其关键之处就在于创造,因此时效性是创新的重要因素,所以也就是创新决策的一大特点。

3. 层次性

现代企业的组织结构呈多层次性,企业决策层周围往往是围绕一层至多层的组织,创新可能在企业不同层次的组织中产生,所以创新就呈现出与企业组织结构相对应的多层次性。

要特别指出的是,企业的重要的创新,往往是影响整个企业发展前景的战略决策,因此其决策主要是由企业的高层决策者来完成,而由于决策的重要性,决定了这类决策要有智囊团参加,同时还要在可能的情况下征求不同层次组织的意见,这就涉及决策的层次性中的协调问题。

决策的协调可以是建立在较低层次上的,如上所述征求意见式的;也可以是建立在较高决策水平上的较高层次的协调,例如要制定新的企业产业发展方向,以推进企业向更高程度演变,这样的决策肯定是在高层做出的,而且同时是一个高水平协调下完成的创新决策。

4. 战略性

企业高层决策往往是战略性的决策。如上所述,重要的创新最终是由高层做出决策,因此,创新是具有战略意义的决策。企业的战略性创新决策往往是在更大范围的市场中考虑的,比如许多有气势的企业往往把市场定位在全方位开放的世界市场中来考虑,而世界市场决定其有很大的盲目性,有较大的动荡性,有更加激烈的竞争,存在着更大的复杂性和风险性,这就给战略决策带来很大的难度。但是如果企业创新决策不以此为背景,那么企业的创新就只是局部创新,不是战略性创新,而如果企业没有周期性的有计划的创新决策,那就很难创造企业新的核心能力,就会使企业在市场竞争中处于被动局面,就会使企业内部失去生存与发展的动力。

四、企业创新的必要性

1. 知识经济的到来使企业管理必须进行创新

进入知识经济时代,知识的创新已成为经济发展与增长的主要动力。于企业而言,知识促进了企业的新工艺、新产品、新技术的变革,知识经济给现代企业管理带来了全新局面,为适应知识经济时代的管理要求,进行管理创新势在必行。

2. 现代信息技术的发展使企业管理必须进行创新

现代信息技术的迅猛发展,深刻地改变了我们的生活,也对企业的管理产生明显的影响,特别是20世纪90年代以来,国际互联网为人们打开了通向世界的便捷通道,其带来的电子商务模式以及现代信息管理系统在企业管理中的运用,都将我们固有的企业管理模式远远地甩在了身后,使我们必须在管理上进行创新,以适合电子商务时代与现代信息管理的模式进行企业管理,提升企业的管理效率,促进企业发展。

3. 全球化的竞争环境使企业管理必须进行创新

加入世贸组织以来,我国企业参与国际化竞争的机会大增,走出去不再是少数企业的行为、多数企业的口号,而实实在在的成为众多企业谋求发展的重要道路。在积极参与国际市场竞争的同时,我们的企业也面临着越来越大的市场竞争压力,与进入中国市场的国际大企业相比,我们在资金与市场等方面全面落后,而管理上的差距更是显而易见,必须进行管理创新,以高效率的管理模式与管理方法,弥补企业在资金与市场上的劣势,才能帮助我们的企业在市场竞争中获得主动,赢得发展壮大的机会。

4. 企业成本控制使企业管理必须进行创新

瞬息万变的市场,激烈的竞争,使现代企业必须进行良好的成本控制,从原材料采购到生产管理,再到企业的市场销售,所有的环节都需要有成本控制。当前我们的国有企业,粗放式经营使企业成本居高不下,严重影响企业的市场竞争力,更显现出管理创新的迫切性。通过管理创新,加强对各个环节的有效管理,结合精打细算、开源节流的成本理念的推行,将进一步控制企业成本,提升产品的市场竞争力。

五、企业创新的作用

管理创新是企业发展壮大的必由之路,面对日益激烈的市场竞争,管理创新成为企业的不二选择,引入新的管理模式,改革现有管理工作流程,都必将对企业的发展产生重要作用。

1. 创新有助于提升企业核心竞争力

如同一个国家、一个民族一样,企业发展的最根本动力是企业的创新能力,只有拥有了高人一筹的创新能力,企业才能不断地提升自己的核心竞争力。管理创新是企业各项创新事业的基础,进行管理创新,为企业的技术创新、产品创新等工作提供了可能,确保了企业各项创新工作的顺利进行,才能使企业的核心竞争力得到强化与提升。

2. 创新有助于提高企业经济效益

进行管理创新,可以有力地扭转国有企业普遍存在的管理落后、缺乏竞争力的局面。以氧化铝等工矿企业为例,针对低效的管理体制的创新,将有效地改变粗放式管理,并通过引入先进的管理经验与管理制度,对企业的各个环节进行创新,进行精细化的管理模式,从而更合理地配置企业资源,大力提高企业的经济效益。

3. 创新有助于提高企业市场竞争力

管理效率的低下是国有企业的通病,管理创新促进企业管理效率的提升,通过对管理组织进行整合,保留核心部门,精简一些辅助性的部门,将大大提升企业内部决策速度、技术部门研发速度、市场部门反应速度、售后部门响应速度,使国有企业不再缓慢拖沓,而是拥有快人一等的速度,使顾客对企业的印象大为改观,更是企业市场竞争力提升的有力表现。

4. 管理创新将确保企业可持续发展

企业的成长,有赖于不断出现的新技术、新产品与新市场的支撑,而进行管理创新,全面提升企业的管理水平,为企业技术创新与市场开拓营造一个良好的企业管理环境,无疑将极大地促进企业技术创新等工作的进行,以管理创新为起点,引领企业各项工作,将确保企业的可持续发展。

第二节 创新的类型

创新不仅仅局限在科技这一范畴,更多的是指其经济上、社会上的含义,创新成功与否需要通过市场验证,每一个创新都影响着人们的消费行为、生活方式和思想观念。企业创新是一个系统的工程,通过企业管理方方面面的创新,先人一步,持续创新,才能发挥创新的效用。具体来说,企业管理创新类型主要有以下几种:

1. 企业管理创新

企业管理的管理创新是为了更有效地使企业运用资源以实现目标而进行的创新活动。管理创新就是要引入新的管理思想、方法、手段、组织方式而实现的创新。美国管理学家哈梅尔(Hamel)将管理创新定义为:对传统管理原则、流程和实践的明显背离或对常规组织形式的背离。管理创新是指以价值增加为目标,以战略为导向,以各创新要素(如技术、组织、市场、战略、管理、文化、制度等)的协同创新为手段,以培育和增强核心能力、提高核心竞争力为中心,通过有效的创新管理机制、方法和工具,力求做到人人创新、事事创新、时时创新、处处创新的创新活动或过程。管理上的创新可以提高企业的经济效益,降低交易成本,可以开拓市场,从而形成企业独特的品牌优势。

2. 企业文化创新

企业文化创新是指为了使企业的发展与环境相匹配,根据本身的性质和特点形成体现企业共同价值观的企业文化,并不断创新和发展的活动过程。企业文化创新的实质在于企业文化建设中突破与企业经营管理实际脱节的僵化的文化理念和观点的束缚,实现向贯穿于全部创新过程的新型经营管理方式的转变。面对日益深化、日益激烈的国内外市场竞争环境,越来越多的企业不仅从思想上认识到创新是企业文化建设的灵魂,是不断提高企业竞争力的关键,而且逐步深入地把创新贯彻到企业文化建设的各个层面,落实到企业经营管理的实践中。

企业文化是企业制度和企业经营战略的要求在员工价值理念上的反映,反过来,企业文化也会对企业制度的安排以及企业经营战略的选择有一种反作用,因为人的价值理念支配人的选择及行为。正因为如此,所以企业文化的创新,必然会带来员工价值理念的创新,而这种价值理念的创新,会推动企业制度和经营战略的创新。由此可见,企业文化在企业制度和经营战略的创新上是具有非常重要的意义的。

3. 企业技术创新

企业技术创新为企业创新活动的核心内容,它为组织的实施和过程管理提供必要的支撑和保障,越来越多的公司认识到了其重要性。世界上大的跨国企业每年的研发投入都高达数十亿美元,主要用于支持自己的强大研发机构和团队的创新实践,使企业保持旺盛的创新活力,在国际市场竞争中成为赢家。近些年来,我国的华为、海尔、联想等公司也加大了研发投入。更令人惊奇的是中小企业也锐意技术创新,在市场竞争中获取高效益回报。技术上的创新在产品的生产方法和工艺的提高过程中起着举足轻重的作用。一方面技术创新提高物质生产要素的利用率,减少投入;另一方面又通过引入先进设备和工艺,从而降低成本。在企业的竞争中,成本和产品的差异化一直都是核心因素,技术的创新可以降低产品的成本,同样,一种新的生产方式也会为企业的产品差异提供帮助,如果企业能够充分利用其创新的能量,就一定能在市场中击败对手,占据优势地位。当然,技术创新本身具有高投入、高风险性,因此在技术创新的过程中,必须通过建立良好的市场环境和政策条件,才能充分激发企业创新的内在动力,为企业创造最大价值。

技术创新也逐渐成为企业一项极其重要的无形资产,而企业作为利益分配主体,就意味着在照章纳税后,企业有权对技术创新收入进行自主分配。这样企业不仅可以有效补偿技术创新投入,而且还可以有效地激励研究与开发人员,尤其是对技术创新有突出贡献的人员实行特殊的报酬机制。再者,企业可以根据有效的经济原则,组建有效的研究和开发组织,按要素、贡献分配报酬,激励研究与开发的有效增长。

4. 企业制度创新

企业制度创新是企业创新系统中的重要组成部分,是指一种更有效的约束本企业职工行为的一系列规则的产生过程,为企业技术创新的组织实施和过程管理提供支撑和保障。它通过激发企业职工的积极性和创造性,促进企业资源的合理配置利用,从而推动企业进步。企业之间的制度及相关知识基础的差异,使得企业很不容易被模仿。

5. 企业营销创新

企业营销创新是企业提升顾客价值、获得并维持竞争优势的有效途径。营销创新是一个非常艰苦的活动过程,需要经营者有强烈的创新意识和坚韧不拔的创新精神以及系统的创新理论的指导。从目前我国企业营销实践看，受市场对接环境的影响，许多企业已具备了紧迫的创新意识，但其中大部分企业却不知从何做起、如何努力。我国企业在创新过程中可选择的创新策略很多，宜结合自身特点以及市场环境等多种因素灵活运用。通常，可供选择的创新策略主要有观念创新、市场创新、产品创新、服务创新和组织创新等。

所谓观念创新就是企业适应新的营销环境的客观变化而形成正确的认识或看法。由于它是企业开展营销活动的指导思想，或者说它支配着企业市场营销活动，所以，它是企业营销创新的灵魂。营销创新最终目的是通过更好地满足消费者需求获得更大的市场份额和更多的经济效益，可以说，营销创新有较强的目的性。正因为如此，消费者需求（即市场）的变化为企业营销创新指明了方向。

市场创新除了选择企业有能力进入并获得收益的目标市场这一内容以外，还包括新市场的进占与拓展等内容，因为新市场能给企业带来创新收益。

一个企业是否具有生命力，其重要的标志就是它的产品是否能够不断创新。不断地满足消费者不断变化的需求是企业营销创新的直接目的，为此，企业产品需不断创新，产品创新是营销创新的核心内容。

服务作为一种特殊的产品，属无形产品，它与有形产品一样，也是市场客体的重要组成部分。面对营销形势的新变化，企业必须着手建立战略联盟，调整营销机构，开展网络营销，强化营销沟通，实现营销组织的不断创新。因此，调整企业组织结构，消除部门之间的隔膜，提高营销效率和创新效率，相关职能部门共同致力于市场需求的满足就显得尤为必要。特别是营销部门必须与研究开发等部门密切配合，及时沟通信息，这是在市场竞争日趋激烈的环境下企业制胜的关键。

对企业来说，创新既是机遇，也是挑战。企业应该在国家政策的引导下，从企业的实际出发，进行大胆创新，把握创新的主动权，把握市场机会和技术机会，做出适合本企业的创新决策，不断提高创新水平，真正成为技术创新的主体，从而走上一条适合企业自身发展的创新之路，使企业始终保持旺盛的生机，不断取得新的发展。

【阅读小资料】

华为是如何创新的？

华为是一家创新型的企业吗？前不久，欧洲一家通信制造商的高管在一个非正式场合这样讲道：过去20多年全球通信行业的最大事件是华为的意外崛起，华为以价格和技术的破坏性创新彻底颠覆了通信产业的传统格局，从而让世界绝大多数普通人都能享受到低价优质的信息服务。

然而，令人纳闷的是，"创新"一词在华为的"管理词典"中却不多见，在任正非20多年来的上百次讲话、文章和华为的文件中，"创新"是被提到最少的。尤其在近两年所谓的"互联网思维"大行其道、风靡整个中国产业界的氛围下，任正非却在华为15万员工中大谈以乌龟精神追赶龙飞船，要求上上下下"拒绝机会主义"，沿着华为既定的道路，并且不被路旁的鲜花所干扰，坚定信心地朝前走……

那么，这一切背后到底反映着什么样的企业哲学观，以及在哲学观基础上的华为的创新理念和创新实践、创新故事？

华为的创新实践之一:技术创新

华为到2012年年底拥有7万多人的研发队伍,占员工人数的48%,是全球各类组织中研发人数最多的公司;从1992年开始,华为就坚持将每年销售额的至少10%投入研发,什么事情都可以打折扣,但"研发的10%投不下去是要被砍头的"——这是华为主管研发的负责人说的。2013年华为研发投入12.8%,达到53亿美元,过去10年的研发投入,累计超过200亿美元;华为在全球有16个研发中心,2011年又成立了面向基础科学研究为主的2012实验室,这可以说是华为的秘密武器。另外,数学在华为研发上有重大贡献。

十多年前,任正非就有明确认知:中国人擅长数理逻辑,数学思维能力很强,这跟中国人的哲学有关系,中国哲学是模糊哲学——儒、道基础上的模糊哲学。缺乏形而上学的思辨传统,太多辩证法。基于这一点,华为在材料学研究、物理领域尽量少投入,但在数学研究方面的投入是巨大的。

华为的俄罗斯研究所和法国研究所,主要从事数学研究。俄罗斯人的数学运算能力也是超强的,在华为的2G、3G研究方面有重大贡献。

华为在欧洲等发达国家市场的成功,得益于两大架构式的颠覆性产品创新,一个叫分布式基站,一个叫SingleRAN,后者被沃达丰的技术专家称为"很性感的技术发明"。这一颠覆性产品的设计原理,是指在一个机柜内实现2G、3G、4G三种无线通信制式的融合功能,理论上可以为客户节约50%的建设成本,也很环保。华为的竞争对手们也企图对此进行模仿创新,但至今未有实质性突破,因为这种多制式的技术融合,背后有着复杂无比的数学运算,并非简单的积木拼装。

正是这样一个革命性、颠覆性的产品,过去几年给华为带来了欧洲和全球市场的重大斩获。一位国企的董事长见任正非时说了一句话:"老任,你们靠低价战术怎么在全世界获得这么大的成功?"任正非脱口而出,你错了,我们不是靠低价,是靠高价。在欧洲市场,价格最高的是爱立信,华为的产品平均价低于爱立信5%,但高于阿尔卡特、朗讯、诺基亚、西门子5%~8%。

所以,2012—2013年连续两年,当欧盟的贸易专员发起对华为的所谓反倾销、反补贴调查时,华为的欧洲竞争对手,包括爱立信、阿朗、诺西等,全部站出来为华为背书,说华为没有低价倾销。即使如此,为了获得在欧洲的商业生态平衡,华为最后还是做了妥协。任正非说,我要做投降派,要举白旗,我提升价格与爱立信一样,或略高一些。

什么叫投降派、举白旗呢?

华为要想在这个世界进一步做强、做大,就必须立足于建立平衡的商业生态,而不是把竞争对手赶尽杀绝。当华为把其他竞争对手赶尽杀绝了,华为就是成吉思汗,就是希特勒,华为一定会灭亡,这是任正非的观点。

创新是广义的,包括技术创新、产品创新、商业模式创新,还应该包括制度创新、组织创新等。

华为的创新实践之二:"工者有其股"的制度创新

这应该是华为最大的颠覆性创新,是华为创造奇迹的根本所在,也是任正非对当代管理学研究带有填补空白性质的重大贡献——如何在互联网、全球化的时代对知识劳动者进行管理,在过去百年一直是管理学研究的薄弱环节。

从常理上讲,任正非完全可以拥有华为的控股权,但创新一定是反常理的。在26年前,华为创立的第一天起，任正非就给知识劳动者的智慧——这些非货币、非实物的无形资产进行定价，让"知本家"作为核心资产成为华为的股东和大大小小的老板，到今天为止，华为有将近8万股东。最新的股权创新方案是，外籍员工也将大批量的成为公司股东，从而实现完全意义上的"工者有其股"，这无疑是人类有商业史以来未上市公司中员工持股人数最多的企业，也无疑是一种创举，既体现着创始领袖的奉献精神，也考验着管理者的把控能力：如何在如此分散的股权结构下，实现企业的长期使命和中长期战略，满足不同股东阶层、劳动者阶层、管理阶层的不同利益，从而达成多种不同诉求的内外部平衡，其实是极富挑战的——前无经验可循，后面的挑战依然很多。从这一意义上看，这种颠覆性创新具有独特的标本性质。

华为的创新实践之三：产品微创新

早期，不管西方公司还是华为给运营商卖设备都是代理商模式，是华为改变了当年中国市场的营销模式，由代理模式走向了直销模式。这个模式首先是被逼出来的——产品差，不断出问题，然后就得贴近客户去服务。华为的老员工经常说一个词，叫做"守局"，这里的局指的是邮电局，就是今天的运营商。设备随时会出问题，华为那些年轻的研究人员、专家，十几个人经常在一台设备安装之后，守在偏远县、乡的邮电局(所)一个月、两个月，白天设备在运行，晚上就跑到机房去检测和维护。设备不出问题是侥幸，出故障是大概率。

这就逼出了华为的微创新文化。举个例子，曾经，华为交换机卖到湖南，一到冬天许多设备就短路，什么原因呢？把一台出故障的设备拉回深圳，一帮人黑天白夜琢磨到底是什么问题。最后发现外壳上有不知道是猫还是老鼠撒的尿，就研究是不是症结在这里？好，试一试，在设备上撒一泡尿，电一插发现没问题，又苦思冥想。到了第二天有人突然说不对，昨天那个谁谁撒尿之前喝了水，人也年轻，找一个老一点的同事，几个小时别喝水，撒一泡尿再试试。果不其然，撒完尿，电源一插就断了。最终确定，尿里面所含的成分是断电的原因。湖南冬天的时候老鼠在屋内到处窜，交换机上的污渍可以肯定是老鼠尿，撒尿导致断电，华为的工程师们就针对这一具体问题进行产品改造，很快问题就解决了。

华为能够从一家小公司成长为让全球客户信赖的大企业和行业领导者，必须承认，20多年不间断的、大量的贴近客户的微创新是一个重要因素。有一位华为老员工估计，20多年华为面向客户需求这样的产品微创新有数千个。正是由于华为与客户不断、频繁地沟通，正是由于西方公司店大欺客，尤其在中国市场的早期把乙方做成了甲方——那时候买设备要先交钱，半年以后能给你设备算不错了——构成了华为和竞争对手的重大区别与20多年彼消此长的分野。

华为创新实践之四：市场与研发的组织创新

市场组织创新。"一点两面三三制"是林彪80多年前的发明。什么叫一点两面呢？尖刀队先在"华尔街的城墙"(任正非语)撕开口子，两翼的部队蜂拥而上，把这个口子从两边快速拉开，然后，"华尔街就是你的了"。林彪被称为常胜将军，"一点两面三三制"是一个很重要的战术思想、战术原则。"三三制"当然指的是组织形态。早期，任正非要求华为的干部们就"一点两面三三制"写心得体会。前副总裁费敏以及还在基层的今天的常务董事李杰，对"一点两面三三制"体会最深，在《华为人报》发表后，任正非大加赞扬，就提拔他们上来。此后，"一点两面三三制"便作为华为公司的一种市场作战方式、一线组织的组织建设原则在全公司广泛推开，应该说，这是受中国军队的启示。华为在市场组织建设上的一种模仿式创新，对华为20多年的市场成功助益甚多，至今仍然被市场一线的指挥官们奉为经典。

铁三角向谁学的呢？向美国军队学的。蜂群战术还有重装旅等等，这些美国军队的作战体制变革也都成为华为进行管理创新的学习标本。

什么叫重装旅？一线营销人员发现战机后，传导给后方指挥部，山头在哪，目标在哪，总部专家们要做评价。当专家团认为可以派重装旅过去，这些由商务专家、技术专家、市场解决方案专家组成的专家小组就奔赴前线，与市场一线的团队联合确定作战方案，甚至共同参与客户的技术交流、商务谈判等。

研发体制创新。比如固定网络部门用工业的流程在做研发，创造了一种模块式组织——把一个研发产品分解成不同的功能模块，在此基础上成立不同的模块组织，每个组织由四五个精干的专家组成，分头进行技术攻关，各自实现突破后再进行模块集成。第一，大大提高了研发速度。第二，每一模块的人员都由精英构成，所以每个功能模块的错误率很低，集成的时候相对来说失误率也低。华为的400G路由器的研发就是以这样的组织方式进行的，领先思科公司12个月以上，已在全球多个国家布局并进入成熟应用。

而在无线研发部门，则发明了底层架构研发强调修万里长城，板凳要坐十年冷；直接面向客户的应用平台研发推行海豹突击队模式，从而形成了整个研发团队的整体作战能力和快速应变力的有效结合。这即是任正非说的"修长城"，坚固的万里长城上跑的是"海豹突击队"，"海豹突击队"在"长城"上建"烽火台"。

华为创新实践之五：决策体制的创新

美国的美世咨询（Mercer）公司，在2004年对华为进行决策机制的咨询，让任正非主持办公会，任正非不愿意，就提了一个模型，叫轮值COO，七位常务副总裁轮流担任COO，每半年轮值一次。轮值COO进行了8年，结果是什么呢？

首先是任正非远离经营，甚至远离管理，变成一个头脑越来越发达、"四肢越来越萎缩"的领袖。真正的大企业领袖在企业进入相对成熟阶段时一定是畸形的人，脑袋极其发达，聚焦于思想和文化，和企业观念层面的建设——"四肢要萎缩"，四肢不萎缩，就会时常指手画脚，下面的人就会无所适从。

10年前，任正非是大半个思想家和小半个事务主义者。10年以后的任正非完全脱离事务层面，成为完全意义上的华为思想领袖。轮值COO的成功实践，促使在3年前，华为开始推行轮值CEO制度。EMT管理团队由7个常务董事组成，负责公司日常的经营管理，7个人中3位是轮值主席，每人轮值半年。3年来的运行效果是显著的，最大成效之一是决策体系的动态均衡。如果上任轮值主席偏于激进，那么整个公司战车隆隆，但半年以后会有偏稳健的人上来掌舵，把前任风格调节一下。而过于稳健又可能影响发展，再上来的人可能既非左又非右，既非激进又非保守。这套体制的原型来自咨询公司的建议，但华为做了很多改造和创新，包括从美国的政党轮替制度里借鉴了一些东西，融入到华为的高层决策体系。

在美国的政治决策史上，民主党追求公平，民主党执政时期，赤字大幅增加，政府不断加税，拉车的资本家们没有干劲了，社会充满了疲惫，民众又把票投给共和党。共和党执政干的第一件事常常是减税，强调发展，强调效率，走着走着，社会公平又出问题了，老百姓又投票，干掉财富党换上公平党。美国200年来大致就是这样一种财富党与公平党轮流执政的过程。当然今天美国的政治生态比我们这个结论要复杂多了，因为互联网与全球化，对传统的美国政治历史文化也带来了很大冲击，比如社会大众心态的离散化趋态、政党文化的极化现象等。但美国传统的政治制度设计和运作方式给华为的高层决策体制创新也带来了很多重要的启示。

那么,英国的"虚君共和制"对华为的组织创新又会有什么借鉴呢?

其次,避免了山头问题。任正非认为,华为实行的轮值COO、CEO,与西方公司相比,制度优越性要大得多。西方公司是"一朝天子一朝臣",一个人做CEO,他的哥们全跟着鸡犬升天,这个人干得不好被干掉,一帮人跟着被干掉,这在西方公司是很普遍的。而华为的轮值COO、轮值CEO制度,从体制上制约了山头文化的坐大,为公司包容、积淀了很多五湖四海的杰出人才。同时这种创新体制也使整个公司的决策过程越来越科学化和民主化。今天的华为已经从早年的高度集权,演变到今天的适度民主加适度集权这么一个组织决策体制。

轮值CEO制度,相对于传统的管理理论与实践,可以称得上是划时代的颠覆性创新,在有史可寻的人类商业管理史上恐怕找不到第二例。有中国学者质疑这一体制的成功可能性,但至少迄今为止的8加3年的华为实验是相对成功的。未来如何由未来的历史去下结论:创新就意味着风险,意味着对本本主义、教条主义的反叛和修正。华为的任何创新都是基于变化而作出的主动或被动的适应,在这个日益动荡和充满变化的时代,最大的危险是"缘木求鱼"。

第三节 创新管理

一、创新的阻力

企业高层创新决策面对的是企业发展战略以及与发展战略密切相关的各项重大决策,而企业的每一项决策必定存在各种阻力。现代企业生命周期和企业扩张理论认为,当一个企业处于高速扩张期或成熟期时,它的发展潜力在一定条件下已受到企业发展空间的限制。在这时,过大的外来推动力反而影响企业的正常演变,而资源的过多追加,不仅使企业的边际收益大大降低,甚至还可能加速企业的衰退。这时需要的是企业创新,而由于创新需要冲破原有的企业结构和思想观念,因而出现阻力。而如果一个大企业在发展经过了一个高峰期后,第二次大规模扩张,往往要等到企业一段过渡期后,借助于大规模的兼并重组和组织创新后才能实现,否则就会步入发展过程的陷阱。

由此可见,企业创新决策的阻力主要来自于:①在企业生命周期的成熟期,整个企业处于惰性状态,缺少创新所需的内部条件;②企业可能受发展空间的制约,创新动力受阻,而一般的局部创新,从效益评估的角度看,对企业发展的作用不大;③企业的组织结构创新滞后,影响创新决策实施效果;④企业高层决策者的创新意识薄弱,或者创新决策能力不强,害怕创新会给企业带来风险。

正是由于创新决策阻力的存在,制约着创新决策的产生。从决策理论来看,创新决策是广义的决策,也就是说,这样的决策不仅指作出明确、果断的抉择的那一瞬间,还包括作决定之前的一系列准备工作,包括克服决策过程的阻力,同时还包括作出决定之后的执行和反馈。由此看来,创新决策是一个全过程的概念,而创新决策阻力是存在于整个决策的过程之中的。正因为如此,企业需要克服这些阻力,努力达成创新的目标。

二、企业创新的过程

1. 信息搜集与整理

创新的第一阶段就是进行信息的搜集与整理。管理者要从管理目标与需要出发,大量搜集与整理信息资料,分析组织内部存在的不协调,界定所要解决的问题与任务要求,同时明确客观环境与主观条件。在此基础上,厘清创新的大致方向。

2. 创新方案的制定

创新是有风险的,为了将这种风险降到最低,企业必须根据本企业内外的实际情况,结合公司的整体发展战略和业务特点,制定适合本企业的创新方案。

3. 实施创新

有了创新方案,就要迅速付诸实施,而不论这一方案是否绝对完善和十全十美。如果想等到创新方案达到完美时再行动,那将是看到别人成功的时候。

4. 不断完善

前已述及,创新是有风险的,是可能失败的。为了尽可能避免失败,取得最终的成功,创新者在开始行动以后要不断研讨,集思广益,对原有方案进行补充、修改和完善。

5. 再创新

这一轮的创新成功为下一轮的创新提供了动力。创新不能停止,必须要在一个新的起点上实施再创新,即使这一轮创新失败,也要从失败中总结经验,吸取教训,为持续创新提供借鉴。

三、创新的核心

创新的核心就是创新思维,是指人类思维不断向有益于人类发展的方向动态化的改变。

四、创新的关键

创新的关键就是改变。向新的方向、有效的方面进行量和质的变化。

五、创新的结果

创新的结果有两种:其一是物质的,如蒸汽机、电脑;其二是非物质的,如新思想、新理论、新经验等。

六、创新的原则

创新原则就是开展创新活动所依据的法则和判断创新构思所凭借的标准。

1. 遵守科学原理原则

创新必须遵循科学技术原理,不得有违科学发展规律,因为任何违背科学技术原理的创新都是不能获得成功的。比如,近百年来,许多才思卓越的人耗费心思,力图发明一种既不消耗任何能量又可源源不断对外做功的"永动机"。但无论他们的构思如何巧妙,结果都逃不出失败的命运。其原因在于他们的创新违背了"能量守恒"的科学原理。为了使创新活动取得成功,在进行创新构思时,必须做到以下几点:

(1) 对发明创造设想进行科学原理相容性检查。创新的设想在转化为成果之前,应该先进行科学原理相容性检查。如果关于某一创新问题的初步设想与人们已经发现并获实践检查证明的科学原理不相容,则不会获得最后的创新成果。因此与科学原理是否相容,是检查创新设想有无生命力的根本条件。

(2) 对发明创新设想进行技术方法可行性检查。任何事物都不能离开现有的条件的制约。在设想变为成果时,还必须进行技术方法可行性检查。如果设想所需要的条件超过现有技术方法可行性范围,则在目前该设想还只能是一种空想。

(3) 对创新设想进行功能方案合理性检查。任何创新的新设想,在功能上都有所创新或有所增强。但一项设想的功能体系是否合理,关系到该设想是否具有推广应用的价值。因此,必须对其合理性进行检查。

2. 市场评价原则

为什么有的新产品登上商店柜台却渐渐销声匿迹了呢?

创新设想要获得最后的成果,必须经受走向市场的严峻考验。爱迪生曾说:"我不打算发明任何卖不出去的东西,因为不能卖出去的东西都没有达到成功的顶点。能销售出去就证明了它的实用性,而实用性就是成功。"

创新设想经受市场考验,实现商品化和市场化要按市场评价的原则来分析。其评价通常是从市场寿命观、市场定位观、市场特色观、市场容量观、市场价格观和市场风险观七个方面入手,考察创新对象的商品化和市场化的发展前景,而最基本的要点则是考察该创新的使用价值是否大于它的销售价格,也就是要看它的性能、价格是否优良。但在现实中,要估计一种新产品的生产成本和销售价格不难,而要估计一种新发明的使用价值和潜在意义则很难。这需要在市场评价时把握住评价事物使用性能最基本的几个方面,然后在此基础上作出结论:①解决问题的迫切程度;②功能结构的优化程度;③使用操作的可靠程度;④维修保养的方便程度;⑤美化生活的美学程度。

3. 相对较优原则

创新不可盲目追求最优、最佳、最美、最先进。创新产物不可能十全十美。在创新过程中,利用创造原理和方法,获得许多创新设想,它们各有千秋,这时,就需要人们按相对较优的原则对设想进行判断选择。

(1) 从创新技术先进性上进行比较。可从创新设想或成果的技术先进性上进行各自之间的分析比较,尤其是应将创新设想同解决同样问题的已有技术手段进行比较,看谁领先和超前。

(2) 从创新经济合理性上进行比较选择。经济的合理性也是评价判断一项创新成果的重要因素,所以对各种设想的可能经济情况要进行比较,看谁合理和节省。

(3) 从创新整体效果性上进行比较选择。技术和经济应该相互支持、相互促进,它们的协调统一构成事物的整体效果性。任何创新的设想和成果,其使用价值和创新水平主要是通过它的整体效果体现出来的,因此对它们的整体效果要进行比较,看谁全面和优秀。

4. 机理简单原则

在现有科学水平和技术条件下,如不限制实现创新方式和手段的复杂性,所付出的代价可能远远超出合理程度,使得创新的设想或结果毫无使用价值。在科技竞争日趋激烈的今天,结构复杂、功能冗余、使用繁琐已成为技术不成熟的标志。因此,在创新的过程中,要始终贯彻机理简单原则。为使创新的设想或结果更符合机理简单的原则,可进行以下检查:

(1) 新事物所依据的原理是否重叠,超出应有范围。

(2) 新事物所拥有的结构是否复杂,超出应有程度。

(3) 新事物所具备的功能是否冗余,超出应有数量。

5. 构思独特原则

我国古代军事家孙子在其名著《孙子兵法·势篇》中指出："凡战者,以正合,以奇胜。故善出奇者,无穷如天地,不竭如江河。"所谓"出奇",就是"思维超常"和"构思独特"。创新贵在独特,创新也需要独特。在创新活动中,关于创新对象的构思是否独特,可以从以下方面考察:

(1) 创新构思的新颖性。
(2) 创新构思的开创性。
(3) 创新构思的特色性。

6. 不轻易否定,不简单比较原则

不轻易否定,不简单比较原则,是指在分析评判各种产品创新方案时应注意避免轻易否定的倾向。在飞机发明之前,科学界曾从"理论"上进行了否定的论证;过去也曾有权威人士断言无线电波不可能沿着地球曲面传播,无法成为通信手段。显然这些结论都是错误的,这些不恰当的否定之所以出现是由于人们运用了错误的"理论",而更多的不应该出现的错误否定,则是由于人们的主观武断,给某项发明规定了若干用常规思维分析证明无法达到的技术细节的结果。

在避免轻易否定倾向的同时,还要注意不要随意在两个事物之间进行简单比较。不同的创新,包括非常相近的创新,原则上不能以简单的方式比较其优势。

不同创新不能简单比较的原则,带来了相关技术在市场上的优势互补,形成了共存共荣的局面。创新的广泛性和普遍性都源于创新具有的相融性。如市场上常见的钢笔、铅笔就互不排斥,即使都是铅笔,也有普通木质的铅笔和金属或塑料杆的自动铅笔之分,它们之间也不存在排斥的问题。

总之,我们应在尽量避免盲目地、过高地估计自己的设想的同时,也要注意珍惜别人的创意和构想。简单的否定与批评是容易的,难得的却是闪烁着希望的创新构想。

以上是在创新活动中要注意并切实遵循的创新原理和创新原则,这都是根据千百年来人类创新活动成功的经验和失败的教训提炼出来的,是创新智慧和方法的结晶。它体现了创新的规律和性质,按创新原理和原则去创新并非束缚你的思维,而是把创新活动纳入安全可靠、快速运行的大道上来。

在创新活动中遵循创新原理和创新原则是提升创新能力的基本要素,是攀登创新云梯的基础,有了这个基础就把握了开启创新大门的"金钥匙"。

七、创新的原理

1. 综合原理

综合是在分析各个构成要素基本性质的基础上,综合其可取的部分,使综合后所形成的整体具有优化的特点和创新的特征。

2. 组合原理

这是将两种或两种以上的学说、技术、产品的一部分或全部进行适当叠加和组合,用以形成新学说、新技术、新产品的创新原理。组合既可以是自然组合,也可以是人工组合。在自然界和人类社会中,组合现象是非常普遍的。

爱因斯坦曾说:"组合作用似乎是创造性思维的本质特征。"组合创新的机会是无穷的。有人统计了20世纪以来的480项重大创造发明成果,经分析发现三四十年代是突破型成果为主

而组合型成果为辅;五六十年代两者大致相当;从80年代起,组合型成果占据主导地位。这说明组合原理已成为创新的主要方式之一。

3. 分离原理

分离原理是把某一创新对象进行科学的分解和离散,使主要问题从复杂现象中暴露出来,从而厘清创造者的思路,便于抓住主要矛盾。分离原理在发明创新过程中,提倡将事物打破并分解,它鼓励人们在发明创造过程中,冲破事物原有面貌的限制,将研究对象予以分离,创造出全新的概念和全新的产品。如隐形眼镜是眼镜架和镜片分离后的新产品。

4. 还原原理

这个原理很重要,也十分经典。还原原理要求我们要善于透过现象看本质,在创新过程中,能回到设计对象的起点,抓住问题的原点,将最主要的功能抽取出来并集中精力研究其实现的手段和方法,以取得创新的最佳成果。任何发明和革新都有其创新的原点。创新的原点是唯一的,寻根溯源找到创新原点,再从创新原点出发去寻找各种解决问题的途径,用新的思想、新的技术、新的方法重新创造该事物,从本原上去解决问题,这就是还原原理的精髓所在。

5. 移植原理

这是把一个研究对象的概念、原理和方法运用于另一个研究对象并取得创新成果的创新原理。"他山之石,可以攻玉"就是该原理能动性的真实写照。移植原理的实质是借用已有的创新成果进行创新目标的再创造。

想想拉链还有什么用途?想起来就记在下面,以后想起来仍可写在这里,积累多了,就能创新。

创新活动中的移植依重点不同,可以是沿着不同物质层次的"纵向移植";也可以是在同一物质层次内不同形态间的"横向移植";还可以是把多种物质层次的概念、原理和方法综合引入同一创新领域中的"综合移植"。新的科学创造和新的技术发明层出不穷,其中有许多创新是运用移植原理取得的。

6. 换元原理

换元原理是指创造者在创新过程中采用替换或代换的思想或手法,使创新活动内容不断展开、研究不断深入的原理。通常指在发明创新过程中,设计者可以有目的、有意义的去寻找替代物,如果能找到性能更好、价格更便宜的替代品,这本身就是一种创新。

7. 迂回原理

创新在很多情况下,会遇到许多暂时无法解决的问题。迂回原理鼓励人们开动脑筋另辟蹊径。不妨暂停在某个难点上的僵持状态,转而进入下一步行动或进入另外的行动,带着创新活动中的这个未知数继续探索创新问题,不要钻牛角尖、走死胡同,因为有时通过解决侧面问题或外围问题以及后续问题,可能会使原来的未知问题迎刃而解。

8. 逆反原理

逆反原理首先要求人们敢于并善于打破头脑中常规思维模式的束缚,对已有的理论方法、科学技术、产品实物持怀疑态度,从相反的思维方向去分析、去思索、去探求新的发明创造。实际上,任何事物都有着正反两个方面,这两个方面同时相互依存于一个共同体中。人们在认识事物的过程中,习惯于从显而易见的正面去考虑问题,因而阻塞了自己的思路。如果能有意识、有目的的与传统思维方法背道而驰,往往能得到极好的创新成果。

9. 强化原理

强化就是对创新对象进行精炼、压缩或聚焦,以获得创新的成果。强化原理是指在创新活动中,通过各种强化手段,使创新对象提高质量、改善性能、延长寿命、增加用途,或产品体积的缩小、重量的减轻、功能的强化。

10. 群体原理

大学生创新小组就是一种群体原理的运用。

科学的发展,使创新越来越需要发挥群体智慧,才能有所建树。早期的创新多是依靠个人的智慧和知识来完成的,但随着科学技术的进步,要想"单枪匹马,独闯天下",去完成像人造卫星、宇宙飞船、空间试验室和海底实验室等大型高科技项目的开发设计工作是不可能的。这就需要创造者们能够摆脱狭窄的专业知识范围的束缚,依靠群体智慧的力量,依靠科学技术的交叉渗透,使创新活动从个体劳动的圈子中解放出来,焕发出更大的活力。

在创新活动中,创新原理是运用创造性思维,分析问题和解决问题的出发点,也是人们使用何种创造方法、采用何种创造手段的凭据。因此,掌握创新原理是人们能否取得创新成果的先决条件。但创新原理不是治百病的"万应灵丹",不能指望在浅涉创新原理之后就能对创新方法了如指掌并使用自如、就能解决创新的任何问题,只有在深入学习并深刻理解创新原理的基础上,人们才有可能有效地掌握创新方法,也才有可能成功地开展创新活动。

八、创新的过程

不少杰出的创新都留下了动人的传说:瓦特看到壶盖被蒸汽顶起而发明了蒸汽机,牛顿被下落的苹果砸了头而发现了万有引力,门捷列夫玩纸牌时想出了元素周期表……如果创新如此简单,创造学就实在是不用学了。我们研究创新的过程,是把过程看得比结果更为重要。创新是由创新思维的过程所决定的,而结果仅是过程的成功产物。但是,在教育上的一个缺陷是注重创新成果的渲染,而对创新的过程却讲得不多,甚至导致人们对创新的误解。

创新的"四阶段理论"是一种影响最大、传播最广,而且具有较大实用性的过程理论,由英国心理学家沃勒斯提出。该过程理论认为创新的发展分四个阶段:准备期、酝酿期、明朗期和验证期。

1. 准备期

准备期是准备和提出问题阶段。一切创新是从发现问题、提出问题开始的。问题的本质是现有状况与理想状况的差距。爱因斯坦认为:"形成问题通常比解决问题还要重要,因为解决问题不过牵涉到数学上或实验上的技能而已,然而明确问题并非易事,需要有创新性的想象力。"他还认为对问题的感受性是人的重要的资质,准备还可分为下列三步,力求使问题概念化、形象化和具有可行性:

(1) 对知识和经验进行积累和整理。

(2) 搜集必要的事实和资料。

(3) 了解自己提出问题的社会价值,能满足社会的何种需要及价值前景。

2. 酝酿期

酝酿期也称沉思和多方思维发散阶段。在酝酿期要对收集的资料、信息进行加工处理,探索解决问题的关键,因此常常需要耗费很长时间,花费巨大精力,是大脑高强度活动时期。这一时期,要从各个方面,如前面讲到的纵横、正反等等去进行思维发散,让各种设想在头脑中反复组合、交叉、撞击、渗透,按照新的方式进行加工。加工时应主动地使用创造方法,不断选择,力求形成新的创意。著名科学家彭加勒认为:"任何科学的创造都发端于选择。"这里的选择,就是充分地思索,让各方面的问题都充分地暴露出来,从而把思维过程中那些不必要的部分舍弃。创新思维的酝酿期,特别强调有意识的选择,富有创造性的人在酝酿期就注意选择,所以,彭加勒还说:"所谓发明,实际上就是鉴别,简单说来,也就是选择。"

为使酝酿过程更加深刻和广泛,还应注意把思考的范围从熟悉的领域,扩大到表面上看起来没有什么联系的其他专业领域,特别是常被自己忽视的领域。这样,既有利于冲破传统思维方式和"权威"的束缚,打破成见,独辟蹊径,又有利于获得多方面的信息,利用多学科知识"交叉"优势,在一个更高层次上把握创新活动的全局,寻找创新的突破口。有时也可把思考的问题暂时搁置一下,让习惯性思维被有意识地切断,以便产生新思维。再有,灵感思维的诱发规律告诉我们,大脑长时间兴奋后有意松弛,有利于灵感的闪现。

酝酿期的思维强度大,困难重重,常常百思不得其解,屡试难以成功,此时良好的意志品质和进取性性格就显得格外重要。因为这是酝酿期取得进展直至突破的心理保证。

创造性思维的酝酿期通常是漫长的、艰巨的,也很有可能归于失败。但唯有坚持下去,方法对头,才是充满希望的。

3. 明朗期

明朗期即顿悟或突破期,寻找到了解决办法。

明朗期很短促、很突然,呈猛烈爆发状态。久盼的创造性突然在瞬间实现,人们通常所说的"脱颖而出""豁然开朗"等都是描述这种状态的。如果说"踏破铁鞋无觅处"描绘的是酝酿期的话,"得来全不费工夫"则是明朗期的形象刻画。在明朗期,灵感思维往往起决定作用。

这一阶段的心理状态是高度兴奋甚至感到惊愕,像阿基米德那样,因在入浴时获得灵感而裸身狂奔,欣喜呼喊:"我发现了!我发现了!"虽不多见,但完全可以理解。

4. 验证期

验证期是评价阶段,是完善和充分论证阶段。突然获得突破,飞跃出现在瞬间,结果难免稚嫩、粗糙甚至存在若干缺陷。验证期是把明朗期获得的结果加以整理、完善和论证,并且进一步得到充实。创新思维所取得的突破,假如不经过这个阶段,创新成果就不可能真正取得。论证一是理论上验证,二是放到实践中检验。

验证期的心理状态较平静,但需耐心、周密、慎重,不急于求成和不急功近利是很关键的。

人的创新活动分解为四个基本的思想行动历程:①"想新的"精神观念和思想意识,即追求更好,希望并相信能够创造出新的、更好的;②"想新的"思考探索活动,即创造思考;③从思考到行动,按想到的新主意做实验,采取行动探索新的,直至创新成模本;④尝试新的,对创新形成的模本进行试验性应用和改进,应用成功之后自然就是创新模本的重复推广。前两个历程是一类,即想新的;后两个历程是一类,即做新的;知行合一,第二历程和第三历程通常结合在一起,形成思考和实验探索的连接循环。同样,思考和应用试验也结合在一起。

【本章小结】

随着市场经济的发展,企业管理的内容、方法和手段都得到了进一步的提升,企业的科学管理也不能仅仅停留在原有的程度上,创新是目前企业管理的必然趋势。进入新时代,市场环境与竞争策略都有了很大的变化,企业进行管理创新,提升竞争力正是为了应对这种多变的市场需求。认识管理创新的重要性,理解管理创新的途径,立志高远,笃行求实,全面提升企业管理效率与核心竞争力,是企业发展壮大的必由之路。

【本章练习题】

一、单项选择题

1. 以下不属于企业创新主体的是( )。
   A. 最高管理者　　　B. 基层员工　　　C. 中层管理者　　　D. 管理制度
2. 企业重要的创新决策由( )来完成。
   A. 高层管理者　　　B. 中层管理者　　　C. 基层管理者　　　D. 员工
3. 管理道德属于( )道德类型。
   A. 社会道德　　　B. 家庭道德　　　C. 职业道德　　　D. 伦理道德
4. 透过现象看本质是( )创新原理的体现。
   A. 移植原理　　　B. 强化原理　　　C. 逆反原理　　　D. 还原原理
5. 企业创新的论证一是理论上验证,二是( )。
   A. 权威的观点　　　　　　　　　B. 放到实践中检验
   C. 学术机构的验证　　　　　　　D. 企业自身的验证

二、多项选择题

1. 创新的特点是( )。
   A. 多维性　　　B. 时效性　　　C. 层次性　　　D. 战略性
   E. 相似性
2. 企业创新的作用是( )。
   A. 提升核心竞争力　　　　　　　B. 提升经济效益
   C. 有助于企业可持续发展　　　　D. 提升市场竞争力
   E. 改善员工工作态度
3. 企业创新的类型有( )。
   A. 管理创新　　　B. 文化创新　　　C. 制度创新　　　D. 技术创新
   E. 营销创新
4. 企业创新的过程包括( )。
   A. 信息搜集　　　B. 制定方案　　　C. 实施创新　　　D. 不断完善
   E. 再创新
5. 创新的发展阶段为( )。
   A. 准备期　　　B. 酝酿期　　　C. 明朗期　　　D. 验证期
   E. 调整期

三、判断题

1. 创新是企业生存与发展的根本。( )
2. 企业创新的客体是指企业管理实践活动中所有过程,所有关注的领域,所有实现管理目标必须具备的要素。( )
3. 企业创新存在各种阻力,如果无法克服这些阻力,那么企业就不用创新。( )
4. 创新的过程存在风险,为了避免风险可以模仿别人的创新方案。( )

5. 企业创新的成果应该由市场来评价。   （   ）

四、简答题
1. 创新的特点有哪些？
2. 企业创新的作用有哪些？
3. 创新的阻力有哪些？
4. 创新的原则有哪些？

五、论述题
创新对企业发展有何必要性？

六、案例分析题

案例一　苹果是如何创新的？

2010年5月26日，美国发生了一件大事。那一天，苹果公司以2 213.6亿美元的市值，一举超越了微软公司，成为全球最具价值的科技公司。截止到7月30日，苹果公司的市值又上涨了5%，达到2 350亿美元，和微软公司的市值差距进一步拉大。以苹果过去5年的市值增长趋势来看，苹果公司在一年之内成为全球市值最大的公司并非不可能。目前，全球市值最高的公司是埃克森石油，市值2 800亿美元，在过去一年中的市值持续下跌。

仅仅是7年以前的2003年初，苹果公司的市值也不过60亿美元左右。一家大公司，在短短7年之内，市值增加了近40倍，如果说这是一个企业史上的奇迹，估计没人会反对这一观点。全球顶尖的财经媒体，都在不约而同地为苹果公司和苹果公司的CEO乔布斯高唱赞歌。在《商业周刊》列出的全球最伟大公司中，苹果公司排名第一。而在《哈佛商业评论》88年来第一次推出的最伟大CEO排行榜中，乔布斯也是当仁不让地排名第一。

在连篇累牍的媒体报道中，大多数观察家将苹果的成功归功于其CEO乔布斯的天才。的确，乔布斯的个人魅力无与伦比，他的设计天才有目共睹，他的营销技巧会让无数"苹果粉"如痴如狂。不过，从商业观察的角度来说，把一家公司的成功归于一个人是危险的，不管这个人多么伟大。一个企业家之所以伟大，不在于他多么有个人魅力，而在于他给企业带来了什么样的商业模式和企业文化，乔布斯也是如此。乔布斯给苹果公司带来了什么呢？

为什么苹果市值猛增？

要回答这个问题，我们先看看从1997年到2003年之间，乔布斯在苹果公司做了些什么。1997年，乔布斯回到了他亲手创立的苹果，当时的苹果公司已经岌岌可危，市值不到40亿美元。乔布斯回到苹果做的第一件事情，是重新塑造了苹果的设计文化，推出了iMac，让苹果电脑重新成为"酷品牌"的代表。但资本市场对乔布斯的举动并不领情，iMac就像以前的苹果产品一样，属于典型的"非主流"人士使用的，并没有给苹果的市值带来什么积极影响。

2001年，乔布斯推出了后来创造了奇迹的iPod，进入音乐播放器市场。不过，当时的这一举动并没有受到资本市场的欢迎。最早推出数字音乐播放器的公司并不是苹果，而是一家名为"钻石多媒体"的公司，这家公司推出数字音乐播放器的时间是1998年，比苹果公司早了整整3年。2000年，一家名为Best Data的公司推出了一款新的产品，这两款产品性能优良，既可随身携带，又新颖时尚。苹果公司推出的iPod，在功能上并没有什么特别之处。

一直到2003年，苹果公司还是一家被"非主流"用户推崇的公司。虽然大众都知道苹果的产品不错，但愿意花钱为这种欣赏"买单"的人并不多。苹果公司在资本市场的表现一直中规中矩，虽然在2000年的时候苹果公司的市值也曾达到100亿美元，但那是拜互联网泡沫所赐。

到了 2003 年,苹果的市值下滑到 60 亿美元,和乔布斯 1997 年重新执掌苹果的时候并没有多大长进。不过不要着急,从 2003 年 3 月开始,苹果公司的市值终于开始飙升了!

2003 年苹果公司发生了什么事情呢?那一年,苹果推出了 iTunes。这是苹果历史上最具革命性创新的产品,也推动了苹果市值的快速飙升。可惜的是,直到今天它的意义依然被低估了。起初的时候,iTunes 只是一个和 iPod 相匹配的音乐管理平台。如今,它是苹果终端的管理平台,无论是 iPod、iPhone 还是 iPad,都是通过 iTunes 来管理的。iTunes 是苹果的创新枢纽。可以说,没有 iTunes 的出现,就没有 iPhone 和 iPad 这样革命性的产品出现。

为什么说 iTunes 那么重要?iTunes 绝不只是一款软件产品,它的出现意味着苹果转型的开始。iTunes 出现之前,苹果只是一家产品公司,虽然这些产品非常优秀,但在若干同样优秀的产品面前,苹果的产品是可以替代的。iTunes 改变了这一切。随着 iTunes 的出现,苹果公司得以进入音乐市场,它不仅仅是靠卖产品赚钱,还可以通过卖音乐来卖钱。短短 3 年内,iPod+iTunes 组合为苹果公司创收近 100 亿美元,几乎占到公司总收入的一半。

iTunes 受到了来自用户、合作伙伴的广泛支持。因为 iTunes 的存在,能够让更多人更方便地下载和整理音乐,从而大大促进了 iPod 的销售,并让 iPod 和其他音乐播放器区分开来,短时间之内占领了近 90% 的市场。那些唱片公司也欢迎 iTunes 的出现,在 iTunes 出现之前,唱片公司对于泛滥成灾的音乐盗版无能为力,iTunes 让他们觉得看到了盈利的可能性。当然最高兴的是苹果公司,它通过卖 iPod 赚硬件的钱,再通过 iTunes 赚音乐的钱。

2007 年,苹果公司发布 iPhone,掀起了一场手机革命。除了产品设计本身的创新之外,苹果公司还沿用了 iTunes 在 iPod 上的引用,在 2008 年推出了 App Store,并和 iTunes 无缝对接。iPhone+App Store 的组合,为苹果赋予了主导地位,引领了手机革命。迄今为止,苹果已经出售了超过 5 000 万部 iPhone,而 App Store 的程序总量也已经超过 20 万款,总下载量约为 30 亿次。和 iPod 颠覆了音乐产业一样,iPhone 也成功地颠覆了手机产业。

2010 年初,苹果又推出 iPad。这款新产品采用了和 iPhone 同样的操作系统,外观也像一个放大版的 iPhone,在应用软件方面也沿用了 iPhone+App Store 的模式。虽然这款产品存在很多争议,但无疑受到了"苹果粉"的狂热拥护,每周的销量超过 20 万部,并被公认为会颠覆未来的出版行业。在 2010 年 7 月 20 日发布的第三财季财报中,苹果表示,截至 6 月 26 日的季度内,该公司共计售出了 327 万台 iPad、840 万部 iPhone 以及 941 万部 iPod。

问题:

请你谈谈苹果公司创新类型有哪些?其中最能体现它和竞争对手优势的创新类型是哪种?请你谈谈对这种创新类型的理解。

案例二 解读三星的创新模式

如果说苹果是一位技术上的天才设计师,那么三星则是一个创新力绝不亚于苹果的绝顶聪明的商人。1993 年,三星电子确定了新的公司愿景——"创新即一切",甚至提出了"除了配偶和孩子不变,一切都有变"的口号。如今,三星成功跨越到智能机时代并一举和苹果并列双雄,不能不说是其勇于"创造未来"的创新能力的功劳。本文梳理了关于三星创新力的分析报道,三星的成功之基可窥一斑。

三星是不是创新型公司?

以贸易起家,曾辗转制糖业、纺织业的三星在彻底转型做电子产品时一度成为"山寨"的代

名词。关于三星究竟是不是一个创新型公司,斯坦福大学教授谢德荪在为《中国企业家》撰写的专栏文章中有如下论述:

没有革命性的新产品,但三星的产业组合及商业模型使它能把别人的技术引为自身的创新推动力。在我的定义,三星电子公司是一家创新企业。

三星电子公司不是一个纵向结构公司,它的半导体产品不只供给自己的电子产品,而且也卖给自己电子产品的竞争对手;它的半导体产能也提供生产外包服务;它的LCD也不只供应自己的TV;个人电脑、智能手机及其他电子产品也卖给其他TV、个人电脑、智能手机及电子产品公司。这样一来它起了组合下游资源的作用,来做成半导体及LCD生产的规模经济。

三星的电子产品也不只用自己生产的组件,需要时它也向生产组件的竞争对手购买,组合上游资源来开发多类的电子产品,做成了多样经济。而且以数码为根基的电子产品通常都有通用配件,拥有越多配件,便能越快通过不同组合发展各种功能的产品,这也使三星建立了很强的有创意的模仿能力。当市场上出现一个很受欢迎的产品时,它可以很快地推出相似但有新价值的产品,Galaxy便是最好的例子。

通过组合上下游资源,三星电子公司以"领导数码革命"的新理念价值来推动源创新,促使三星电子公司成为一个两面市场平台,一面是电视、电脑、通讯及消费电子产品,而另一面是半导体及LCD组件产品。加上三星电子公司也参与这两面市场,不断以流创新来支持它的源创新平台,这也加强了这两面的正向网络效应,使三星电子公司能够落实"领导数码革命"的新理念。

虽然从表面来看,它没有像苹果那样拥有iPod、iPhone等革命性的新产品,但它的产业组合及商业模型使它不只直接享受到苹果式的成功,而且能把苹果的成功引为自身的创新推动力。这与中国太极学说相似,也比较容易被中国企业理解及仿效。但仿效的重点不是抄袭三星电子公司的产业组合及商业模型,而是以自身的核心能力为支点,考虑如何找寻及把握机会,进入适当产业,而通过产业组合及商业模型,建立一个两面市场商业模型来推动源创新的新理念。

关于三星的创新模式,巴里·贾鲁泽尔斯基(Barry Jaruzelski)在《全球创新1 000强》中对比苹果与谷歌,将其界定为市场阅读型。

贾鲁泽尔斯基总结了三种创新模式:以苹果为代表的需求捕获型、以谷歌为代表的技术驱动型和以三星为代表的市场阅读型。

对于需求捕获型创新,贾鲁泽尔斯基认为,"这些公司的创新战略紧紧围绕着比用户更了解自己而展开,他们可以认识到尚未开发的需求,随后成为首家推出此类产品并满足市场需求的公司。这种创新更主要的来源地直接对用户观察,而非市场研究,用户才会告诉你他们想要什么,观察用户,看到他们如何与自己的产品或竞争对手的产品互动,并观察他们遇到的问题中隐藏的机遇。"苹果并非触摸屏的发明者,但苹果开发的触摸屏产品提供了比其他产品更优秀的用户体验,苹果也赚到了比其他公司更多的钱。

对于技术驱动型创新,贾鲁泽尔斯基认为,"这属于传统的创新模式,虽然它并未完全脱离用户和市场,但更倾向于以技术为基础,看看能创造出什么技术,以及这项技术如何应用。"这类创新以谷歌为代表。

具体分析以三星为代表的市场阅读型创新,贾鲁泽尔斯基表示:"市场领导者其实是典型的快速追随者,这并不意味着他们忽略用户,而是对竞争对手和其他公司在市场上率先推出的产品极其敏感,观察哪些产品获得青睐,随后快速跟进,推出自己的创新产品。你可以认为这些公司建立了一个规模巨大的弹簧转盘,能够迅速弹出并复制他人的观点,他们并不一定要在技术上取得颠覆性的效果,但是会观察创新之处,迅速推出自己的版本并抓取市场份额。这是一种基于竞争理念和典型的前沿市场活动研究进行的创新。"如果仅凭糟糕地复制iPhone,三星不可能在三年之内从全球最具创新公司排行榜中上升五位。三星在恰当的时机推出了极具吸引力的自己的产品,这也是一种创新,是属于自己的攻坚战略。

问题:

三星公司的创新和苹果公司的创新方式有何不同?对于我们中国能不能学习和借鉴?如果能,哪些方式适合中国企业学习以及如何学习,谈谈你的看法。

参考文献

[1] 泰罗.科学管理原理[M].北京:中国社会科学出版社,1994.
[2] 加里·德斯勒.人力资源管理[M].北京:中国人民大学出版社,1999.
[3] 德鲁克.21世纪的管理挑战——德鲁克管理经典[M].北京:机械工业出版社,2006.
[4] 斯蒂芬·P.罗宾斯.管理学[M].第七版.北京:中国人民大学出版社,2004.
[5] 单凤儒.管理学基础[M].北京:高等教育出版社,2008.
[6] 周三多,等.管理学——原理与方法[M].上海:复旦大学出版社,2004.
[7] 曾旗,等.管理学原理[M].武汉:武汉理工大学出版社,2006.
[8] 杨文士,焦权斌,张雁,等.管理学原理[M].北京:中国人民大学出版社,2004.
[9] 芮明杰.管理学——现代观点[M].上海:上海人民出版社,2007.
[10] 邢以群.管理学[M].第2版.杭州:浙江大学出版社,2005.
[11] 程固平,刁兆峰.管理学原理[M].武汉:武汉理工大学出版社,2006.
[12] 袁淑君.管理学原理[M].成都:西南财经大学出版社,2006.
[13] 李品媛.管理学原理[M].大连:东北财经大学出版社,2007.
[14] 王毅捷.管理学原理[M].武汉:武汉理工大学出版社,2008.
[15] 胡建宏,刘雪梅,等.管理学原理与实务[M].北京:清华大学出版社,2011.
[16] 阎毅.管理学原理[M].西安:西安交通大学出版社,2003.
[17] 王兆峰.管理学原理[M].长沙:中南大学出版社,2007.
[18] 阮文彪.管理学原理[M].北京:中国农业大学出版社,2007.
[19] 何解山,刘规划,郭朝晖.管理学概论[M].南昌:江西人民出版社,2001.
[20] 沈渝.管理学基础[M].南京:南京大学出版社,2010.
[21] 马瑛.管理学原理[M].大连:大连理工大学出版社,2014.
[22] 胡建宏,刘雪梅.企业管理实务与操作[M].大连:大连理工大学出版社,2006.
[23] 慧聪网,http://ba.Hc360.com/HcTieBd/tbFinal-5291-25-2.htMl.
[24] 211就业网.http://job.211Jiuye.Com/xinjiang/xinjiangdaxue/Job-94337htmI.
[25] 企业人力方面怎样科学调度人社部薪酬.中网资讯中心[引用日期2012-12-28]
[26] 刘兴倍.管理学原理[M].北京:清华大学出版社,2006.
[27] 陈劲.管理学[M].北京:中国人民大学出版社,2010.
[28] 张正河,陆娟.管理学原理[M].北京:中国农业大学出版社,2007.
[29] 赵涛,齐二石.管理学[M].天津:天津大学出版社,2008.
[30] 吴昭云,等.管理学[M].第5版.北京:中国社会科学出版社,2010.
[31] 余敬,刁凤琴.管理学案例精析[M].北京:中国地质大学出版社,2006.
[32] 中国就业培训技术指导中心.企业人力资源管理师(三级)[M].北京:中国劳动社会

保障出版社,2007.

　　[33] 中国就业培训技术指导中心.企业人力资源管理师(二级)[M].北京:中国劳动社会保障出版社,2007.

　　[34] 人力资源管理师指导:员工招聘与配置.圣才学习管理考试[引用日期 2012-12-29].

　　[35] 耿煜.新编现代酒店人力资源开发与管理务实全书[M].北京:企业管理出版社,2007.

　　[36] 员工招聘流程的六个重要节点.卓博人才网[引用日期 2013-03-20]

　　[37] 郑卫武.浅谈企业员工绩效考核[J].科技资讯,2008.

　　[38] 邵丽丽.企业人力资源绩效考核现状及有效措施分析[J].煤,2011.

　　[39] 朱永新.人力资源管理心理学[M].上海:华东师范大学出版社,2003.

　　[40] 胡秀.浅析绩效考核[J].现代商业,2009.

　　[41] 奚玉芹.企业薪酬与绩效管理体系设计[M].北京:机械工业出版社,2004.

　　[42] 杨东龙.如何评估和考核员工绩效——Performance Appraisal[M].北京:中国经济出版社,2001.

　　[43] 刘仙梅.绩效考核与薪酬体系设计精细化实操手册[M].北京:中国劳动社会保障出版社,2010.

　　[44] 赵曼.人力资源开发与管理[M].北京:中国劳动社会保障出版社,2002.

　　[45] 马晶中.企业绩效考核存在的问题及对策[J].人民论坛,2010.